加拿大传奇跑者厄尔·费（Earl Fee）一生的跑步心得

跑者全书

如何从9岁到90岁都是冠军

[加] 厄尔·费（Earl Fee） 著

张 猛 译

人民邮电出版社

北京

图书在版编目（CIP）数据

跑者全书：如何从9岁到90岁都是冠军 /（加）厄尔·
费（Earl Fee）著；张猛译. —— 北京：人民邮电出版
社，2022.3
ISBN 978-7-115-51438-7

Ⅰ. ①跑… Ⅱ. ①厄… ②张… Ⅲ. ①跑—健身运动
—基本知识 Ⅳ. ①G822

中国版本图书馆CIP数据核字(2019)第114272号

版权声明

免责声明

内 容 提 要

本书是加拿大传奇跑者厄尔·费（Earl Fee）一生的跑步心得总结。他以科学、严谨、简洁且有洞察力的写作方式，详细介绍了跑步相关的生理原理、心理训练、跑步姿势、跑步技巧、训练原则、训练计划设计、拉伸、热身与恢复、运动营养和体能训练，并给青少年和老年人提供了针对性的指导。

如果你有梦想，渴望超越，不满足于"知其然"而想"知其所以然"，那么这本跑步书正是你所需要的。

♦ 著　　　　［加］厄尔·费（Earl Fee）
　　译　　　　张　猛
　　责任编辑　裴　倩
　　责任印制　周昇亮

♦ 人民邮电出版社出版发行　　北京市丰台区成寿寺路 11 号
　　邮编　100164　　电子邮件　315@ptpress.com.cn
　　网址　https://www.ptpress.com.cn
　　涿州市般润文化传播有限公司印刷

♦ 开本：700×1000　1/16
　　印张：24.75　　　　　　　2022 年 3 月第 1 版
　　字数：393 千字　　　　　2025 年 7 月河北第 5 次印刷

　　著作权合同登记号　图字：01-2015-8065 号

定价：118.00 元

读者服务热线：(010)81055296　印装质量热线：(010)81055316
反盗版热线：(010)81055315

目录

致谢 …………………………………………………………………………… **10**

序 …………………………………………………………………………… **11**

简介 …………………………………………………………………………… **12**

第1章 生理原理 …………………………………………………………… **15**

持续高强度训练对身体的改变 ………………………………………… 15

能量系统 ………………………………………………………………… 16

肌纤维 …………………………………………………………………… 20

氧气供应和二氧化碳（CO_2）排放之间的呼吸周期 ……………… 22

呼吸系统 ………………………………………………………………… 23

无氧阈（AT）和最大摄氧量（$VO_2\,max$） ………………………… 24

心脏 ……………………………………………………………………… 27

心脏变大、心血管变粗及每搏输出量增加 …………………………… 30

心脏异常 ………………………………………………………………… 31

血液 ……………………………………………………………………… 34

线粒体酶的活动 ………………………………………………………… 34

男性和女性的生理差异 ………………………………………………… 35

你的朋友：乳酸 ………………………………………………………… 35

第2章 心理训练 …………………………………………………………… **39**

介绍 ……………………………………………………………………… 39

身体、心理和精神和谐 ………………………………………………… 40

理想的心理状态 ………………………………………………………… 45

欢笑的好处 ……………………………………………………………… 46

放松技术 ………………………………………………………………… 46

可视化 …………………………………………………………………… 49

自我肯定性断言 ………………………………………………………… 52

记在训练日记上的赞扬、肯定断言及格言 …………………………… 54

克服赛前紧张 …………………………………………………………… 56

如何保持激励 …………………………………………………………… 60

注意力 …………………………………………………………………… 61

重新集中注意力 ………………………………………………………… 67

心理韧性 ………………………………………………………………… 68

情绪控制 ··· 71

信念、自我暗示以及潜意识的力量 ················ 73

第3章　跑步姿态 ······································ **77**

跑步序列 ··· 78

重点身体部分的跑步姿态 ························ 81

呼吸 ··· 83

脚趾外翻或外展 ·································· 83

步幅差距 ··· 85

姿态练习 ··· 86

跑步步幅和步频 ·································· 86

总结 ··· 90

第4章　筑基训练和上坡训练 ······················· **93**

筑基训练 ··· 93

上坡训练 ··· 99

第5章　26条训练原则 ······························· **107**

1. 筑基训练原则 ································· 107

2. 逐步适应原则 ································· 108

3. 渐强和渐减原则 ······························· 110

4. 平衡训练原则 ································· 112

5. 训练课采用正确组合原则 ···················· 114

6. 训练伙伴原则 ································· 114

7. 训练有度原则 ································· 115

8. 辛苦/放松原则 ······························· 115

9. 优势原则 ····································· 116

10. 针对性原则 ································· 117

11. 用进废退原则 ································· 117

12. 可逆性原则 ································· 118

13. 保持原则 ····································· 119

14. 超量恢复原则 ································· 119

15. 分期原则 ····································· 120

16. 直觉和训练灵活性原则 ······················· 121

17. 持续性和一致性原则 ························· 121

18. 弱小思想＋强大身体原则 ···················· 122

19. 放松原则 ····································· 122

20. 最少用力原则 ··· 123
21. 规律性原则 ··· 124
22. 像冠军一样生活原则 ·· 124
23. 避免冲击原则 ·· 125
24. 神经训练原则 ·· 126
25. 在现有能力内训练的原则 ···································· 127
26. 系统颠覆原则 ·· 128

第6章 短跑运动员的训练 ·································· **131**
基因因素 ··· 131
速度、速度耐力和节拍训练 ······························· 132
技术 ·· 133
姿态 ·· 133
步频和步幅 ·· 136
灵活性 ·· 138
反应训练 ·· 139
提高速度的个人经验 ··· 139
短跑运动员的赛季安排 ·· 140
查理·弗朗西斯的短跑系统 ···································· 142
佩顿·乔丹的短跑技术 ··· 144

第7章 长跑运动员的通用训练理论 ···················· **151**
合适的长跑训练都包含什么 ··································· 151
能量系统 ·· 152
间歇训练 ·· 152
五大训练系统 ·· 156
长跑运动员训练归纳表 ·· 165
跑步经济性 ·· 169
心率监测能够指示成绩的提高 ······························· 171

第8章 针对800米、1 500米以及1英里项目的训练 ······ **175**
概述 ·· 175
典型的每周训练计划 ··· 178
800米训练 ··· 180
1 500米或1英里训练 ··· 183
肯尼亚选手的训练方法 ·· 187

第9章 5 000米、1万米和马拉松项目的训练 ………………………………… **191**
准备时间 ……………………………………………………………… 191
训练配速 ……………………………………………………………… 192
跑量目标 ……………………………………………………………… 192
长距离跑训练时应该跑多快 ……………………………………… 193
高强度训练做多少合适 …………………………………………… 194
应该做哪种高强度训练或质量训练 ……………………………… 194
马拉松训练 …………………………………………………………… 196

第10章 设计自己的长跑训练计划 ………………………………………… **205**
质量训练课 …………………………………………………………… 206
训练阶段 ……………………………………………………………… 207
原理和指导方针 ……………………………………………………… 208
质量训练课程的正确平衡 ………………………………………… 209
训练计划示例 ………………………………………………………… 211
如何将计划调整得更轻松一些或更难一些 …………………… 217

第11章 游泳池跑步训练 …………………………………………………… **219**
简介 …………………………………………………………………… 219
优势 …………………………………………………………………… 220
跑步姿态 ……………………………………………………………… 223
心率 …………………………………………………………………… 224
体感用力 ……………………………………………………………… 224
深水区训练 …………………………………………………………… 225
浅水区训练 …………………………………………………………… 228
注意事项 ……………………………………………………………… 230

第12章 拉伸 ………………………………………………………………… **233**
优势 …………………………………………………………………… 234
拉伸什么 ……………………………………………………………… 235
拉伸不要过度 ………………………………………………………… 235
拉伸该做什么，不该做什么 ……………………………………… 236
拉伸的种类 …………………………………………………………… 238
一些基本的拉伸 ……………………………………………………… 243
腘绳肌拉伸 …………………………………………………………… 246
训练之前的拉伸 ……………………………………………………… 247
训练之后的拉伸 ……………………………………………………… 248

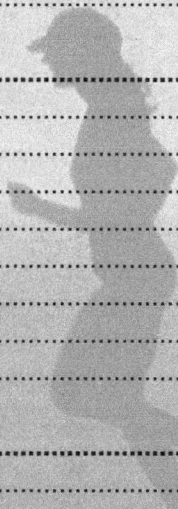

第13章　恢复 ·· **249**

最佳恢复方法 ··· 249

赛后几天的恢复 ··· 253

全程马拉松之后的恢复 ······································· 254

第14章　跑鞋选择 ·································· **255**

鞋楦类型 ··· 256

训练跑鞋的类型 ··· 256

可以判断跑鞋类型的测试 ····································· 257

有用的技巧 ··· 258

第15章　营养 ·· **263**

碳水化合物、蛋白质和脂肪的推荐百分比 ······················· 263

碳水化合物 ··· 264

蛋白质 ··· 267

脂肪 ··· 271

每日总热量 ··· 274

纤维 ··· 275

碱性食物和酸性食物 ··· 276

正确和不正确的食物搭配 ····································· 280

血糖指数 ··· 283

水 ··· 287

赛前餐 ··· 290

酒精摄入 ··· 291

维生素补品和矿物质补品 ····································· 292

"神奇"补品 ··· 298

第16章　预防损伤和诱因 ························ **313**

我个人的损伤以及教训 ······································· 314

造成损伤的原因 ··· 316

对损伤调研的原因归纳 ······································· 320

重要的损伤原因 ··· 322

预防损伤的注意事项 ··· 323

损伤处理 ··· 325

延迟性肌肉酸痛 ··· 328

恢复中学到的教训 ··· 329

目
录

第17章　快速伸缩复合训练 ┈┈┈┈┈┈┈┈┈┈┈┈┈┈┈┈ **331**

理论解释┈┈┈┈┈┈┈┈┈┈┈┈┈┈┈┈┈┈┈┈┈┈ 332

下肢练习┈┈┈┈┈┈┈┈┈┈┈┈┈┈┈┈┈┈┈┈┈┈ 334

较低冲击的做法┈┈┈┈┈┈┈┈┈┈┈┈┈┈┈┈┈┈ 336

中等冲击的做法┈┈┈┈┈┈┈┈┈┈┈┈┈┈┈┈┈┈ 337

更高冲击的做法┈┈┈┈┈┈┈┈┈┈┈┈┈┈┈┈┈┈ 338

实心球练习┈┈┈┈┈┈┈┈┈┈┈┈┈┈┈┈┈┈┈┈ 339

推荐的顺序┈┈┈┈┈┈┈┈┈┈┈┈┈┈┈┈┈┈┈┈ 340

安全性┈┈┈┈┈┈┈┈┈┈┈┈┈┈┈┈┈┈┈┈┈┈┈ 341

恢复┈┈┈┈┈┈┈┈┈┈┈┈┈┈┈┈┈┈┈┈┈┈┈┈ 342

第18章　动态热身 ┈┈┈┈┈┈┈┈┈┈┈┈┈┈┈┈┈┈┈┈ **343**

训练前静态拉伸的缺点┈┈┈┈┈┈┈┈┈┈┈┈┈┈ 343

动态热身的优势┈┈┈┈┈┈┈┈┈┈┈┈┈┈┈┈┈┈ 344

推荐的动态热身顺序┈┈┈┈┈┈┈┈┈┈┈┈┈┈┈ 345

第19章　负重训练 ┈┈┈┈┈┈┈┈┈┈┈┈┈┈┈┈┈┈┈┈ **347**

优势┈┈┈┈┈┈┈┈┈┈┈┈┈┈┈┈┈┈┈┈┈┈┈┈ 348

赛季外和赛季内训练┈┈┈┈┈┈┈┈┈┈┈┈┈┈┈ 349

复原┈┈┈┈┈┈┈┈┈┈┈┈┈┈┈┈┈┈┈┈┈┈┈┈ 351

自由重量vs固定器械┈┈┈┈┈┈┈┈┈┈┈┈┈┈┈ 351

弹力带练习┈┈┈┈┈┈┈┈┈┈┈┈┈┈┈┈┈┈┈┈ 352

训练原理┈┈┈┈┈┈┈┈┈┈┈┈┈┈┈┈┈┈┈┈┈┈ 353

重复次数、组数及负荷┈┈┈┈┈┈┈┈┈┈┈┈┈┈ 357

负重训练运动员的补品┈┈┈┈┈┈┈┈┈┈┈┈┈┈ 359

腹部和背部肌肉的重要性┈┈┈┈┈┈┈┈┈┈┈┈ 359

流行的负重训练┈┈┈┈┈┈┈┈┈┈┈┈┈┈┈┈┈┈ 360

第20章　战术 ┈┈┈┈┈┈┈┈┈┈┈┈┈┈┈┈┈┈┈┈┈┈ **367**

通用战术┈┈┈┈┈┈┈┈┈┈┈┈┈┈┈┈┈┈┈┈┈┈ 367

做计划┈┈┈┈┈┈┈┈┈┈┈┈┈┈┈┈┈┈┈┈┈┈┈ 368

中距离比赛的战术┈┈┈┈┈┈┈┈┈┈┈┈┈┈┈┈ 369

长距离比赛的战术┈┈┈┈┈┈┈┈┈┈┈┈┈┈┈┈ 372

第21章　青少年运动员和老年运动员 ┈┈┈┈┈┈┈┈ **375**

儿童和青少年选手┈┈┈┈┈┈┈┈┈┈┈┈┈┈┈┈ 375

青年选手┈┈┈┈┈┈┈┈┈┈┈┈┈┈┈┈┈┈┈┈┈┈ 380

老年运动员 ·· 380
对多项世界纪录保持者艾德·惠特洛克的采访 ·················· 388

资料来源和版权确认·· 392

译者后记·· 393

译者简介·· 396

致谢

感谢Meyer & Meyer公司，本书对跑者非常有益，感谢Meyer & Meyer公司员工卓有成效的工作。

索金田径俱乐部的伟大精神和友情、这些年轻运动员的成就和教练员们的投入，一直激励着我。感谢多伦多北约克田径俱乐部14年来的帮助与支持，感谢他们在我离开运动场33年之后鼓励我重新开始。尤其是大卫·韦尔奇（David Welch, NYTC总裁）的指导，他经常一对一地指导我，让我为打破众多世界大师的纪录做好了准备。本书的许多中距离/无氧训练都是他的创新。我在信谷马拉松俱乐部和格莱斯托克田径俱乐部的朋友们也一直激励着我。

在下面这些人士的帮助下，才有了这本高质量的书，在此表示深深感谢：

- 邓肯·芒西（Duncan Mounsey）慷慨的编辑服务；
- 许多摄影师提供了激励人心的照片（请参阅关于"资料来源和版权确认"）；
- 体育老师肯·格兰斯（Ken Glance）提供的大量健身和营养研究论文，极大地丰富了我的知识；
- 许多人士（专家）和出版商（尤其是人体运动出版社）为本书提供的材料大大提高了本书的可信度（请参阅"资料来源和版权确认"）。特别感谢科斯蒂尔博士（Dr. D. Costill）、林奇博士（Dr. I. Lynch）、斯科特博士（Dr. W. Scott）、查理·弗朗西斯（Charlie Francis）、佩顿·乔丹（Payton Jordan）、艾德·惠特洛克（Ed Whitlock）、乔迪（Geordie）和厄尔·法雷尔（Earl Farell）提供的宝贵材料。

还要感谢"第一理疗机构"[尤其是文斯·阿戈斯蒂诺（Vince Agostino）]、脊柱治疗师罗伯特·泰勒博士（Dr. Robert Taylor）、脊柱治疗师阿斯特丽德·特里姆博士（Dr. Astrid Trimm）、脊柱治疗师迈克尔·哈迪博士（Dr. Michael Hardie）、运动医生安东尼·盖利亚博士（Dr. Anthony Galea）、埃德里克·萨姆博士（Dr. Edric Sum）、米西索加基督教青年会及其员工，以及我的许多训练伙伴（请参阅第5章，原则6），他们对我获得和保持世界纪录都提供了巨大帮助。如果不是创造了这些世界纪录，我就不会有写书的想法。最后，特别感谢家人和朋友们的耐心和理解，原谅我在从事这个庞大的工程时对他们的疏忽。

厄尔·费

序

　　厄尔·费在其出版的非常成功的著作《跑者全书：如何从9岁到90岁都是冠军》中揭开了他的训练秘密。本书作为该著作第2版对前一版做了更新，加入了许多动作照片，还加入了以下新材料：关于快速伸缩复合训练和动态热身的新章节，关于拉伸的最新材料，关于负重训练的附加信息，新的神奇补品，损伤的最佳处理，年纪对步幅和步频的影响，新的训练方法，以及其他许多内容。

　　厄尔·费在本书中揭开了他保持世界级大师跑者地位超过18年（包括9年世界大师田径锦标赛）的训练秘诀。本书集合了大量生理知识，包括健身和跑步的方方面面；这主要源于他对自己身体的细致观察。这些知识帮助他取得了从300米跨栏到1英里（1英里约1 600米，此后不再标注）跑的众多世界纪录。高质量的训练使他跻身世界顶级800米赛跑运动员之列。厄尔在要求严格的加拿大核电行业担任设计工程总监、技术作者和顾问期间积累了丰富的写作精确报告的经验，这无疑造就了他科学、精确且全面的写作风格。

　　所有健身爱好者、健身教练、体能训练师、年轻运动员的父母，以及新手或精英跑者，都会从本书受益。重视运动员的营养、心理训练和激励（在身体训练之外）对所有年龄的运动员都有益。

　　本书用21章介绍了技术和健身的最新发展，包括26条训练原则（许多是新的）、无氧阈（AT）训练、最大摄氧量（VO_2max）训练、最大摄氧量速度（vVO_2max，即最大摄氧量条件下的速度）训练、中枢神经系统训练、水中跑步训练、拉伸技术、自我按摩、负重训练、包含肌酸在内的"神奇"补品、损伤预防和对于特别年轻的运动员和老年运动员在训练上的特殊考虑。书中的抗衰老技巧（我也大力提倡）能帮你"比对手老得更慢"，用更高质量的生活再多活几十年。

　　除了跑步着装和高海拔训练之外，短跑、中长跑和马拉松等跑步训练的所有方面均有详细介绍。关于这个方面的书，据我所知还没有这样全面且实用的。这绝对是一本出色的书。

佩顿·乔丹
1957—1979年斯坦福大学首席田径教练
1968年美国奥运会田径教练

简介

巴德·威尔金森（Bud Wilkinson）曾经说过："如果你打算成为冠军，就必须愿意比对手付出更大代价。"你必须以牺牲为代价。成功不仅是刻苦训练，还是一种生活方式。你的牺牲是否超过了自我放纵？

本书适用于所有健身爱好者，下至儿童，上至90岁的老人，以及有梦想、想提高，既想知其然还想知其所以然，敢于追求卓越的人。训练的基本原则适用于所有年龄段的爱好者。经过正确的训练，身体、心灵、精神会得到全面提升。本书致力于实现这个完美目标，帮助你在严肃的体育比赛中取得优胜，帮助你在比赛中获得全面成功，尤其是在跑步项目中。

本书介绍的训练项目和训练计划的效果（不算我的世界纪录），可以从我在过去9年的800米比赛年龄分级百分比得到证明（说明，年龄分级的100%相当于公开组的世界纪录）。

例如：

- 100.5%，1995年，布法罗，世界大师赛，世界老年运动员协会，66岁；
- 99.49%，1997年，南非，世界大师赛，68岁，所有男子比赛中取得第2的好成绩（第1名，新西兰的选手，56岁，在障碍赛中达到102.7%）；
- 102.04%，1998年，波士顿，美国室内大师赛，69岁；
- 100.62%，1999年，波士顿，美国室内大师赛，70岁；
- 99.71%，1999年，盖茨黑德，世界大师赛，70岁，所有男子比赛中取得第2的好成绩（第1名是澳大利亚的选手，60岁，在障碍赛中达到99.93%）；
- 100%，2003年，波多黎各世锦赛，74岁，3个比赛平均成绩。

如果要用几句话来描述训练的原则和技巧，该怎么描述呢？训练5大能量系统，在速度训练阶段之前打好坚实的基础；进行提高最大摄氧量、提高乳酸阈的训练；全年都不应该忽视速度训练；做好计划，循序渐进地达成长远目标；周期化练习；保证合适的营养和休息。

使用合法的"神奇"补品。要避免损伤，就要在训练中强调恢复，要进行交叉训练，例如在水中跑步（我最近的做法）。跑步时应保持姿态良好和放松，跑得快但不要受伤。不要忽视拉伸、负重训练，不要忽视中枢神经系统神经通路的训练；老年运动员尤其会从这些抗衰老的训练中受益。发展和练习心理技术，准备好了就经常比赛，否则减量。如果没有意愿、决心和投入，以上这些都不可能做到。而且最重要的是，将每次训练都当成一场身体、心灵、精神的历练。上面介绍的内容在本书都有介绍，包括我在大师田径赛中用来打破40余项300米、400米跨栏，400米、800米、1500米以及1英里世界纪录的方法（如果你愿意，也可称之秘诀）。

本书的信息既适用于常规健身，也适用于许多运动项目，因为其中9章是通用的，只有12章针对跑步。本书介绍了可以让你更快、更强、更健康地锻炼的健身知识。本书既帮读者提高心理素质和生理机能，还希望能为大家提供激励。因此，全部章节在一起，共同构成了一套完整的训练体系，而每章又独立撰写。通过仔细观察各种训练在我自己身体上的效果——所有观察都详细记录在过去18年的训练日记里——有效的和无效的，我获得了大量信息。本书中还包含和引用了其他支持观点和其他人的经验；书中引用了各个领域许多专家的意见。

本书不仅对有经验的跑者有用，而且对认真的初学者也有用。第6章和第8章是分别针对400米和中长跑选手的训练，也适用于所有类型和多数年龄的跑者，因为这些训练以比赛配速时间为基础。

每个人都需要激励和鼓励。从本书所列举出的众多示例（有些是我自己的示例）中你会找到适合自己的激励。这些激励将完善你身体、心灵和精神的训练。

生理原理

持续高强度训练对身体的改变

经过持续数年的训练，尤其是在高强度的训练之后，身体会出现一些有利的改变，具体如下。

1. 体重降低。有研究表明，体重每降低1%，5 000米和1万米的速度会提高1%。

2. 体脂降低。在体重降低的同时，体脂也会降低。多数缺乏运动的女性的体脂大约是27%，缺乏运动的男性的体脂大约是20%。对于跑者来说，高体脂代表额外的负担。经过大约12年持续的有氧和无氧高强度训练，配合健康的低脂和低糖饮食，我的体脂低于5%。

3. 静息心率降低。通过规律的高强度训练，会发生以下改变：心脏变大，心室更加强壮，或者冠状动脉变粗。这些改变会使心脏的每搏输出血量增加，所以静息心率会降低。普通人的静息心率大约是每分钟72次（男性），女性略高。一般来说，静息心率低表示人非常健康。在经过18年的训练之后，我的静息心率已经低至每分钟41次。

4. **最大心率（MHR）随着年龄的增长降低速度变缓**。每隔10年，缺乏运动的成人的MHR每分钟大约会下降10次。但保持高强度训练的成人的MHR可以数十年保持几乎不变。由于持续的高强度训练，我的MHR已经17年保持不变——每分钟接近190次。MHR越高，泵出的血量就越多，可利用的氧气也就越多。

5. **肌细胞中线粒体和毛细血管增多**。其效果是，使身体可利用的氧气增多，产生的能量也越多。

6. **慢缩肌纤维和快缩肌纤维变粗**。长跑运动员的慢缩肌纤维会变粗，短跑运动员的快缩肌纤维会变粗。

上述大多数变化经过数年时间会达到一个进步的平台期。这可能就是运动员通常要等待7年才能达到成绩巅峰的主要原因。关于这些变化以及其他生理方面的更多重要细节，请参阅后面的内容。

要跑得更快/更久，理解和运用训练的生理反应对运动员和教练员来说是至关重要的。"运动员应该了解他们正在努力实现的生理反应，应该知道什么时候已经足够，并了解产生这种感觉的幕后机理"[利迪亚德（Lydiard）[6]]。通过有意识地运用生理数据，可以提高训练和比赛的效率。下面讨论一些更为重要的生理方面的内容：能量系统、肌纤维、呼吸系统、无氧阈、最大摄氧量、心脏、血容量、线粒体酶和乳酸。

能量系统

在训练和比赛中，肌肉有三大能量来源。表1.1、表1.2和表1.3根据训练的长度列出了这些能量系统发挥作用的比例。三大系统分别是磷酸原系统、无氧乳酸系统和有氧系统。由于这三大能量系统在跑步中都会用到，所以运动员在训练中这3个系统必须都要发展。训练重点应放在运动员的特定项目主要使用的这些能量系统上。

这些系统中不同的化学反应如下所示。ATP,即三磷酸腺苷(一种高能量分子)是三大能量系统中肌肉收缩的主要能量源。ADP,即二磷酸腺苷,是这个反应中的另一个重要能量分子。

磷酸原系统

磷酸原系统直接对高功率输出的项目发挥作用,例如推铅球、举重或短跑等项目,这些项目具有爆发性,且要求爆发力提供最大能量。这在100米或200米跑中非常重要,在中长跑比赛的最后冲刺阶段也很重要。另外两个能量系统的供能速度太慢,无法提供这股爆发能量。肌酸与体内的一种酶结合,产生磷酸肌酸(CP)。磷酸肌酸的分解产生能量,形成更多肌酸和ATP。在这个过程中,高酸性的氢离子(H^+)被移走。这个化学反应最初由细胞中已有的最少数量的ATP启动。这个能量源只能用于大约30秒内的训练。以下公式简要展示了肌酸在短距离高强度项目中的重要性。

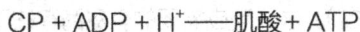

$$ATP + H_2O \longrightarrow ADP + H_3PO_4$$
$$肌酸 + 酶 \longrightarrow CP$$
$$CP + ADP + H^+ \longrightarrow 肌酸 + ATP$$

以上循环不断重复。

注意:快跑重复20秒所产生的酸累积很少,所以引起的疲劳很少。从上面的公式可以看到,这是因为体内的肌酸辅助清除了H^+离子。

无氧乳酸系统

这个速度系统对400米和800米项目至关重要。在这个能量系统中,对氧的需求超过了氧气输送的速度。ATP来自葡萄糖(在血液中)和糖原(存储在肌肉和肝脏内)的分解。这个反应的无氧酶存在于快缩肌纤维内。在高速情况下,有氧系统不能迅速产生足够的能量供给肌肉,发生氧债情况,能量由无氧系统供给。这个化学过程称为无氧糖酵解。

第1章 生理原理

$$葡萄糖——2ATP + 2 乳酸$$

葡萄糖的化学式是：$C_6H_{12}O_6$。

生成的乳酸分解成乳酸根离了（阴离子）和氢离子（阳离子）。"氢离子最终妨碍了燃料代谢的酶反应"[马丁（Martin）和科埃（Coe）[2]]。氢离子和乳酸根离子的堆积导致血液的pH值降低，进入酸性范围，从而妨碍肌肉的收缩。

在最多大约1分钟的运动中，无氧系统产生的能量越来越多，然后，随着有氧系统提供的能量越来越多，无氧系统供应的能量越来越少。1~2分钟的时间段代表从无氧糖酵解供能为主到有氧氧化供能为主的转换阶段。大约120秒的高强度运动使用的能量构成是：55%无氧，45%有氧（请参阅第20页的表1.3）。

有氧系统

对于持续时间超过2分钟的耐力项目，有氧系统是能量供应的主要来源，需要心血管系统持续不断地提供氧气。对于超过5 000米的项目，来自无氧能量源的能量低于7%，当达到马拉松赛程，则会降低到不足1%。耐力项目的ATP产生有多个源头，包括葡萄糖、糖原和脂肪酸（$C_{16}H_{32}O_2$），还会有极少数量来自氨基酸蛋白[3]（下面没有给出后者的化学反应）。这些反应需要的有氧酶存在于慢缩肌内。发生的化学反应称为有氧氧化。

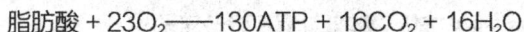

$$葡萄糖 + 6O_2——36ATP + 6CO_2 + 6H_2O$$
$$脂肪酸 + 23O_2——130ATP + 16CO_2 + 16H_2O$$

在跑步30分钟后，身体从脂肪得到的能量就会超过从碳水化合物获得的能量。以马拉松配速跑步大约1小时后，脂肪燃烧/糖原燃烧的比例已经提高到大约3/1。以马拉松配速跑2~3小时后，几乎全部能量都来自脂肪酸代谢。所以对于长距离跑选手来说，重要的是要进行足够长的训练，以激活脂肪酸的化学反应。

注意： 比较无氧糖酵解和有氧氧化产生的能量，可以看到无氧代谢产生与有氧代谢相同数量的ATP需要的葡萄糖是有氧代谢的18倍。相比之下，有氧代谢的效率更高。还应注意，还有大量的ATP来自脂肪酸代谢。

跑步比赛每个能量源的利用率

教练和运动员都应了解在运动员的某个专项上三大能量系统或能量源使用的百分比，这点非常重要，然后可以进行针对性的训练。训练要覆盖三大系统，但应更侧重于主要能量系统。表1.1展示了佩龙内特（Peronnet）和蒂博（Thibault）等[7]对1987年从100米、200米到马拉松距离的不同项目能量来源的研究结果。无氧能量系统包含磷酸原系统和无氧乳酸系统。磷酸原系统作为主要来源最多能供应大约20秒（供应0~20秒间占总能量的大约65%），然后就会急剧下降，在大约2分钟的时候降到接近于0。因此，应重点训练3个能量系统：磷酸原系统、无氧乳酸系统和有氧系统。

表1.1与其他参考资料表现出合理的一致性，例如，斯帕克斯（Sparkes）和比约克隆（Bjorklund）[4]。

表1.1	不同比赛距离的能量贡献百分比		
比赛距离	1987年世界纪录	能量贡献	
		有氧能量	无氧能量
100米	9秒83	8%	92%
200米	19秒75	14%	86%
400米	43秒29	30%	70%
800米	1分41秒73	57%	43%
1 500米	3分29秒46	76%	24%
3 000米	7分29秒45	88%	12%
5 000米	12分58秒39	93%	7%
10 000米	27分8秒23	97%	3%
马拉松	2小时6分50	99%	1%

注意： 从表1.1可以看出，对于1万米和马拉松项目来说，几乎不需要进行速度和无氧训练。但这可能是错误的。要发挥最大潜力和提高速度，仍然需要进行大量速度和无氧训练，丝毫不能忽视。

同样，表1.2和表1.3［来自邦斯博（Bangsbo）等人[13]］展示了全力训练180秒时，顺序时间段和累积时间段内"无氧能量来源（磷酸原系统＋无氧乳酸系统）和有氧能量来源大致的相对贡献"。

第1章 生理原理

表1.2	连续能量分布	
顺序时间段	无氧	有氧
0~29秒	80%	20%
30~59秒	60%	40%
60~89秒	42%	58%
90~119秒	36%	64%
120~180秒	30%	70%

表1.3	累积能量分布	
累积时间段	无氧	有氧
0~60秒	70%	30%
0~90秒	61%	39%
0~120秒	55%	45%
0~180秒	45%	55%

表1.2和表1.3清晰地表现出有氧训练对1分钟以上的跑步的重要性。

肌纤维

这个秋天，通过越野跑训练和打基础训练，我将自己的身体从短跑运动员、中距离跑者的身体转变成长距离跑者的身体（这有点夸口）。有些快缩肌纤维（IIb型肌纤维）具备有氧特征，可能增粗成为慢缩肌（耐力）纤维。具体请参阅下文。经过6~8周的越野跑和基础训练之后，耐力增强相当明显。

快缩肌纤维和慢缩肌纤维的一些主要特征如下。

根本差异。 快缩肌纤维（FT，又称II型肌纤维）颜色浅，收缩时间相对较短，主要包含无氧糖分解酶，这种酶能够在无氧情况下利用糖原。这些纤维能够在很短的时间段内快速收缩。这类纤维有两种类型：IIa型（白色）和IIb型（灰色）。IIa型肌纤维还含有氧氧化-糖分解酶，代表有氧氧化代谢能力，也就是糖分解能力。IIb型肌纤维的有氧酶数量低。

快缩肌纤维与慢缩肌纤维相比，力量更强，收缩更快，耐力更差，产生疲劳更快，线粒体和毛细血管更少[2]。

慢缩肌纤维（ST或SO，又称I型肌纤维）颜色深，收缩较慢，主要包含有氧酶，这种酶利用氧气进行代谢。

顺序操作。 从最轻量级到最高量级的训练，普遍用到慢缩肌纤维，而快缩肌纤维则在用力达到中等到最大限度的时候才会用到。在达到最大用力或速度的过程中，随着用力程度的提高，先激活IIa型肌纤维，然后激活IIb型肌纤维。随着用力增加，利用的纤维数量会提高，直到全部3种类型的纤维利用达到100%。科斯蒂尔（Costill）指出："在接近终点的时候，需要保持精神高度集中才能保持规定节奏。大多数精神力量可能用于激活通常利用不到的IIb型肌纤维"。

短跑运动员vs长距离跑者。 顾名思义，以快缩肌纤维为主的运动员拥有超人的速度，而以慢缩肌纤维为主的运动员拥有超人的耐力。对阿尔贝托·萨拉萨尔（Alberto Salazar）小腿肌肉（腓肠肌）的肌肉组织活检表明，其中93%是慢缩肌，7%是IIa型肌纤维，没有IIb型肌纤维[1]。14位精英长距离跑者（腓肠肌）横截面表面平均82%由ST肌肉[2]构成。精英短跑运动员的肌肉主要由IIa型肌纤维构成。而普通人的腓肠肌的肌肉构成大约是50% I型肌纤维、25% IIa型肌纤维，以及25% IIb型肌纤维。

因此，可以根据不同距离比赛的成绩来合理地猜测出不同人的肌肉组织构成。而且，如果能够原地起跳16英寸（1英寸约为2.5厘米，此后不再标注）或更高，而耐力很差，则其主要拥有快缩肌。如果速度很差而耐力很强，则主要拥有慢缩肌。

基因决定还是训练获得。 根据曼吉（Mangi）等人的研究，快缩肌和慢缩肌的比例是由基因决定的[3]。科斯蒂尔[1]也在报告中指明："慢缩肌和快缩肌纤维的比例貌似固定，不受训练影响。"这意味着这是天生的。成为短跑运动员、中距离运动员还是马拉松运动员的潜力是天生的，源于父母遗传。

基因决定，但有一个例外。 纤维由基因决定，但有一个例外：经过持续的耐力长距离跑步，IIb型肌纤维能够呈现出IIa型肌纤维的特征。这为发挥作用的肌肉提供了更优越的氧化能力。"这种转变仅仅是长距离训练的结果，而不是纤维本身的永久转变。"[斯帕克斯（Sparks）和比约克隆（Bjorklund）[4]]。"相反，不可能通过负重训练发生IIa型肌纤维向IIb型肌纤维的转变"[马丁（Martin）和科埃（Coe）[2]]。

第1章 生理原理

纤维的异常增大或选择性增大。"专家们已经提出，耐力训练可能导致慢缩肌纤维（现有细胞）的选择性增大，负重训练可能导致快缩肌纤维的增大"（科斯蒂尔[1]）。而新的证据可能并不支持这个观点（科斯蒂尔[1]）。

玛丽·德克尔（Mary Decker）的肌肉显微照支持慢缩肌纤维随着耐力训练变粗的理论[4]。斯帕克斯和比约克隆[4]在报告中指出："她主要拥有65%的快缩肌和35%的慢缩肌，但全部耐力训练的显微照表明，根据实际的区域分布，快缩肌和慢缩肌的比例大约是50%：50%。"

持续的速度训练以保持快速的纤维响应。马丁和科埃[2]强调了全年周期性加入速度训练的重要性。"如果长时间不进行更高强度的训练，FT纤维只能得到最低的训练刺激来提高成绩或者保持成绩。"这也表明FT的神经通路已经"生锈"。所以，在基础建设阶段保持一些速度训练也非常重要。本·约翰逊（Ben Johnson）的前教练查理·弗朗西斯（Charlie Francis）也相信这点，因此他主张保持全年的速度训练。请参阅第5章的神经训练原则。

氧气供应和二氧化碳（CO_2）排放之间的呼吸周期

呼吸周期从空气（20%是氧气）通过嘴和鼻子随后吸入肺内开始。在肺的数百万个微小的肺泡里，氧气渗透进入血液的红细胞。血液由心脏泵入毛细血管，氧气则由红细胞通过毛细血管膜传输到肌肉组织的肌红蛋白。

肌肉细胞收获氧气，利用微小的分子级食物养分来产生能量。消化酶协助产生这些微小的分子养分，例如从碳水化合物产生葡萄糖，从脂肪产生甘油和脂肪酸，从蛋白质产生氨基酸。这些食物养分通过小肠进入淋巴和血液。

细胞中的微型发电站——线粒体，在有氧气的情况下，利用氧化酶将这些食物分解成ATP形式的能量。肌肉利用ATP作为燃料，而将废物CO_2，通过毛细血管，返回静脉血。水分和细胞废物进入大肠。在肺部，CO_2通过微小的肺泡渗透进从肺部排出的气体。在最大摄氧量情况下，产生（呼出）的CO_2容量超过消耗（吸入）的O_2容量，运动员血液的酸度会达到很高的水平。

呼吸系统

单次呼吸能够排出的最大空气容量（肺活量）会随着长距离跑步训练的时间增长而增长。我记得自己在多年不跑步之后，重新开始跑步仅1年就看到了肺活量的明显增长。大量的越野跑者测量的肺活量是5.7升，而未经训练的同龄男性的肺活量只有4.8升[1]。

未经训练的跑者的最大呼吸量范围各异，可以低至120升/分，而经常训练的长距离跑者通常是180升/分。呼吸量＝呼吸频率（跑步时通常最多50次/分）×每次呼吸的容量。为了提高呼吸量，我注意到有些优秀跑者采用快速的浅呼吸而不是慢速的深呼吸。

普通人静息状态下每分钟呼吸5~6升空气，这大约占人体整体能量需求的1%。未经训练的跑者只能保持100升/分的呼吸几分钟，但长距离跑者能够长时间保持100~120升/分的呼吸，这占总体能量的大约9%。科斯蒂尔[1]进一步指出："除了高海拔地区，通气量可能不是一个限制因素。"我的理解（根据以往阅读的文献）也是，呼吸不是一个主要的限制因素。所以，在练习跑步时屏气或其他此类技巧可能没太大意义。[扎托佩克（Zatopek）习惯于在跑步的时候屏气，以获得氧债的感觉。]但是，跑步的时候采用正确的腹式呼吸以及挺胸抬头，不要无精打采，依然是重要的。更高效的呼吸每分钟摄入的氧气更多，因此能够提高成绩。

要做到正确地呼吸[18]，应该像歌剧演员一样，练习腹式呼吸。在吸气的时候，腹部突出。在呼气的时候，收腹。双手放在腹部坐着的时候，最容易练习这个呼吸方式，但也可以在步行的时候练习。在慢跑的时候，我有时会专门练习它，但在快跑的时候不可能思考呼吸方式。而且，在跑步的时候通过保持挺胸、双肩后缩、髋部前移，有利于肺部来协助呼吸。呼吸通过口鼻进行。

在比赛前深呼吸几次会有所帮助。一两下深呼吸有助于将血液从胃部转移到肌肉和大脑[18]。

莫尔豪斯（Morehouse）和格罗斯（Gross）[18]也指出："呼吸最好保持自然。对呼吸想得越少、控制呼吸的尝试越少，呼吸越经济。自然呼吸比尝试用人为的节奏呼吸代价低。"我同意这点，不去干扰呼吸的节奏，但要练习腹式呼吸。

氧债

从200米项目到马拉松项目，受过训练的运动员的氧债量大约是17升。未经训练的人很少能忍受超过10升的氧债。

$$O_2总需求量 = O_2摄入 + O_2债$$

根据氧气摄入和氧债，可以估算出有氧能量和无氧能量的百分比。

$$有氧能量 = O_2摄入 / O_2总需求量$$
$$无氧能量 = O_2债 / O_2总需求量$$

无氧阈（AT）和最大摄氧量（VO$_2$ max）

关于无氧阈和最大摄氧量的优势、描述以及训练，请参阅第7章。根据第7章的介绍，训练程度越高，这些阈值也相应地提高。

无氧阈

乳酸增加速度开始远远超过之前速度时的转折点通常称为无氧阈（AT）或乳酸阈（LT）。"这个运动级别上，仅提升CO_2清除能力不再能将血液酸度（pH）保持在合理的限度上；血乳酸的生成增速快，迅速上升的氢离子及相应下降的血液pH值提供了额外的强大通气刺激"（马丁和科埃[2]）。因此，按照形成AT或LT的配速跑步时，还会出现通气阈（VT），此时呼吸开始变得更沉重甚至有些辛苦，导致氧气摄入频率提高。运动员通常能够观察到这个阈值，因为可以注意到呼吸频率明显提高。马拉松运动员跑步时必须保证低于这个阈值几个百分比，以避免乳酸堆积。因此，AT是马拉松成绩的最佳预测因素。

跑者的无氧阈值大致如下：新手为0.65MHR~0.75MHR，受过训练的跑者为0.80MHR~0.85MHR，精英跑者为0.85MHR~0.90MHR。通过训练，AT提高的百分比超过最大心率、MHR及最大摄氧量的百分比。

在AT之下时，有氧代谢基本上提供了所需的全部能量，例如，低于无氧1%。在AT和最大摄氧量之间时，存在有氧–无氧的转换。随着配速超过AT，无氧代谢的比率上升，有氧代谢的比率相应降低（见表1.1）。

最大摄氧量

体重降低1%，最大摄氧量会提高1%。最大摄氧量提高1%，5 000米或1万米比赛用时会减少大约1%。

说明：最大有氧功率或最大摄氧量是在指定期间内，能够从循环血液中清除并由工作组织利用的最大氧气量。它的单位是：毫升/（千克·分）。"一旦达到100%最大摄氧量，无氧糖酵解负责为后续工作提供额外能量"（马丁和科埃[2]）。精英运动员在达到最大氧气摄入阈值后，也最多只能按最大摄氧量继续运动几分钟（5~8分钟）。但是，有些精英运动员能够在90%最大摄氧量的水平跑完全程马拉松。

最大摄氧量的典型值［单位：毫升/（千克·分）］如下。

- 精英（世界级的）跑步运动员：70~85。
- 竞技性俱乐部跑步运动员：50~60。
- 普通健康成人：35~50。

按图表预测最大摄氧量： 跑者能够根据比赛时间vs最大摄氧量对比图表预测自己的最大摄氧量。

诺克斯（Noakes）[8]提供了从1 500米到马拉松，甚至56千米比赛的比赛时间来预测最大摄氧量的一张图表。这张图表依据的是杰克·丹尼尔斯（Jack Daniels）和J.R.吉尔伯特（J.R. Gilbert）1979年著作中的氧气功率数据。杰克·丹尼尔斯的 *The Running Formula* 一书中还有类似的表格。按照诺克斯[8]的比赛时间图表，我的最大摄氧量是52~56。由于这张表基于比赛时间制作，所以它考虑了年长跑者更低的最大摄氧量。

按公式预测最大摄氧量： 按照以下公式加减4%~5%可以得到最大摄氧量。这个公式是利用上述表格计算得到的。

$$最大摄氧量 = 1\,000 / 5\,000米比赛时间（单位：分）$$

对于20分钟完成5 000米比赛的跑者来说，这个公式得出的最大摄氧量与上表相同（最大摄氧量=50）。对于速度较慢的跑者，最大摄氧量计算值是偏高的（24分钟完成5 000米，应按上述公式减去4%）；对于速度较快的跑者，最大摄氧量计算值是偏低的（15分钟完成5 000米，应按上述公式增加5%）。

预测成绩。 最大摄氧量通常作为3 000米、5 000米和1万米成绩的最佳预测因素。"对跑步运动员潜力的真实预测因素,是他们在最大测试时达到的最高跑步速度或工作负荷,而不是实际的最大摄氧量值"(诺克斯[8],1989和1990)。而且,在现代的最大摄氧量研究中,只有半数受测者在最大训练期间表现出氧气消耗的真正平台。诺克斯认为"与肌肉有关的因素,而非心血管系统妨碍半数受测者达到最大摄氧量"[8]。这是可以理解的。例如,由于我骑行经验有限,我的肌肉会妨碍我在骑行时达到120次/分的高心率。因此,未受过训练的肌肉会限制人达到最大摄氧量。

训练效果。 "由于高强度训练只能将最大摄氧量提高15%,所以普通人明显永远不可能达到精英运动员那么高的值"(诺克斯[8])。但是,马丁和科埃[2]认为"未经训练的人年龄段很广,他们通过专业的健康项目,可以将他们的最大摄氧量比缺乏运动生活方式时提高40%。"[貌似诺克斯的数字更适用于训练有素的跑者,他们再想获得一点点提高都很困难(根据收益递减的一个实例)。而且,以慢缩肌纤维为主的人应该表现出更大进步。以上两份参考资料都同意遗传天赋是进步幅度的主要影响因素;没人能把驴子培养成纯种赛马。]

减少训练的效果。 希克森(Hickson)等人[9]的研究表明,只要训练的强度足够高(85%~100%),即使将训练从每周6天减少到2天,也能保持训练引起的最大摄氧量提高和心脏变大。

马德森(Madsen)等人[17]针对9位训练有素的耐力运动员进行了为期4周的停训效果研究。停训期间运动员每周进行一次短的高强度竞赛,与之相对的是,正常训练时每周在功率自行车上进行6~10小时的训练。这个测试包含75%最大摄氧量情况下运动至力竭的时间,这对最大摄氧量没有影响,但耐力降低了21%;停训后静止肌肉中存储的糖原降低了20%。而且,游离脂肪酸的利用能力也有显著降低。

科伊尔(Coyle)[14]报告说,在停训21天后,由于心脏的每搏输出量降低,高强度训练运动员的最大摄氧量降低了大约7%。由于氧气获取速度的降低,最大摄氧量会继续下降,直到3个月后,由训练带来的提高全部损失殆尽。

4周不运动的效果。 1992年，在前列腺手术之后，我有4周时间除了步行什么运动也不做。之后我做了6周交叉训练，然后是6周跑步训练。4个月后，我在墨西哥哈拉帕参加了不同时间举办的400米、800米和1500米的比赛，但仍比手术前慢了2%或3%。当时我62岁，更年轻的运动员应该能够更快恢复。

最大摄氧量百分比vs赛程。 随着赛程变短，最大摄氧量百分比提高，速度也加快。从马拉松到3000米，最大摄氧量百分比会从80%提高到100%。

心脏

最大心率

要判断最大心率和最大摄氧量，可以让运动员在跑步机上跑到力竭或者在训练自行车上骑行，同时佩戴一个测评气体容量的设备，对运动员进行监测。幸运的是，还有更容易的方法来判断MHR。

注意： 心跳数/分＝下面讨论的b.p.m.。

常规的男性MHR公式（即220－年龄）及女性MHR公式（226－年龄）更适合未经训练的人员，例如缺乏运动的普通人或者跑步新手。在许多书中都用这个公式，甚至在地方上的健康俱乐部中也使用这个公式，来根据年龄确定训练强度，通常是MHR的60%~85%。这个公式对有多年训练经验的跑者不适用，因为训练有素的跑者的心率可以保持几十年几乎不降低或只降低很少。而且，有些个体的MHR显著低于正常值。例如，哈尔·希格登（Hal Higdon）[10]在一篇报告中说他在60岁时的MHR是153b.p.m.，而且20年来一直保持在这个水平。对非常强健的运动员的研究表明，他们至少20年内MHR没有变化或者没有显著下降。而且，我相信由于持续的高强度训练，我的MHR从60~70岁期间会一直保持在195b.p.m.左右。

我个人使用心率监测器的经验表明，我的MHR一直维持在195b.p.m.，但上面的公式对我70岁的MHR预测只有150b.p.m.。

第1章 生理原理

确定MHR

推荐采用以下方法来确定MHR。

方法1

这个方法利用的是期望的无氧（或通气）阈值/MHR的比值。如上所述，由于在一定配速的时候，可以明显注意到呼吸频率的提高，因此善于观察的跑者能够相当准确地检测出自己的通气阈值（VT）。然后，使用心率监测器，就可以确定达到通气阈时的心率（HR@VT），然后使用下面的信息就可以确定MHR。

跑者	HR@VT/MHR*	MHR
新手	0.70	HR@VT/0.70
训练有素	0.83	HR@VT/0.83
精英	0.88	HR@VT/0.88

*第2列列出的是有代表性的平均值，准确程度为±（4%~5%），考虑到HR@VT也有错误，所以这个公式的准确程度为±（6%~7%）（例如，HR@VT为163b.p.m.的训练有素跑者的MHR=163/0.83≈195b.p.m.）。

上述公式考虑到了MHR比正常人低很多的个体（即心脏每次搏动输出的血量比正常人多很多），例如哈尔·希格登，以及坚持几十年高强度训练的运动员。

方法2

按照下面介绍的方法跑到几乎力竭，也可以确定MHR。

1. 采用良好资源，在完成热身后，做快速间歇跑。以95%的全力跑4×200米或3×300米，每个间歇休息5~6分钟。在最后一次间歇后立即测量心率。

2. 1 500米或1英里比赛在比赛接近终点或刚刚结束时的心率接近MHR。建议参加以上比赛时佩戴心率监测器，因为那时心率很快，且人精疲力竭、弯腰双手扶膝的时候手表无法测量心率。

3. 在完成热身后，以600米比赛配速跑4×200米或5×200米。每组间的休息时间与跑步时间相同。最后一次间歇后测量脉搏。如果没有心率监测器，请让别人帮你测量脉搏。

测量脉搏

如果没有心率监测器，请将左手手指放在右腕内侧的动脉上。当脉搏与某一秒吻合的时候，开始计数。然后，数15秒内的脉搏数。乘4得到每分钟的脉搏数。

测量脉搏的好处

1. **代表有病或第2天缺乏恢复。** 每天早晨起床前测量脉搏。如果脉搏比正常情况下每分钟多5次，说明你可能着凉或感冒了，或者前一天的训练太辛苦。不论哪种情况，这一天都要放松。如果静息脉搏持续5天以上高出5b.p.m.或正常数量，说明运动员的训练过度。可能需要数周才能从过度训练中恢复。请参阅诺克斯在 *Lore of Running* 一书第410页的介绍[8]。

2. **代表训练的艰苦程度。** 训练之后，在冷身大约15分钟后测量脉搏。如果脉搏仍然过高，例如大约高出25b.p.m.或者高于静息值，就代表这个训练太艰苦。这种情况下，第2天就要放松或减量。要点在于训练后在固定的时间测量脉搏。根据经验，可以将训练的效果与心率恢复的高低联系在一起。我发现，我的心率在训练后需要相当长的时间才能稳定到60b.p.m.，所以我怀疑腕表对我恢复脉搏有一定的影响。在艰苦的训练后，我发现有时即使过了90分钟，我的脉搏也会比静息值高出大约15b.p.m.。

3. **在推荐的范围内训练。** 保持脉搏的要点是在推荐的范围内训练或者保持在无氧阈内。根据经验，运动员会知道什么值可以让自己保持在AT以下。通过训练，运动员会注意到，由于身体的适应能力、最大摄氧量的提高以及跑步经济性的提高，相同心率下的配速最终会变快。

4. **代表什么时候能够开始下一"循环"。** 间歇训练期间心脏的恢复速度可以用来确定正确配速、跑的距离，以及间歇的休息时间。理想情况下，心率应该在90秒内下降到120b.p.m.以下，否则就是配速过快或者跑的距离过长抑或两者兼具。但是，我发现自己65岁时以800米比赛的速度做多组200米重复训练（大约34秒）时，我能够在大约45秒后，在心跳大约135b.p.m.的情况下开始下一个重复。每组通常有三四次"重复"。

5. 代表体能提高。 在一组间歇后立即测量心率，可以用心率来判断体能水平。例如，雷思·维伦（Lasse Viren）就采用了这个方法。与以前相比，200米重复的速度越快、心率越低，代表体能水平提高的幅度越大[8]。请参阅第7章最后的"心率监测"。

静息心率

锻炼会给心脏施加中度到高强度的压力，使心脏变得更强、更大，并且使肌肉更发达。训练有素的运动员的静息心率会随着训练逐年下降。训练有素的运动员的每分钟心率几乎是普通人的一半。例如，训练有素的男性心率是40b.p.m.或更低，而普通人的心率大约是72b.p.m.。运动员的心脏工作更少、休息更多，所以需要更长时间才会疲劳。静息心率降低也有例外。我入睡前的静息心率是43~44b.p.m.。我65岁时在夏季的艰苦训练期间，由于那时的强度不如秋天那么强，有时心率会降到40~41b.p.m.。在长跑之后，第2天早晨心率经常会比普通人低几次。在放松2天之后，通常每分钟会下降2次。着凉或感冒时，会提高4~5b.p.m.。

心脏变大、心血管变粗及每搏输出量增加

心脏变大

因为长距离训练导致心脏变大，这在训练有素的运动员中非常普遍，尤其是赛艇运动员、游泳运动员、自行车运动员和跑步运动员。心脏变大的结果是，能够以比普通人高得多的容积率泵出更多血液，因此能够传输更多氧气。科斯蒂尔[1]在其著作中阐明了世界级跑者的以下情况：

- 普雷方丹（Prefontaine），众多美国跑步纪录的保持者，其心脏比同龄和同体型的普通男性大30%~40%；
- 马拉松运动员哈尔·希格登的心脏比未经训练的同类男性大50%左右。

心脏增大与训练的距离成正比，例如，马拉松运动员的心脏就比短跑运动员大得多[11]。科斯蒂尔[1]指出："心脏容量并不总是随着训练而加大，但心室可能会更强大，能够更加充分地排空。"而且，"年长跑者（40岁或50岁以上）的左心室容量几乎不会因为训练而扩大"。我只知道我的心脏在我56岁（中止训练33年之后）恢复跑步后的几年里发生了变化，因为我的静息心率从54 b.p.m. 下降到了43 b.p.m.。

心血管变粗

虽然文献不充分，但长距离跑者中心血管变粗的好处也很普遍。科斯蒂尔[1]在报告中指出："克拉伦斯·德马（Clarence Demar），7届波士顿马拉松冠军，他的心脏比普通人只大一点，却拥有非常巨大的冠状动脉，是普通人的2~3倍。"

每搏输出量

由于心脏的每搏输出量增加，训练有素的运动员的心输出量比未经训练人员或新手大很多。

由于左右心室容积扩大、心脏肌肉质量提高以及心室壁厚度不变，静息和运动时的每搏输出量都会提高（马丁和科埃[2]）。训练有素的运动员由于静息心率的降低，因而需要增加每搏输出量来保持必需的心输出量。

向全身运送的氧气是以下3个因素的乘积：

$$氧气传输量 = 心率 × 每搏输出量 × 从血液获取的氧气$$

上述公式表明，对于训练有素的运动员，以给定心率运动时，因为每搏输出量及从血液获取的氧气量提高，故增加了氧气传输量。后一个结果主要来自多年有氧训练带来的骨骼肌毛细血管密度的提高。

心脏异常

训练有素的跑者呈现异常心律的概率很高，这是正常情况，不代表心脏疾病[11]。这些心跳异常并不重，但有对他们心电图（EKG）误读的风险[12]（请注意，在吸气和呼气过程中，心跳时间会有所不同，因为这属于正常情况，所以没有在这里讨论）。训练有素的跑者在检查脉搏的时候，尤其在艰苦训练之后，经常会出现一些不规则异常。心悸和不规则脉搏有时可以视为过度疲劳的迹象，在发生这些情况的时候，跑者可以逐步减少训练量[12]。这不意味着运动员的全部心脏异常都不严重，有些

第1章 生理原理

异常还需要医生检查。下面是针对这个主题进行的一些研究和观察。

- 超过40岁的跑者中，25%的人EKG不正常[5]。

- 世界著名的心脏专家及跑者兼作家乔治•希恩博士（Dr. George Sheehan）[12]指出，在意大利学者维罗纳多（Vererando）和劳利（Raulli）对罗马奥运会的研究中，接受测试的89位世界级马拉松运动员几乎都有异常EKG，但最终结论是，这些变化与心功能降低或疾病无关。

- 希恩博士[12]还讨论了极高速度持续奔跑的心律失常。这种心律失常主要发生在健康的心脏上，对总体健康没有影响。这类轻微的异常在普通跑者和世界级跑者之间都很普遍。我自己在多个场合下经历过这种异常的快速心跳（也称为房性心动过速）。这类情况有时会在承受艰苦训练的压力后发生，例如铲完厚厚的积雪后，甚至在休息状态下，但在比赛期间从没发生过这类情况，赛前几天的放松已经让我得到了充分热身和良好休息。通常，在摄入咖啡因后或者过多艰苦训练安排得很紧导致身体疲劳的时候也会发生这种情况。秋季训练强度不那么大的时候，即使我增加咖啡因的摄入量，也很少发生这种情况。这表明，这个问题主要由过度训练和疲劳引起。通常我只要躺下来，完全放松和专注地深呼吸5~40分钟，就能摆脱这个问题。有时头低脚高躺下或者靠墙支撑，就可以解决心跳过快问题。对于持续数小时以上的脉搏加快，建议还是去医院把脉搏降下来。不要像我有一次那样耽误3天才去。

有一次发生这种情况，是我在做200米快速间歇跑的时候，心率监视器在胸上固定得太紧。当时我的心率超过200b.p.m.。大约15分钟之后，我的心跳平静下来，我甚至能够比以前跑得还快。这件事以及类似的一个经历，让我以为热身时让心跳快到接近最大值的过程有好处。另一次，在发生了心房纤颤或心跳过速之后（可能因为热身的强度太大），我在心脏恢复到正常之前，傻乎乎地完成了2个500米加速跑。在每个加速跑的最后50米，我体验了从未有过的乳酸堆积和精疲力竭。

第1章　生理原理

血液

血容量和红细胞量提高

经过长时间的规律训练后，身体的血容量会提高。"体育活动可以显著提高血浆容量，即血液的水性部分"（科斯蒂尔[1]）。结果就是会有更多氧气流向身体更多的细胞。

科斯蒂尔[1]指出："血液传输的氧气量部分由血液中的红细胞数量以及血红蛋白量决定，所以最大摄氧量与运动员的红细胞容积密切相关。专家们普遍认为，长年训练可以在不改变每个细胞中血红蛋白数量的情况下增加红细胞的数量。"

通过高强度体育训练可以将血容量提高大约500毫升，即8%~10%。通过几次锻炼就可以达到这个值，然后在训练停止时就会迅速衰退。但是，血容量在重新开始训练几天之后就可以恢复（科伊尔[14]）。

血液pH值

在艰苦的高强度跑步项目中，例如400米比赛中，血液（及肌肉）的pH值会从碱性范围（即略高于中性pH值7.0）跌入酸性区域。"由于乳酸和氢离子增多而提高的酸性限制了肌肉产生能量的能力，导致肌肉收缩困难"（科斯蒂尔[1]）。这就形成了一个安全阀，可以防止pH值降得过低。无氧间歇训练每次"重复"时的高强度导致pH值下降。休息间歇让pH值提高，并带着一些残余酸度开始下一次"重复"。

要让pH值恢复正常，可能需要一两天的恢复。如果后续几天在pH值低的时候继续训练，则整个机体会受到干扰，运动员也无法表现良好。如果训练强度太大，且训练后的恢复很差，既会影响食欲，也会导致失眠和状态不佳。

线粒体酶的活动

线粒体是肌细胞内的微型发电站，负责在有氧气的情况下将养分变成ATP。线粒体内的氧化酶可以加快这个反应，形成高效的表现。对这些氧化酶的测量可以反映肌肉工作的能力，它们也可以反映耐力表现能力。而且，研究者已经使用停训时线粒体酶成分的减少作为测量体能损失速度的手段（科伊尔[14]）。

科伊尔[14]的调查揭示了以下事实。

- **线粒体酶活动是限制因素**。线粒体酶活动很可能是判断恢复到训练前状态所需时间的限制因素。
- **中断训练**。只要进行2~4个月中等强度的训练就可以将线粒体酶活动提高20%~40%，但在停止训练1~2个月之后，就会恢复原样。
- **停训**。停训10天后，线粒体酶活动已经降低50%。需要重新训练超过40天才能恢复训练状态。

男性和女性的生理差异

根据诺克斯[8]的研究可知，女性世界纪录的成绩比男性慢（一般大约11%），例如：

- 100米（-9.4%）；
- 5 000米和1万米（-15%）；
- 马拉松（-11%）。

上述差异的原因主要是，女性与男性相比，存在以下差异：

- 心脏大约小12%；
- 血液中血红蛋白浓度低（因此氧气传输能力更弱）；
- 体脂更多；
- 骨骼更纤细，肌肉更少；
- 体力至少低25%；
- 氧气摄取能力更低。

你的朋友：乳酸

如果不澄清关于乳酸的一些错误概念，本章将是不完整的。乳酸一直有着让人疲劳、肌肉疼痛的"坏人"名声。在长时间的高强度锻炼中，它确实会引起一些疼痛和不适，但它会迅速清除，通常在运动后1小时内就会从肌肉中清除。肌肉之所以继续疼痛，在于肌肉发炎和细微撕裂。实际上，乳酸与其说是坏人不如说是朋友，因为在次极量运动中，它是提供能量的关键物质。

第1章 生理原理

肌糖原分解（糖原分解）或血糖分解（糖酵解）增加导致血液中的乳酸增加。

下面是对乔治·布鲁克斯博士（Dr. George A. Brooks）[15]精彩研究文章的一些要点归纳。

- "在状态稳定的次极量运动期间产生的乳酸，75%被迅速当成产生有氧能量的来源。"而且，"运动过程中大约25%的乳酸来自肝脏和肾脏的葡萄糖储备。"
- 随着对高强度和长时间次极量训练的适应，心血管、线粒体和毛细血管容量的提高，都导致乳酸产生减少。
- 乳酸还可能从不活动的肌肉向肝脏和肾脏供应，在这两个器官里被转化成葡萄糖，这个葡萄糖被释放到体循环内，供活动的肌肉利用。

参考资料

1. Costill, D., *Inside Running, Basics of Sports Physiology*, Benchmark Press, Carmel, IN, 1986.
2. Martin, D., and Coe, P., *Better Training for Distance Runners*, Leisure Press, Champaign, Illinois, 1997.
3. Mangi, R., Jokl, P., and Dayton, O. W., *Sports Fitness and Training*, Pantheon Books, New York, NY, 1987.
4. Sparks, K., Bjorklund, G., *Long Distance Runner's Guide to Training and Racing*, Prentice Hall, Englewood Cliffs, NJ, 1984.
5. Mirkin, G., and Hoffman, M., *The Sports Medicine Book*, Little Brown and Co., Boston, Toronto, 1978.
6. Lydiard, A., and Gilmour, G., *Running With Lydiard*, Hodder and Stoughton, Aukland, London, Sydney, Toronto, 1983.
7. Peronnet, F., and Thibault, G., "Mathematical analysis of running performance and world running records", *Journal of Applied Physiology*, 67, 453–465, 1989.
8. Noakes, T., *Lore of Running*, Leisure Press/Human Kinetics, Inc., Champaign, IL, 1991.
9. Hickson, R. C., et al, "Reduced training intensities and loss of aerobic power, endurance and cardiac growth", *Appl. Physiol.*, 58: 492–499, 1985.
10. Higdon, H., *Run Fast, How to Train for a 5K or 10K Race*, Rodale Press, Emmaus, PA, 1992.
11. Pantano, J., and Oriel, R.J., "Prevalence and nature of cardiac arrhythmias in apparently normal well-trained runners", *American Heart Journal* 104, 762–768.
12. Sheehan, G., *Medical Advice for Runners*, World Publications, Mountain View, CA, 1978.
13. Bangsbo, J., et al, "Anaerobic energy production and O_2 deficitdebt relationship during exhaustive exercise in humans", *J. Physiol.* (London) 422:539–559, 1990.
14. Coyle, E. T., Detraining and retention of training-induced adaptations, *Gatorade Sports Science Institute, Conditioning and Training*, Volume 2, Number 23, March 1990.
15. Brooks, G. A., "Blood lactic acid: sports 'bad boy' turns good," *Gatorade Sports Science Institute*, Volume 1, Number 2, April 1988.
16. Watts, D. C. V., and Wilson Harry, *Middle and Long Distance Marathon and Steeplechase*, British Amateur Athletic Board, London.
17. Madsen, K., et al, "Effect of detraining on endurance capacity and metabolic changes during prolonged exhaustive exercise", *J. Appl. Physiol.* 75(4): 1444–1451, 1993.
18. Morehouse, L., and Gross, L., *Maximum Performance*, Simon and Shuster, New York, NY, 1977.
19. Cooper, K. H., *Aerobics*, M. Evans and Company, Inc., New York, NY, 1968.

第1章 生理原理

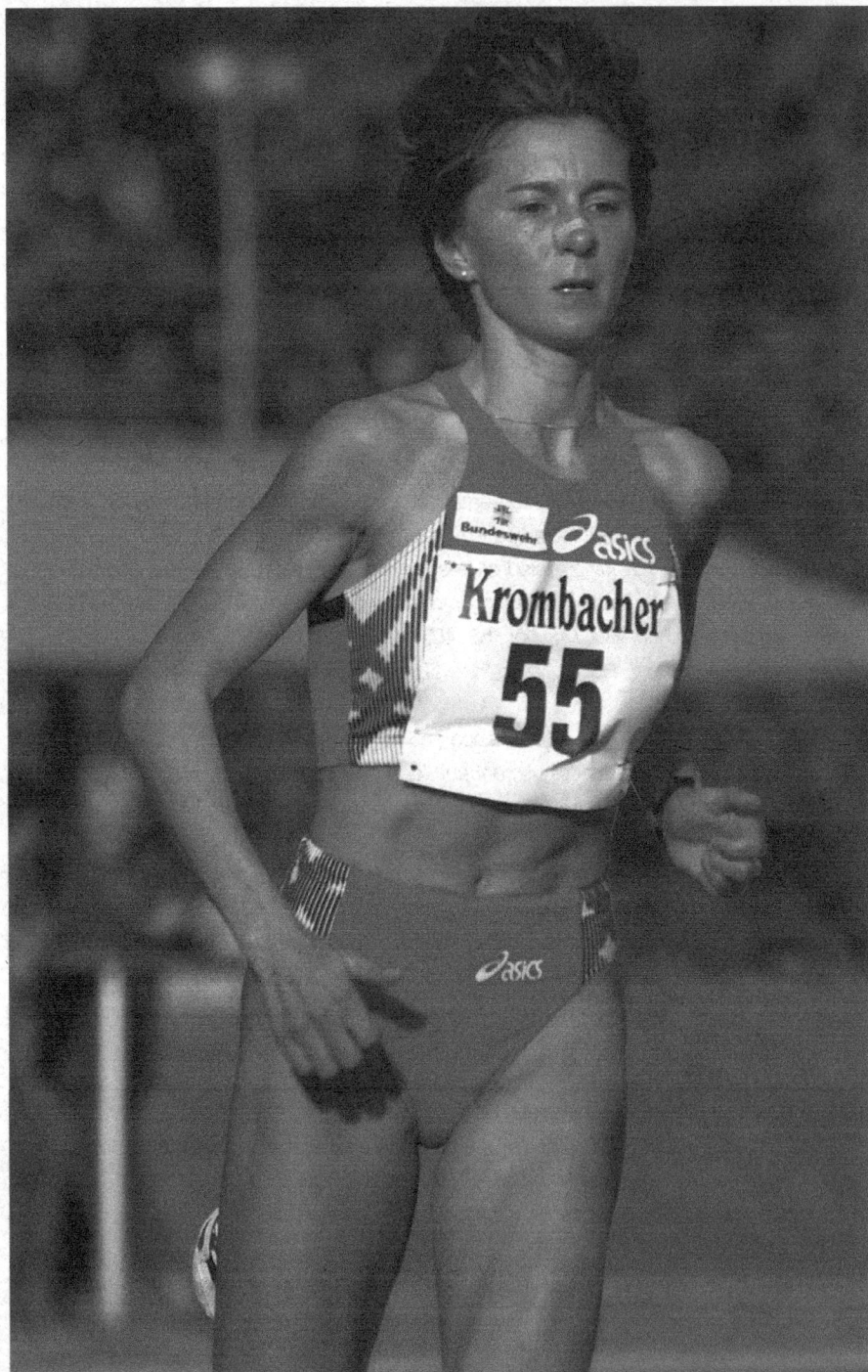

第**2**章

心理训练

介绍

本章将介绍在训练、比赛，以及人生中获得完美心理体验的技术。

很久以前，伟大的帕沃·努尔米（Paavo Nurmi）说过："心理是一切——肌肉，不过是一根根胶条。我的所有成就，源于我的心理。"这指出了心理训练的重要性。糟糕的是，普通运动员并没有花时间进行心理训练。可以想象，如果在您的武器库里储备了强大的心理训练技术，您会取得多么巨大的进步。

诺曼·文森特·皮尔（Norman Vincent Peale）[24] 曾在他的书中提到了夏威夷的杜克·卡哈纳莫库（Duke Kahanamoku）——最伟大的游泳运动员之一。杜克知道，要成为伟大的胜利者，必须让身体、心理和精神竭尽全力。他用自己的实际经历证明了这点，赢得了1912年和1920年两届奥运会的100米自由泳冠军，但在1924年落后约翰尼·韦斯穆勒（Johnny Weissmuller）数厘米而落败。"练习、练习、练习。"杜克说道，"这绝对是必需的。但还要运用身体、心理和精神的全部资源——一个也不能少，也不能只是一部分资源，必须是所有部分的全部资源。"

实际上，运动心理学依然落后于生理方面，至少对普通运动员是如此。40多年前，伟大的世界纪录保持者、多次创造世界纪录的赫布·埃利奥特（Herb Elliot）将心理技术整合进来，包括禅学和瑜伽；这些是他的教练珀西·切鲁迪（Percy Cerutty）引入的。俄罗斯人倡导运动心理学，将它运用在奥运会的训练中，并取得巨大成功。虽然大多数专业跑者每周都会花10~20小时进行身体训练，但极少有人每周哪怕只花上15分钟进行心理训练。但是，大多数精英运动员都知道心理训练的好处；在633名有望参加奥运会的选手中，有85%进行了某种形式的心理练习[25]。

很多时候，竞争对手之间在体能、技术或训练方面几乎没有太大差异；胜负往往来自心理。"胜者能够达到心理平衡的状态，从而更加稳定地发挥最好水平"[约翰·杰尔姆（John Jerome）[16]]。心理训练技术不仅能克服消极反应，还能释放隐藏的保留能量和保留耐力[22]。心理训练每天至少要练习几分钟，可以利用众多的碎片时间进行练习。

身体、心理和精神和谐

在我每天前往本地基督教青年会的途中，我都会看到"身体、心理、精神"的标语。但是，尽管可能不缺乏进取精神，但是多数成员仍只进行身体的训练，而很少或不练习心理技术。我猜多数人对身体、心理、精神练习或者这3者和谐的好处还没有概念。杰瑞·林奇博士（Dr. Jerry Lynch）和沃伦·斯科特博士（Dr. Warren Scott）在*Running Within*[1]一书中指出："您可能还没有体验过这样的心理现象，或者可能体验过，但没有建立起联系，或者已经将其遗忘。"

对我个人来说，之前，我对这个问题也是一知半解。我了解心理技术并且实践过。我知道要想从训练中获得最大收获，我必须享受它们，这会让我进步得更快。这是我从伟大的德里克·特恩布尔（Derek Turnbull）身上学到的，他是20世纪的男子运动健将。我还在训练和比赛的时候体验过一些心理高涨（不是内啡肽水平高）的时刻。我依然能回忆起50年前我在一个比赛中超越自己、感觉自己可以毫不费力地跑得比以往任何时候都快时的体验。但是许多年来，我没有把这些体验融为一体。下面的讨论包括了如何运用禅宗方法和"斗士运动员"方法帮助您实现这种完美境界，即身体、心理和精神和谐。

精神指什么

我们知道，心理是骑手、身体是马。精神，或者说"心神"，是一种情感，它融合了许多令人钦佩的能力和信念，例如勇气、果断、热情、欢乐、信心和平和。它的成果是一种最高等级的情感。它是令人感动的体验的核心。

禅宗和觉悟

"禅宗的基本信念之一是希望人觉醒，人人都有佛性（完美理想）。"[19]

身体、心理和精神和谐是觉悟的状态。根据禅宗的说法，这种状态是无法用语言描述的，因为它是感受到和经历过的精神体验。它也是身体感受到的体验[19]。如果企图按照逻辑思维的方式去理解它，只会发现众多的矛盾和对立。但是，对于本章来说，以下描述已经足够。

觉悟[19]是通过活力冥想获得的，在这个过程中，要忘却身心，不做无谓的努力，从有思变为无思无觉，例如，出现任何想法，都立即将其抛弃。在沉浸于觉悟状态的时候，会体验到"虚无"的平和状态——无思无觉，但仍然是一个警觉的状态，而且不是睡觉。在大量的练习之后，冥想会带来内视、超脱、稳定的心态、冷静、陶醉、控制、自由、力量、能量和神秘。"在冥想过程中，不会分心，注意力会纯粹地集中在当下；情绪不再紧张；身体彻底放松并充满活力"[米尔曼（Millman）[5]]。

类似地，"斗士运动员"在跑步的巅峰体验过程中也能感受到与禅宗冥想相同的好处，例如平和、自由、陶醉、冷静和活力。这种超自然的心理状态发生在跑者感觉身体、心理和精神和谐的时候——一切都井然有序。林奇和斯科特[1]将这种体验描述为"超越我们的心理极限，在范围上远远超过内啡肽的释放"（内啡肽可以控制疼痛和压力）。这些魔力时刻并不经常发生。通常情况下，它们需要冷静的思想、平静的情绪、健康而精力充沛的身体以及良好的外部环境。在美好的自然环境中慢跑时会发生这些情况，甚至在有成千上万观众围绕的比赛中也可能发生。您会迷失在貌似毫不费力的跑步——漂浮滑行中，像鹿一样滑行。您会对自己说："这才是一切应有的样子。"

下面是我的一首小诗，灵感来自林奇和斯科特的*Running Within*一书。

跑步的觉悟

享受身体的流动；
滑行——漂浮且毫不费力。
享受当下；
享受内在的自我。这次是
您独自一人
尽情享受周遭的美。
让您的感觉唱起来；让您
的感觉响起来；感受内心

的赞扬诗篇；感受内在的
平和。身体、心理和精神
统一而和谐。
这才是一切应有的样子。
让身体呐喊。
它是沉默的活力；
让心灵自由奔跑；
在觉悟中：忘却自我，超

越自我，自我成长。感受
活力冥想。
享受这个游戏的快乐，享
受它的神秘，享受生命的
舞蹈。
人生旅途走过了一个个
驿站。

下面的讨论有助于运动员体验觉悟或身体、心理和精神和谐，并描述了斗士运动员采用的方式。

斗士运动员

在内心产生冲突的时候，运动员可以选择斗士运动员的正确方式。斗士运动员选择的方式是身体－心理－精神这3个中枢都在控制之下并保持平衡的方式。

下面是林奇和斯科特[1]对斗士运动员的一些描述：过去的战士，展现出极大的内在力量和精神。他们认识到真正的战斗是为了克服自己内在恐惧而发起的内在战争，而不是针对外部发起的战争。"战士们拥有一种多维（身体－心理－精神）竞争方式。"竞争是针对自己的比赛。随着所取得的内在成功，取胜的紧张、焦虑和压力也更少，而沉着的战士更容易赢得胜利。战士跑者通过每天练习冥想、放松、可视化和肯定，使自己安定和冷静下来。

在竞争的时候，斗士运动员把注意力集中在展示自己能力，而不是对抗性的竞争上。例如，4届奥运冠军奥特（Oerter）经常带伤比赛，他说："我不与其他铁饼运动员竞赛，我与自己的历史竞赛。"类似地，无与伦比的卡塔琳娜·维特（Katarina Witt）说："当我站上冰面时，我只考虑自己该怎么滑。我忘记了这是场比赛。"他们传递的消息是：不用担心或考虑竞争对手，只需比从前的自己做得更好。

请参阅下面的理想品质列表，它来自心理技术的知识和实践。另外，在Zone一书中，墨菲（Murphy）和怀特（White）描述了运动员在拥有理想成绩状态全部重要特征时数百种充满魔力的巅峰体验。

对于冥想、目标确定、解决问题和决策，或者清理头脑和情绪，斗士运动员适合在平静的环境中采用缓慢的身体动作。我已经发现，慢走、游泳、在水中跑步（请参阅第11章）或慢跑对于上述训练非常有效，但在大自然里散步或徒步的效果最好。这需要斗士运动员热爱自然，就像禅宗信徒将自然视为生活的朋友一样。类似地，瑜伽和太极包含的安静、稳定、平衡、优雅、韵律和专注，使它们高度适合进行冥想、清理头脑和情绪，实现身体、心理和精神融为一体。

身体、心理和精神和谐的正确态度

- 林奇和斯科特[1]提出以下建议："把注意力放在跑步的美好和实质（旅程、准备）上时，您不会再感到与成绩和结果有关的焦虑和压力。'想'赢是健康的，但请将自我从取胜中超脱出来。不要沉迷于'需要'获胜、成绩或结果；这会消耗您的能量、产生焦虑且让您慢下来；只要跑出自己，向他们展示您最好、最强的一面就好。将注意力集中在'毫不费力'，只要跑出自己当天的最好状态，而不是强迫自己必须做到什么。在训练之间和训练当中，集中在心理方面（放松、可视化和肯定）是掌握整个身体、心理和精神旅程的关键。"

- "把目标定为在训练中寻找快乐和享受。在开始享受这个'舞蹈'时，就扩展了自己的注意力，建立了一座桥，把身体、心理和精神连接在一起"（林奇和斯科特[1]）。而且，如果运动中压力太大、没有足够的享受，激励和兴趣也不会持久。但是，如果把注意力集中在快乐上，那么保持注意力集中也会为比赛提供宝贵的体验。还请参阅下面"欢笑的好处"。

- "力争完美"这件事过于偏向成果导向，会导致注意力集中在时间更快、距离更长和训练更艰苦上。这样做可能是破坏性的。1999年，由于训练过于艰苦，整个夏天我都与70~74岁年龄组的400米室外世界纪录无缘，尽管我早在3月于波士顿举办的美国大师室内赛更紧张的室内轮次里追平了这个纪录。那时，我有点训练过度，起步时总跑得太快。训练更艰苦反而达不到预期效果。如果我忘掉纪录（与计时器竞争），而把注意力集中在跑步的快乐上，可能早就成功了。而且，每天两次常规训练以及每周3次的密集间隔，加上过

第2章 心理训练

多的竞赛性训练，已经消耗了我这70岁的老身子骨。越少则会越多。"练习合气道的时候，产生的阻力、用的力越少，就会变得效率越高"（林奇和斯科特[1]）。

如何进行心理训练

热身时执行以下5个步骤，有助于实现心理–身体–精神合一的训练。

1. 回顾这次训练课的目标。

2. 反思自己的整体目标。

3. 提醒自己这个训练如何帮助您实现整体目标。

4. 提醒自己是否出现了不适或疲劳，且它是成功的唯一途径。

5. 通过形象化，想象和感觉自己正在享受这次训练且精力和热情十足地成功完成了它。

这些步骤应该可以带来一堂专注、充满热情和令人满意的训练课。

变成斗士运动员或身体–心理–精神和谐的回报

- 林奇和斯科特解释说[1]："在精通的过程中，准备或实践就是回报。"认识到这点之后，训练就变成了一个值得享受的身体、情感和精神的体验。"真正的奖励就是练习，是战士活在当下的内在体验。"一旦取得了内在的成功，就会在竞争的情况下做到焦虑更少、压力更小，从而提高成绩。

- 当运动员在身体、心理和精神和谐的状态下练习时，每天进行的训练都会带来价值，且有助于培养良好的习惯。

- 在追寻和实现身体、心理和精神和谐的过程中，应该更加欣赏自己的存在，认识到每天都是上天赋予的礼物。在"神奇的旅程"和"生命的终极游戏"中，您会体验到"活着的美好"（林奇和斯科特[1]）。

- 最后，斗士运动员或理想的运动员做到了自我实现、收获了内在力量，保持谦虚的冠军姿态，举止优雅地度过人生。

理想的心理状态

比赛之前和比赛过程中"理想的心理状态"是禅的心态，具备禅宗冥想的全部特征和好处。詹姆斯·勒尔博士（Dr. James Loehr）[15, 23]列出了获得理想发挥时所需具备的12个方面：

- 身体放松
- 冷静
- 不焦虑
- 有活力
- 乐观
- 享受
- 不费力
- 自发
- 警觉
- 专注
- 自信
- 受控

在调查过不同项目数百名顶尖运动员之后，勒尔博士得出以上"理想成绩状态"[15]。还请参阅查尔斯·加菲尔德（Charles Garfield）[22]提出的类似的运动员理想特征列表。许多运动员都参考这个列表，以便"在这个区域"比赛。理想情况下，要以最佳水平发挥，运动员必须拥有以上积极的感觉。在练习或比赛之前，请实践这些心理技术来获得这种理想的心理。

从我在田径比赛中创造40多项世界纪录的自我观察来讲，打破世界纪录时并不会感觉付出超常的努力；在获得卓越成绩的时候，运动员具备以上特征，一切都是自然而然发生的。所有这些之所以成为可能，源于在训练过程中接近比赛情况下成千上万小时的身体和心理准备。

卓越运动员的一个放松实例是拉尔夫·罗曼（Ralph Romain）——55~59岁和60~65岁年龄段400米世界纪录的保持者，他在后一组中跑出了惊人的53.90秒。他甚至有时间在比赛过程中向观众招手。1995年在布法罗的退伍军人世锦赛800米决赛前，他问我为什么要在比赛前热身一个半小时。我说是为了消除自己的紧张。他说："当我站在起跑区的时候，我都能睡着。"我相信他说的是真的。

处于这个理想表现状态的时候，约翰·杰尔姆称之为"成绩甜点理论"（Sweet Spot Theory of Performance）[16]。例如，当击球手打出一记完美的全垒打时，方方面面都配合得天衣无缝，形成一条完美的轨迹。在表现理想的时候，例如鲍勃·比蒙在1968年墨西哥奥运会跳远比赛中不可思议的一跳，打破了世界纪录，这里面"组合了数百个变化因素，其中包括几乎完美的心理准备和心理状态"（约翰·杰尔姆[16]）。相比之下，在比赛中用力过度，只会影响放松、降低速度、减小力量和降低准确性。

第2章 心理训练

欢笑的好处

欢笑、幸福和幽默感有许多心理优势，这并不是秘密，它们会带来良好的心理面貌、积极的态度和放松无压力的心态。

在训练中寻找快乐，您会变得更放松，即使艰苦的训练看起来也会轻松许多，这会使您跑得更快并避免厌倦。有时，我们戏称自己为"残废"（1998—1999年时我在纽约T&F俱乐部的跑友们）。我们都有外号，比如"大嘴""变态""疯腿或疯子""老顽固"（猜猜是谁）。

欢笑还有以下重要优势。

- 强化免疫系统。
- 有助于治疗疾病和损伤。
- 缓解疼痛和身体紧张。
- 长寿。

将注意力集中在生活的积极方面而不是消极方面，就可以获得快乐。只看事物阳光的一面，就可以收获幽默感。

放松技术

"通过彻底放松肌肉，可以做到心态的放松；埃德蒙·雅各布森（Edmund Jacobson）50多年前就证明了这点"（加菲尔德[22]）。

彻底地清理思绪和放松，有多个理由 [特里·奥立克（Terry Orlick）[13]]。

- 在重大比赛前夜，美美地睡一觉。
- 为取得最好成绩做准备。
- 加快比赛之间或比赛之后的恢复。
- 让心理和身体为了理想或者肯定性的自我断言做好准备。
- 在承受任何压力之前做好准备，例如考试之前、面试之前或者演讲之前。
- 为了适应压力条件而调整，需要冷静地沟通。

在完成下面介绍的一个或多个方法后，您应该变得冷静、有活力、放松和专注，并且准备好开始可视化。在放松的心态下，心理系统最乐于接受集中在自我肯定断言的心理形象。

放松方法。有许多不同的方法可以放松身体和心理。在比赛前放松的时候，必须提高过于放松后的紧张度才能达到比赛需要的理想紧张度，所以要取得最优成绩，不应该过于放松。请参阅方法2。下面描述了一些典型或流行的方法。

方法1。 下面简要介绍特里·奥立克[13]使用的典型放松技术。

1. 让自己处于一个舒服的位置，坐着或躺着。缓慢而轻松地呼吸。想象自己按以下顺序放松全身的各个部分：脚趾、脚、小腿、大腿、臀部、下背部、上背部、手指、前臂、上臂、肩部、颈部、下巴和头部。让每个部分彻底放松，然后转到下一部分。想象热流进入手指。"扫描身体各个部分，找到可能的紧张区域，放松这些区域。想象一股舒服的暖流和松弛感正在身体内流转。"

2. 现在把注意力集中在腹式呼吸上，即吸气时挺腹，呼气时收腹。每次呼吸时放松，尤其是呼气的时候，您"越来越深地进入温暖、冷静和彻底的放松中。"

3. 现在进入特别平和宁静的状态。

方法2。 有些参考资料[3, 17, 23]，描述了"收紧、坚持、放松"技术（埃德蒙·雅各布森系统），在全身各个部分移动，从上身到脚趾，或者反方向进行，每次一个部位。这种方法称为"渐进式肌肉放松"。平躺，双手放在两侧，四肢放松放平。每个部分收紧10秒左右，然后放松10秒。每次呼吸时，吸入新的能量和活力，呼出疲劳和紧张[3]。或者，所有部位一起收紧，数10个数；然后从10开始倒数10下放松所有部位。现在把紧张程度提高到您感觉适合比赛的水平上。

但是，特里·奥立克[13]认为："通常推荐的在放松前先让肌肉紧张的这个程序，最初是由心理学家为非运动人士开发的，这个程序在运动员中不那么流行，因为运动员对肌肉的控制更自如。"

方法3。 凯·波特（Kay Porter）和朱迪·福斯特（Judy Foster）[3]介绍了一种简易的放松形式，一旦掌握就可以快速放松：安静片刻，闭上双眼，注意力集中在呼吸上。深吸气，暂停片刻——呼气，让心理和身体放松，放空自己，变得平和。注意观察有没有任何紧张区域。"如果有，向那里发送一些能量与平和，由它去吧。"在彻底放松和集中注意力的时候，就准备就绪，可以开始自己的可视化。

方法4。 自发训练。这个训练方法把注意力集中在与心跳和呼吸功能有关的肌肉上，集中在心理状态上。"自发"是指"自我形成"或者通过集中注意力获得对自我的控制。这个方法依靠与放松感觉联系起来的"沉重"和"温暖"这两个词。下面简要介绍的是约翰内斯·舒尔茨（Johannes Schultz）开发的这一方法的一个变体。

1. 找个安静的地方，舒服地坐着或躺着，闭上双眼，开始深度腹式呼吸。

2. 把注意力集中在每条手臂上超过1分钟。反复对自己说："我的手臂感觉沉重，越来越沉，越来越沉，越来越沉，非常沉重。"

第2章 心理训练

3. 把注意力集中在每条腿上，重复类似断言，感觉腿变得越来越沉，越来越放松。

4. 把注意力集中在每条手臂上各超过1分钟。反复对自己说："我的手臂感到温暖，越来越暖，非常温暖。"

5. 把注意力集中在每条腿上，重复类似断言，感觉腿变得越来越温暖，越来越放松。

6. 加菲尔德[22] 做了如下解释。

重复"我的心里感觉冷静和快乐"断言4~6次；最后重复"我感觉超级冷静、超级放松。"

按照以上方法重复断言[22]："我的心跳冷静而稳定""我的腹部柔软而温暖""我的额头很清凉。"

7. 开始自我肯定断言和/或可视化。

更完整的课程还包含肩部、头部和双脚。这时，双臂双腿都包含在内，也要将每次训练时间控制在10分钟内。米尔曼（Millman）[5]介绍了一种与上面类似的方法，但不包含热身步骤。在放松的时候，"在吸气时感觉自己浮起来，呼气时感觉自己落下"。

方法5。沙克蒂·高文（Shakti Gawain）的*Creative Visualization*[17]一书从最初个人出版2 000册开始，已经售出了超过200万册。下面简要介绍一下这本书中的一个放松方法，按以下步骤可以让人充满精力、欢欣鼓舞和深入放松。

1. 平躺，双臂放在两侧，闭上双眼，放松、轻松、深入，缓慢地呼吸。

2. 缓慢地呼吸5次，同时想象着有一个散发着金色光芒的球体从您的头部升起，把注意力集中在这团光上。按同样的方式，在喉咙、腹部、脐部、骨盆和双脚重复以上过程。想象这团光不断地向外辐射着能量，并扩展透过全身。

3. 现在想象全部光球同时发光释放能量。

4. 在深呼气的时候，想象能量在身体的一侧从头部向下流到双脚，在深吸气的时候，又从另一侧流动上来。围绕全身完成3个这样的循环。

5. 按同样的方式，想象能量在身体前方落下，又沿着背后流上来。按上面的呼吸方式呼吸，完成3个循环。

6. 最后，想象能量从脚通过身体中心流到头部，然后向下流出身体。像上面那样深呼吸。重复几次。

方法6。沙克蒂·高文[17]也介绍了一种有用的技术，可以召唤（调用）具体的某一品质，例如：力量、信心或能量。

"在彻底放松、充满活力时，对自己说，'我正在思考召唤力量品质'。然后感觉力量向您涌来或者从身体内部涌出，充满了您的全身，并由内向外释放出去。体验这个感觉几分钟。然后通过可视化和自我肯定，引导这个品质向着具体目标移动"（对这个品质提要求）。

除了提高运动成绩外，可想而知，这项技术及上述各项技术还可以用来提高很多方面的表现。

方法7。这是个简单的方法，对我很适用，就是躺在一个安静的地方，闭上双眼，想着放松。缓慢地深呼吸 10~20 次。缓慢地吸气，保持 2~3 秒，然后非常缓慢地呼气。呼气用的时间比吸气长。

方法8。反复默念（即重复）在冥想中很有效。重复一个或数个简短的词汇，口诵或默念，与每次呼气的节奏一致。注意力集中在这个词上，这样做的话跑步时也有助于集中注意力[1]。选择几个合适的词作为保持良好姿态或者集中注意力的积极提醒。默念或出声重复这些词，与每一步的节奏一致。例如，"轻跑，低摆臂"或"快速放松，快速放松。"

在最近的一场 5 000 米比赛中，我发现在比赛的前半程重复"并不快"这句话很有鼓舞作用。结果是，我在后半程依然有实力跑得很快，超过了许多跑者。

方法9。请参阅温度计方法将赛前紧张变成理想的表现水平，详见本章后面"克服赛前紧张/在紧张和怀疑自己的能力时该做什么"中第7点。

放松方法小结。从上述方法中，您可能会找到自己喜欢的方法或方法组合，以实现快速放松。在多年练习后，我现在无须借助任何特殊技术就能彻底清醒过来。

强大的可视化和肯定性断言将在下面讨论。

可视化

心理可视化或形象化训练在体育比赛中得到了广泛应用，例如体操、跳水、橄榄球和跨栏。几乎所有精英跑者都采用这种方法。许多世界冠军也使用它，例如德怀特·斯通斯（Dwight Stones，跳高）、杰克·尼克劳斯（Jack Nicklaus，高尔夫）、格雷格·洛加尼斯（Greg Louganis，跳水）、克里斯·埃弗特（Chris Evert，网球）

和吉恩·克劳德·基利（Jean Claude Killy，速降和障碍滑雪）。我年轻时学车的时候还没有车，但用这种方法我有效地练习了开车。有些钢琴家甚至在脑子里练习他们的复杂乐章。

这个工具为何如此强大呢？马克斯韦尔·马尔茨医生（Maxwell Maltz M.D.）[18]对此做了明确阐述："我们的神经系统不能区分'真实'体验和'逼真想象'体验之间的差异。"众所周知，逼真想象的体育比赛可以刺激出与真实体验相同的肌肉响应，这已经得到肌电图（EGM）测量的肌电活动记录证明[14]。肌肉按照运动员执行该项技能的相同顺序发动。心理形象化能够轻轻触发真实活动所涉及的神经通路，因此能够强化甚至纠正这个技能涉及的神经通路。身体也由此认为自己真的在练习形象化的技能。

可视化的目的

可视化或形象化这一强大技术能够满足各种不同目的。下面列出了一些更重要的目的，资料来源请参阅林奇和斯科特[1]、奥立克[6]、温伯格[28]以及加菲尔德[22]的相关著作。

1. 看到实现短期目标和长期目标时的成功。看到自己表现正常且有效，并能实现预期目标。

2. 增加信心，放松，获得能量和激励。在训练或比赛之前，回想过去取得好成绩成功时的详细景象、声音，以及感觉。这可以增强信心，放松，获得能量和激励，还能增加强度。

3. 掌握完美技能。看到自己在日常训练里也能发挥完美技能，这会加快和强化学习的进度。

4. 看到突破平台期取得进步。

5. 与自己的神秘跑者保持联系，感受跑步时的陶醉感（请参阅上述"身体、心理和精神和谐"中林奇和斯科特[1]提出的建议）。

6. 想象参加一个有风险的比赛，而且因为承担风险而成功。

7. 熟悉比赛或比赛计划。形象化能够强化在理想和非理想条件下的比赛策略。

8. 熟悉比赛地点。熟悉比赛地点的周边环境、声音、气味、天气和景色，可以帮助运动员在比赛之前消除紧张。由于熟悉，运动员会觉得自己已经到过这里。一般来说，可视化训练要在一堂课中包含比赛地点和比赛策略。

9. 重新集中注意力。在比赛之前或比赛当中，如果出现内部干扰或外部干扰，可以利用形象化来重新集中注意力，这可以让您保持镇静。请参阅下面"注意力"中的"重新集中注意力"部分。

10. 应对疲劳和赛前紧张。

11. 强化放松。

12. 有助于在比赛期间克服障碍，例如强风、下雨、极热或极寒。

13. 在比赛之前达到理想的比赛状态，例如，提高能量水平，或者降低焦虑水平。

14. 加快损伤恢复。

15. 因为伤痛而不能训练的时候，在脑子里进行训练，借以应对伤痛。

16. 纠正以前的错误。

17. 在比赛马上开始之前可视化，例如，在网球赛发球之前，在跨栏比赛之前，在跳水之前，在高尔夫比赛挥杆之前，在体操比赛上场之前等。

18. 为重要的日常社交体验或工作体验做准备。

什么是让可视化具备强大威力的核心条件

选择一个安静、没有干扰的环境。身心必须彻底放松，情绪要保持平静。运用上述的一项放松技术。在心理的这种放松状态中，中枢神经系统最能接受专注的心理形象。"感觉自己彻底、自信和完全地控制住了自己的身体和心态"（波特和福斯特[3]）。

可视化自己的完美表现，按照自己的比赛计划进行。如果有可能，提前访问比赛地点，熟悉周围环境。即使比赛地点的一张照片也有帮助。必须将与形象化无关的感觉、思想和愿望抛开。进行详细而彩色的可视化。运用所有这些感觉：嗅觉、触觉、感觉和听觉，尤其是要感受自己正在做的事情。还可以在图画中模拟可能发生的其他问题，例如，强风、下雨，并用积极的反应来应对这些干扰。可视化必须逼真。

主观可视化和客观可视化

根据每次训练要实现的不同目标，有两种方法可以进行可视化：主观方法和客观方法。在主观方法中，您从内部（内心）观看图画，就会激活相同的肌肉，就像身体真的在做动作一样。这是温习身体技能的首选方法，例如跳水、跳高和体操等。运动员深入自己的体内，去体验和感受运动的感觉。在客观方法中，您作为观察者，就像看自己的影片一样。两种方法都应该练习。

练习，练习，再练习

心理形象化要求不断练习才能让这项技术达到完美。要精通这项技术，请针对以上全部场景以及其他场景经常运用它。练习得越多，就越轻松。您需要每天都练习，（尤其是）训练之前、训练当中和训练之后。通过这种方式，图像的清晰度会不断提高。

自我肯定性断言

假设身体能力相同的8位跑得最快的短跑运动员一字排开参加奥运会100米决赛，他们中谁能否获胜取决于这些运动员的思想差异。他们的"自我对话"和"自我思考"既能让他们充满能量、感觉放松，也能削弱他们的能量、让他们身体紧张。

另一方面，长期性断言，会把当前情况扩展成未来的一个现实目标。断言的事情当时不一定是真的，但要有成为事实的可能性。它们对您的潜意识说："您已经准备就绪。"您的潜意识不断地接受这些信息，通过日复一日积极的"我是……"断言，配合艰苦训练和努力，这个断言最终会实现。当您从假装相信变成绝对相信之后，潜意识就会根据您的积极信念接受这个积极思维和您的行为（请参阅本章末尾引述的奥立克的说法）。

积极的自我断言或肯定断言还是一个强大武器，可以击败训练之前破坏性的自我怀疑，更重要的是，能够击败比赛期间破坏性的自我怀疑。肯定断言还会将消极谈话短路。"比赛之前的积极断言能够提醒您所做的卓越准备，提醒您一切尽在掌握，提醒您要实现的目标，提醒您已经今非昔比，提醒您关注自己的计划，提醒您已经准备就绪"（奥立克[6]）。

自动提醒是通过不断地阅读或重复以上这些肯定断言，或者反复播放录制的提醒而实现的。在练习这些安排好的提醒时，一定要保持一致。

如何制订肯定断言

- 断言必须是自己真心渴望的事情。
- 使用现在时——就当目标已经实现——通常采用"我是……"句型。
- 简洁而具体。
- 使用韵律和节奏协助在头脑中留下深刻印象。
- 坚信这个想法——立即停止自己的怀疑。

- 使用积极的、个性化的断言。
- 肯定断言必须符合实际且可以实现。

长期肯定断言或赛前肯定断言的目的

- 克服恐惧（疲劳和不安等）或将消极思想变成积极思想。例如，如果担心自己比赛起跑慢，则应该用这样的肯定断言："我很享受冲出人群，我感觉很快。"
- 实现目标。例如，如果目标是跑完 1 500 米，每圈在目标时间的 1~2 秒范围内，则肯定断言应该是："我集中精力，保持每圈在目标时间的 1~2 秒范围内。"
- 获得信心、放松和能量，保持集中注意力。

什么时候、如何练习肯定断言

- 在深度放松过程中，反复重复许多次。
- 写在卡片上，放在容易看到的地方，例如冰箱门上，或者浴室镜子上。
- 走路、等公交、睡前和起床后，在心里愿意接受的时候，或者其他空闲时候，自己背诵。
- 录下来，开车去训练或比赛途中在车上播放（另外，我发现这种方法也非常适合于准备演讲时）。
- 每天阅读自己的肯定断言多次，最好在上床前或者早晨起床后。
- 肯定断言可以单独使用，也可以与形象化一起使用。
- 只有在放松且情绪冷静的时候才练习。

成绩提示

成绩提示（将在后面的"注意力"讨论）是在比赛过程中运用的非常简洁的肯定断言。成绩提示或触发器可以起到强有力的提醒作用，让您改变肌肉的紧张程度，集中注意力，或者在比赛之前或比赛过程中形成理想的身体感觉或心理感觉。

第 2 章　心理训练

记在训练日记上的赞扬、肯定断言及格言

　　赞扬是一种认可的形式。给出一些认可，有助于让艰苦训练展示出价值。您能想象打高尔夫的时候一杆进洞却没有任何人见证吗？他人的赞扬是一个非常有用的激励来源。可能会让您略微飘飘然甚至有点得意忘形，但与肯定断言一样，它们通常接近真实或就是实情。可以把它们当成自己的优势。有时甚至可以从赞扬获得教益。艰苦训练就会收获赞扬，虽然这远远不是我们跑步和比赛的目的。但可使人们注意到您身上有价值的品质或者进步。在某些方面，对您的赞扬也是对您教练的赞扬。

　　在受到赞扬的时候，把其中一些记在自己的训练日记里。这不是为了让您自高自大，虽然您知道大多数是溢美之词，但至少有一部分事实，这是件可以刺激自己且提升自己信心的事情。有些赞扬里包含让您警醒的幽默。无论如何——只要它能让您跑得更快，没人会在意。众所周知，充沛的信心对成绩有帮助，它会使运动员身心更加放松，能量更足，更愿意冒险取得更好的成绩。

　　而且，为了日后的激励，可以在训练日记里记下自己的肯定断言和喜欢的有激励作用的格言。在比赛日期临近时，尤其是比赛的前一晚，回顾自己的训练日记，会很有益处。这会让您充满信心，因为它又让您回想起自己的艰苦训练和准备。赞扬、肯定断言以及格言能提供激励和积极思想。

　　下面是从我的训练日记中摘出的一些肯定断言、格言和赞扬的示例，加"*"号的代表赞扬。

1994
- *您的移动毫不费力，没有不均匀，没有上下起伏，非常轻快。
- 我能做多少就做多少，不会影响第2天的训练。
- 我感觉我能做得更多。

1995
- *姿态完美，跑得经济。[巴里·谢普利（Barry Shepley），加拿大铁人三项教练]
- *您跑得非常悠闲。
- *您微笑着跑完了最后100米。
- *您激励了我。
- *我看过的最伟大的比赛——如果不是风这么大，您能跑进2分10秒。
- *您每天都不放松，都认真对待。
- *您是如何保持年轻的——您的秘诀是什么？

1996 • "您必须努力打破纪录"。（迈克尔·约翰逊，Michael Johnson）

• *您多大——45岁？

• 关键是实力，而不是太艰苦。飘起来。

• *您是一个难以逾越的标杆。

1997 • 不是疼痛，只是不适。

• 一切荣耀的功绩，都会随着时光归为尘土。

1998 • *看您跑步就像在欣赏音乐会。

• *您跑步的时候非常坚决。

• *您的身体素质与6年前在特立尼达的时候相比有了巨大提高。您看起来真的很结实。

• 跑出门去，寻找快乐。展示您对运动的爱。把自己全都奉献给它。[斯特顿（Stirton），加拿大器乐舞蹈家]

1999 • 学会不理那些无关紧要的小事。

2000 • *只需要知道如何跑得快。

• 训练才能增加成功的机会。

• *您就是匹赛马。

2001 • 不经风雨，不经痛苦。

• *您是我的偶像。

• *您的艰苦训练太有名了。

• *我希望与您握手。请摆个姿势。

• 不能为了准备而准备。

2002 • *您是个强壮的爷爷。（5岁小女孩）

• *您肯定是拿错了73岁人士的健康卡。（护士）

• *我从房间那一头就能扎进您的血管。（护士）

• *看起来超级光滑。

2003 • *您跑起来像长了双翅膀一样。（所以，我的"飞鞋"公司的Logo是合适的。）

• *肌肉真发达。

• "年轻真好。"

　　在余生里，我要说年老真好。

第2章　心理训练

- 今生所为，永世回响。（电影 *Gladiator*）

2004
- *您不寻常。
- *您让这件事显得太轻松了。
- "即使比赛失利，也不要失去教训。"（巴里·谢普利）
- *我看过的两个最勇敢的比赛。[某次波士顿室内赛，一位比我年轻的对手对我获得世界纪录的1英里和400米比赛的评价]
- 有损伤的时候——化消极为积极。说明该发展其他方面了。

克服赛前紧张

　　1989年7月，在俄勒冈州尤金市举办的世锦赛上，我的情况不好，在800米比赛当天得了赛前焦虑。当晚，在著名的海沃德体育馆，我要与新西兰伟大且讨人喜欢的德里克·特恩布尔同场比赛。2个月以前，我以2分12.8秒的成绩刚刚打破60~64年龄组的世界纪录，但几周之后，他又把这个纪录提高了0.2秒。在这些世锦赛上，他通常会获得5枚到6枚金牌。这使我相当焦虑，因为这才是我在澳大利亚墨尔本世锦赛后参加的第2个世锦赛。我不知道如何克服掉比赛之前漫长的几个小时里磨人的心理压力。幸运的是，在热身的时候，我的神经安定了下来。因为超过跑得过快的美国选手——我后来的好朋友和真正的铁人查克·索霍尔（Chuck Sochor）而浪费了相当多的能量之后，我的领先地位保持了大约350米。还有大约230米时，广播员公布说特恩布尔处于第5的位置。这让我拥有了不切实际的信心，因为当天早些时候，他刚刚跑完5 000米比赛，由于在途中停下来捡假牙，最后以接近纪录的成绩取得第2名。毕竟他也是人。我感觉自己能量十足，冲刺阶段也可能过于自信了。还剩大约60米的时候，他出人意料地超过了我，而且假牙什么问题也没有（这让我震惊了足有半秒钟），我以2米之差落败。我相信，消耗能量的不安（以及糟糕的策略）让我为这次比赛付出了代价，至少让我的速度比个人最好状态下的世界纪录慢了2秒。

　　现在我认识到，有下面这些有效的心理技术可以克服赛前紧张。而且，没有什么经历能与上面类似的比赛经历相比，而长期不懈的训练可以建立信心、减少和控制压力。

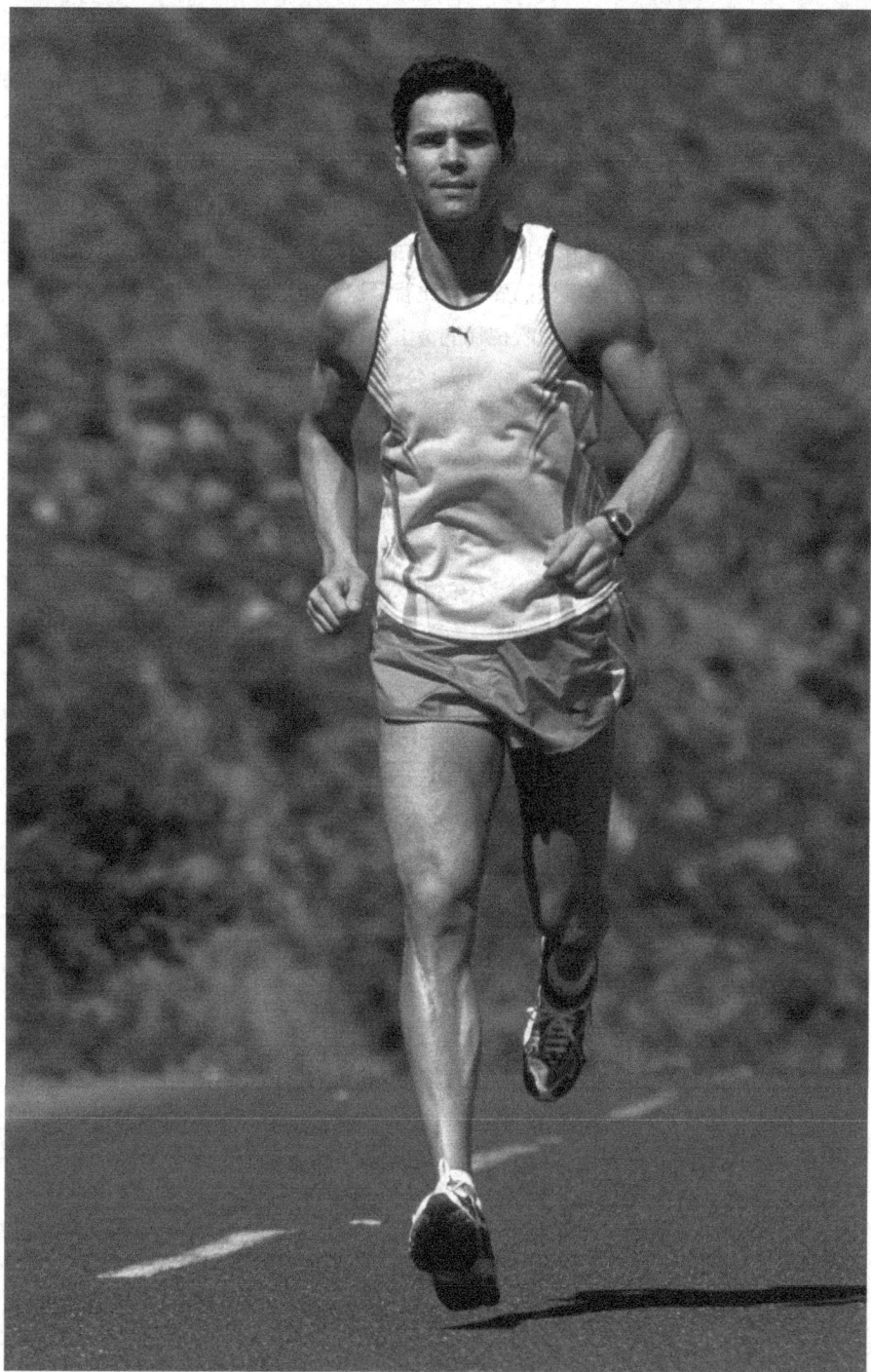

第 2 章　心理训练

紧张不好吗

"绝对不是"（加菲尔德[22]）！有一些紧张和兴奋的感觉是正常的，这类就绪状态称为积极唤醒。这会引起肾上腺素的释放，对运动员有利无害。

1995年7月在布法罗举办的世锦赛上，在65~69年龄组的800米决赛前，风特别大，即使我是世界纪录保持者，也对风产生了担心。当天的天气昏暗阴沉，风把旗帜吹得直响。在热身的时候，我想到，因为我计划全程领先，那么这场比赛由于要克服风力，肯定会是一场缓慢而痛苦的比赛。这个想法唤起比平时多得多的肾上腺素，还有病态的紧张。当时风吹在我的背上，在还有300米的时候，我感觉到了它，我把自己想象成一面巨大的风帆，以2分14秒33完赛——将我自己的世界纪录提高了近1秒。根据我亲爱的朋友"年龄等级表"的测算，这相当于公开组800米1分41秒的水平。根据这个以及其他经验，我知道紧张可以成为运动员的优势。"当紧张与能力、自信同时出现时，代表已经准备就绪"（加菲尔德[22]）。

在紧张和怀疑自己的能力时该做什么

1. 回想自己感觉准备就绪、比赛成绩好的那些比赛，召唤出同样的感觉来。

2. 在出现自我怀疑或消极思想时，把注意力集中在自己控制能力内的事情上[22]。把竞争对手和比赛成绩从大脑中赶出去。思考自己的策略和比赛计划，即您要做什么。在头脑中温习自己的计划。把注意力集中在自己能做什么和应该能做什么上。不要思考自己不能做什么，也不要思考竞争对手能做什么。

3. 使用"成绩提示"回想过去比得好时的成绩。运动心理学家马克·卡明斯医生（Mark Cummings[26] M.D）私人课程中介绍过一项技术，是思考自己成绩最好的4次比赛，例如，对我来说，是在布法罗、尤金市、罗利市及约克郡的比赛。通过练习，每个特定的提示词或手势都可以让我回想起那次比赛的理想成绩。只要深呼吸几下，放松。现在想象布法罗的比赛，将大拇指和食指对齐。在想象尤金市的比赛时，将大拇指和中指对齐。在想象罗利市的比赛时，将大拇指与无名指对齐。在想象约克郡的比赛时，将大拇指与小拇指对齐。手指的接触和对应的关键记号就是成绩提示。这项技术在比赛前非常有用，可以让我摆脱不安。更多细节请参阅下面"注意力"中的"成绩提示"。

4. 播放自己喜欢的电台或激励性的音乐，也能起到"兴奋"作用。另一方面，抚慰性的音乐能够减少紧张。

5. 让思想远离比赛。阅读一本有趣的书或者看电影、看电视。休息过量或者躺倒可能是不利的，有可能导致烦躁和倦怠。

6. 赛前按摩。对于紧张的运动员来说，抚慰性的放松按摩（不是深度按摩）有好处。

7. 深入、缓慢且长久地呼吸，重点放在呼气上。把自己想象成"温度计"，100%是最大压力，0是无压力[26]。呼气的时候念着"放松"二字可以保证正确的放松。例如，如果认为自己有80%的压力，太紧张，则可以按下述方法逐步把自己的压力降到0。重复80%、75%、70%……一路下去，在深呼吸和集中注意力放松之间缓慢下降，想象压力按照这个数字降低。最后把自己降到零压力。现在进入放松状态，思考自己的比赛计划，回想自己过去表现最好的比赛（参阅前面第3条）。如果感觉过于放松，可以把自己拉回到合理的兴奋水平，比如50%的压力，因为在比赛前不应该过于放松。根据以前的表现，您应该知道赛前兴奋到这个水平之后，可以带来最佳表现。理想情况下，应该把自己置于最佳兴奋等级和热情等级，同时保持肌肉放松（我发现在比赛间隔很短的休息时间运用这一"温度计"技术非常有用）。

8. 请记住，只有自己才能给自己造成紧张和压力。在认识到这点之后，就能够开始控制它了。

9. 消除恐惧。把自己隔离在一个安静、平和、冷静且没有人打扰的地方。想象自己处于冷静而平和的状态。回忆一些平和的场景会很有帮助，例如村舍边冰冷的小湖，甚至一个清凉的游泳池也可以。闻着、品味着并感受着可视化。舒服地坐下，放松，闭上双眼。反复对自己重复自信的断言，对抗恐惧或自我怀疑。例如：我跑得效率很高；我有信心；冷静；我训练得很好；我准备好发挥最好水平了。

10. 提升信心，比赛前夜和比赛当天早晨复习自己的训练日记。

11. 做一个理由列表，说明自己为什么已经为这个比赛做好了准备。正常情况下，如果准备良好，很容易列出10条理由。我曾经在重大比赛之前用这种方法建立了信心。

12. 对竞争对手的恐惧通常是没有根据的。例如，您可能会惧怕一个过去比赛比您跑得快的对手。但有很多可能的因素可以改变这种情况。

第2章 心理训练

- 他可能曾经受过伤或现在就有伤。
- 他的训练设施和教练水平不如您。
- 他最近才开始训练，而您的基础很好，坚持艰苦训练的时间比他长得多。预赛对他来说量太大了。
- 他以前没有参加过足够的比赛，因此准备不算充分。
- 在心理上，他可能被家庭的问题所干扰。
- 他甚至有可能在比赛中受伤。

13. 但在所有技术中，最有效的技术是不断地提醒自己，您就要在这里发挥最好，要战胜自己，而不是战胜竞争对手。这可以消除您的很多紧张和压力。只为实现自己当前的PB（个人最好成绩）而战。

如何保持激励

在您的运动生涯中，有时您可能会失去对自己项目的热情。下面的方法有助于保持激励。

让训练有趣而且有意义

- 为每个训练设定一个目的。
- 如果是跑步运动员，尝试新的景观小路。
- 把每个训练变成一次身体、心理和精神的体验。

详细记录训练日记

- 记录日常训练，这对自我是一种提升。
- 记录自己的感觉和周围的美好事物。
- 记录训练技巧、格言和赞扬。

必须充电的时候，休息一下

- 每周休息一两天。
- 特别低迷的时候多休息一些。
- 每3周放松一点。
- 室外季、室内季或其他重大比赛后，脱离跑步10天。

改变程序

- 在倦怠的日子做交叉训练。
- 进行负重训练增加丰富性。
- 如果实在感觉乏味了，与三五知己喝杯酒散心。

成功或进步是最大的激励因素

在向重大目标前进的路上，设定并完成一系列的小目标。

养成规律的习惯

在训练遭受打击的时候，很容易放松一两天而没有任何负罪感。但是，一旦养成了这种习惯，就很不容易偷懒。养成良好且健康的习惯，好习惯也会成就您。成功都来自好习惯。

从年龄等级成绩获得激励

使用年龄等级表将自己的成绩和百分比与估算的年龄段世界纪录比较。

- 与比您年轻或比您大的竞争对手比较。
- 将现在的年龄等级成绩与前几年比较。

在您的5年年龄组里，您可能是第二、第三或第四，但随着年纪增长，您可能得到更高的年龄等级百分比；在这种情况下，您实际上是真正的胜利者。虽然您现在年纪大了，速度也慢了，但从年龄等级百分比实际提高的事实依然能够找到激励。

2013年7月在波多黎各的世界大师锦标赛上，我74岁，比我所在的75~79年龄组的年龄下限年轻，但在我800米、400米和300米障碍的3项比赛中，我的年龄等级百分比分别是102.3%、98.78%，以及99.98%。虽然我在800米和400米中只得到第2名，但因为平均数超过100%，我对未来充满信心。跟踪年龄等级百分数，与对手和自己的历史成绩比较，您也可以获得类似的激励。

注意力

介绍

心理训练能帮助运动员在压力大以及有内外部干扰的情况下集中注意力，从而使运动员把潜力发挥出来。除了比赛计划外，运动员还应该有一个集中注意力的计划，以便在注意力分散的时候重新集中。"集中的目的是将注意力集中在重要事情上，将干扰降到最小"（林奇和斯科特[1]）。

第2章 心理训练

注意力不集中的例子

田径比赛

在1996年3月7日，即约克大学举办的安大略大师室内锦标赛之前，我从来不知道比赛中集中注意力的重要性。在这场比赛中，我希望进一步提高自己一年前在密苏里州哥伦比亚市创造的65~69年龄组1 500米室内世界纪录。我准备充分，相信自己能够超过世界纪录，但在最后400米时，希望破灭了。当时我的成绩比目标略低一些，但感觉自己最后冲刺会很好，而且观众一如既往地非常支持。但这次，我怀疑他们把我的记圈卡挂错了；紧接着，我的教练在跑道边发给我一个奇怪的信号，把我搞糊涂了；在观众的欢呼中，我以为自己听到他说"4、2、1"。我们之间以前从未发生过这种差错。我开始思考这两个比赛，却没有把注意力集中在每圈用时。当我跑到离终点还有300米的地方时，我更混乱了，不知道距离终点到底是300米还是500米。我的注意力没有集中，忘记了自己的比赛计划，而且跑完的时候很累。不用看时间我也知道自己没有达到目标（实际慢了2秒）。这证明了一件事的重要性：教练和运动员对于比赛期间的任何信号都应该有清晰的理解，或者对当时的情景完全置身事外。迷惑会导致注意力不集中。

高台跳水

以比赛中的一位高台跳水男选手为例，在连续的2次跳水中，由于第2跳注意力不集中，导致表现截然不同。在第1跳之前，他心理镇静、坚定、受控且身体活跃，跳下的时候，感觉时间都变慢了。在这精彩的一跳里，他对池边发生的任何事情都毫无感觉，只专注于思考自己例行的程序。他进入了"自动驾驶"状态。

在第2跳之前，竞争对手关于风是个问题甚至可能有危险的评论动摇了他的信心。现在他的心理开始紧张，产生了消极思想，开始缺乏信心和果断，身体的活力也降低。因为这些干扰思想，他跳水之前采用的心理形象化减少。现在他感觉到了水池边的人，对自己在风中如何做动作有了意识，而不是在头脑中温习自己的例行程序。结果是：糟糕的一跳。

网球比赛

注意力不集中并且与理想的心理状态差距甚远的另一个示例是几年前我目睹的一场网球比赛。开始时比赛双方旗鼓相当，都是训练有素的运动员。各胜一盘之后，进入第3盘决胜盘，其中一个选手在出现几个正常时都会发生的关键发球失误后，越来越沮丧，甚至把球拍扔在地下。他很明显出现了消极思想，思想负担太重，严重地消耗着他的能量和注意力。沉浸在过去的失误里正让他走向失败。如果他也了解这些心理技术就好了。而且我发现观看这场比赛也让人沮丧，因为这个选手就是我儿子。

这些示例表明，比赛之前和比赛过程中您的心态对于比赛的成败至关重要。幸运的是，有下面这些心理技术可以保持注意力集中或者重新集中。

注意力的类型

注意力可以是内部的（头脑中，例如恐惧），也可以是外部的（身体之外，例如人群），可以是狭义的，也可以是广义的，合计形成以下4种可能性[10, 1, 28]。

- 广义内部（范围广泛的、有意识的分析和计划）。
- 狭义内部（有意识的"温习"，例如，在行动之前，在体操、跳舞、跳水和四分卫比赛等活动中温习）。
- 广义外部（对竞争环境进行整体评估，例如，评估整个场地）。
- 狭义外部（进行比赛，例如，四分卫比赛，或者击球手、网球运动员盯着球）。

在理想区域这种情况发生在运动员集中注意力的时候，这种情况几乎只能属于外部 [奈德弗（Nideffer）[10]]。进一步细分，这属于狭义外部，即集中在比赛表现上，将外部干扰排除在外。比赛主要要求狭义外部的注意力集中 [温伯格（Weinburg）[28]]。由于几乎不需要内部分析，所以好成绩几乎就是自然而然的。所以从内部注意力到外部注意力的转移更少。现在时间貌似慢了下来——在某些运动中这是一项优势，例如棒球和网球，因为貌似有更多时间去接球了。整体的感觉就是：完全在控制之下。

在表现类型过于属于狭义内部时，会有过多的思考和分析导致"分析麻痹"。在练习的时候，正好可以在这个时候利用狭义内部把注意力集中在纠正错误上[28]。

在注意力过于集中在内部的时候，会发生阻塞情况，运动员没法将注意力转移到外部[10]。例如，运动员沉浸在过去犯错误的时刻，为它所困扰。思想变得消极、恐惧和沮丧等，可能也在尝试找出成绩不佳的原因"分析麻痹"。现在会感觉时间过得飞快，运动员感觉到压力，从而导致紧张、呼吸加快和心率提高。在这个区域活动的关键是找到从头脑里走出来的方法，并排除外部干扰。不要把思想局限在过去完成的比赛或错误上。沉溺于过去比赛中的错误是个灾难。必须将注意力集中在将要发生的事情上。可以通过成绩提示实现这点，即用成绩提示词汇或短语重新集中注意力。

第2章 心理训练

训练过程中集中注意力

在已经成为压力或感觉乏味的长距离跑训练或密集的间歇跑中，应把注意力集中在跑步姿态上。重点思考脚部如何既轻又正确地落地，保持放松，正确地运用双手双臂。或者把注意力集中在自己要纠正的一些具体姿势问题上。我在长距离跑的时候，有时还会用10个手指数左侧的步数，每个手指10步，左手100步，双手总计200步，大约250米。有些心理学家认为，让距离显得短一些，可以更轻松地完成，少想自己的身体，多想生活（关系、周围环境、工作和财务情况等）。当然，后一种方法在比赛或艰苦的间歇训练中并不适合，因为这时需要把注意力集中在训练本身。在跑步机或室内跑道上进行长距离训练的时候，我有些时候会想象在自己喜欢的风景漂亮的林间小路上跑步。

练习的重点是把注意力集中在训练上。可以享受训练，但要集中注意力。

比赛前集中注意力

比赛前几天或几周。应该对要保持注意力的比赛进行心理形象化准备。这个形象化准备已经在比赛之前练习了许多天或许多周，经过调整和准备，应使自己可以保持注意力更加集中。心理形象化方法通过让运动员熟悉比赛情况和周围环境，可以消除很多紧张情况，允许运动员将注意力集中于较窄的外部情况，而不是消极的内部情况。许多世界级的网球运动员都会在比赛前在脑海里温习可成功打出的每个可能的球[28]。通过这种方式，运动员会感觉自己已经在赛场上，而且更自信、更在状态。

比赛当天。有经验的运动员会把注意力集中在自己身上，不受其他运动员干扰。他的紧张都在控制之中，因为在训练中已经练习了与比赛一样的注意力集中和果断。

在比赛之前，找一个安静的私人空间，即找段时间做心理准备。应该将这作为所有比赛前的固定程序。这个时间要尽可能彻底放松，将问题和干扰抛在脑后，直到比赛结束。当运动员能量高、冷静且放松的时候，可以增强注意力；可用可视化方式给自己充电，让自己放松。现在把注意力集中在自己的比赛策略上。林奇和斯科特[1]推荐采用可视化程序，在彻底放松时，通过6个步骤将注意力逐步缩小，从整个体育世界到赛场，到您的比赛，到您自己，到身体的一部分，一直到个人表现的某个具体方面。

亚历克斯·鲍曼（Alex Baumann）相信，正是心理形象化帮他创造了世界纪录，获得了奥运奖牌（奥立克[13]）。在比赛开始前15分钟，他对比赛进行形象化，尤其是对自己进行形象化；他没有担心竞争，他想象每一圈，想象每圈的分段时间和自己的感觉。卓越的世界纪录保持者、短跑和跨栏选手杰克·格林伍德（Jack Greenwood）参加芬兰图尔库世界大师锦标赛的时候刚60岁出头，我注意到他当时正在做心理形象化，因为他就站在我身边。

比赛期间集中注意力

以下方法有助于在比赛期间保持注意力集中。

- 数数：摆臂数、步数、电线杆数或圈数。
- 在长距离比赛中，找一个跑者慢慢追上，一个一个地追。
- 在长距离比赛中，一次只专注1英里。
- 在中距离比赛中，从一开始就把注意力放在3/4距离，这样在心理上就缩短了距离；更快完成1/4距离后就可以使用其他肌肉了。
- 把注意力放在自己前面的物体或人身上[6]。
- 在短距离比赛中，把注意力放在终点线上[6]。
- 把注意力集中在当下，不要让思想或目光游离。

要点是不让目光或听力游离。也不要思考疲劳，或消极地思考过去或未来，这些都会分散注意力，打乱节奏。

把问题放在一边

在比赛之前，有可能您心里存有疑问。除非在比赛之前解决了这个问题，否则成绩会受到影响，因为它是个内在干扰。同样，如果思考外部干扰、过去的失误以及超出自己控制能力的麻烦和事情，都会损害您的能力。所以需要有个办法，立刻把问题放在一边。当问题跳到脑海中时，对自己说"停"，立即转到积极的、放松的思想。深呼吸一下，在缓慢呼气的时候对自己说"放松——不值得为这点事心烦"或者说"放下它！"或"一边去！"，即把它挂在一个"空心树"上（奥立克）[6]。为什么不想象着把它扔到垃圾筒里再盖上盖，或者想象着它被冲下马桶？一个技术是像处理蟑螂一样把它消灭，猛踩两脚，它就消灭了。另一个技术是想象着把问题写在一张纸上，然后把这张纸撕碎，再一把火烧掉。

让潜意识解决问题是在比赛前一天消除问题的方法之一。详细分析问题的全部利弊——然后把它放到一边几天。与此同时，潜意识会处理它。在很多情况下，几天之后，通常某天早晨醒来的时候，您就知道该做什么了（墨菲[4]）。

"山洞里的智者"是我几年前学会的一项技术，具体的资料我找不到了。方法是：您遇到一个困扰您的重大问题，形成解决方案的所有必要事实您都有，但问题就是没有解决。在进入放松状态后，您闭上双眼，想象自己沿着一条路向前走，这条路通向一个山洞。您进入漆黑的山洞。在山洞尽头，有一个您心目中的智者，一个备受尊重的智慧友人或者亲戚，甚至是个名人，也许健在也许已经过世。您向这个人咨询问题的解决方案。而他为您提供了解决方案。

成绩提示

成绩提示是在比赛期间召唤的肯定断言。成绩提示或触发器是有力的提醒器，可以让您在比赛之前或比赛过程中改变肌肉紧张程度、集中注意力，或者形成理想的身体感觉或心理感觉。这些关键词可以帮助人把注意力集中在正确的形象上，提醒您记起所计划的策略。这些成绩提示的表述应该强有力以确保有效，尤其在疲劳的时候。"重复提示词语可以打破干扰思想或心理彷徨"[赫伯特·本森博士（Dr. Herbert Benson），*Relaxation Response* 一书的作者，由亨德森（Henderson）[21]引用]。这些触发单词诱发出期望的响应，有助于获得对注意力和紧张的控制[10]。因为在比赛过程中，简洁很重要，所以通常使用一两个关键词向运动员提醒以下重要事情（温伯格[28]）。

- 改变坏习惯（例如，"面部放松"）。
- 提醒自己姿态要良好（例如，"放低双臂"）。
- 开始行动（例如，"出发"）。
- 坚持努力（例如，"坚持住"）。
- 克服消极思想（例如，"停止"）。
- 放松（例如，"流畅又轻松"）。

山姆·斯尼德（Sam Snead）使用"油滑"这个词帮助做到行云流水般的挥杆。400米选手在还剩100米的时候可以使用"抬腿"（快速高抬腿）。在1 500米室内赛里，简便的提示单词是"单圈用时"，这可以将注意力转移到配速的快慢上。在风大的时候，在风中跑步时，我有效地用过提示词"大帆"。在注意力不集中的时候，这可以有效地集中或重新集中注意力，而且它需要练习，尤其应在训练以及不太重要的比赛期间练习。预先规划好检查点和重点可以帮助运动员有效发挥，并坚持比赛计划。在马拉松、铁人三项或赛艇比赛中，最好将比赛分解成多个关键部分，每个部分安排不同的提示词或目标时间（奥立克[6]）。以下是一些示例。

- 起跑。
- 中途。
- 后程。
- 冲刺。

1994年3月，在我即将进入更高一级的年龄组之前，企图冲击吉姆·萨顿（Jim Sutton）60~64年龄组的1 500米世界纪录时，成功地运用了这个策略。通过将每圈时间和我记忆中的每圈目标用时对比，我做到了把注意力集中在每圈用时上。没有外部干扰也没有内部干扰，尽管跑道很拥挤而且跟其他人前后重叠，我依然实现了破纪录的计划，尽管只提高了0.1秒。

重新集中注意力

下面是重新集中注意力的4项技术。

1. 使用"提示单词"重新集中注意力。

请参阅上面的成绩提示，选择自己喜欢的提示单词，例如"停下"或"转移注意力"，迅速地将注意力从消极思想转移到积极思想，或者重新集中注意力、重新获得放松或更好的姿态。重复几次"转移注意力"，将注意力从干扰或消极思想移开，然后把注意力集中在长远目标或眼下的目标上（奥立克[13]）。

2."内部干扰——学会把注意力集中在外部"。

林奇博士和斯科特博士[1]解释说："在失控及出现消极思想时，开始将注意力集中在外部，可以将思想从内部干扰转移出来。如果在比赛之前发生这种情况，可以一边放松一边想象一些喜欢的安静空间或令人冷静环境。然后睁开双眼，把注意力集中在简单的小物体上，研究它的细节。想象自己小到可以藏在这个物体背后。"在比赛期间，要以将注意力集中在外部并有意地放在离自己最近跑者身体的某一部分上。

3."外部干扰——把注意力集中在内部"。

林奇博士[7]解释说："受到天气和人群噪声等干扰的时候，进入自己的安静空间，"将比赛想象成个人良好成绩必需的部分"。在比赛的时候，如果出现外部干扰，把注意力集中在呼吸和姿态上。还请参阅林奇和斯科特[1]的类似讨论。

第2章 心理训练

4. 预先计划好一个重新集中注意力的程序。

在比赛期间，为了节省宝贵的时间，必须有一个预先计划好的注意力重新集中程序。这样在注意力重新集中之后，就应该很清楚下一步该做什么（奥立克[6]）。

长期注意力

"对于设定高目标、然后用力实现目标的人来说，生活提供了远远超出我们想象的可能性"[约翰·诺埃（John R. Noe）[2]]。

心理韧性

在比赛之前和比赛当中，来自心理韧性的积极情绪会增加精力、提高成绩并提高稳定性。理想的心理韧性包含理想成绩状态的全部理想特征。

心理韧性是什么

压力情况下的心理韧性包含以下要素。

- 积极、冷静且清醒地思考。
- 保持注意力集中。
- 能够完全控制住情绪。
- 呈现出其他许多内部理想心理状态的特征。

心理韧性的一些真正示范如下。

- 某俱乐部的一位跑者一天内跑3个长距离比赛，即使没有很激烈的竞争，也跑得很艰苦。
- 一位志向远大的奥运选手每天早晨5点起床，每周训练6天，长年坚持在冷水池里进行强化训练。
- 一边从事全职教学工作，一边每周3次大量训练的青少年，无畏酷暑严寒，每天早晨5:30开始跑步，下班后在乡村公路上继续夜跑[乔迪·法雷尔（Geordie Farrell），安大略省埃尔金港索金田径俱乐部的女教练]。
- 德里克·特恩布尔，在世界大师锦标赛中，通常会在800米到马拉松项目上，获得5到6枚金牌，达到了世界纪录水平（有些比赛还很热），但这样做很容易受伤。
- 埃尔维斯·斯托伊科（Elvis Stojko），加拿大花样滑冰的杰出人物，1998年在日本冬奥会上，忍着感冒和腹肌撕裂的疼痛，赢得银牌。

心理韧性的最佳示范之一就是加拿大前奥运划艇冠军斯尔肯·劳曼（Silken Laumann）：在德国的一次比赛中，由于河道拥挤，两条赛艇的碰撞导致她一条腿严重损伤。短短10周之后，她不顾骨折和严重的肌肉损伤，忍痛参加1992年巴塞罗那奥运会，并赢得1枚铜牌。这个决心真是了不起的壮举！在加拿大20世纪女运动员的评比中，斯尔肯排名第2，仅落后于世界滑雪冠军南希·格林（Nancy Green）。

- 类似的还有加拿大的世界级皮划艇运动员里德·奥尔德肖（Reed Oldershaw），1978年他在加拿大的测试赛获得第1名时，他刚刚出院2周，之后又进行了3次手术和1个月的康复，以修复一侧受损的髋关节和股骨颈。他带着腿上的2根钢钉就参加了比赛。

- 正是靠着心理韧性，慕尼黑奥运会400米障碍跑世界纪录保持者，来自乌干达的约翰·阿基·布阿（John Akii Bua）才能穿着25磅[2]重的负重背心坚持进行几个月的训练：跑4×1500米障碍，或者每天两次6×600米山地跑且都是非常陡的山坡 [穆尔（Moore）[11]]。

什么时候心理健康

1. 运用放松、冥想可视化和自我肯定断言等心理技术，可以：

- 在内心里温习自己的比赛；
- 在比赛之前保持冷静；
- 将注意力集中于自己的比赛计划而不是竞争；
- 控制比赛之前的激励等级；
- 全部注意力集中在比赛上；
- 内心里将自己视为流畅、高效和自信的跑者；
- 迅速从消极思维切换到积极思维，获得积极情绪。

2. 据乔·亨德森（Joe Henderson）[21]在其研究所报告中指出，根据圣何塞州立大学心理学家们的测试，心理健康的运动员有具有12项重要特征，包括：

- 进取精神；
- 果断；
- 自信；
- 情绪控制。

3. 在为实现成功而制订详细的每日计划（要做的事情）并坚持执行这个计划的

时候，心理就会有韧性。计划可以是训练之外的事情列表，可以是获得"竞争优势"的事情列表，也可以是加速损伤恢复的事项列表。请每天检查这些项目。一旦制订了列表，就对自己有了承诺，心理上就知道自己正在竭尽全力。

有哪些技术可以建设心理韧性

下面介绍一些建设心理韧性的技术。

1. 要建设心理韧性，只需要进行心理练习即可。这与建设身体韧性时必须练习肌肉一样。因此，需要定期进行有心理挑战性的游戏和活动，例如，国际象棋、桥牌、背诵诗词、研究哲学和上课（计算机、语言和记忆）。

2. 信心和心理韧性来自训练、比赛和生活方式等，例如：

- 身体韧性强化，多年坚持几乎每天训练，即使状态不佳也坚持（疲劳、恶劣天气）；
- 健康生活方式原则，牺牲和自我节制；
- 训练时服从教练指挥；
- 大量的比赛经验；
- 成功克服工作、生活和社交方面压力的经验。

3. 心理韧性可以控制消极思想、抑制消极想象，对外呈现出泰山崩于前而不惊的控制和修养。

4. 通过可视化、自我肯定断言、放松、冥想和呼吸控制等方式提高自己的心理技能，从而可以提高自己的心理承受能力。还会养成注意力集中的习惯、态度积极的习惯和压力面前面不改色的习惯，以及运用心理技术的习惯。这些有原则的、稳定的日常心理习惯会建立起运动员的心理韧性。

5. 放弃错误态度或消极态度（受条件影响的观点、不良判断或不良展望、不合理预期）非常有利于释放由于消极感觉产生的紧张。要改变态度，可以"自以为"，自以为已经拥有理想的态度。经过多次重复，新的态度就会变成习惯。这与下面情绪控制中介绍的"假装"方式类似。积极态度让运动员在心理上坚韧，而消极态度只会形成压力、减少活力。养成使用积极思想的习惯，例如"我会……"或"我能……"。

6. 做那些必须做、会让您心痛的训练，这会建设心理韧性。这个建议来自世界级的马拉松运动员彼得·马厄（Peter Maher）。"如果您想取得卓越的成就，就要勇往直前，完成那些令您恐惧的事情"（J.R.诺埃[2]）。

7. 认识到自己的能力超过自己的想象。这是积极思维。思想是薄弱环节。这个建议是我的教练劳埃德·珀西瓦尔（Lioyd Percival）于20世纪50年代早期对我和其他红魔队田径运动员提出的，他后来在多伦多创办了健身机构。

8. 在做这些艰苦的无氧重复、高强度训练或艰苦的长距离跑时，应当清楚它们在很大程度上可以发展心理韧性以及对痛苦和疲劳的耐受力。出现疲劳的时候，可以将它想象成"良好的训练伙伴"，可以帮助您成功（林奇和斯科持[1]）。乔·亨德森在 *Running Your Best Race* 一书中说："认识到要在比赛中获胜，就必须用令自己不舒服的速度和距离进行练习。"赫布·埃利奥特的故事中引用了珀西·切鲁迪对世界冠军赫布·埃利奥特的布道："走向痛苦、爱上痛苦、拥抱痛苦。"当您认识到意义和终极回报的时候，一切痛苦和不适都变得更能忍受，训练也变得更有益。

情绪控制

如果不能控制消极情绪（例如，恐惧、害怕、焦虑、担心、自我怀疑和气馁），它们就会控制您的行动。"恐惧、悲伤和愤怒是3大消极情绪，会导致心理紧张，阻塞激励"[丹·米尔曼（Dan Millman）[5]]。

心理、情绪和身体之间密切联系。"我们的思想会在身体中引起化学和物理变化"[邦纳（Bonnar）[20]]。而且，"生理状态的每个变化都会引起相应的心理-情绪状态变化，不论是有意识的还是无意识的，反之亦然"[格林和沃尔特（Green and Walters），1969，在理查德·M.苏因的 *Psychology in Sports* 一书中有引用；还请参阅埃尔默（Elmer）和爱丽丝·格林（Alyce Green）的 *Beyond Biofeedback* 一书，1977]。这是个非常重要的概念。

所有情绪都是潜意识或无意识的，都是对我们思想不知不觉的反应。所以，我们的情绪并不容易控制，但下面介绍了一些有效的情绪控制方法。

有哪些情绪控制技术

- 满足和控制情绪需求的心理技术可以通过学习获得，这些技术包括放松、冥想、可视化以及肯定等。例如，"在压力之下放松，配合腹式呼吸；或者其他放松技术，控制住情绪，从而在比赛中获得优异成绩"（查尔斯·加菲尔德博士[22]）。掌握这些技能之后，就可能减少情绪中原本的潜意识部分，对情绪拥有更多控制。

第2章 心理训练

- "在身体肌肉处于放松状态的时候，几乎不可能感受到愤怒、恐惧、焦虑以及其他消极情绪"[马尔茨（Maltz）[18]]。肌肉放松之后，就能够回归积极的心理状态。

"情绪韧性的最大化要求拥有坚定的信念，拥有深刻思考的习惯"（勒尔[9]）。由于心理状态的每个变化都会引起生理状态的改变，所以这会养成坚韧不拔的品格。

- 良好的情绪习惯（例如，信心、积极、果断和勇气）来自良好的思维。思想控制着情绪，情绪引起身体的反应或过度反应。情绪韧性控制着消极思想，而消极思想会引起消极情绪。幸运的是，我们对思想拥有绝对控制。所以必须发展积极的思维控制。

- 在日常生活中，包括在压力情况下，练习自我控制。保持冷静，不要"头脑发热"。行为要自控。学习迅速地从消极思维转换到积极思维，避免反应过度。如果日常生活和训练中反应过度，那么在比赛之前和比赛当中也会反应过度。通过果断的行为或自控可以实现情绪韧性和控制（对压力的响应）。您自己要会控制住自己的情绪反应。告诉自己："我一定不要反应过度。"

- "假装"的身体行动会给心理状态带来积极变化。使用这个简单的方法，可以诱骗自己感觉到某种积极的特征，例如信心。这个方法确实有效！也可参阅勒尔[9]及林奇和斯科特[1]。开心的认识和行为会产生勇敢、充满活力、积极、自信或放松等感觉。例如，如果比赛前缺乏信心，那么可以自信地行动，然后就会开始感觉到信心。然后信心又会引起积极情绪。"对能力有信心后，面对压力时就会更冷静、更放松、更积极，从而控制住情绪"（温伯格[28]）。

- 通过打造斗士运动员或理想运动员，帮助自己成长[5]。在想象中建立这个榜样。这是"假装"行为的另一种形式。现在有了一个激励的榜样。在任何情况下，都按理想运动员的方式反应。像自己的冠军榜样一样思考和反应，甚至骄傲地行走。通过练习，您会成为自己的理想运动员，也掌握了理想的成绩状态。

- 马克斯韦尔·马尔茨[18]介绍了以下做法：在头脑中想象自己理想的最终结果——不断地沉浸在其中。"这会让这个可能性变得更真实，而且会自动产生与之对应的良好情绪。如果我们想象自己按特定的方式行动，几乎就会与实际的表现一样"。

- 淡定应对情绪情况[5]：出现压力情况的时候，很容易"当局者迷"，反应过度。但是，在愤怒的时候保持耐心；这样可以免得日后后悔。而且，您可能会感觉恐惧，但没有必要在行为上也缩手缩脚。将过度反应的情绪习惯变成淡定处之的习惯。平时在压力小的情况下使用这个技术来调整自己的情绪，那么在偶尔遇到压力大的情况时就可以良好应对。淡定应对意味从反应中看不到明显的虚弱信号或消极情绪；相反，在压力下要展现出警惕、冷静、活力和自信。淡定就是自控。

- "肌肉状态、心理状态和情绪状态之间有着直接联系"（杰尔姆[16]）。而且，"态度和肌肉之间存在直接联系。情绪会影响身体的每个细胞"（加菲尔德[22]）。上述说法活生生的证据就是态度差的人其姿态也差。所以，要改善情绪，只要改善姿态即可，自信、放松且充满活力地行走，好像自己是个冠军一样。

心理韧性小结

最强的心理强化器来自日复一日、年复一年的连续训练和比赛的生理强化。而且，在日常生活体验中也应该练习心理韧性。练习各种心理技术，应对各种压力情况，实现理想成绩状态。所有这些都能够建立信心以及提高在压力下控制的能力。在压力情况下淡定、"假装"行为和像理想运动员一样反应，这些方法结合，将帮您释放情绪压力，提高您的成绩。

信念、自我暗示以及潜意识的力量

以下摘录和引言展示了信念、自我暗示和潜意识的力量。

- "练习创造性参与、积极预期的力量。我们怎样看待自己，就会成为那个样子"（皮尔[24]）。

- 带着深入的感觉、期望和热情思考自己的梦想。持续不断、乐观地将自己的梦当成可能性来想象。"会产生合适的成功情绪，会将可能性变得更真"（马尔茨[18]）。

- 特里·奥立克[13]说："用极大的愿望和感觉来思考自己的终极目标，必须全身的每一个细胞都相信您能实现目标，而且必须实现目标，且有愿望实现目标。"通过自我催眠和自我暗示（例如，肯定断言），可以建立绝对信念。一旦这个信念成为潜意识思考过程不可分割的一部分，就会自动地按照这个信念行动。

第2章 心理训练

- "只要意识思想假定和相信是真的，潜意识思想都会接受并放行"（墨菲博士[4]）。
- "把必须做的事始终当成轻松的事情，它就会变得轻松"（马尔茨[18]）。

带来成功的所有上述方法必须与两个关键要素结合——艰苦训练和经验。经过艰苦不懈的训练、积累比赛经验，比赛成绩更好或者梦想就会变得更真实、可能性也更高。您现在相信它会更轻松，潜意识就有更多机会来自动发挥它的魔力。

结束语

真心希望您在比赛和非比赛的过程中，收获许多巅峰的内在体验（"巅峰状态"或"甜点"）。通过练习和运用上述原则，您会越来越频繁地收获这些体验。

参考资料

1. Lynch, J., and Scott, W., *Running Within*, Human Kinetics, Champaign, IL, 1999.

2. Noe, J, R., *Peak Performance Principles For High Achievers*, Berkley Books, New York, NY, 1984.

3. Porter K., and Foster J., *The Mental Athlete*, Ballantine Books, New York, NY, 1987.

4. Murphy, J., *The Power of Your Subconscious Mind*, Prentice Hall, Englewood Cliffs, NJ, 1988.

5. Millman, D., *The Warrior Athlete*, Stillpoint Publishing, Walpole, New Hampshire, 1979.

6. Orlick, T., *Psyching For Sport*, Leisure Press/Human Kinetics Champaign, IL, 1986.

7. Lynch, J., *The Total Runner*, Prentice Hall, Englewood Cliffs, NJ, 1987.

8. Elliot, H., *The Mind of a Runner*, American Runner, Spring 1996.

9. Loehr, J. E., *Toughness Training For Life*, A Dutton Book, Penguin Books, New York, NY, 1993.

10. Nideffer, R.M., *Psyched To Win*, Leisure Press, Champaign, IL, 1992.

11. Moore, K., *Best Efforts*, Cedarwinds Publishing Co., Tallahassee, FL, 1982.

12. Pataki, L., and Holden, L., *Winning Secrets*, Published in the USA, 1989.

13. Orlick, T., *In Pursuit Of Excellence*, Leisure Press, Champaign, IL, 1980.

14. Vealey, R. S., Inner Coaching Through Mental Imagery, *Track Technique*, p3672, 115, Spring 1991.

15. Loehr, J.E., *The Ideal Performance State, Science Periodical on Research and Technology in Sport*. Canada: Government of Canada, BU-1, January 1983.

16. Jerome, J., *The Sweet Spot In Time*, A Touchstone Book, Simon and Schuster Inc., 1989.

17. Gawain, Shakti, *Creative Visualization*, New World Library, San Rafael, CA, 1995.

18. Maltz, M., *Psycho-Cybernetics*, Prentice Hall Inc., Englewood Cliffs, NJ, 1969.

19. Singh, L.P., and Sirisena, *Zen Buddhism*, Envoy Press, New York, NY, 1988.

20. Bonnar, B., Psychology, The Competitive Edge, p18, *Triaction*, June, 1991.

21. Henderson, J., *Think Fast*, A Plume Book, Published by Penguin Group, New York, NY, 1991.

22. Garfield, C. A., *Peak Performance*, Warner Books Edition, Los Angeles, CA, 1984.

23. Loehr, J.E., *Mental Toughness Training For Sports*, Penguin Books, Toronto, Canada, and Stephen Greene Press, Lexington, Mass., 1986.

24. Peale, N. V., *You Can If You Think You Can*, Prentice Hall Inc., Englewood Cliffs, NJ, 1974.

25. Ungerleider, S., Beyond Strength: Psychological Profiles Of Olympic Athletes, *Track Technique*, p3704, 116, Summer, 1991.

26. Cummings, M., *Private Sports Psychology Course*, April, 1989.

27. Hardy, C., and Crace, K., Dealing With Precompetitive Anxiety, *Track Technique*, p3513, 110, Winter 1990.

28. Weinburg, S., *The Mental Advantage, Developing Your Psychological Skills in Tennis*, Leisure Press, Champaign, IL, 1988.

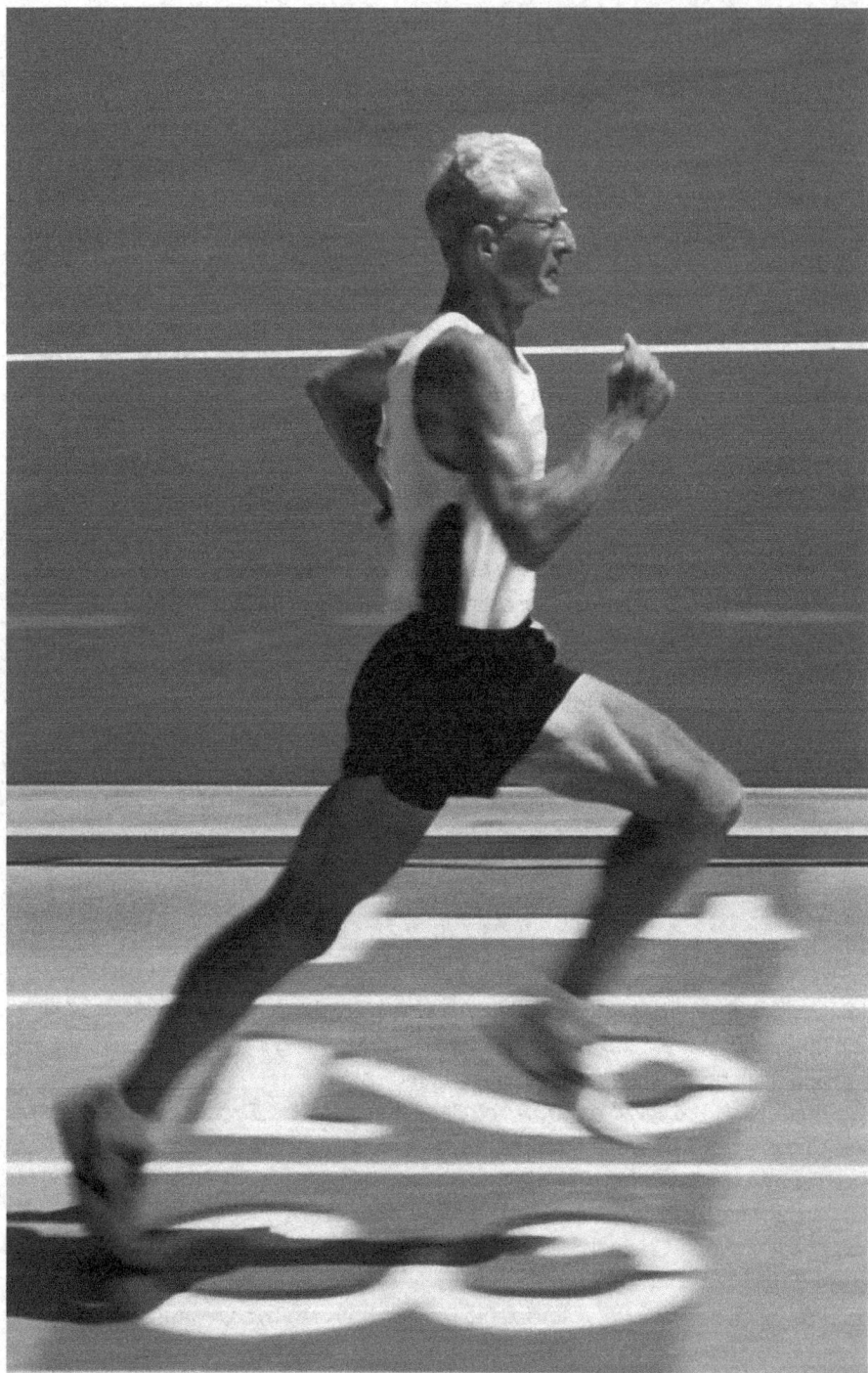

跑步姿态

埃米尔·扎托佩克（Emil Zatopek）的成绩确实非同凡响，只是他的摆臂实在太差，而且看起来并不美观。他可能并不知道，不论有没有知识渊博的教练监督，他都能通过姿态训练纠正这些缺点。随着姿态的改进，受伤会减少，跑步的经济性（效率）会提高，跑步和训练也变得更有乐趣。跑步经济性也会弥补最大摄氧量（请参阅第7章的"跑步经济性"）。

我上高中和大学的时候，最喜欢的、每周要训练两次的项目是以400码（1码约为0.914米，此后不再标注）的配速跑100码，走回起点，重复10~15次，把注意力集中在良好的姿态和放松上。这是1948—1953年我上大学期间一起训练的劳埃德·珀西瓦尔推荐给我的。他是安大略健身学院的创始人，是当时加拿大最好的田径教练之一。我很享受这些姿态训练，因为我感觉自己跑得很有效率。在中断33年之后，它们于1986年又全都回到我身上——就像时隔多年重骑自行车一样！

跑步序列

同一只脚（如右脚）从一次落地到下一次落地的一个完整跑步周期可以用下面的序列来描述：支撑阶段、驱动阶段和前进恢复阶段。

- 落地（在身体前面第一次接触地面）。
- 支撑阶段（膝关节后移的同时伸直）。
- 驱动阶段（这个阶段从支撑脚移动到身体重心后面开始）。
- 脚趾蹬地（从腿完全伸直的状态蹬离地面）。
- 前进恢复阶段（脚趾蹬地和落地之间的阶段：膝关节随着前移而弯曲，足跟靠近臀部，膝关节逐渐伸直，但不要锁死，单脚下落）。
- 落地（完成这个周期，单脚开始向后移动）。

在上述周期中，支撑阶段和驱动阶段大约占40%，前进恢复阶段大约占60%。

落地

在落地的时候，接触点应该在膝关节的正下方，在身体的重心下方。如果脚落在膝前，就会产生刹车效应[5]。脚放在身体前方太远，会引起刹车、震动的效果，还会导致足跟着地。所以，要保持双腿在身体下方[4]。在很多情况下，可以通过下落脚的背屈动作对迈大步加以纠正，这也会减少脚与地面的接触时间，从而提高速度。

所有跑者都以脚的外侧着地，然后朝着大脚趾内旋，因为这个内旋动作可以吸收震荡。短跑运动员用前脚掌着地，没有后续的足跟触地动作，或者只有很轻的接触。中长跑选手的理想落地方式是全脚掌触地然后足跟触地。足跟的短暂触地可以为腓肠肌提供短暂的休息[2]。一般来说，马拉松运动员足跟落地，再轻轻滚动到脚掌，然后再轻轻滚动到脚趾。

多数跑步运动员、精英跑者以及采用后踢方式的跑者采用以下触地方式：前脚掌轻轻触地，然后立即跟着足跟落地，形成全脚掌着地。落地后紧接着向前滚动到前脚掌。因为这种姿势对腓肠肌有压力，所以只有非常强健的马拉松运动员才能使用这种落地方式。

我在速度慢时的落地感觉像是从足跟转到脚掌，或者像是扁平足一样，但是当速度快起来的时候，如快速间歇跑训练的时候，我落地的点会更靠前，先是脚掌着地，然后才是足跟着地。当然，穿钉鞋进行速度训练的时候，通常也是脚趾先着地。在速度训练中发生抽筋情况时，我发现略微放慢速度、全脚掌着地跑几步通常就能缓解。

不推荐以下落地方式。

- 脚趾着地，这样跑长距离会导致腿部疲劳、腓肠肌紧张以及跟腱发炎[1]。
- 慢速跑时从脚掌滚动到足跟，会给小腿带来压力。不推荐长距离采用这种方式。
- 扁平足式跑步，这种方法既不放松，也没有效率。扁平足跑者的足底弯曲度小或受限，因此无法实现从足部的有效弹起，从而导致脚部驱动能力受限。
- 杰弗里·戴森（Geoffrey Dyson）认为，足跟落地过重，或者足跟落地过于靠后，都是没有效率的，因为这种落地方式脚落在重心前方，是一种拉的动作。这类落地还会导致震动过度。

驱动阶段

随着支撑腿移动到身体重心之后，驱动阶段开始了。支撑脚在驱动阶段实现完全伸展。

脚趾蹬地

支撑腿在身后伸直，会产生强大的推力。这个推进力会导致髋关节伸展、膝关节伸直和踝关节屈曲。这个力量推动身体向前、离开地面。由于脚趾会随着支撑脚的完全伸展而离地，所以踝关节灵活会有很大优势。灵活性良好的踝关节和髋关节可以形成更低的角度，在完全伸展的小腿和地面之间形成"A"形角度。更低的角度会为脚趾蹬地提供更多水平力量，所以步伐也会更大。更低的角度会带来更小的垂直分力，从而带来更小的身体垂直位移（每一步的上下摆动）。更良好的腓肠肌预拉伸让腓肠肌能够在后面产生更多动力，提高向前迈步的频率。

作为工程师，我喜欢用牛顿公式来描述上述情况并对它们进行分类，我用的公式是：$F=m \times a=m \times dv/dt$

其中 $F=$ 驱动力；$m=$ 身体质量；$a=$ 加速度；$dv=$ 速度变化量；$dt=$ 单位时间。

可以看到，如果加大驱动力，就会产生更大的速度变化量。后驱腿前进速度越快，步幅也就越大。在以更低的速度跑步的时候，可以练习脚趾蹬地来提高步幅。但整个动作必须流畅，不要有停滞。经过一段时间的练习，这个动作会变成无意识动作。跑步时抬头挺胸也有利于增强蹬地力量。

第3章 跑步姿态

要加大步幅，可以通过增强踝关节灵活性及增强髋关节活动能力等方式实现。这体现了拥有灵活、强壮的踝关节以及腓肠肌所带来的优势。每天在做伸展练习的时候，都要想着如何减少脚趾蹬地时地面和小腿之间的角度。为了强化踝关节和腓肠肌的力量，请每隔一天在台阶或地板（推荐用地板）上做3组（每组10次）单腿提踵练习。

前进恢复阶段

支撑足在驱动阶段离地（脚趾蹬地）之后，腾空阶段或恢复阶段开始，持续到另一只脚在身体前方触地为止。

在恢复阶段，髋关节屈肌群主要负责将刚才的驱动腿前移。此时腘绳肌收缩变短（向心收缩），同时膝关节弯曲。足跟靠近臀部。短跑运动员摆动腿的足跟几乎要接触到臀部。这会让这条腿的重心更靠近髋关节的轴心点，可以极大地减少这条腿向前摆动需要付出的力量和占用的时间[4]。对于中距离跑运动员来讲，仍然有足够的足跟抬起空间形成前摆。对于长距离跑者来讲，这个动作会浪费能量。速度越慢，后踢和向前提膝这两个动作越不明显。随着膝关节向前向上移动，腿部由于股四头肌的收缩而伸直。在膝关节的这个伸展期间，腘绳肌得到离心伸展，进入它们的放松状态。然后腘绳肌必须迅速发力，对脚部的前移动作进行降速，在脚落地之前将腿后移。这是腘绳肌的离心收缩，因为这些肌肉在收缩的同时得到伸展。

足跟轻弹（踢臀），然后这条腿高抬，这样做会形成更大、更快的步幅。这也说明了高抬腿训练对于短跑运动员的重要性，也说明其在某种程度上对中距离跑运动员的重要性。

跨步角度

跨步角度是指脚趾蹬地时，前后两条大腿之间的角度。请参阅本书作者在2002年72岁高龄时参加在美国缅因州奥罗诺举办的美国全国田径大师赛期间脚趾蹬地后完全飞起的照片（第76页）。这个跨步角度达到110度，其中70度是前腿的屈曲角度，40度是后腿的伸展角度，两个角度均从躯干垂直线开始测量。多数竞技性跑步运动员的跨步角度是90度，而世界级运动员的角度至少是100度。跨步角度每提高1度，步幅会提高2%。不幸的是，年龄会对运动产生限制作用。所以长年保持灵活性非常重要，尤其是保持腘绳肌屈展的灵活性，以及髋关节区域和腹股沟的灵活性。

重点身体部分的跑步姿态

髋关节和胸部

在日常热身和冷身阶段的伸展活动中加入一些髋关节灵活性伸展动作非常重要。即使对于非跨栏选手，跨栏练习也非常有益。

挺胸抬头，臀部收紧（前送），胸部自然前挺，目视前方。骨盆区域必须保持放松，以获得必需的灵活性。垂直于地面的直线应该与骨盆、肩部和双耳交叉[1]。但是，也不能太直；应该有轻微的倾斜。在斯坦福大学担任首席田径教练（也是保持多个短跑世界纪录的大师）的佩顿·乔丹强烈主张短跑需要强壮的腹部肌肉且身体需要前倾。这点对于长距离跑者也适用。强壮的骨盆可以保持身体端正，强大的腹部区域可以保持后背挺直。

上肢

以下方法对所有跑者都适用。

- 目视前方，头部放在正确位置，尽量降低颈部紧张度，不要控制呼吸。
- 下巴应该放松，嘴张开。在快速运动和热身期间保持下巴放松，练习一段时间后很快就会成为下意识动作。
- 颈部肌肉必须放松不紧张。幸运的是，通过放松下巴可以做到这点（我上高中和大学的时候，短跑时存在颈部肌肉紧张的缺点。但33年后，我学会了放松下巴。现在甚至有人指责我在比赛的时候还面带微笑，其实这也是我们练习的一件有益的事）。
- 肩部应该放松并轻松摇摆，不要有过多的逆向旋转。
- 胸部应该前挺，以提高肺容量。

臂部

对于腿部的任何移动，臂部都有对应的反向移动。不正确的臂部移动会对整个身体的跑步姿态产生不利影响。双臂过高会导致肩部和上背部紧张，步幅缩小。任何臂部动作如果不是前后摆动，都会扭曲肩部，浪费能量。臂部移动低会加大步幅，却会降低步频。

下面是臂部不良移动的一个示例。例如，左臂越过体前太多，到了身体右侧。为了平衡或抵消这个运动，右腿就要向左迈，导致步幅的损失，也有可能产生内旋过度和损伤。

良好的臂部移动由以下要素构成。

- 双臂从放松的肩部轻松摆动。
- 双手应该放松，但不要垂下。
- 拇指轻轻地靠在食指上。
- 肘部角度接近90度。肘部禁止锁死。手臂摆动时，保持肘部弯曲和伸直（后摆时略微伸直），双臂和肩部保持放松。

短跑运动员和长距离运动员之间的差异——跑步速度越快，臂部移动越有力，步幅越大，足跟在前进恢复阶段向髋关节抬起得越高，在前脚于身体前方触地之前，膝关节在体前抬得越高。

短跑运动员——对于短跑运动员，拇指略微向外，以保持双臂紧贴身体。双臂有力地移动，双手向上摆到下巴，向后摆到背后。肘关节的角度不断变化，在身体两侧时是90度，前摆时低于90度，后摆时大于90度。把注意力集中在强有力的后摆上，就像要用肘部击打身后的人一样，这样做可以伸展手臂肌肉，使前臂的动作变得更有力。强有力的手臂动作带动脚趾强有力地蹬地。根据牛顿第三定律，对地面的驱动力会产生相等的反作用力。

　　中距离运动员　双手、双臂可以轻微与身体前方交叉，但最好正对前方。双臂前后摆动比短跑的摆臂幅度小，但也贴近身体。双臂放低，以确保肩部放松，双手高度不超过胸部中间位置，向后不超过裤线（精英跑者还可以多向后一些）。

　　长距离运动员　双臂通常从放松、舒适的位置轻轻移过身体前方。拇指略微向内，双掌略微向下，允许臂部移动与身体部分交叉。双臂比中距离跑者的双臂更低，移动更少。这里最好还是将手臂与身体交叉的动作降到最少。

　　双臂带动双腿还是反之　在短跑和中距离比赛中，双臂带动了双腿的驱动力。在这些项目和速度更快的长距离比赛中，双臂带动双腿，起到重要的平衡和驱动作用。我还发现，在深水区中练习的时候，如果把注意力主要放在腿部移动上，双臂移动就会少很多，有的时候还会漫无目的，这时的速度会很慢。但是如果先把注意力集中在双臂移动上，然后双腿随之移动，就会相当高效，速度也更快。这使我坚定了双臂是主导力量、是发动机的信念。但是，有些人认为，对于慢速运动，例如跑得慢的马拉松运动员，双臂只是跟着双腿的移动而运动，双臂只有最少动作。

呼吸

　　直立姿态、胸部前挺和腹式呼吸可以防止对肺部的挤压，并有利于跑步的经济性。吸气的时候，腹部凸出，呼气的时候，腹部收缩。应该在躺下放松状态的时候练习腹式呼吸，或者在慢跑的时候，给自己在长长的慢跑中找点事思考。跑步速度更快的时候，不可能思考这个技术，但如果做过充分的练习，在需要的时候，会无意识地采用腹式呼吸。

脚趾外翻或外展

　　一只脚或两只脚的脚趾外翻会导致步幅减少，因此在比赛中是很不利的。竞技性运动员"脚趾外翻"（外展）会导致步幅损失1.2厘米，在1英里比赛中假设共跑1 000步，会损失1 200厘米。一条腿出现脚趾外翻只会有上述一半的距离损失。

第3章　跑步姿态

"这种有缺陷的风格会干扰肌肉动作，还容易受伤"（特拉弗斯[5]）。我从世界级跑者的照片上注意到这种脚趾外翻。在下面的 4 个示例中，脚趾外翻的角度相对于正前方大约是 30 度，是在比赛最后身体疲劳的情况下发生的。

- 史蒂夫·克拉姆（Steve Cram），英格兰人，在与塞巴斯蒂安·科埃（Sebastion Coe）进行一场激烈较量的 800 米比赛中。请参阅马丁和科埃[3]。
- 吉姆·劳（Jim Law），卓越的大师，100 米、200 米和 400 米世界纪录保持者，在一张私人照片记录的 200 米比赛的最后观察到的。
- 我自己，1998 年 3 月参加波士顿举办的美国大师室内冠军赛 200 米比赛结束的时候。请参阅 *National Masters News* 1998 年 5 月版的照片。
- 阿托·博尔登（Ato Boldon），在 1998 年 9 月马来西亚举办的英联邦运动会上以 9.89 秒的成绩赢得 100 米冠军，但右脚出现相当明显的脚趾外翻。

你有没有外翻的问题？ 检查自己在沙地或雪地上的足迹，是否有脚趾外翻。侧向分量和步幅的减少，会导致前进方向推进力的损失。要解决这个问题，需要模子、专项练习、器械矫形或者以上方法的组合，从而部分纠正脚趾外翻问题。

由于外翻导致的距离损失。 脚趾外翻导致的距离损失在短跑和长距离比赛中都会很明显。毕竟，许多短跑比赛的胜负只在几厘米之间。例如，如果有 30 度的外展（假定一只脚的脚长不变），仅仅这只脚的放置就可以导致每一步的前进动作损失大约 4 厘米。要检测这个距离，可以把脚放在一张纸上，测量没有旋转时脚部正对前方和旋转 30 度时的距离差异。在 100 米的距离内，由于双脚脚趾外翻，可导致 2 米的距离损失——实在是一个巨大的数值。这仅仅是由于脚的位置，而且这只是一个比较低的估计；小腿、大腿和脚都在一个平面内，所以这一步在侧面浪费的分量会导致前进方向上的更多损失。

根据简单的三角计算，表 3.1 显示了 1 英里比赛中，由于双脚脚趾外翻损失的距离。脚的长度（不是鞋的长度）是个重要变量。为了方便，假定是 1 000 步或大致 1 英里比赛。对于更短的比赛，用步数乘以表格中的值然后除以 1 000 即可。

表3.1	由于脚趾外翻导致的1 000步距离损失（米）					
脚长	5度	10度	15度	20度	25度	30度
12英寸	1.15	4.55	10.22	18.10	28.10	40.80
11英寸	1.05	4.18	9.37	16.58	25.77	36.85
10英寸	0.953	3.80	8.52	15.08	23.43	33.50
9英寸	0.857	3.43	7.67	13.58	21.08	30.15
8英寸	0.763	3.05	6.82	12.05	18.74	26.80

在训练的时候，要关注任何脚趾外翻的情况，尤其是疲劳的时候。可以请教练观察你的脚趾外翻情况。通过练习，正确的笔直风格应该变成自然行为。

步幅差距

有些跑者的另外一个问题是左右腿的步幅差异。在沙地或雪地上检查自己左右两侧的步幅是否明显不同。1995年，我惊讶地发现自己左侧的步幅比右侧步幅短7.6厘米。在任何比赛中，这都能形成巨大差异。这可能是因为我大量地在室内以逆时针方向跑步；在过弯的时候外侧（右）腿必须伸展更多。但是，这也可能是右腿灵活性和力量不足造成的，因为右腿为左侧步幅提供推进力。我的右侧腓肠肌的灵活性不如左侧，这可能是过去的损伤造成的。而且，1999年理疗过程中的测试表明，我的右腿腓肠肌比左腿腓肠肌肌力弱大约20%。现在我怀疑许多跑者都不知道自己有类似的这种步幅差异。普雷方丹有这个问题，但明显这个问题没有影响到他。同我的情况一样，这个差异对你或其他人可能并不明显，例如，步幅依然显得很平稳。

对明显的步幅差异该怎么办？推荐对左右腿的力量和灵活性是否平衡进行测试。也可以请按摩师检查髋关节和骨盆区域是否有排列不齐的问题。如果上述检查没有发现任何明显问题，可以在跑步的时候尝试旋转髋关节。例如，如果左侧步幅短，则可以放松髋关节周围肌肉。可以在慢走或慢跑的时候做这个练习，也可以在深水区中跑步的时候练习。

第3章　跑步姿态

姿态练习

在练习姿态的时候，练习的目标通常是成为一个流畅且高效的跑者，落地减速最少，腾空时间更长，垂直起落最少，每一步的前进动作最大。但是，有些运动员需要纠正过长的步幅，以提高步频。短跑运动员需要把注意力集中于迈步之前足背屈、触地时间最短和步频高等问题上。请记住，练习并不会带来完美——完美的练习才会。应该定期练习姿态，以下方法应该会有帮助。

1. 每次训练的热身和冷身阶段进行姿态练习；如果已经疲劳，则冷身阶段的姿态练习并没有益处。坚持把重点放在良好的手臂动作和放松的跑步上。

我们通常在热身阶段做5次加速跑，每次大约60米，以400米配速或90%~95%速度，在冷身阶段慢速跑150米4次或5次。后面的跑法也有助于恢复。

2. 下坡跑步，最好在小斜坡以及柔软表面（我最喜欢的练习之一）上跑或者顺风跑，这对于获得行云流水般的放松风格的目标有益。

3. 在间歇训练或无氧阈跑期间，把注意力集中在跑得轻快安静上。对自己说："我正跑得毫不费力，轻快得像只小鹿。"在练习期间采用类似的思想。在每次重复时头脑中都有这样一个想法："放松、快速摆臂""耗能最少""轻快、放松""流畅、迅速的步频"。

4. 穿着轻质跑鞋有助于感觉轻快。

5. 跑步时面部表情放松，集中注意力，放松下巴（这点最重要），放松肩部，挺胸抬头，骨盆前挺，胸部舒适地前挺，双臂不要太高，双手放松。

6. 集中注意力专门解决某个弱项，例如"强有力的脚趾蹬地"而不是泛泛地要加大步幅。

7. 如果可能，请教练或经验丰富的跑友观察和评价自己的跑步姿态。理想情况下，跑步视频（如果是跨栏运动员，跨栏期间的视频）对自己和教练分析动作中的弱点都有帮助。三个臭皮匠，顶个诸葛亮。

跑步步幅和步频

所有严谨、认真的跑者都会对步幅和步频随着速度提高的变化以及年龄增长对这些变化的影响感兴趣。更好地理解它们可以认识到哪些方面需要加强或改进。这可以提高速度，提高跑步的经济性。

长距离跑者的步幅和步频

杰克·丹尼尔斯博士研究了1984年奥运会上800米到马拉松等中长距离项目的男性运动员和女性运动员的步幅和步频。"步频最快的是800米专项运动员，然后是1 500米运动员，但从3 000米一直到马拉松，步频几乎没有变化。""女运动员只比更高大的男运动员每分钟多几步，因为后者的步幅更大"（请参阅丹尼尔的*Running Formula*一书的第80页）。对于3 000米及更长距离，由于步频几乎不变，所以速度慢主要是因为步幅短。在这些长距离项目中，几乎所有运动员的步频都是每分钟180步。在我所在的基督教青年会，我检查了5位不同跑者以不同的中等速度跑步时每分钟的步数，全部都在每分钟180步左右。如果步频低，例如某些新手大约每分钟160步，那么把训练改为每分钟180步是有益的。对于具体的长距离运动员，不论是以每英里5分钟的速度还是以每英里6分钟以上的速度训练，步频基本保持不变。中距离项目中的跑者的步幅要长得多，而步频可能高达每分钟220小步或每分钟110大步。

长距离运动员如果要提高速度，那么提高步幅要比提高步频更有效。提高步频与提高步幅相比，消耗的能量更多。我在深水区跑步的体验验证了上述结论。在水池中跑步时，更长、更有力的手臂和腿部动作要比快速的手臂和腿部动作速度大约快6%（请注意，水池跑步与陆地跑步一样，由双臂带动双腿）。或者，要用更快的手臂动作实现与强有力的长距离手臂动作相同的速度时，更快的手臂动作更累人。同样，在游泳的时候，划水的幅度要比划水频率更重要，即更强有力的划水要比以提高划水频率来提高速度消耗的能量少。

短跑运动员的步幅和步频

对于短跑运动员，随着跑步速度接近最大速度，频率变化比步幅变化大。达到最大步幅之后就只能通过提高步频来提高速度。所以要提高速度，短跑运动员既要提高步幅，也要提高步频。

年龄对步幅和步频的影响

北艾奥瓦大学的南希·汉密尔顿博士（Dr. Nancy Hamilton）根据1989年圣迭戈举办的大师赛和尤金举办的世界大师锦标赛的运动员录像，研究了年龄对跑步姿态的影响（*Journal of Applied Biomechanics*，第9卷，第15~26页，1993）。她对跑得快和慢的运动员、年长和年轻运动员的生物力学数据进行了对比。根据计算机分析，她掌握了保持跑步姿态的特定方面，可以减缓随着年龄的增长跑步速度的下降。

事实

下面是汉密尔顿对于跑者的一些重要发现。

1. 在55岁以后，步频下降很少，不具备显著的统计学意义。

2. 80多岁跑者的步频只比35岁跑者慢4%~5%。

3. 35~39岁的步幅可达4.72米，相比90多岁的步幅只有2.84米，下降了40%（请注意，此处步幅指的是两步的距离）。

4. 步幅在40岁之后开始下降。对步行者也一样：随着年龄增长，步频几乎保持不变，而步幅衰退严重。

汉密尔顿的结论

她根据重要性顺序，总结了步幅和速度衰减的原因。

1. 髋关节动作范围，尤其是支撑腿向后的动作范围从35~90岁下降38%。这在50岁之后下降最为显著（我将这称为"脚趾蹬地角度"的衰减，即蹬地时后腿和地面之间的夹角）。

2. 腿部摆动阶段和向前返回时膝盖的运动范围从35~90岁下降33%（从123度下降到95度）。这在60岁之后下降最为显著（我将这称为"膝关节屈曲角度衰减"）。

3. 随着年龄增长，在支撑阶段花的时间或者与地面接触的时间会增加。

减少脚趾蹬地角度衰减的建议

- 脚趾蹬地的强度还要求有强大的腓肠肌、股四头肌、臀部肌肉，以及踝部肌肉。每周对这些区域进行一两次负重训练。每天拉伸这些区域也至关重要。推荐采用单腿蹲起练习，它主要锻炼股四头肌和和臀部肌肉，也会锻炼腘绳肌。

- 要单独强化臀部肌肉。俯卧，双腿向后伸展，抬起一条腿，脚部离地约0.3米，然后落地。每天做3组，每组重复10次。
- 摆腿练习会使髋关节更灵活。我一直大力提倡提高髋关节灵活性以改善跑步姿态和经济性。
- 弓步练习对于提高脚趾蹬地角度有用。
- 提踵练习能形成更强有力的脚趾蹬地。

减少膝关节屈曲角度衰减的建议

理想情况下，膝关节在向前返回的时候应该充分屈曲，以便脚部靠近臀部。这导致杠杆变短，腿部要靠近枢轴点——髋关节。由于向前摆腿的用力大大减少，腿可以更快地返回前方。

- 更轻的跑鞋有助于更快返回，因为旋转杠杆——尤其是一个长杠杆末端有重物（在膝盖90度弯曲的时候）时更困难。
- 每天拉伸股四头肌、臀肌以及腘绳肌。
- 应该定期进行踢臀练习。

减少支撑阶段触地时间的建议

- 通常的建议是脚在触地之前背屈（向上翻转）。这也有助于让脚落在重心之下，有助于防止落在重心之前时可能发生的一些刹车效应。
- 跑步ABC练习（参阅第6章）和快速伸缩复合训练有助于减少触地时间。快速伸缩复合训练，尤其是单腿训练，能够增强力量以及脚部、小腿、大腿和臀部的协调性，还会激活中枢神经系统。通过规律的练习，有可能每一步节约大约0.01秒。
- 规律的普拉提练习有助于增强髋关节和膝关节的活动性。
- 进行以下典型的快速运动：快速移步练习、快速摆臂练习、打沙袋练习及快速移动重物。这些练习都有助于保持神经通路和锻炼相关的快缩肌。这会缩短反应时间。

第3章 跑步姿态

其他有用的练习

以下练习有助于提高步幅和步频。

- 上坡快速跑能够增加脚部的背屈，增加提膝高度，同时加强腿部力量。

- 下坡快速跑或强风中顺风快速跑可以提高步频。

- 对于所有跑者来说，力量、灵活性和反应时间对提高或保持步幅和步频都至关重要。但对于长距离跑者，更大的氧容量比以上三者的帮助都大。正因如此，精英跑者才能以很高的速度、合理的步频保持大的步幅——而且看起来很轻松。精英跑者卓越的氧气摄取能力为持续平稳的大步幅提供了所需要的额外能源。无氧阈跑、最大摄氧量间歇跑和长距离有氧跑都能增强长距离跑者的氧容量，进而支持更大的步幅。

总结

下面只是一些帮助记忆的要点。

1. 将姿态练习定期加入热身和冷身过程；在热身跑（加速跑）时，要注意解决速度部分的问题，因为好的姿态会提高速度。

2. 在热身和冷身的拉伸阶段，定期进行膝关节、踝关节和髋关节的灵活性练习，尤其是后两者。

3. 跑步时挺胸抬头，胸部舒服地挺出，臀部收紧，跑得轻快而安静。

4. 跑步时放松下巴和肩部。

5. 每隔一天，强化腹肌和背部肌肉，这些有助于跑起来挺胸抬头。强大的下肢，尤其是强大的腓肠肌、踝部肌肉及臀肌等会使步幅更大。

6. 练习腹式呼吸，直到它变成无意识的。

7. 定期练习强有力的脚趾蹬地，直到它变成无意识的。

参考资料

1. Glover, B., and Shepherd J., *The Runner's Handbook*, Penguin Books, New York, NY, 1978,

2. Watts, D., Wilson, H., and Horwill, F., *The Complete Middle Distance Runner*, Stanley Paul and Co. Ltd / Century Hutchinson Ltd., London , England, 1986.

3. Martin, D., and Coe, P., *Better Training Training For Distance Runners*, Human Kinetics, Champaign, IL, 1997.

4. Coe, S., and Coe, P., *Running for Fitness*, Pavilion Books, London, England, 1983.

5. Travers, P. R., "Injuries Due to Faulty Style," *Track Technique*, No 11.

第3章 跑步姿态

筑基训练和上坡训练

考虑到上坡训练在筑基阶段和越野跑训练中的重要性，所以将它包含在本章的后半部分。室外季的一个良好实践就是在重大比赛开始前两周左右还继续进行减量的上坡训练。

筑基训练

在竞赛季之后，休息10天到2周，不做跑步训练，但强烈推荐做交叉练习。然后，开始筑基阶段（重点发展有氧能力），持续至少3个月。在某些国家，这个阶段要持续长达6个月，例如在英国。这是个很好的机会，从竞赛季的节奏改变回来，对身心来说也是一个很好的改变。良好的基础条件是发展未来全部实力的基石，有了良好的基础条件，在无氧准备月份和后来的比赛月份才有能力进行艰苦的重复训练。著名田径教练亚瑟·利迪亚德（Arthur Lydiard）认为，筑基阶段比场地训练阶段还重要[1]。基础不扎实的运动员不会走得太远，身体很快就会垮掉。而且，从贯穿全年的训练来看，不论是维持，还是持续地刺激心血管和肌肉的发展，有氧训练都在训练负荷中占了相当大的比例。

筑基阶段是竞赛季之后有益的调整，使身体能够重新积蓄能量。因此，不论是训练量还是强度都是逐渐提高的。但在训练中要加一些速度训练，以便在竞赛季获得的一些能力不至于彻底丢失。在筑基阶段结束时，运动员能够安全地逐渐进入接近100%MHR（最大心率）的间歇训练和速度训练。

有氧调整与无氧能力训练

澄清一些术语是有帮助的。筑基训练（总跑量的大约80%）主要是有氧调整；有氧调整要慢于无氧阈（AT），即比AT速度慢大约6%。跑者的体验不同，AT也不同，多数为60%~80%MHR。有氧能力训练的目的是提高最大摄氧量。用85%~95%MHR或大约1万米或5 000米的比赛配速进行这个练习，所以要求更好的身体条件，压力更大。

筑基训练的目标

长跑运动员

对于长跑运动员来说，筑基训练的目标是通过至少3个月的时间提高力量和一般身体素质，主要用有氧跑和上坡训练来调整身体能力。这让运动员能够承担后续强度更大的无氧间歇训练。

短跑运动员

对于短跑运动员来说，在筑基阶段保持从竞赛季获得的速度能力非常重要，因此跑量远比长跑运动员重要。但基本的目标也是调整身体，以便承担后续强度更大的速度训练及速度耐力训练（"功率训练"）。

筑基训练的科学优势是什么

如果了解了以下优势，在筑基训练阶段就会更加努力，激励会更足。

- 增强心肌细胞和骨骼肌细胞的氧化代谢能力。
- 增加血容量（更多红细胞）和毛细血管密度（微血管），增加给肌肉传输的氧气和营养，加强CO_2和废物从肌肉排出的能力。

- 促进肺部的毛细血管生长，从而可以摄入更多氧气，废气的排出速度更快。
- 心脏、肌肉、关节和韧带得到强化，保护运动员免受损伤。运动员能够用更少的力量做更多训练。
- 能量生产基地（线粒体）的数量增加，利用氧气从脂肪和碳水化合物产生能量的酶增加。
- 整体效果是，跑步经济性、力量、耐力和信心的全面提高。

筑基训练益处和优势的个人经验

我已经经历或看到了筑基训练有以下益处。

- 我相信，过去18年里，每年秋天我进行的优秀的筑基训练——在许多山上进行的越野跑训练——很大程度上促成了我在赛场上的成功，尤其是在1995年纽约州布法罗世锦赛上的成功（3项世界纪录）。
- 在大约3个半月的越野/筑基训练季之后，我们通常会在12月下旬进入室内，开始室内训练，会先慢跑几周来适应200米塑胶跑道的弯道。我的一位训练伙伴是位40多岁的大忙人，由于高管工作、出差以及家庭的影响，他通常没有时间进行很好的练习。虽然他200米和400米跑得更快，但他的身体情况通常不允许他保持住这个状态，尤其是在训练到了后期或者要完成大量重复练习的时候。这都是因为他缺乏基础，通常还会造成损伤。
- 我已经发现，在4~6周上坡跑之后，我令人惊讶地能够举起更重的物体，而同样重量我过去的极限是10次。所以在上坡训练中，不仅仅是腿部得到增强。
- 在筑基训练后和无氧/速度训练之前，通常不会有运动员跑得接近他们1500米和800米的最佳成绩。我在少年运动员身上看到过特例。例如，1961年，利迪亚德训练出来的世界纪录保持者彼得·斯内尔（Peter Snell），在4个月的基础调整（每周约160千米，包括利迪亚德最喜欢的山地，即约35.2千米小路）之后跑出了1英里4分1.5秒的成绩。这还是在他开始自己的速度训练阶段之前。

第4章 筑基训练和上坡训练

有哪些筑基方法

利迪亚德的方法

在筑基阶段，"有氧速度跑接近最大稳态（乳酸或无氧阈，没有缺氧）应该会产生一种疲劳的愉悦状态，而不是精疲力竭，即不能憋气坚持，否则就变成了无氧跑；你应该迅速恢复，知道自己能够跑得更快"[亚瑟·利迪亚德（Arthur Lydiard）和加思·吉尔摩（Garth Gilmour）[1]]。这些有氧跑在70%~100%最大稳态之间，因为比LSD（长距离慢跑）更快更有效[1]。随着训练的推进，运动员一方面会跑得更快、更久，一方面又不会达到无氧阈。

下面简要描述一下利迪亚德[6]的有氧阶段以及他在整个计划中的安排："在我们为了比赛训练的时候，不会在训练程序的最后10周之前进行专项练习（开始发展无氧和速度能力）。在此之前，800米运动员做的调整（有氧基础）训练基本与马拉松运动员相同。"有氧跑（筑基训练）要"尽可能地长"或"至少3个月"。从周一到周五，对于800米到1万米运动员，通常要有氧长跑30~90分钟。800米到5 000米运动员在有氧长跑周周日的长距离跑时间从90~150分钟不等（在第一个重要比赛之前4~6周，这个训练要减量）。在有氧阶段建议进行一些上坡训练，以便为后续的4周高强度上坡阶段做准备。上坡阶段包括每周3天的弹跳上坡/台阶跑30~60分钟，上坡跑涉及3 000米障碍越野运动员、5 000米和10 000米运动员。上坡阶段包括一些短距离的迅猛冲刺，以为上坡训练结束后的无氧阶段做准备。

"短跑运动员在整个训练季都应该做某些形式的速度训练"（利迪亚德[6]）。我相信，在某种程度上，这个建议对长跑运动员也合适，重要的是不要丧失从竞赛季获得的全部速度能力。这个观点得到了其他人的支持，例如大卫·马丁（David Martin）和彼得·科埃（Peter Coe）（塞巴斯蒂安·科埃的父亲）。

肯·斯帕克斯（Ken Sparks）[7]提出了8周有氧跑，每周总跑量增加10%，第4周降低总跑量。通过8周训练，中等水平的跑者跑量从每周60千米提高到每周80千米。每次跑步都应该采用舒适的能够自如对话的配速。在日常跑和周末长距离跑中，每英里比自己目前的1万米比赛配速慢1.5~2分钟，即放松并缓慢。每周进行两组8次100米或200米的步幅练习，也建议每周进行2次或3次的上坡训练或负重训练。更慢的日常跑和更短的步幅会让肌肉和韧带紧张，所以建议每次跑步前后都进行拉伸。

哈尔·希格登[4]介绍了一种有氧筑基计划，一个周期12周，几天苦训加几天放松，总跑量每2周增加大约6.4千米。他建议每周进行"稳定的"长距离跑，周中进行"稳定的"距离减半长跑，2项跑量每2周逐步增加，在最后4周每周一次轻松跑，每周一次休息，其他各天轻松慢跑。

有氧训练多做变化

像上面建议的那样，有氧训练主要由日复一日的长距离持续有氧跑构成，如同一份稳定菜谱，不会适合所有人的口味。通过以下方式既可以做到变化，还可以继续实现目标。

也可以使用有氧间歇训练发展有氧系统。这个训练与上述长距离慢跑相比提供了变化，并提供了类似的好处。"用更快的配速跑更短的距离，配合短暂的休息间歇，重复跑多次，可以获得与长距离持续跑相同的益处"（科斯蒂尔[5]）。有氧间歇训练成功的关键是量而不是速度，例如，以可以说话的配速，即低于无氧阈，进行大量300米或400米间歇训练。可以做3组或4组重复，以实现更大量。

理想情况下，在做这类练习时，我相信休息间歇和重复的数量应该由运动员、教练以及运动员当前的调整阶段决定。运动员应该知道自己什么时候能够开始下一重复，疲劳情况决定了他什么时候到量。但是，重点在于跑的时间和休息的时间保持一致。

有氧间歇训练，即以5 000米和1万米比赛配速进行3~5分钟的重复。这个训练最多一周一次，适合更有经验的长跑运动员，可以在筑基训练的结束阶段尝试。每次训练的跑量应该低于周跑量的大约8%。

应该注意的是，在这些间歇训练前后各一天，尤其在肌肉酸痛的时候，中长距离跑的强度和距离不要过量。

第4章　筑基训练和上坡训练

通过越野训练进行筑基

这是我最喜欢的筑基方法。加拿大的秋季天气更凉，这时进行越野训练让人更加神清气爽。由于工作后的训练是在草地或雪地上进行的，所以有的时候要绕着有灯光的路标跑或者在天黑之前结束训练。

有些教练喜欢每周安排2~3次在草地或山地小路上进行300~1 600米有氧重复跑，中间安排长距离轻松跑，以及每周一次更长距离跑。重复之间的休息时间等于跑步的时间，但最好在心率降到每分钟120次以后。这个训练通常用于备战越野赛。我在安大略省多伦多市的北约克田径俱乐部以及安大略省艾金港的索金田径俱乐部训练时，经常采用这类筑基训练。对于短跑运动员，上坡和长跑的量通常要比长跑运动员短。无论如何，在平地跑了两三周之后，已经有了积累，可以做更艰苦的上坡训练。一般来说，在大多数400米和800米比赛季之后，通过这类训练，我可以用大约6周时间变成8 000米或10 000米越野赛上有竞争力的选手。

秋季，我在北约克田径俱乐部草地和泥土小路上安排的2~3个月如下典型筑基训练。

- 每周2~3次间歇训练，包含以下训练课之一：（1）12~16次重复，每次60~90秒，在平地上，通常只用大约65%的力量，配合短暂休息；（2）8~10个相当陡的短坡，用85%的力量，配合到顶和下坡时短暂的恢复跑；（3）3次或4次5分钟的山地循环，用75%力量，配合2分钟步行休息。以上各个训练课都要加上1.5~2分钟的热身和冷身。
- 每周2次短于5 000米的无氧阈跑，每周一次大约6 000米的有氧调整跑。
- 每周2~3次深水池跑步，每次训练大约40分钟，包括8分钟在浅水区的练习。

上述训练对我的效果非常好，使我在加拿大越野锦标赛8 000米和10 000米比赛所在年龄组一直保持夺冠成绩。这表明，筑基训练并不需要以持续的长距离跑为主。

对于越野训练，利迪亚德[1]建议每周做2次贴近比赛距离的计时测试。

上坡训练

何时训练

考虑到下面列出的上坡训练的众多好处，在筑基训练中安排上坡训练，尤其安排在有良好的有氧基础之后，非常重要。许多教练都认为，上坡训练要持续到季内或强化阶段，但要减量到每周一次，然后在重大比赛前两周停止。先从少量重复和更短的坡开始，直到身体适应。在加拿大，冬季训练不包括上坡训练（除非在硬路面上），但是，负重训练和爬楼梯都是很好的替代项目。在上坡训练早期，运动员的腿可能会疲劳（与早期负重训练类似）。这是正常的，这些情况在一两周内就会消失。

上坡训练的益处

1. 提高有氧耐力，提高腿部力量和爆发力。

2. 上坡跑可以改进跑步姿态，因为它可以改善手臂动作和抬膝，增强脚尖蹬地的推力。所有这些都能提高速度。

3. 上坡尤其会提高抬膝和步幅，补偿由于年龄而导致的步幅降低，还可以补偿长距离筑基训练期间使用的更短的步幅。

4. 对下肢力量的增强比负重训练更有针对性。我发现自己在几周的上坡训练之后，在负重训练中能举起更大重量，所以上肢也得到了强化。

5. 它可以极大地强化髋关节屈肌、小腿三头肌和股四头肌，从而为速度训练做好准备。

6. 上坡跑训练艰苦且时间短，相比长距离跑，减少了与地面的撞击。

7. 在木栈道、草地或土路上的下坡跑可以让肌肉对抗减少，从而减少疼痛。研究表明，在柔软表面的下坡跑尤其有助于预防由于异常收缩（肌肉在负载下的伸展）而产生的损伤。

8. 让身体和心理都适应越野跑。

上坡训练类型

上坡训练用的力量通常低于85%，在这种情况下，重复之间要恢复到心率每分钟低于120次。但是，对于短陡坡，需要95%的用力，则必须进行完全恢复（或者心率每分钟至少低于96次）。

1. 在山地小路上的长距离跑

在起伏越野地形上的长距离跑可以增强力量和耐力。

2. 长距离山地重复

这些有氧低速重复可以提高跑步经济性或有氧调整能力，但在速度快的时候可以增加最大摄氧量。

要促进最大摄氧量的发展，以在平地5 000米或1万米比赛的配速跑上山，即使用心率监视器达到相同心率，或者体感与平地的用力相同。慢跑下来，再重复。在休息之后，心率每分钟必须低于120次。选择一个能在3~5分钟之内跑上去的坡，否则就不是在发展最大摄氧量。由于用力与平地相同，所以重复的次数也应该与平地相同。如果在无氧范围内消耗太多力量，完成的重复数量就会减少。

3. 短距离陡坡重复

跑短坡的速度要比长坡快。这些艰苦但放松的无氧跑可以提高跑步经济性和速度。夸张的手臂、肩膀以及高度屈曲的髋关节、高抬的膝部动作都会增加能量，导致无氧能量要求增加。例如，杰克·丹尼尔斯在运动员身体上使用的一个高强度训练是：在跑步机上以15%~20%的坡度（非常陡）、9分每英里的配速跑10个1分钟，中间休息1分钟，在跑步机上慢跑[彼得·普菲青格（Peter Pfitzinger）[3]]。由于4%的坡度相当于每英里加速1分钟，所以16%的坡度每英里9分钟相当于平地上每英里5分钟的配速，或者400米用时75秒的配速。这是项非常艰苦的训练。

我自己也做过类似的跑步机训练。在跑步机上，可以通过设置速度、坡度以及其他变量来设计自己的上坡训练。如果跑步机不够快，无法进行平地的间歇训练，则可以通过加大坡度来获得等价的速度。但是，我个人发现室外的空气和大自然的激励效果更好。

4. 短坡弹跳

短坡弹跳或上坡弹跳是利迪亚德推荐的，已经被许多教练采用。它能够加大步幅，给步幅增加弹性。

所以，跑步经济性应该随着时间提高。下面列出了上坡弹跳特定的优势。

- 蹬地期间踝关节背屈加大，可以提高踝关节的灵活性和力量。
- 腓肠肌在收缩之前伸展，给肌肉提供更多能量，从而提供更强大的推力，这也会提高腓肠肌的力量和灵活性。
- 高抬腿要求伸展和强化髋关节屈肌和股四头肌，从而加大步幅。
- 激活快缩肌。
- 这是良好的快速伸缩复合训练，还具备柔软草地或土地的好处。

通过伸展和强化肌腱与肌肉，也消除了扭伤和拉伤的风险。

弹跳动作具体做法如下：左脚用力蹬地，配合强有力的手臂动作，右腿抬高，挺胸抬头，右脚落地。重复弹跳的慢动作上坡。开始的时候弹跳能力有限，后续几周逐渐提高质量。弹跳在短跑运动员中很常见，通常会加在他们场地的热身活动中与其他快速伸缩复合训练配合。在尝试弹跳或其他快速伸缩复合训练之前，腿部应该足够强壮且调整好状态（通常经过负重训练调整）。

上坡训练的姿势

挺胸，从髋关节起（不是腰部）微微前倾，目视前方，不要过于向上或向下。基本上，这可以防止上坡时过于前倾，或者下坡时过于后倾（刹车）。

如何上坡跑

- 身体向坡前倾（不是从腰部开始），缩小步幅，注意力集中在抬膝上，用力摆臂，但不要过度[7]。
- 向上看，采用快而短的步幅，不要蹬地过猛；在跑到顶的时候，迅速恢复到平地配速[4]。
- 在陡坡上，使用非常小的步幅、脚贴地跑会很有帮助。在非常陡的坡上感到疲劳时，快走也非常有效，也可以用快走代替跑步（后者在年长或经验少的跑者身上更普遍）。

第 4 章　筑基训练和上坡训练

- 努力保持与平地相同的用力水平和呼吸频率，但一般来说，在陡坡上用的力尤其多。

如何下坡跑

- 步幅不要过大，因为这会让腿和脚消耗多余的力。相比土地或木栈道，步伐过大在铺装路面上的压力尤其大。

- 微微加大步幅。为了更好地平衡，可以抬起并张开双肘；为了吸收震动，尽量用前脚掌着地，而不要用足跟着地[4]。在落地的时候保持膝部微屈也有助于吸收震动。

- 放松，轻快地跑，放开速度跑。感觉自己用的力减少。但放开跑有可能放得过度，所以不要太兴奋，因为下坡跑也消耗能量。避免身体后倾，避免产生刹车效果；跑的时候重心要放在落地脚上，保持挺胸，目光略向下，有助于实现正确的骨盆倾斜和身体倾斜。

- 保持与平地一样的用力和呼吸频率。

越野比赛策略

首先，在山上积极训练6~10周。这对熟悉赛道非常有帮助。开始时要小心谨慎，但在比赛的后半段或最后1/3段提高配速。如果快到终点时有特别大的坡或顶风，则要留出体能。如果顺风的话，就再努力些。追上一些对手，超过他们。

虽然上坡跑和下坡跑的良好策略都要保持与平地体感相同的用力，但在陡坡上的用力更多——相信我，不要在上坡时浪费体力，因为更稳定的跑者在山顶会更快恢复且超过你。学会放松，但在下坡的时候提高速度。

注意事项

- 考虑到下坡时的压力和冲击增加，下坡时要轻松跑，尤其是在训练的时候，以避免损伤，除非在木栈道、草地或柔软土路上。以每英里用时7分钟的配速，上坡测试表明冲击是平地的85%，下坡测试表明冲击比平地高40%（希格登[4]）。

- 为了避免双腿压力过大，在重要比赛前2~3周不做上坡训练[7]（3周有点过于谨慎）。
- 筑基阶段每周两次上坡训练不算不合理，但在赛季内或速度训练阶段，每周一次通常是合适的。在上坡训练和不重要的比赛之间要间隔4天，因为上坡训练与负重训练或水中跑步类似。

其他事实

- 注意：不同的作者对坡度提高的描述通常采用爬升百分比、角度、坡度和斜度等说法，这些说法的意思相同。
- 杰克·丹尼尔斯估计坡度增加4%相当于每英里用时增加1分钟[3]。
- 在均匀升高或降低的坡上，上坡时的能量消耗大约是下坡时能量的两倍。

上坡的替代品

- **在松软的沙地上上坡跑**。这种方式非常有效，但这个环境不是哪里都有。在沙地上坡这种方法最适用于全年都能使用这种小路的跑者，因为如果短期内做得过多，会有跟腱拉伤或腓肠肌拉伤的潜在问题。脚后跟陷进沙里，相比落在坚硬表面，给腓肠肌和肌腱带来的伸展要大许多。
- **体育馆台阶或公寓台阶跑**。注意，前几次训练要循序渐进。下台阶时要小心，下台阶会给脚和踝关节施加很大压力（我在特立尼达的训练营里遇到过一位年轻运动员，第一天第一次在跑步馆做台阶训练就受伤了）。
- **加速度**。弗雷德·维尔特（Fred Wilt）指出，做跨步重复，然后快跑50米，以适应上坡的更高能量消耗（希格登[4]）。（类似地，这也是模拟越野障碍更高能量消耗的良好训练，但在这种情况下，快速跨步，每80米只用大约10大步，我将这种方法称为"穷人的障碍越野"。）
- **有坡度功能的跑步机**。

第4章　筑基训练和上坡训练

一些自己喜欢的上坡和下坡

在周围观察一下，就能发现一些自己喜欢的、跑起来有乐趣的坡。为了让大家有概念，下面是我找到的一些小路，希望在你所在地方也有类似小路。这些小路在安大略省多伦多周围。所有这些小路都让双腿感觉轻松、心理放松甚至振奋，尤其是炎热的夏日或秋日，因为这些小路都在丛林里，有美好的环境，可以享受大自然。还有充足的氧气，这里炎热天气里的温度比市内低。根据气候、我的身体情况以及我要做的训练类型，每条小路都有自己的优势。

- **150米长1.5%缓坡土路**，奥克维尔森林体育公园。

良好的下坡重复小路，可以练习姿态、跑步经济性以及进行有氧和无氧训练。例如，16次快速下坡跑，再慢跑回去（每组重复4次）。或者12次100米快速放松下坡跑，再步行回去，这样可以做更轻松地训练，例如，同一天里安排了两个训练。

- 阿金库尔，布雷姆利森林公园，**木栈道上的上坡循环**。

非常适合进行利迪亚德类型的循环。例如，快速跑200米大约2%的缓坡，在顶部慢跑大约2分钟，再进行200米2%缓下坡，可以又快又放松地跑下来，恢复慢跑大约1.5分钟跑回起点。重复9个或10个循环，中间不停止。总用时大约45分钟。

注意： 这个训练没有利迪亚德和吉尔摩循环[1]辛苦，后者用弹跳方式上坡，在坡底恢复过程包含冲刺跑。利迪亚德建立在每个循环里采用长度不等的顺风冲刺，而且状态良好的成熟跑者应该花大约1小时进行这类上坡循环训练（我怀疑，利迪亚德的上述训练对于大多数跑者来说都非常艰苦）。

- **多伦多海柏公园2千米轻度起伏的下坡木栈道。**

这个小路有良好的缓坡，适合训练跑步经济性、大步幅以及进行有氧－无氧训练。通常情况下，我会以大约3 000米的比赛配速快速跑下坡，然后慢跑回起点。根据身体状态，重复2次或3次。

- **海柏公园500米大坡度木栈道小路。**

放松地快跑下坡，慢跑回去，休息1分钟，重复3~5次。这个有氧－无氧训练可以改进姿态、提高跑步经济性以及练习越野赛的下山技术。也有助于防止损伤。许多时候，我是在快速/短距离间歇场地训练后再做这个训练1小时，并来杯咖啡。

- 断头谷**柏油路200米陡坡**。

这条小路从小坡开始，然后越来越陡，达到大约4%的坡度。我通常在本地场地训练之后跑这条小路，因为它离我在米西索加的住所只有5分钟距离。跑这条小路的重点是放松和频率。在接近坡顶的时候，还要求强力的手臂和膝部动作。这条小路特别适合400米训练，尤其是在300米障碍赛或400米比赛之前一两周。在一个训练之后，用95%的用力跑这个小路两次，每次慢跑回起点，就足够了。我还将这条小路作为自己体能情况的标尺，将每次的时间与以前的时间进行对比。这也是坚持详细记录训练日记的好处。

参考资料

1. Lydiard, A., and Gilmour G., *Running With Lydiard*, Hodder and Stoughton, UK, 1983.

2. Coe, S., and Coe, P., *Running for Fitness*, Pavilion Books Ltd., London, England, 1983

3. Pfitzinger, P., Reaching New Heights, *Runner's World*, February 1992, p78.

4. Higdon, H., Run Fast, *How to Train for a 5K or a 10K Race*, Rodale Press, Emmaus PA, 1992.

5. Costill, D., *Basics of Sports Physiology*, Benchmark Press, Carmel, IN, 1986.

6. Lydiard, A., '*Running to the Top*,' Meyer and Meyer Verlag, Aachen, Germany, 1997.

7. Sparks, K. and Kuehls D., *Runners Book of Training Secrets*, Rodale Press, Emmaus，PA, 1996.

第4章 筑基训练和上坡训练

26条训练原则

下面是构成跑步训练基础的一些重要原则和规则。虽然这里的例子与跑步有关，但这些原则也适合游泳运动员、自行车运动员、划艇运动员以及其他许多运动的运动员。

1. 筑基训练原则

在室外赛季之后、渐强（竞技/高峰）季之前，应该做大约3个月扎实的有氧基础训练。这可以让身体在后续的赛季有力量和耐力完成高质量的间歇训练。好的基础还可以让你在1天的比赛以及连续几天内有多次好的运动表现。在北美，这个筑基时期通常在夏季赛季后开始。

在室内赛季之后，运动员也应该休息1周或10天，不跑步或只跑少量，并做交叉训练。然后推荐再做2~3周的筑基训练。公路赛选手或马拉松运动员完成重大比赛之后，如果还没到赛季末，也推荐采用同一流程训练。

先是全面的有氧基础训练阶段，然后接上坡训练，再接渐强阶段，可以产生震惊世界的结果。彼得·斯内尔及其他奥运冠军的教练——著名的新西兰教练亚瑟·利迪亚德训练的3个运动员在1960年奥运会上赢得了2枚金牌和1枚铜牌证明了这个方法（他的训练哲学）可以创造奇迹。

有氧基础训练还构成了中距离和长跑运动员1年的训练基础。

2. 逐步适应原则

通常，全面的训练效果需要6周才会产生；我曾经注意到，同样的训练在1周之后变得更轻松；但一般来说，你要根据前6周的身体情况和训练情况参加比赛。有人说，需要更长时间才会产生完整的训练效果。因此，如果想比赛发挥良好，较长的前导时间是必需的。

令人惊讶的是身体的适应机制。在渐强阶段开始的时候，用低于比赛配速的速度完成1/4的比赛距离都是件艰苦的事。速度通常已经在筑基阶段失去，但在2个月内，就能以比赛配速完成全程。在这个阶段，训练越来越艰苦，但由于身体条件改善，身体和心理的承受力越来越强，付出的努力可以保持不变。在训练之间应该不会有努力情况的突然提升。如果可能，应该让训练充满乐趣。可以通过多样性来增添乐趣，例如，经常在训练的下半场采用不同类型的练习，这样至少可以让上训练课的运动员心理压力不那么大。如果训练针对的重大比赛在早晨举行，却总在下午或晚上训练，则需要进行晨练适应。在这种情况下，明智的做法是经常让身体进行晨练适应。

世界级的运动员通常要在第3个重大比赛之后才会达到巅峰的状态。随着身体每次适应所跑的距离，身体越来越强壮，运动员也变得更加自信和放松，于是在其他因素（例如，气候、没有损伤等）相同的情况下，跑得就会更快。

准备时间

在筑基阶段之后，准备一项重要比赛至少需要8周，最好是12周。1997年，我们在筑基（主要是越野跑）阶段之后，在12月中旬转移进室内。只留下1个月来准备一项重要的1英里室内赛。其中慢跑用了2周，以适应室内急弯和更坚硬的地面。余下的2周用于1英里专项训练，这对于身体的适应来说时间不够长，身体在2周内不能完全适应，因此进步不可能这么快。结果我的成绩比自己在前一年9月的成绩低了大约3%。另外，参加完1993年10月在日本的世界大师锦标赛后，我有超过两个半月的时间准备与该比赛一样的年度大赛。我以参加日本世界锦标赛的身体条件为基础训练。于是在1994年年初，我就在即将离开60~64岁年龄组之前，同时打破了1英里和1 500米室内世界纪录。以上事例表明了重大比赛之前足够长的前导训练是极有好处的，可以为身体提供足够的时间适应。

过载

如果应用的压力符合以下特点，则身体能够适应更高等级的比赛。

- 超过身体习惯的水平。
- 强度足够高。
- 足够规律。
- 应用的时间足够长（请参阅上述事例）。
- 对特定的比赛距离有针对性。
- 没有过分。

艰苦训练中的这个训练压力（或者里程递增）与轻松的恢复日保持平衡。随着体能的提高，用同样的努力就能承受更大的训练负荷。运动员必须遵守一条红线——注意过载不要超过个人的极限，以避免过度疲劳和损伤。压力等级必须与体能水平匹配，只有在准备就绪的时候才加量。只要确保不在短时期内压力突然加大，就可以避免出问题。珀西·切鲁迪[8]是这样说的："宁可长时间内施加少量压力和痛苦，也不要在短时期内施加大量压力和痛苦。"就这点而言，使用心率监测器非常有利。

收益递减

这是个非常重要的原则。在开始的时候，进步非常快；随着接近最大潜力，进步开始变慢。达到成绩的最高等级之后，付出巨大努力也只有很少的收获，但正是这点收获成就了冠军。1996年和1997年，我的腿部并不完全健康，我的训练量和强度经常减少到正常情况下的60%。这导致我的400米和800米成绩降低了1%~2%。换句话讲，每周训练在强度和数量上额外增加40%，也只会让我的成绩提高2%。但对我来讲，这些额外的努力值得。

在12周渐强阶段的前6周，随着强度的逐渐提高，运动员能够达到目标比赛速度的97%。在余下的6周，要求完成最后的2%或3%（例如，如果一个运动员的400米目标是60秒，则在12周渐强阶段的最后6周，要求将时间从61.5秒降到60秒）。

3. 渐强和渐减原则

中长跑运动员的渐强

　　渐强（冲顶）季通常从筑基和上坡训练季之后开始。渐强阶段让运动员为竞赛季达到成绩顶峰做好准备。在这个阶段，基础耐力跑成了训练计划的"骨干"。主要的重点是比赛速度或更快速度跑、上坡训练、计时测试和法特莱克训练，尤其是间歇训练。从强度角度看，素质训练（无氧阈、最大摄氧量以及无氧乳酸训练）的总量应该只占有经验运动员每周总里程的18%~25%。而且就像下面介绍的，这个渐强季只能维持大约12周。

渐减

　　完整的训练效果通常不会在训练2周后就出现。因此，比赛之前的任何刻苦训练，除了建立信心和掌握自己的速度外，可能不会有任何帮助。但是，我发现在最后2周可以提高速度，尤其是在天气炎热的季节，炎热季节有助于放松关节和肌肉。但是，永远不应该将速度训练留在最后2周进行。好的策略是，在整个渐强阶段，逐渐地提高速度。速度和速度耐力的提高需要经历许多堂训练课才能实现。

　　在比赛前3周，可以安排一个或两个比平时强度大的训练[4]。然后在保持强度的同时减量，这样身体会充电。我发现，在参加一场重大比赛之前1周参加一场低调的比赛非常有好处。在最后1周，训练量应该调到轻量级，但要保持速度。比赛前3天不要过于疲劳——比赛前2天，几乎没有运动量。请记住，通常一次艰苦训练2天以后才会出现肌肉酸痛。在比赛前3天或4天内，也不要做任何有强度的水中跑步。这个错误我犯过2次，结果拖着疲劳的双腿参加了一场重要的800米比赛。

　　比赛提前到场，以免受旅途劳顿影响。如果比赛时安排靠后，不要到处闲逛，这会让你懈怠，让你精心所做的全部渐减，安排功亏一篑。即使做些轻松跑也好。

　　渐减还有一个方面的延伸，即与训练课的频率有关。"运动员减少的训练课应该不超过30%（在渐减期间），否则运动员可能会失去对运动的感觉"［霍华德（Houmard）和约翰斯（Johns）[17]］。我已经发现，比赛前长时间，例如7天不进行快跑（例如，使出90%~95%的力气）训练，不会有好处，尤其是对于短跑项目。

本·约翰逊以前的教练查理·弗朗西斯有一个针对短跑的优秀渐减方案。请参阅第6章"查理·弗朗西斯的短跑系统"。对于马拉松项目，请参阅第9章的"马拉松训练"。

12周规则

（1）科学研究已经证明了休息或停训（例如伤病恢复）之后12周训练周期的效力［桑德勒（Sandler）和洛布斯坦（Lobstein）[3]］。

（2）诺克斯（Noakes）[2]也公布了进一步的证据："渐强训练最多只能保持8~12周。"在这段高强度训练之后，预计可以看到成绩下滑。

- "普罗科普（Prokop）在其报告中说，他的运动员通常需要7~8周的渐强训练以达到巅峰状态，然后持续3~6周之后，成绩开始下滑"（诺克斯[2]）。
- 两位世界级的马拉松运动员德里克·克莱顿和罗恩·希尔（Derek Clayton和Ron Hill）发现，跑步成绩大约会提高10周，然后下滑。

（3）许多肯尼亚人相信，3个月的艰苦训练加轻松间歇，通常每周一次，可以保持比赛状态，例如，里查德·切里莫（Richard Chelimo），1万米前世界纪录保持者[14]。

（4）12周理论与我个人经验相符，即室内季之后10~14天的积极休息（交叉训练），然后大约在4月中旬重新开始训练，进行2周的有氧基础训练，然后在7月中下旬达到巅峰状态。

小结。田径运动员在室内季或室外季之后，或者马拉松运动员在重大比赛前，应进行数周的积极休息，再次建设有氧基础，然后开始另一个12周渐强阶段。

第5章 26条训练原则

数字"10"规则

- 每周增加的距离不应该超过10%。
- 刻苦训练10周，然后在比赛前渐减2周。
- 总训练中针对比赛或类似比赛的测验（投入的力量与比赛相似）（亨德森[11]）不应超过10%（我认为长距离训练也应该推荐使用这个公式，对中距离训练也大体适用，请参阅下面更具体的"平衡训练原则"）。
- 室内季后、室外季后或重大马拉松赛之后，积极休息10天。

4. 平衡训练原则

有氧能力和无氧能力之间达到最优平衡是一个训练项目的主要目标［吉洪诺夫（Tikhonov）[6]］。如果运动员牺牲有氧训练而过多地进行无氧训练，那就不会有足够的耐力保持速度。这是因为运动员在进入渐强阶段之前没有打下良好基础。不平衡越严重，比赛成绩越差。如果有氧训练做得太多，很少或不做速度训练，那么在提高速度的时候，运动员会感觉无法保持这个配速。

从实际比赛或计时测试可以判断出运动员不平衡的情况。例如，如果一名中长距离运动员启动迅速，在比赛中也能加速，但在接近终点时越来越慢，说明他缺乏有氧能力。

对我个人而言，渐强阶段300米跨栏、400米、800米和1 500米的快速间歇训练的比例占每周跑量的9%~12%。一直到我70岁，每周通常包括2次或3次以短距离（150米、200米和300米）为主、长距离（400~600米）为辅的间歇训练课。

请参阅第7章了解无氧阈训练（占训练课的10%）、最大摄氧量训练（占训练课的8%）以及无氧乳酸训练（占训练课的5%）这些训练占每周训练量的最大推荐比例。这些百分比以杰克·丹尼尔斯[15]的数据为依据。这些数字对于1 500米和马拉松运动员都有很好的指导作用，但我认为对有经验的跑者更适用。缺乏经验的或年纪更大的跑者，尤其是超过60岁的跑者，应该倾听自己身体的反应，宁可量少，也不要过量。

表5.1列出了不同奥运比赛距离使用的无氧能量和有氧能量的百分比。这些数据以1987年之前的男子世界纪录成绩为依据（佩龙内特[20]）。在特定的比赛中使用的有氧能量和无氧能量的百分比体现了训练时这些能量上的定量侧重。训练必须直接满足这些具体需求。

表5.1	不同的比赛距离的能量贡献百分比	
比赛距离	有氧能量	无氧能量
100米	8%	92%
200米	14%	86%
400米	30%	70%
800米	57%	43%
1 500米	76%	24%
3 000米	88%	12%
5 000米	93%	7%
10 000米	97%	3%
马拉松	99%	1%

　　短跑运动员和中距离跑者训练达到这么高的无氧百分比会有困难。如果进行过多的速度训练，忽视了节奏跑和恢复跑，就得不到合适的恢复，从而导致损伤、疾病和状态下降。例如，有经验的一般中距离跑者的通常规范是：每周做一两次无氧间歇，每次训练课只占周训练量的5%~6%（还请参阅原则3下面的"数字'10'规则"，以及第10章针对有经验的中长跑运动员的典型训练计划）。

　　但是，世界级运动员或精英运动员能够承担很高的无氧负荷。例如，马丁和科埃[9]列出了塞巴斯蒂安·科埃（专攻800米和1 500米）18岁时超过39周的训练阶段，每周平均跑52千米，有氧运动占66%，无氧运动占34%。塞巴斯蒂安的无氧百分比非常高。类似地，在春季和夏季，吉姆·莱文（Jim Ryun[12]）严格地在早晨进行有氧跑，在下午进行无氧间歇训练，这会形成非常高的无氧百分比。因此，这些与众不同的年轻运动员在他们的专项项目上能够达到表5.1中的数字。

　　不同类型的训练有不同的有氧和无氧比例，这取决于训练与两个极端——纯有氧（在无氧阈值AT之下）或纯无氧（全速）的距离。有些法特莱克训练或上坡训练能够达到几乎相等的无氧和有氧贡献。

第5章　26条训练原则

5. 训练课采用正确组合原则

通常不要在训练课的主要部分混合有氧训练和无氧训练。例如,同一天或同一次训练里既做速度练习又做耐力练习就不合适。因为这两个训练方向会相互干扰。将速度、灵活性和力量放在一起训练更有益。这个训练与每次重复训练间的热身和恢复跑不是一回事。虽然这是个简单的概念,但我们许多人都会违背,从而损害训练的效果。 亚瑟·利迪亚德及其他教练告诉长跑运动员不要将长距离跑和速度训练混在一起,胡乱混合只会让训练程序失去平衡[8]。

在进行距离较长的有氧跑之前进行无氧速度训练会消耗能量,让双腿疲劳,从而导致长距离跑步的时候速度放慢或步幅缩小。在快速短暂间歇训练之前进行有氧间歇训练或长距离跑,只会降低快速间歇训练的速度,还会导致姿态不良。可以查看自己的训练日记,看看有没有不合适的训练案例。即使在无氧速度训练前一天进行长距离跑,也会损害速度训练提高速度的效果。

但是,允许有以下例外情况。

- 为了发展速度耐力,偶尔可以在训练最后进行速度练习。这可以让运动员在疲劳的时候有很快就会完成的感觉,而不是仅用来发展纯粹的速度。
- 法特莱克训练既包含有氧跑也包含无氧跑,但它发展的是速度与耐力,而不是仅用来发展纯粹的速度。
- 但是,在纯粹的速度不如耐力重要的长距离训练中,有时可以违反这个原则,以实现训练的正确组合。

6. 训练伙伴原则

跑者造就跑者。我一直非常感激自己过去和现在的训练伙伴,他们大多比我年轻20岁以上。对我来说,他们几乎与知识渊博的教练同样重要。

如果有能力相近的训练伙伴在这些长距离跑中提供帮助,训练会更轻松。在天气不好的时候,一个人坚持跑步会非常困难,甚至会没有跑步的意愿,但是在一个紧密的团体里,大家同甘共苦,情况看起来就没有那么糟了。

在进行快速间歇跑训练的时候,有一位速度接近的伙伴,也可以让训练轻松许多。有人陪着一起受苦——例如,一起做这些艰苦的重复。在前几轮"重复"的时候,跑得快的一方可以帮耐力更强的一方提高速度。后几轮越来越苦的时候,耐力强的一方则可以督促跑得快的一方坚持下去。有的时候，可以想象自己和跑在前面的伙伴之间有一根橡皮筋。而且跟随跑是有好处的。

珀西·切鲁迪[8]提到了一群运动员集体训练时的"精神力量"，比起单独训练，集体训练的劲头更足。

尽管可以单独训练，但需要更加坚韧、更有经验。训练伙伴则可以作为参照物。

7. 训练有度原则

在强化训练阶段，需要进行使身体疲劳的间歇训练或长距离跑，但是不要把自己"耗尽"，应该在完成训练的时候感觉到疲劳，但仍有余力再跑一段。如果训练进展太快，就会训练过度。

认真的运动员必须做到一点：冷身活动虽然零碎，却应始终牢记。必须保持足够的能量以便第2天继续进行适当的训练，因此要听从身体的呼唤。

在进行速度间歇训练的时候，我们采用的做法是，一旦速度下滑就停止，或者一旦出现痉挛或肌肉疼痛加剧的迹象就立即停止。虽然可以继续更多训练，但姿态可能变形，也可能受伤。通常心肺能力还可以坚持，但记住，肌肉、肌腱和韧带的疼痛通常不会在训练时发生，而是在一两天之后发生。

8. 辛苦/放松原则

必须为身体恢复和训练效果发生作用留出时间。在艰苦的训练、长距离跑或比赛之后，肌肉中发生的微小撕裂修复需要时间。在艰苦训练之后，血液的pH值会从正常时约7.3的碱性范围下降到酸性范围。血液和肌肉恢复到碱性范围需要时间，在这个范围运动员才能表现良好。而且，糖原储备的更新也需要时间。因此，在艰苦训练日之后通常应该接着放松训练日，给身体留出充电的时间。请记住，放松日与辛苦日同样重要。放松日相当于在银行存钱（或能量）。全力以赴训练相当于从银行取款。

周六和周日2天连续艰苦训练会有问题[1]；为了避免这个问题，我将周五安排为放松（积极休息），在周六安排间歇训练，周日进行中距离跑。周六和周日安排午睡。接下来的周一最好是放松日，例如，在水中跑步，或者只做短距离和中等距离的快速间歇。

下面是训练中一些常犯的会导致严重后果的重大错误。

- 比赛后第2天立即做长距离跑（我曾经这样做过，结果遭受了严重的肌肉疼痛）。

- 连续2天艰苦训练，或者太密集、太多的艰苦训练。这会导致损伤（在我身上就发生了——5天做了4天的艰苦训练）。如果身体近期虚弱或患病，则要尤其当心这点。甚至在第2个训练中就能立即感觉出来，因为问题通常需要一两天后才暴露出来。如果因此而受伤，也会干扰整个训练过程。

- 采用朋友的训练计划（或配速）而不是自己的训练计划经常造成问题，例如，训练过量、过快或过苦。认真的运动员会坚持自己的训练计划。

- 在长距离跑、速度训练和比赛之前不休息。

9. 优势原则

每个人的力量很大程度上取决于先天的快缩（速度）肌和慢缩（耐力）肌的数量。在了解了自己的优势与弱势之后，应该选择与自己的力量匹配的跑步比赛。

明确自己的专项比赛之后，就应该有针对性地朝着发展自己特长的方向进行训练。请了解自己的优势与弱势。主要发展自己的优势（耐力或速度），这要比专注于自己的弱势效果更好，因为弱势通常很难有大的提高。

例如，如果天生没有大量的快缩肌，可能会发现速度通过训练提高得很有限。如果侧重于自己的优势（耐力），则可以进行更长距离的训练，进行更长的重复。你的重点是提高自己在跑更长距离时的速度，而不是提高自己短跑的速度。通过耐力的发展，你的可持续速度也得到了发展。赫布·埃利奥特（澳大利亚中距离世界纪录保持者）没有惊人的速度，却有超群的耐力，他能够先于其他人很远就开始加速并保持领先，把其他人累得接近终点的时候根本没有能力冲刺超过他。过于关注运动员的弱点反而达不到效果，还很容易导致训练过度，因为运动员的生理结构可能承受不了训练的要求。例如，有从400米转到800米的运动员，也有从1 500米或1英里转到800米的运动员，前者应该侧重于进行更多较短且迅速的重复，而后者应该侧重于更长且较慢的重复。这样，运动员能够更好地响应训练的要求，训练更轻松且更有乐趣。但是，这并不是说对于弱项就可以视而不见，弱项确实需要通过训练提高，但并不需要投入过多精力。

杰克·丹尼尔斯[15]在他的 *Running Formula* 一书中说："一般来讲，在训练的最后一周应该发挥优势，应该在训练季早期就考虑到弱点。"

10. 针对性原则

训练应该针对活动（比赛距离）的要求，取得最大收获。有针对性的训练让身体能够适应比赛日中遇到的比赛特定的压力。可通过训练适应比赛的距离和速度。对于中距离或更长距离来说，这意味着要适应更长距离，而且要采用比赛配速或更高配速。

针对比赛环境和地形进行训练，即在类似的时间段，类似的山坡或平地，类似的高温或低温环境下训练。甚至风也是一个重要因素，所以必须能够顶风奔跑且不受影响（室内跑步消除了风、上坡、狗和汽车等影响因素）。有针对性训练的核心要求的一个良好示例就是跨栏运动员的训练。为了形成栏间正确的步幅和节奏，跨栏运动员必须在正确的平面进行训练，穿的鞋必须与比赛中穿的一样，栏间距离与比赛相同，栏的高度与比赛一样。

负重训练也应该针对比赛距离：中距离及以上进行耐力"重复"，短跑运动员进行力量"重复"。

交叉训练也应该尽可能地有针对性，以利用相同的肌肉和心率，例如，越野滑雪和水中跑步与跑步最接近。骑行和游泳（对心肺有好处）是跑者的第二选择。但是，速降滑雪、网球、皮划艇和冰壶的针对性就显得不足。

11. 用进废退原则

灵活性和肌肉力量逐年下降。取胜的秘诀之一就是比竞争对手老得慢，这是我最喜欢的秘诀之一——尤其适用于大师级运动员。通过每天进行伸展项目和隔天进行负重项目，可以缓解灵活性和力量的损失。当然，所有跑者们正在做的锻炼可能是最好的抗衰老药。关键就在于"刺激"。养成在目标心率范围内定期锻炼的终生习惯（包括健康的生活方式）可以让人多活二三十年；积极的人通常还拥有健康饮食、良好的休息，而且不会滥用自己的身体，所有这些都有利于长寿。

第5章 | 26条训练原则

强烈推荐含有维生素E、维生素C、β-胡萝卜素、硒元素和葡萄籽精华素的食品。其他重要原则还包括：减少压力、保持幽默感及健康饮食（尤其是水果和蔬菜）。因为几乎所有疾病都源于饮食。

12. 可逆性原则

发展速度、力量或有氧能力之后，如果不加注意，赛季后仅一两周内这些能力就会迅速丧失。训练效果会丧失，身体会恢复到未发展的原始状态。例如，如果在渐强阶段忽略了筑基阶段建设起来的优势，则优势在很大程度上都会丧失。可以试着几周不做长距离或中距离跑，然后跑5 000米或1万米，那么有氧能力会丧失。如果停止速度训练，则速度也会明显丧失（两周下降几个百分比）。

在筑基阶段，许多教练都忽视速度训练，结果要花很长时间来恢复速度。运动员必须再次从头开始，于是就浪费了宝贵的时间。最好成绩是通过长期的积累达到的。在筑基阶段（通常是秋天），主要是把渐强阶段发展出来的速度能力保持在相当的程度。在筑基阶段加入一些速度训练，不是纯粹的速度训练，只要保持肌肉和神经系统对快速跑的足够的响应能力即可。在筑基阶段不必进行快速间歇训练，对长跑运动员尤其如此——只要在热身阶段进行快步跑、快速的中短距离上坡跑以及法特莱克训练。持续速度可以在渐强（冲顶）阶段训练。

马丁和科埃[9]也强烈主张年度速度训练。他们认为"永远不要离速度太远；速度练习应该持续，采用不同的等级，贯穿整个大周期（通常是一年，或者实现巅峰状态需要的时间）。"著名的新西兰教练亚瑟·利迪亚德以及伟大的世界冠军罗恩·克拉克（Ron Clarke）也是年度速度训练的拥护者。本·约翰逊的前教练查理·弗朗西斯强烈主张在筑基阶段保持住在赛季里发展出来的速度能力，请参阅第6章的"短跑运动员的赛季安排"。

花非常多训练才能将体能积累到一个很高的水平，但丧失这些能力却非常快，因此一定要注意不要荒废太久。使各方面要素都保持在一定水平，这是成功的关键。还请参阅下面的"保持原则"。

13. 保持原则

达到训练效果之后，则有可能只用少量训练就可保持住效果，但训练强度要保持基本不变。

亚瑟·利迪亚德认为，如果运动员已经完成了完整距离训练项目，那么只要每10天比赛一次和快跑一次，中间进行轻度训练，就能将自己的巅峰状态保持2~3个月。

在12周渐强训练的最佳状态之后，可能1个月或更久之后还有重大比赛。所以，最好减量，在保持强度的同时减少场地训练的数量。额外的这段渐强期属于容易受伤的时期。收获很少，但损失会很大。

14. 超量恢复原则

超量恢复是成绩提高的一种现象，即成绩超过以前的水平。超量恢复发生在最佳状态时期，通常在训练中给运动员施加最适宜的压力和休息之后。图5.1演示了一个间歇训练课的最佳超量恢复。

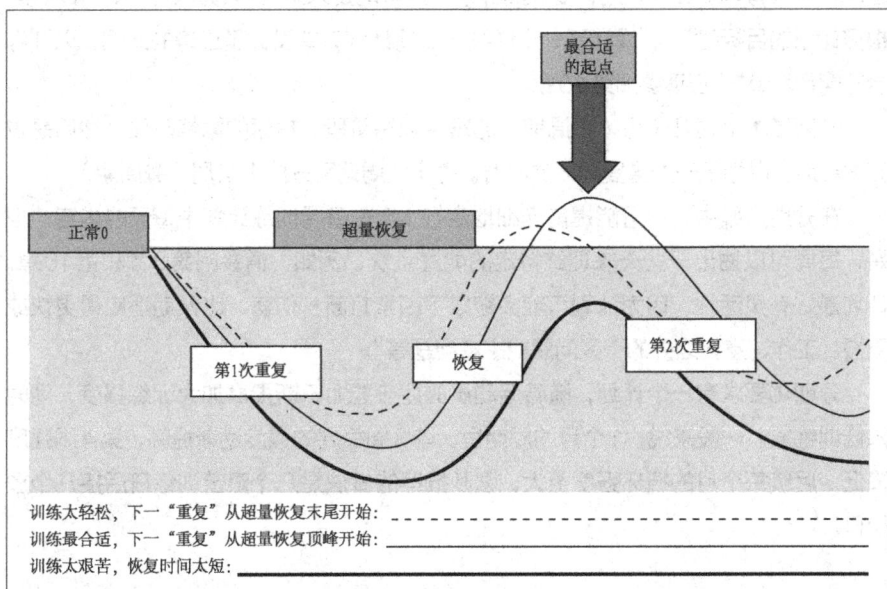

图5.1　一个间歇训练课中的超量恢复

第5章　26条训练原则

超量恢复的效果是：从成绩等级"0"开始，这是正常的生理状态，应用正确的训练量，既不太艰苦，也不太轻松。训练会引起疲劳，在本次重复的最后疲劳达到最大。然后是合适的恢复，这是补偿阶段。在这个恢复休息阶段结束时，成绩会"反弹"[10]或提高，超过等级"0"，进入超量恢复区域。理想情况下，下一次重复从超量恢复的顶峰开始，如图5.1所示。否则，如果刺激来得太迟，就又会恢复到原来的成绩等级。同样，训练刺激也不能来得太早，即低于"0"，在这种情况下，只会引起成绩下滑。

我已经非常成功地应用了这个原则，在第1个训练1小时后进行第2个训练——这是我的另一个秘密。我发现，1小时足够恢复和再次充满能量。但是，如果第1次训练后休息的时间过长，例如几小时，则能量和激励会再次下降。

15. 分期原则

分期是指将训练年（大周期）分成不同阶段，实现运动员各个阶段的目标，并在比赛阶段达到巅峰状态。如果1年只有1个主要比赛阶段，则称为单分期。如果运动员既参加室内季比赛又参加室外季比赛，即有2个主要比赛阶段，则称为双分期。运动员应该有年度计划，还有要长期计划，这可能是未来几年的计划。马丁和科埃[9]根据计划的目标时间，设计了一个详细的长期计划，并设计了正确的比例，以训练全部能量系统[9]。还请参阅第10章。

分期基本上是几个月（中周期）的艰苦训练阶段、短暂的巅峰阶段，然后是过渡休息期，以为下一个重复周期做准备。每个中周期又分成1~2周（微周期）。

在分期方案中，不可能提前详细地定好1年里每周训练计划中每天的内容。但是，每周可以抽出一些天来训练特定的能量系统，例如，请参阅第8章和第10章。计划最好有灵活性，因为计划可能会被以下因素打断：伤病、比预期适应得更快或更慢、工作、意料之外的个人问题或家庭问题等[9]。

分期化要求有一个计划，随着运动员的适应能力不断提高加大训练强度，同时降低训练量。一般来说，1个月的周期里，前3周每周的强度逐渐提高，第4周强度降低。后续每个月的循环强度更大。强烈推荐的做法是几个艰苦训练日后接几个放松日。

　　我个人的经验也验证了放松周的必要性。1998年夏天，为了恢复一侧足韧带拉伤，我将训练量和强度减少了大约40%，休养了1周。然后在自己经常训练的2 000米环形木屑跑道上测试自己的情况。令人惊讶的是，虽然用的力与平时一样，但我将维持了3年的个人最好成绩惊人地提高了30秒。

16. 直觉和训练灵活性原则

　　著名的澳大利亚教练珀西·切鲁迪有一点"离经叛道"，他也是著名的跑步运动员赫布·埃利奥特的教练，他强烈主张直觉（听从自己的身体）和训练的多样性。强烈主张直觉的人还有亚瑟·牛顿（世界级的超级马拉松运动员），以及后来的乔治·希恩（知名的美国医生，跑者）。当然，只有跑者充分了解训练原则的时候，按直觉跑步的效果才最好。有的时候，我确实感觉我的身体缺乏某项训练。

　　重要的是要有一个长期训练目标和相关的短期目标，只是在每天的训练中让直觉发挥作用。在坚定遵照"铁定"目标的要求训练时，它们偶尔会对你不利，而且可能会造成损伤。

　　训练计划需要有灵活性。有时你会感觉想多练一些或少练一些——没问题，你可以随心所欲地训练。天气可能也是改变训练计划的一个因素。不要因为安排了某个训练就强迫自己在恶劣天气出去，最好改为室内训练，重新计划，或者进行交叉训练。在冰冷、极寒或大风天气训练，可以让人坚强，但也会导致伤病。

　　肌肉疼痛就是警报，最好减少或者修改训练量。2个放松日就能创造奇迹。我在一次腹股沟损伤之前，实际上已经感觉到这个区域出现了可疑的肌肉疼痛，应该不要训练得那么辛苦。但我忽视了这个感觉，结果有6个月不得不减少训练并进行理疗。如果你的直觉告诉你不应该做某个训练，请不要去做；在任何情况下，勉强都不是一个好主意。

　　训练项目应该有足够的灵活性，考虑到天气、个人目前状态、工作责任，当然还有家庭等方面的情况。简而言之，当身体发话的时候，倾听它的声音，不要管计划，人的潜意识会自动帮你做出明智的决定。

17. 持续性和一致性原则

　　在重要的比赛之前，切记不要打破自己的常规。不要更换食物、饮水和营养品，不要改变睡眠、热身或其他正常活动。如果习惯于全天分散补充营养，则不要在比赛前一下子全吃下去。这是我自己的体会，因为营养品是酸性的。如果平时比赛前不按摩，比赛时就不要多此一举。在马拉松比赛中，重要的是穿着平时长距离跑训练时所穿的鞋；因为没有时间去试验新鞋或赌一把。我在重大比赛前犯过很多这样的错误——真是痛苦的学习经历。这些错误通常会导致比赛的时候双腿疼痛或疲劳、损失能量，从而影响成绩。例如，1999年在英国盖茨黑德的世界大师锦标赛上，我在800米决赛前两天步行过多，在400米决赛前，我傻乎乎地在看台上连续坐了大约两个半小时观看精彩比赛。简而言之，避免任何意外，例如步行过量、一直坐着、长久站立或者在海里游泳。一般来说，严格遵循训练中已经形成的习惯。

18. 弱小思想＋强大身体原则

思想是主宰，但也会耍手段。思想实际上比身体虚弱。你能做的远比自己想象的多。当比赛变得艰苦、疲劳到几乎不能忍受，双腿沉重起来的时候，"弱小思想"会说"慢一点吧，这样你就会感觉更好，你不可能保持这个速度的"。但是，如果了解身体比思想强大这个事实，那么逻辑思维就能制服"弱小思想"。你必须战胜放慢速度或退出的想法。在你成功之后，不论当时是疼痛还是不适，你都能保持甚至加快速度。在比赛之前，当你预感到可能发生损伤时，可以想象这个不适，制住"弱小思想"，战胜准备屈服或松懈的强大诱惑。

上述理论得到林奇和斯科特类似表述的支持[1]。他们举出了多个事例来说明"在身体真的开始疲劳之前，思想已经触发了疲劳"。例如，"当比赛中出现一个意料之外的上坡时，或者被一个自己知道应该能够战胜的对手超过时，疲劳就出现了"。他们还说："当比赛前景黯淡的时候，通过对心理崩溃点做测试，发现大脑会发出认输信号。"消极思想将身体变成效率低下的机器，从而消耗更多能量。在这种思想状态下，需要运用注意力恢复技术使思想回到正轨。

19. 放松原则

放松是跑得快和跑得经济的关键。身体的任何紧张都会影响肌肉功能的流畅性——还会消耗能量。放松能力可以降低能量消耗，提高信心和速度。

任何焦虑都会影响跑步的放松。运用心理放松练习和技术来消除心理紧张和消极思想，还可以放松心情并对比赛进行积极的可视化。弗雷德·维尔特写道："要实现放松，需要舍弃一定的敏感，尤其是对疲劳的消极方面的敏感。"

1960年奥运会美国短跑队著名教练、多项短跑世界纪录保持者的教练、*Relax and Win*一书的作者巴德·温特（Bud Winter）强烈主张跑步时放松。他的名言是"越快越放松"。他教导运动员必须先学会在低于100%速度的时候放松，比如大约95%速度。通过相当多的练习，训练在快跑的时候集中注意力，在越来越快的速度下实现放松。在全部训练中，运动员必须有意识地放松并努力实现放松。要想跑得又快又流畅，思想要放松，动作要流畅，步伐要轻盈，其他什么也不想。关键在于学会放松不直接参与跑步的肌肉，例如面部、颈部和肩部。我已经发现，下巴放松尤其重要。微笑也很有帮助，有人曾经指责我一边跑步一边笑。放松就是只收缩特定时刻需要的那些肌肉。当一组肌肉迅速收缩时，对应的另一组肌肉必须放松。当腘绳肌屈腿的时候，股四头肌必须放松。当股四头肌伸腿的时候，腘绳肌必须放松。在全部训练和比赛的时候，都要集中注意力"更快放松"或者"快速放松"。

20. 最少用力原则

"心脏、肌肉和消化器官等，都尝试用最少的力完成工作"[艾瑞尔（Ariel）[13]]。大自然也采用能量最少的方式运作。例如，水向低处流的时候，会选择阻力最低的路线。我做工程分析时，采用"最少能量原则"进行水力计算来确定最佳流经路线。在跑步中，最少能量支出主要来自完美的姿态和彻底放松。

在与比自己慢的人一起跑时，你的步幅和频率发生变化，跑的效率降低，会消耗更多能量。只有按自己舒适的节奏跑，消耗的能量才最少。

更重要的是，"更努力"就违背最少能量开销的原则，例如，在冲刺的时候，尤其在达到最大速度之后。

在长距离比赛中，平稳而没有波动（尤其是在终点）的节奏消耗的能量最少。平稳的节奏或"负分裂"（后半程更快）消耗的能量最少。要训练自己，对自己说，"我在用最少的力跑"并相信它。在上坡跑或下坡跑的时候，保持与平地跑时一样的用力。顺风跑的时候更用力一些。

在跑步或参加任何比赛的时候，思维要"流畅"，思维要"毫不费力"，而不要"强推"，这样就能移动得更放松更快。例如，在水池中进行跑步间歇时，我发现自己双臂使用更多能量（更多用力）时会疲劳，而且移动更慢，而我有意识地放松双臂时，疲劳更少，移动更快。

第5章 26条训练原则

21. 规律性原则

需要七八年规律、坚持不懈的跑步才能达到跑步生涯的巅峰。可以按照你的性别、年龄和比赛，按照"年龄分级表"[16] 来测量是否达到巅峰状态，即年龄分级百分比更高。成功来自多年坚持不懈的高强度训练，这并非秘密。要有一个长期计划。对认真的竞技跑者来说，跑步不是强迫。跑者必须自己愿意出门跑步。他们对自己说："嗨，我今天又要跑步去了！"

训练日记对于确保多数时间或一周里每天的规律训练很有帮助。有些时候，我甚至在做训练之前就先在日记里写下来——然后我就要兑现承诺。认真的跑者讨厌看到日记里的空白。另外是尊重与教育的问题，通过每天的日记回顾一年来自己做过哪些精彩训练。从训练日记记录的历史经验中，还可以学到许多：什么方法有效，什么方法无效，什么导致了损伤。

有的时候，你可能刚刚开始训练，就感觉没有兴趣或倦怠——今天不适合跑步。在这些日子里，我发现自己总能精力充沛地在水里跑、进行交叉训练、举重或伸展，并不需要休息1天。记请住，2周不活动就可能要花6周时间才能恢复到原始状态。

总而言之，日复一日坚持不懈是成功的关键。

22. 像冠军一样生活原则

训练以外的时间如何生活，对我们作为跑者的成功有着巨大影响。每天都应像冠军一样生活、训练和思考。

这句话说明了一切，而且是很好的建议。每件事对跑步和训练都有影响。一天的大多数时候（不工作的时候）穿着休闲的跑步服装，在自己房间里到处是奖牌和奖杯，是对跑步目标潜移默化的提醒。社交活动会占用训练时间，影响饮食和睡眠。你可能需要额外的睡眠和小憩。请记住，熬一次夜会对你的影响不止一天。所以，值得吗？要尽可能地避免压力。最好拥有理解你的家庭或伴侣。后者非常关键，如果结婚以后才发现对方认为这项活动不健康就太迟了。当然，跑友肯定会理解你在饮食等方面的苛刻。

赫布·埃利奥特全盛时期在1英里和1 500米比赛上从未败过。他指出，跑步不应该占据你的整个生活，人生应该丰富。但是，要想打破他的众多世界纪录，需要专注。要取得伟大的成功，就必须有巨大的牺牲——对大多数人都是如此。

23. 避免冲击原则

现在要谈的是一件需要认真对待的事情。这可能是本书中最重要的建议，尤其是对于年长的运动员。在突然发生温度剧变时，机器中的结构件有时会遭受巨大压力，从而引发故障。例如，将某个零件从极冷环境突然拿到极热环境，或者反过来。但是，温和的变化是可以接受的。同样，如果心脏突然从休息状态转到极限状态，也会承受巨大压力。例如，跑者在训练前要热身，且不要与一些高强度的间歇或比赛间隔太久。心脏突然从接近休息的状态提升到极限，同时肌肉也不像以前那样温暖和有弹性，于是身体就承受了过度压力。这很可能是1995年布法罗世界大师锦标赛上参加接力比赛的一位运动员遇到的主要问题。当时刚刚下了一场持续一个多小时的暴雨。我怀疑他在热身之后这一小时（或更长时间），由于在湿冷天气中等待，在比赛中给他的心脏造成了打击或者产生了影响。幸运的是，他活了下来。我之所以注意到这些问题，是因为我在高强度训练之后会立即测量自己的心率，在恢复期间还会测量。避免冲击原则要求在训练和比赛期间避免对身体产生这些冲击。如果在热身和训练（或比赛）之间间隔的时间过长，建议再做一点简单热身，至少做些跨步跑。训练中的第1个间歇最好比后续间歇慢一些。在天气寒冷的时候这点更为重要。推荐在热身后立即开始比赛。热身和比赛之间间隔的时间，主要取决于环境温度。但在训练或比赛开始的时候，应该将心率提高到超过静息心率。神经和肾上腺素的供应对心率提高有一定作用，这是有益的，但在训练的时候缺乏这种提高。

同样，乔·亨德森[18]反对比赛之后身体发生剧烈的温度变化：比赛之后，要慢慢地冷身。不要一下子跳进冷水池或在过热的时候立即冷水沐浴，也不要在寒冷天气里立即热水沐浴。这些做法都可能引起损伤或疾病（因为比赛，免疫系统的能力已经非常低）。过热会延缓冷身过程，导致心率提高。冷水沐浴会使血管收缩，如果在艰苦的活动之后过快冷水沐浴，会造成血压过度增高。而且，从步行开始热身，以慢走结束冷身，始终是个好建议。在比赛或高强度的间歇训练后，最好继续移动，让收缩的肌肉协助血液返回心脏。通过这个运动，心脏不必工作得很辛苦。在艰苦的间歇或比赛刚结束时，心率会提高，而继续运动的身体可以帮助心脏缓解压力。在艰苦的训练后，心脏会保持活跃状态，直到解决缺氧问题。

如果上述说法听起来过于谨慎，那么我们要说：过于谨慎比不谨慎好。安全总比遗憾好。

24. 神经训练原则

对所有运动员来说，这都是一个非常重要的概念或原则。但关于中枢神经系统的一个首要原则就是秩序。

大脑和脊髓构成了中枢神经系统，它们通过周围神经与肌肉通信。每条神经都由一束运动或感觉神经纤维或神经元构成。运动神经元将信号（或电刺激）传递给肌肉，感觉神经元将信息反馈给大脑。每个神经元都与构成运动单位的众多肌肉纤维关联。

随着人的年纪越来越大，会损失力量和灵活性，所以频繁地进行负重训练和伸展练习是明智的，但这还不够。我们必须持续地激活与快缩肌有关的神经元，否则这些神经元就会像下面介绍的那样萎缩。科肯德尔（Kirkendall）和加勒特（Garrett）[7]描述了以下相关事实："随着年龄增长，快缩肌纤维（类型II）的数量和面积都会减少。由于大量的类型II运动神经元失去作用，神经的输入发生破坏。由于对骨骼肌的要求降低，所以肌肉按照新的低水平要求进行调整，但是如果提高要求，则可以将年老导致的降低控制到最少。"根据上述理论，我要指出的重点是，通过增加对快缩肌的要求，可以减少失去作用的类型II神经元。通过有规律地快速运动或高强度运动，可以做到这点。必须给类型II肌肉施加正确类型的需求。许多力量很大的运动员并不拥有100米或更短距离短跑所要求的能力；要跑这些距离，必须以类似的方式迅速地练习这些项目要求的特定的快缩肌。"阻力训练能够改善中枢神经系统对肌肉的调动（神经无力），引起膨胀（提高快缩肌纤维的面积），强迫产生输出"[科肯德尔和加勒特]。但是，必须有足够的强度，还要有足够的时间。例如，耐力类型的负重训练对快缩肌的发展效果差，但根据海基·罗斯科（Heikki Rosko）[19]的研究，仍然非常有益。在这位芬兰人的研究中，经过9周的训练，其中三分之一时间专门用来进行爆发力训练（快速伸缩复合训练和短跑，采用的阻力低），耐力跑者的跑步经济性提高了8%，20米冲刺提高了3.6%。在短跑和其他竞技性/高强度运动中激活的快缩神经元比例高，在训练中必须练习这些神经元才能获得最高速度和快速反应。

以下练习有助于激活快缩运动单元，防止它们随着年龄增长而萎缩。

- 需要瞬间决策的动作。
- 包含爆发力动作的快速伸缩复合训练。
- 快速倒脚。
- 快速摆臂训练。

- 手持轻量哑铃或不持进行快速台阶练习。
- 手持轻量哑铃快速蹲起。
- 打小沙包练习。
- 网球投墙反弹抓住。
- 负重练习中快速移动重物，进行低强度（更重）的负重训练，训练课之间安排充足的恢复。
- 冲刺训练。

请注意，在上述练习中，重要的是让上身和下身都得到锻炼。短跑运动员比起中长距离运动员随着年龄增长速度衰退得要慢。上述训练短跑运动员做得很多，即练习与快缩肌相关的神经元。所以，所有希望比普通人老得慢的运动员都应该做某种形式的快速运动，最好比较频繁地进行爆发力（或与上述类似）训练。

关于神经训练的这个主题，让我回忆起多年前的一个奇怪习惯或愿望，即非常迅速地把一只拳头砸进自己张开的另一只手。我的朋友和亲戚觉得这个动作非常奇怪。你可能会说，我这样做是为了摆脱某些挫折，但我觉得是我的身体本能地在说"你需要一些快速而强有力的动作来保持清醒"。

25. 在现有能力内训练的原则

训练如果超过现有能力和条件，即过快、过长或重复过多，都会适得其反。我将其称为"绷得太紧"。这会导致肌肉紧张（面部、颈部和肩部），放松不良、出现幻想或不舒服，还可能导致损伤或倦怠。例如，跑得比自己当前水平快或使用别人的训练计划，就有这种风险。在最优训练和过于艰苦的训练之间有一条很明确的分界线，就是后者必须加大压力才能提高。一般来说，少点会更好。在训练压力提高太快的时候，并不能达到开发最大潜力的目的。这时目光如炬的有经验教练的价值就能体现出来，他会防止运动员进展过快。自己练习的跑者，通过倾听身体的声音，每周逐渐进步，也可以避免"绷得太紧"。但教练通过观察运动员的姿态，能够更好地发现问题。总而言之，训练中绷得太紧只会消耗，而且会导致停训。

第5章　26条训练原则

26. 系统颠覆原则

　　运动员在训练开始的几周进步更快，但之后就会达到一个平台期，不再进步。一般会在一个训练阶段开始6周之后达到平台期，到了这个时候，肌肉已经形成记忆，然后需要颠覆整个系统才能突破平台期。这要求对例行训练进行改变。它要求提高压力，包括加快速度、增加或减少重复和休息。当然，仍然必须有针对性。

参考资料

1. Lynch, J., and Scott. W., *Running Within*, Human Kinetics, Champaign, IL, 1999.

2. Noakes, T., *Lore of Running*, Leisure Press, Human Kinetics Publishers Inc., Champaign, IL, 1991.

3. Sandler, R., and Lobstein D., *Consistent Winning*, Rodale Press, Emmaus, PA, 1992.

4. Pataki, L. and Holden, L., *Winning Secrets*, 1989.

5. Anderson, O., Things to do the last four weeks before your marathon, *Running Research News*, Lansing, MI, Vol. 14, Number 5, June-July 1998.

6. Tikhonov, L., The Balance of Aerobic and Anaerobic Capacities, *Track Technique*, Fall, 1993-125.

7. Kirkendall, D., and Garrett, W., The Effects of Aging and Training on Skeletal Muscle, *The American Journal of Sports Medicine*, Vol. 26, no.4, p598, 1998.

8. *Track and Field Review* Fall 1986, Volume 86, Number 3.

9. Martin, D. and Coe, P., *Better Training for Distance Runners*, Second Edition, Human Kinetics, Champaign, IL, 1997.

10. McFarlane, B., Hurdling, *The Canadian Track and Field Association*, Ottawa, ON, 1988.

11. Henderson, J., *Running Your Best Race*, Wm. C. Brown Publishers, Dubuque, Iowa, 1984.

12. Ryun, J., Developing a Miler, *Track and Field Quarterly Review*, Summer 93, Vol. 93, No. 2.

13. Ariel, G., *Movement*, presented at the 1981 European Track Coaches Congress, Venice, Italy.

14. Tanser, T., *Train Hard, Win Easy, The Kenyan Way*, Tafnews Press, Mountain View, CA, 1997.

15. Daniels, J., *Daniels' Running Formula*, Human Kinetics, Champaign, IL, 1998.

16. World Assoc. of Veterans Athletes, *Age Graded Tables*, National Masters News, Van Nuys, CA, 1994.

17. Houmard, J.A., and Johns, A., "Effects of taper on swim performance. Practical implications." *Sports Medicine*, 17, 224-232, 1994.

18. Henderson, J., *Think Fast*, Plume Book/Penguin Books, New York, NY, 1991.

19. Rosko, H., et al, "Explosive Strength Training Improves 5-Km Running Time by Improving Running Economy and Muscle Power", *Journal of Applied Physiology*, Vol. 86(5), P1527-1533, 1999.

20. Peronnet, F., and Thibault, G., "Mathematical analysis of running performance and world running records", *Journal of Applied Physiology*, 67, 453-465. 1989.

第5章　26条训练原则

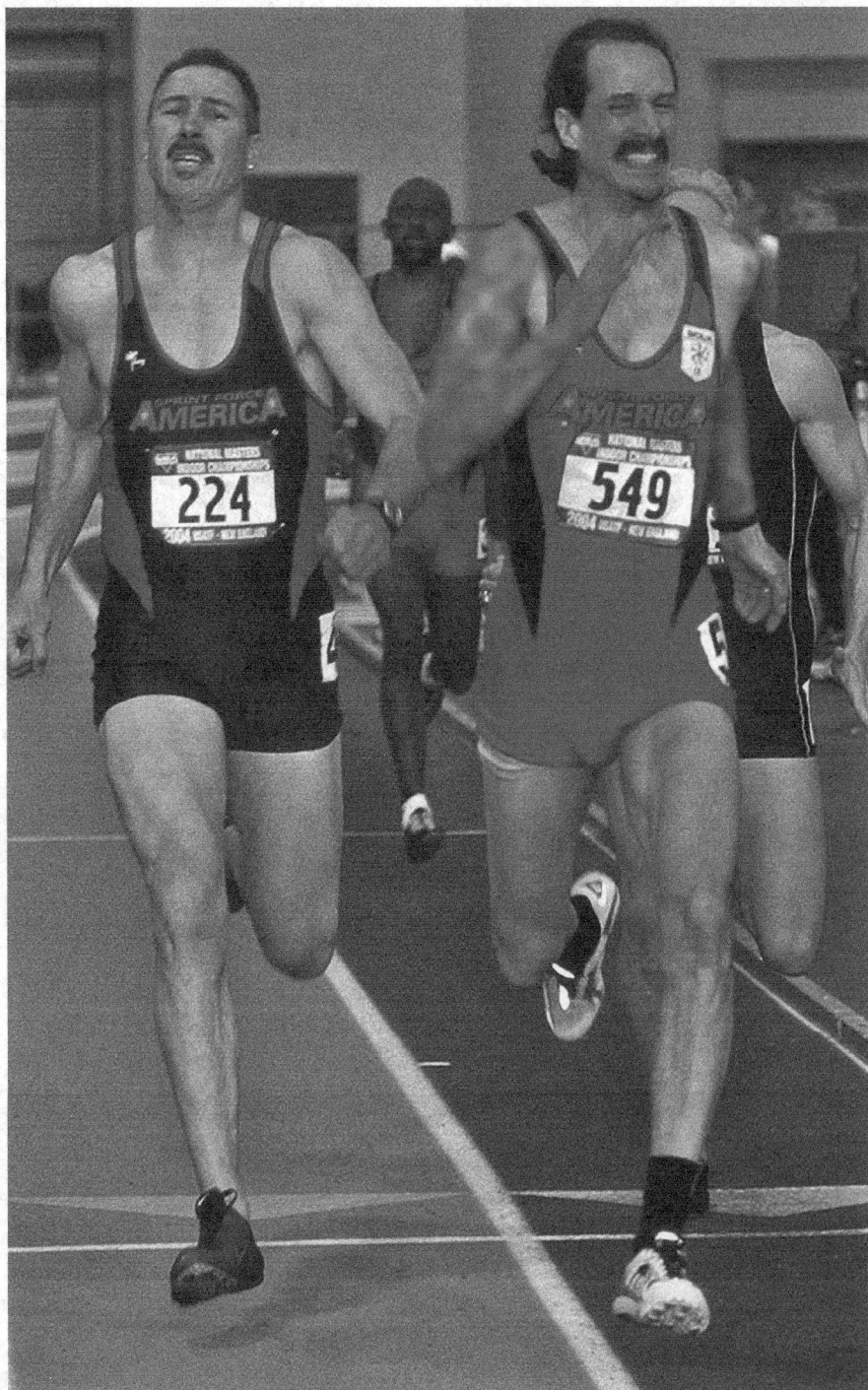

第**6**章

短跑运动员的训练

基因因素

通常，短跑运动员体内的肌肉都是天生的以快缩肌为主。即便如此，他们依然必须进行训练才能发挥这些天生的优势。那些更成功的短跑运动员是通过全面的训练（主要是神经反应模式）得到发展的，训练可发展他们的身体中短跑比赛需要的每个方面。

我相信，如果忽视训练强度超过1周，你的速度就会下降1%~2%。在短跑比赛前7天内的2次训练中，应该进行一些训练量较少的高强度训练。你甚至可以在速度降低几年后恢复。1995年，尽管年纪更大，我的400米成绩依然比3年前打破世界纪录（65~69岁年龄组）的成绩快了3秒。取得这个成绩，靠的不是纯粹的速度训练，也没有进行腿部负重或快速伸缩复合训练及100米或200米比赛，而主要是靠速度耐力训练（150米以上）和障碍训练。当然，在热身的时候有常规的短跑专项训练和加速专项训练。这个纪录比伟大的度吉姆·劳的世界纪录快了1秒。他的速度训练和负重训练更多。因此，我的成绩反映了400米、800米和300米障碍训练和频繁参加这些距离的比赛会给速度耐力带来的好处。

短跑训练的重点如下。

- 力量（重量和快速伸缩复合训练）。
- 灵活性。
- 步频和步幅。
- 加速度。
- 技术（姿态、放松和专项训练）。
- 速度。
- 速度耐力。
- 反应时间和起跑。
- 有氧耐力/节拍训练（恢复日）。

每个训练都要对以上项目进行正确组合。例如，速度或技术专项训练应该安排在有氧耐力或速度耐力之前。在做速度或技术专项训练的时候，必须保证精力充沛。

速度、速度耐力和节拍训练

在100米短跑中,70%的能量由磷酸原系统提供；但在尽全力跑的大约45秒中，磷酸原系统只能贡献大约10%的能量，而60%的能量由无氧糖酵解提供。将大量的短跑训练限制在7秒之内，可以将乳酸堆积控制在最小。由于短跑比赛主要利用的是磷酸原系统和无氧糖酵解系统，所以短跑训练通常主要包含60米内的速度训练和120米到500米的速度耐力训练（后者针对400米专项）。

高水平的无氧调整可以发展速度耐力和乳酸耐受能力。下面是发展无氧系统的一些有效方法。

- 提速冲刺（例如，步行50米，慢跑50米，跨步跑50米，冲刺50米，重复）。随着水平提高，尝试用60米和75米代替50米。
- 中空冲刺（例如，加速跑50米，慢跑50米，加速跑50米，慢跑50米，重复）。
- 以95%速度冲刺，跑回起点，每个"循环"之间完全休息。

纯速度跑的距离通常为30~60米，采用的强度为95%~99%，2次跑之间要彻底恢复。这些短跑训练主要发展无氧乳酸系统或磷酸原系统。起跑训练是发展反应能力、加速度和速度的较为流行的训练方法。

速度耐力跑的距离通常为150~300米。恢复休息时间为3~6分钟，强度为90%~95%。以98%速度跑后，恢复休息时间最长10分钟。良好的速度耐力可以将速度保持更久，减少比赛末段的速度下降，提高加速能力，加快重复或比赛后的恢复。要发展速度耐力，需要每周增加短跑距离，减少恢复时间。

艰苦训练日之间要进行持续的节拍跑，以最大速度的65%~75%跑，以提高心血管系统的能力，增加毛细血管中线粒体的数量。即使在比赛之前几周，也不能完全忽略这些跑步，因为200米比赛和400米比赛分别是大约14%有氧供能和30%有氧供能。

技术

短跑要求重点关注对神经路径和快速收缩肌纤维的调整。必须反复练习正确动作，不正确的动作会误导神经和肌肉系统，耽误进步。错误的动作建立之后，可能需要数周才能纠正。所以，在体能最充沛，心理或生理没有疲劳的时候进行技术训练，这点至关重要。疲劳对于发展神经肌肉动作只有副作用。

有以下多个方面需要训练。

- 放松。
- 起跑。
- 加速度。
- 加速后的速度保持。
- 专项训练（尤其是高抬腿）。
- 步频和步幅。
- 姿态（下巴、肩部和双臂放松；挺胸抬头，前脚掌着地，摆臂动作正确）。

姿态

姿态改进可以提高步幅和跑步的经济性。跑步越挺胸抬头提臀，步幅就越大。在这个位置上，姿态笔直的跑者移动起来会更轻松。在脚落地的时候，在恢复阶段之后，跑者的重心应该在脚的上方。只要脚没有在重心前面落地，步幅可以一直加大。如果步幅过大，脚在重心前面落地，就会产生刹车效果。

许多短跑教练都强调高抬腿。重点在于，既要尽可能高地抬膝，又要保持感觉舒服和放松。高抬腿强迫跑者的后脚在恢复阶段之前更用力蹬地。相应地，有力的后脚蹬地会形成高抬腿。

第6章　短跑运动员的训练

姿态专项训练

以下训练采用中速步伐跑过50米跑道。每次跑完步行回到起点。

1. 挺胸抬头，前脚掌落地。

2. 大跨步。

3. 高抬腿。

4. 以上方法综合在一起跑。

短跑运动员的专项训练

短跑运动员的专项训练应包含以下一个或多个方面：放松和灵活性、姿态、反应时间、折返、弹跳动作、损伤预防、力量和耐力。这些专项训练会将各种有效的跑步动作放大，通过训练可以在整个比赛过程中，尤其是接近终点出现疲劳的时候依然保持良好的姿态。

专项训练通常采取合理而放松的强度。这些专项训练通常在热身过程中进行，因为重点是要练习姿态，所以最好在休息良好的情况下做这些专项训练。这些专项训练最好在有弹性的地面练习。高抬腿、前腿伸展、踢臀以及踝关节弹性练习通常做2组或3组，每组距离大约25米。

高抬腿专项训练（A）

1. 跑者前脚掌着地，前腿的大腿高抬超过水平位置。前腿落地时，注意触地时间要尽可能短，想象着就像"踩到火堆"。触地时间短可以发展快速神经生理反应，使腿向上弹回高抬腿姿态。

2. 以慢速跑。

3. 快速摆臂/高抬膝盖，尽可能快地移动。这可以提高步频[3]。

4. 在膝关节上方加负重。高抬腿快速前进20米或更远。习惯之后，多做几次重复。逐渐过渡到这个艰苦练习，因为它给下肢增加了额外的压力。

优势：这个专项训练可以养成高抬腿的习惯，强化高抬腿需要的髋关节屈肌。高抬腿动作会拉长步幅，加大后腿施加在地面的力量，使前导脚与地面接触时移动得更快。这个专项训练还能松解髋关节周围肌群和股后肌群[1]。

前腿伸展专项训练（B）

这个专项训练比正常的跑步动作幅度更大。跑者以中等速度运动，前腿大腿高抬，同前面提到的高抬腿专项训练一样，然后前腿向前甩出，完全伸展。脚尖要向前，以免接触地面时产生刹车效果。用脚扒地，落地时脚尖触地，落地时间要短。现在这条腿直立变成支撑腿。腿收回的时候，脚后跟向臀部靠近。然后随着膝关节再次抬高，腿向前伸展。保持良好的臂部动作。这个专项训练也可以站在原地或在游泳池浅水区练习。

优势：前腿的移动量对于完美展现速度技术非常重要，因为它可以加大步幅，而且在伸展位置上，可以迅速向下向后甩动。这样，脚触地时，前腿正在快速移动，从而让速度变得更快。这个专项训练也可以很好地强化腘绳肌，防止腘绳肌损伤。

踢臀专项训练（C）

1. 用小步幅非常快地移动，增加小腿的向后摆动幅度，使脚后跟接触臀部并迅速弹开。双臂放松放在身体两侧或者快速短摆臂。

2. 踢臀要非常快。

优势：这个专项训练拉伸和强化股四头肌，加强腿的恢复动作。

踝关节弹力专项训练

这是著名的圣何塞州立大学教练巴德·温特设计的专项训练。膝关节锁住，每条腿前摆，像正步走一样，但更快。

优势：这个动作使踝关节翻转，让小腿和踝关节做大部分工作，可以强化小腿，加大踝关节的活动范围。

快脚专项训练

1. 在5~8秒的间隔内，小步幅移动，数量尽可能多。然后立即加速行走15~20米。走回原地，重复。脚快速抬起、放下，贴近地面，在身体前方移动。双臂摆动协调，但幅度不大。这是个非常棒的专项训练。我能在15秒里跑大约100步，需要注意的是，这可能很有压力。我建议在做100次快脚练习之前，先做跨步热身。

2. 快脚专项训练的一个变化是，双臂放松放在身体两侧。这让整个上肢极为放松，脚的移动比上面更快。我把这种做法称为"布娃娃跳舞"（我发明的，因为从来没见过）。我推荐在比赛之前做这样的训练，放松上肢，点燃（唤醒）快缩肌。

3. 与第1步类似，交替慢跑、快脚，每次4~6米，保持两臂放松；前进50米，然后重复（佩顿·乔丹[1]）。

4. 原地极快速地快脚练习，称为"蛋壳跑"，源自佩顿·乔丹。

优势：这些专项训练都可以提高步频和缩短反应时间，发展快缩肌。还可以在热身时用来放松[1]。

快速摆臂专项训练

1. 这是我最喜欢的一个专项训练。在站立位像短跑时一样快速摆动双臂，同时注意保持放松和姿态正确。你会发现摆臂的速度可以比跑步时快许多。在比赛之前几周开始，我会对着镜子重复200米、300米和400米跑。我可以在43秒内摆臂200次（相当于跑400米），比迈克尔·约翰逊的400米世界纪录低。

2. 有人在做这个专项训练时会在每只手上加上较轻的配重，摆臂速度会慢3~5秒。

3. 有些跨栏选手喜欢坐在地上做这个专项训练。

优势：这是一个非常好的专项训练，可以学习如何在跑步过程中放松上肢，学习如何调用快缩肌。

单腿旋转专项训练

面对矮墙或栏杆站立，身体前倾，双手抓住墙或栏杆。从右腿高抬开始，以快速、平稳的配速完成从高抬腿—脚擦地摆回—立即恢复原始姿态这一个周期。保持脚崩直。脚部像骑自行车一样进行圆周动作。每条腿做10次为一个循环，每个循环之后都要停住。

优势：这是一个缩短反应时间的速度动力专项训练。

步频和步幅

速度等于步频×步幅，这并非秘密。例如，5步/秒×2米/步=10米/秒。研究表明，4~8周的速度训练可以提高步频和步幅[2]。

注意：1步=2次落地。

步频

步频比腿部力量重要。腿部力量可以加大步幅，但速度的更大提高可以通过提高步频来实现。步频可以通过超速训练调整神经系统来提高，方法如下。

1. 在平坦的柔软路面进行下坡短跑。例如草地、土地或木地板。硬地面会造成损伤，所以不推荐。通常推荐1~3度之间的缓坡。太陡会产生刹车效果，反而达不到目的。理想情况下，在下坡路段之后应该接着20米的平坦路面，这样可以利用下坡的冲量，从而在神经通路中进一步强化速度效应，这可以建立在平地上以更快速度跑步的感觉。不足的一点是，柔软的草地或木地板有降速效果。但是，我发现在1.5度左右坡度铺装的平坦土路上训练，可以接近最高速度。

2. 阻力皮筋牵引专项训练。通常在塑胶跑道上采用这个专项训练。多数阻力皮筋的长度可以拉伸6倍，但不要超过这个限度［迪特曼（Dintiman）、沃德（Ward）和特列斯（Tellez）[2]]。练习时要注意安全。阻力皮筋牵引的力量很大，训练后会产生肌肉酸痛，所以要一周一周地循序渐进。由于它的强度很高，所以不要在疲劳的时候练习。

3. 高速原地骑车。踏板每转动1圈，相当于人的2步。在动感单车上更适合，即有个飞轮在前面。多数跑者，尤其是不习惯骑车或没用过动感单车的，要达到高频率可能会有困难。

4. 蹲踞式起跑或起跑器起跑。这些训练迫使运动员在步幅短的时候进入高步频。

步幅

通过以下方式可以加大步幅。

- 进行腿部负重训练。
- 进行快速伸缩复合训练。
- 提高灵活性。
- 改善姿态。

腿部负重训练和快速伸缩复合训练是加大步幅最重要的方法。

第6章 短跑运动员的训练

快速伸缩复合训练

考虑到快速伸缩复合训练在爆发力等方面的众多优势，它应该成为短跑运动员训练的重要部分。关于动态热身，请参阅第18章；关于快速伸缩复合训练的细节，请参阅第17章。

灵活性

灵活性有助于防止损伤，除此之外，还有另外2个优势。

1. 使韧带、肌腱和肌肉的伸展幅度更大。 随着灵活性提高，运动员能够完全地伸展髋部、膝关节和踝关节，肌肉和肌腱也就获得更大伸展。这样就能在驱动脚离开地面开始恢复阶段取得更大的加速度。通过以下公式可以得出增加的加速度：

$$推进力 = 质量 × 加速度$$
$$F = m × dv/dt$$

其中，v是速度，t是时间。

驱动腿在推动期间的完全伸展，特别是来自踝关节的灵活性（跖屈）——这会在小腿和地面之间形成一个小角度。角度越小，水平推进力越大（更大的水平速度和更大的步幅），垂直分力越小（更小的起伏）。这一灵活性增强的整体效果就是跑得更快、更流畅，经济性更强。

跪坐在足跟上，脚部后伸，可以增强踝关节的灵活性[4]，开始的时候要注意安全以免受伤。比目鱼肌和腓肠肌伸展的同时也会伸展跟腱和踝关节，有助于实现以上优势。而且，髋关节灵活性越强，步幅也越大。我坚信任何伸展髋关节的专项训练的效果。从这个角度看，跨栏训练非常有益。

2. 肌肉和关节阻力降低。 肌肉的灵活性和关节的移动性增强后，肌肉和关节肌肉阻力的范围会减小，由于减少了额外消耗的能量，形成的推进力F也会更大 [托尔斯马（Tolsma）[4]]。

反应训练

需要通过速度动力专项训练来调整神经通路。有些短跑运动员使用拳击沙袋 [例如，苏格兰100米奥运冠军艾伦·韦尔斯（Allan Wells）] 来提高反应时间和速度。其他手段包括上面介绍的快脚专项训练和快速摆臂专项训练。请参阅第5章的"神经训练原则"了解更多细节。

练习起跑也可以提高反应时间。起跑器起跑或三点触地起跑是最流行的反应练习。跑者准备1~3秒，教练喊"预备，跑"。如果没有教练，准备好"预备""跑"之间有不同延迟的录音进行播放即可。

提高速度的个人经验

我发现以下方式非常有效。

- 在2~4度的斜坡上进行下坡跑，既能加大步幅又能提高速度。推荐在平坦的土路上进行。

- 在镜子前做快速摆臂的跑步动作，可以发展放松的速度能力——动作可以比比赛时快得多，这样在比赛的时候，上肢会很放松。

- 快脚专项训练，即小碎步快跑。

- 有意识地关注步频，尤其是在起动的时候（加速，滑行，加速，滑行）。

- 跑步时下巴和颈部放松，脚尖着地。

- 参加大量短跑比赛。

- 跨栏训练有助于发展力量。速度也来自力量。300米栏比赛也有助于提高我在400米比赛的速度耐力，反之亦然。

- 训练时采用95%的速度，不要用100%速度。

第6章 短跑运动员的训练

短跑运动员的赛季安排

一个训练通常分成3个阶段：筑基训练，赛季前，赛季中。开始的时候，重点应多放在耐力（有氧耐力）上，包括长距离重复（可长达大约800米）和上坡训练。调整的基础越广，日后在赛季中或渐强阶段时发展出的速度训练巅峰就越高。重要的是保持速度，即使在筑基阶段也不应该忽视质量训练。整个程序从慢推进到快，从低强度发展到高强度，从低质量发展到高质量。训练从轻松发展到困难，运动员由于逐步适应，不应该觉得很难。在早期阶段，重点应多放在负重训练上，例如实心球、上坡、负重以及快速伸缩复合训练，但这些训练逐渐减少，改为更多的纯速度训练和速度耐力训练。表6.1显示了这些趋势，也反映了筑基阶段、赛季前和赛季中各个阶段的典型情况。

注意1：包含上坡、速度和速度耐力间歇训练。在多数无氧训练后，推荐用慢速100米跨步（4~6次）来消除肌肉中的乳酸、减少疼痛和僵硬，在运动员有点疲劳的时候做技术专项训练（例如，夸张的手臂摆，良好的抬膝）。

注意2：主要是上坡训练，上坡跑大约30秒，在坡顶短暂恢复跑。还建议在大约2度的柔软表面做些快速下坡跑。在比赛周不要做上坡训练。

注意3：包含姿态训练，比筑基阶段少。

注意4：短跑和加速度（<60米或少于7秒）。

注意5：包括起跑（<30米），包含每周一次的超速训练（例如，弹力带练习）。

注意6：这个训练可以与速度训练课安排在同一天，且安排在速度课之后，前提是总量不要过度，还要注意休息。项目距离短的短跑运动员（100~200米类型）每周一次，做100~300米重复。通常100米类型的运动员做150米重复，200米类型的运动员做250米或300米重复。距离更长的短跑运动员（200~400米类型）每周做1~2次150~500米的重复。

注意7：正常顺序是热身、快速伸缩复合训练、跑步训练、负重训练或负重加快速伸缩复合训练。如果强度太大，二者最好分两天进行。

有些备受尊重的教练全年几乎采用相同的速度训练和速度耐力流程（除了主动休息阶段），但会循序渐进，从慢到快，从低质量到高质量。下面介绍的查理·弗朗西斯系统，能够将竞赛季末期获得的速度极大地保持到之后的筑基阶段。

表 6.1　　　　　　　　　赛季安排

活动	筑基	赛季前	赛季中
	• 有氧耐力 • 一些速度 • 力量	• 速度 • 速度耐力 • 力量 • 技术	• 速度 • 速度耐力 • 减少力量 • 技术
	• 质量 • 强度有限	• 质量 • 强度	• 减少质量 • 加大强度
有氧/节拍	• 长距离轻松跑 • 3~4天/周	• 跑得更短更快 • 3天/周	• 放松日恢复 • 2~3天/周
无氧 **注意1**	逐渐积累到 3天/周	3天/周	3天/周
伸展	热身和冷身	热身和冷身	热身和冷身
负重 **注意7**	• 第1个月2天/周 • 之后3天/周 请参阅第19章"负重训练"	• 2~3天/周	• 1天/周 重大比赛前2~3周 停止
上坡/上台阶 **注意2**	• 2天/周 • 逐步增加	• 1~2天/周	• 1天/周
快速伸缩复合 训练 **注意7**	• 最初1天/周 • 之后2天/周	• 2天/周 • 可能1天/周 全套训练,包括专项 练习	• 1天/周
专项训练	3天/周	• 热身期间	热身期间
速度技术 **注意3**	是	• 2天/周	• 2天/周
实心球	大量	是	减量
速度 **注意4**	1天/周 在柔软地面上	2~3天/周 **注意5**	2~3天/周 **注意5**
起跑	如果有,筑基阶段最后	2天/周	2天/周
速度耐力 **注意6**	无	1~2天/周	1~2天/周
休息 比赛	1天/周 无	1天/周 一些不重要的比赛	1天/周 重大比赛

第6章　短跑运动员的训练

主要训练重点

通过观察比赛期间要求的心率以及包含的主要能量系统，可以确定主要的训练重点（见表6.2）。

表6.2	不同跑步比赛的训练重点	
比赛	心率	主要训练重点（次要重点）
100米	100%MHR	非乳酸（无氧乳酸）
200米	100%MHR	非乳酸（无氧乳酸）
400米	100%MHR	无氧乳酸（非乳酸）

放松恢复日的有氧调整在短跑训练中依然重要。请参阅表1.1了解短跑比赛的有氧能量贡献。

查理·弗朗西斯的短跑系统

本·约翰逊的前教练查理·弗朗西斯被很多人视为世界上的顶级短跑教练。他的队员创造了32项世界纪录。在1984年奥运会上，查理担任主教练的乐观主义者田径俱乐部赢得了14枚奖牌中的8枚，几乎是加拿大田径奖牌的80%。查理当教练最大的优势可能就是他能够充分发挥运动员的能力，能够根据运动员的能力、准备情况决定什么时候可以加量，什么时候需要恢复。下面列出了他运用到世界级运动员身上的一些非常有效的经验。经过他本人的许可和编辑，下面对他的短跑系统略加描述。

- 有经验的运动员在每个训练年开始的时候，一般准备期（筑基训练）越来越短。这给后面的专项训练期留出更长的时间；这也有利于保持速度，长期筑基/有氧训练有可能损失速度，导致前一年已经发展的速度能力下降。

- 周期按以下方式进行：3个微循环（周），负荷逐渐增加，第4周的强度降到与第2周接近。每个月的强度都要比上一个月大。他全年采用3个周期，夏天的周期从长度上又分成2个巅峰。因此在那个月和每周计划期间，都会安排超量恢复训练（请参阅第5章的"超量恢复原则"）。

- 在耐力训练（一般体能或心血管能力训练）之后，重点就放在量少强度大的中枢神经（CNS）的训练上（高强度的加速度、起跑、实心球、负重以及快速伸缩复合训练）。

- 全年都有最大力量训练（尤其是深蹲、卧推、颈后下拉和高翻）。除了基本的循环训练，举重的数量在接近最大负荷时应降到最少。计划了两个最大力量阶段，一个在室内季之前，一个在室外季之前。避免在高速训练之后进行高强度的负重训练，但在节拍训练或最大速度的95%以下的速度训练后可以。

- 极为重视按摩和恢复。查理亲自给他的运动员按摩，因此能够及时掌握他们肌肉紧张情况的信息，从而及时了解他们训练加量或减量的情况。

- 纯速度训练课（从不连续进行2天），然后是彻底恢复，每周总量不超过2 200米，但只有在运动员彻底恢复后才做。

- 节拍跑（最大速度的65%~80%）用来恢复，并提高心血管能力，全年都练习，每周至少3次，每次100~300米，每次课总量不超过2 000~2 400米。这些跑通常与俯卧撑、腹肌练习或其他上肢负重训练结合。

- 速度耐力跑（竞赛速度），150~300米，每周一次。通常重复2次，中间进行完全恢复，但在比赛临近的时候，缩短距离或不安排训练。速度训练与加速度耐力训练总跑量每周大约3 300米。

- 由运动员确定哪些训练可以安全完成，如果他们做好准备而且有动力用92%~98%的力量执行某个训练项目，那么他们对自己的训练有最终决定权。

- 在高强度的CNS训练中达到个人最佳成绩之后，或者表现出强度或姿态下滑，就要停止这个训练阶段。

- 训练项目是灵活的，取决于教练（查理）看到了什么，运动员的感觉，以及运动员当时的能力。

- 由于巅峰状态的巨大重要性，所以在比赛前要通过以下方式达到巅峰状态：之前10天进行速度耐力训练，然后隔天进行节拍和速度训练（4次30米加距离稍长的冲刺，都以95%强度进行，从每天总共大约270米减少到总共约120米），赛前第5天和赛前第1天休息。

- 查理·弗朗西斯强调了"速度陷阱"：为了快速起跑，运动员必须全神贯注在枪响的时候要做的事情，即集中精力尽可能快地用轻微内旋来移动引导手（一个科学事实是：手臂动作先于腿部动作，提前量小到难以察觉）。

第6章 短跑运动员的训练

佩顿·乔丹的短跑技术

佩顿·乔丹提供了以下珍贵的短跑技术和技巧，他在85岁高龄（这对所有大师级跑者都是一个激励）时，还保持着100米和200米年龄组的世界纪录。他更知名的是担任斯坦福大学的首席田径教练以及1968年美国奥运队的田径教练。

- 双脚的反应就像弹力球。
- 双脚和踝关节应该结实、迅速且有弹性。
- 强力蹬地，触地脚完全伸展。
- 恢复时足跟必须贴紧（靠近臀部）。
- 膝关节抬得不要太激进，步子不要过大。
- 肩部必须放松，不要耸肩，手指和下巴放松，拇指放松地放在食指外侧。
- 跑得行云流水，快而不苦。
- 比赛之前提前几个月准备。多想象比赛，这样在比赛的时候，对各种事情都已熟悉。
- 起跑时，前两步要踩进赛道，避免"弹出"。
- 在开始完整呼吸之前，"预备"的时候深吸一口气，发枪时立即吐出。
- 把起跑想象成"爆炸"。
- 在100米短跑中，65米后想象着"下坡到终点"。下坡思想非常积极（是个了不起的放松想法）。
- 尽可能快地冲过终点，冲出10米以上。
- 训练时严格关注强有力的腹部和髋部屈肌。
- 在跑道或镜子前尽可能快地做"快速摆臂"练习，注意肩部和面部的放松。
- 快脚专项训练也有助于提高神经系统的速度。
- 为了增加短跑力量可进行上坡跑；每周3次的负重训练，通常放在跑步之后进行，这样可以收获最大效果。
- 以接近全速的速度进行30米、50米和70米重复跑，发展速度能力。
- 成功的短跑运动员极具自信和自尊。
- 先训练速度，然后训练耐力。

佩顿说："比赛就是美好的音乐，就是美丽的作品或诗篇。比赛是精神上的修炼，就像艺术家在创造美好的作品。"

100米

起跑时，向前向上的摆臂力量决定了对应蹬腿的时长和力度。通过作用力和反作用力，迅速而有力的臂部动作在起跑器上转化成迅速而强大的推力。因此，摆臂动作必须迅猛有力。上肢力量在此时对跑步起到帮助作用。常见的错误是站起过早。保持良好的前倾低位，不是从腰开始前倾，低头前冲20~30米，奋力驱动，膝关节抬高。观察加速阶段的世界级短跑运动员，可以看到其良好的身体前倾姿态。

运动员的加速最多只能加到60米，且只能将最高速度保持15米。短跑运动员的秘诀就是在此之后依然保持放松的跑步姿态，不要降低冲力，也不要在达到最高速度时再尝试加速。这个阶段再努力只会降低速度。在达到最高速度以后，略微减小肘关节的角度，可以保持步频（这个技术可以用于任何比赛的冲刺阶段）。

没有速度耐力的运动员（即使状态良好）也只能坚持50米。我在只做越野训练一个月后的一场100米比赛中发现了这个问题。

200米

运动员用40~60米加速到全速，在加速离开弯道后，尽可能放松地滑行跑100米。如果不放松，在最后30~40米速度会降低。努力做到高步频的有力冲刺。

400米

许多人认为400米是世界上最艰难、最累人的比赛。以我个人的经验而言，如果状态良好，具备良好的配速判断，近期跑过大量400米比赛，那么400米比赛不会感觉比200米更艰苦。这也包括比赛时没有大风。但是，很多时候，跑者由于状态不佳，配速判断也很差，故在接近终点的时候，就进入了过度疲劳状态。这导致很高的乳酸堆积，效率降低，不能抬起膝关节，以及极慢的配速。理想情况下，如果有大量用比赛配速进行的训练和大量比赛经验，可以调整配速，将疲劳延迟到终点之前。

第6章 短跑运动员的训练

400米比赛中70%供能是无氧，30%供能是有氧，这大致表示在这些能量系统上消耗的时间比例。一般来说，400米比赛时间是2次200米比赛最佳时间加上2.5~4秒。所以，200米成绩提高，400米成绩也会提高。在1995年布法罗世界锦标赛上，我的两个项目的成绩差是3秒。换一种说法，在400米比赛时，前200米比自己最佳200米成绩差1秒以内，第2个200米慢1秒多。根据前世界纪录保持者李·埃文斯（Lee Evans）的意见，理想情况下，第2个200米只应该比第1个200米慢1秒[6]。这与迈克尔·约翰逊稳定的世界纪录配速接近，即第1个和第2个200米之间差距低于1秒。

策略

要有一个比赛策略。在比赛之前检查赛道上有没有石子、小洞和小孔。

可以将400米比赛分成4个距离相等的部分，全程既要跑得快还要放松。不要勉强超人。被人超也不要害怕，按自己的配速跑。

第1个100米——**爆发**

以最快速度冲出起跑区。加速进入并通过弯道。在弯道上，右臂摆臂略在胸前交叉。冲出弯道。由于开始时以高速度跑，肾上腺素会提供额外的能量，而且不会损失生理力量。

第2个100米——**滑行**

背部放松、挺直，大步跑[6]。想着"越快越放松"。前20米尽可能接近最大速度，不要进入冲刺状态。

第3个100米——**推动**

积极努力地摆臂。积极奔跑。尝试提速；实际上做不到，只是为了控制速度下降。离开弯道进入冲刺阶段的时候，应该感觉有一些加速度。不论有什么感觉，都要快速地跑完前300米。

第4个100米——**提高**

努力保持放松和良好姿态，保持速度。关心自己的良好姿态，不要关心对手。摆臂动作加大，手抬高到与眼同高，这样可以使膝关节抬得更高并减少疲劳。高抬腿，努力摆臂，保持放松[6]。不要紧张。正常情况下，胜利者在冲刺阶段掉速最少。

训练

400米冠军跑者的状态必须超级好。它要求跑者坚持长期而正确的训练，还必须有健康、专注的生活方式。跑者必须接受双倍的训练负荷，包括起跑、加速、150米、200米、250米、300米以及一些500米的训练，偶尔甚至还要做600米训练。尽可能多地以90%~99%的速度跑250米，尽可能保持放松，这是我做400米训练时喜欢的距离。这个训练还必须包括常规的短跑训练，例如60~70米的短跑。即使是400米或800米运动员，也推荐每周做一次短跑训练（总量600米，以95%的速度）。如果目标是提高速度，一定要用95%~99%的速度跑。表6.1中的上坡跑、负重训练、专项训练以及快速伸缩复合训练都很关键。也不要忽视积累耐力的长距离有氧跑。在比赛的前2天，以95%的速度跑30~60米的加速跑大约6次，第2天尽可能不跑。

从速度训练开始，重点就是以接近比赛的配速跑更短的重复，而不要跑更长、更慢的重复。随着身体条件改善，逐渐将重复的距离从100米提高到150米，再提高到200米，最终达到250米，偶尔可以300米。随着身体条件改善，还应缩短休息时间。坚持以比赛配速放松地跑，保持良好节奏，训练进度永远不要过快，即训练程度超过当前身体条件。在速度耐力的后期，重点放在250米重复上，如果距离再长，对身体的要求太高。例如，休息时间相同，4×250米比3×300米的压力小。用休息时间短的200米重复和大量的400米比赛，也可以发展出速度耐力（可持续的速度）。关键是拥有良好的200米速度，前一个200米成绩尽可能接近200米最佳成绩。坚持练习，直到能够稳定地在训练中达到这个标准。

理想情况下，在重大比赛前6周，应该只比目标比赛配速慢1~2秒。频繁地跑400米比赛。通过每个比赛，都会积累信心和配速判断能力，身体也调整适应了更快配速。

下面是我们在北约克田径俱乐部试过且有效的典型的400米训练以及其他一些训练方法。

下面的全部训练都与训练最后的5次或6次150米慢速重复无关。应该有大量接近当前400米比赛配速的训练。除非另有说明，否则下面所有重复的配速都是当前400米比赛配速或略快。如果有必要，可以调整配速和休息时间，以便在每次重复后不至于精疲力竭，确保在不降速和保持良好姿态的情况下完成训练。

- 8~10次100米：开始的重复比400米比赛配速慢，每个重复逐渐提速，重复4次或5次达到比赛配速，最后快于比赛配速。每个重复后走回原地，休息大约30秒或更长时间。注重放松和姿态。

- 3组（250米，以比赛配速，休息到心率降到120b.p.m.以下，重复），组间休息6分钟或直到心率降到96b.p.m.以下。

- 3组或4组（250米，以比赛配速，休息75~90秒，以比赛配速或更快跑150米），组间休息到心率降到96b.p.m.以下。

- 2次或3次500米加速跑，开始时低于800米比赛配速，逐渐提速，最后100米比800米比赛配速快。

- 6~8次150米，以比赛配速或略快，心率降到110b.p.m.以下后重复。

- 3次或4次300米，以比赛配速，重复间完全休息。

- 300米，以比赛配速，休息60~75秒，快跑100米，能多快就多快，休息大约8分钟。如果可能，重复3次。这个训练很苦，只能在重大比赛3~4周前做。理想情况下，在冲顶阶段的最后1个月至少做3次这个训练。

- 前400米世界纪录保持者李·埃文斯（师从巴德·温特）可以做到每周一回3次500米，从2月开始训练起步时配速就很快，然后每月递增。他从来没有喜欢过这个训练[6]。但这个训练确实给了他回报。

新的400米训练

除非另有规定，否则全部跑步都按400米比赛的配速跑。

- 80米，休息1分钟，100米，休息90秒，120米，休息2分钟，150米，休息3分钟，200米，休息3.5分钟，250米。250米以400米比赛配速跑，其他距离以400米比赛配速和全速之间的速度跑。

- 100米，100米，150米，150米，200米，200米。每次重复间休息到心率降到90~96b.p.m.及以下。

- 100米，休息75秒，100米，休息2分钟，150米，休息2分钟，150米，休息3.5分钟，250米，休息3.5分钟，250米。也可以用比赛配速跑250米，接着用比比赛配速更快的速度跑200米，代替2次250米。

- 2次50米，2次150米，2次250米。每次重复间休息到心率降到90b.p.m.。

- 100米，休息90秒，100米，步行4分钟，2组（250米，步行100米，150米），每组间步行4分钟。

- 3次100米，100米之间休息90秒，再休息2分钟，150米，休息3分钟，200米，休息4分钟，300米，休息1分钟，100米。200米和300米以400米比赛配速跑，100米和150米速度略快。

- 4次100米，快于比赛配速，100米之间休息90秒，休息3~4分钟，3次250米，重复间休息3.5分钟。

- 2组或3组（150米，休息，150米，休息，100米）。组间休息5~6分钟。在速度训练开始的几周，150米和100米采用当前比赛配速跑。在训练的第2组，重新调整150米速度和休息。在第一组时，如果100米速度慢于比赛配速，则150米更慢，或者增加休息时间；如果100米速度快于比赛配速，则150米更快或减少休息时间。

- 3组（200米+5秒，休息2分钟，200米+0秒）。组间休息8~10分钟。

- 3组（250米+7秒，休息2.5分钟，200米+0秒）。组间休息8~10分钟。

- 4次或5次300米+5秒。每组间休息1.5~2分钟。

- 3组（20米轻松跑、40米艰苦跑和20米轻松跑）。组间休息2分钟或更长时间。接下来做4次100米，以400米比赛配速全力跑，重复间休息1.5~2分钟。

- 5~7次100米，重复间50米步行休息。最好跑相同的100米跑道，每个100米之后反方向跑回来。有些精英跑者能做2组，每次重复越跑越快。这个训练很苦——要小心。

- 4次200米，配速在当前的200米最佳成绩和当前的400米比赛配速之间。前3个重复越跑越快。最后一个重复与第一个速度相同。重复间休息6~8分钟。

- 5次200米，重复间休息时间依次减少（4分钟、3分钟、2.5分钟和2分钟）。适合在重大比赛前2~6周发展速度耐力。

- 2组（250米，休息2分钟，200米）。组间休息8~10分钟。

第6章 短跑运动员的训练

参考资料

1. Jordan, P., Payton Jordan's Sprinting Techniques, Part I and Part II, August 1999 and September 1999, *National Masters News*, Hollywood, CA.
2. Dintiman G., Ward B., Tellez T., *Sports Speed*, 2nd Edition, Human Kinetics, Champaign, IL, 1997.
3. Dintiman G., *How To Run Faster*, Leisure Press, West Point, NY, 1984.
4. Tolsma B., Flexibility and Velocity, *Running Times*, June 1982.
5. Hagerman C., *How to Increase Speed and Agility*, Perigree Books, Putnam Publishing, 1986.
6. Evans Lee, *Planning Training and Racing for Quality 400 Meters*, Presented at the IX International Track and Field Coaches' Congress, Santa Monica, July 30, 1984.
7. Lamb D. R., Basic Principles for Improving Sport Performance, *Gatorade Sports Science Institute*, No 55, Volume 8 (1995), Number 2.
8. Chu, D. A., *Jumping Into Plyometrics*, Human Kinetics, Champaign IL, 1998.

长跑运动员的通用训练理论

不知道训练诀窍，就会跑得慢或成绩平平。运用训练诀窍，就会获得真正的速度。仅有热情和投入是不够的，如果没有必要的训练诀窍，就像是穿着军靴跑马拉松。本章要介绍的是长跑运动员的通用训练理论。

合适的长跑训练都包含什么

- 合适的训练距离、配速以及跑步之间的恢复。
- 合适的训练量，不能太多，也不能太少。
- 全部能量系统都要得到训练。
- 根据运动员的比赛专项，五大训练系统的合适的训练时间分配。
- 训练课之间合适的恢复时间。
- 足够长的适应时间。

能量系统

　　长跑的训练类型有许多种，每种的强度和用时都不同，涉及的能量系统也不同。由于多数运动都会利用所有能量系统生成的"燃料"，所以贯穿整个强化/比赛阶段的训练必须让运动员利用到全部能量系统。在使出最大力量或接近最大力量（有氧调整和无氧阈训练除外，它们低于最大力量）时，能量系统发生的变化主要在表7.1所示的范围内。

表7.1	能量系统的范围
主要范围	**主导能量系统**
0~30秒	磷酸原或非乳酸系统
20秒~2分钟	无氧乳酸系统 ［糖原，没有O_2，产生酸乳］
1分钟到数小时	有氧系统* ［糖原加O_2，不产生乳酸］

*有氧系统包括有氧能力训练（最大摄氧量训练）、有氧调整训练和无氧阈训练系统。加上这3个有氧系统，从而形成下面讨论的五大训练系统。

　　关于能量系统更详细的解释，请参阅第1章。

间歇训练

　　间歇训练是指大量重复训练，重复之间用休息间歇进行恢复。为了让训练量更大，同时降低压力，这个训练被分成多个组，即每组一批重复，组间休息通常比重复间的休息长几倍。间歇训练用来发展无氧乳酸（速度）系统、最大摄氧量系统或无氧阈系统。

　　有些国家，例如英国，有的时候将间歇训练的快速部分（指定距离）称为间歇。这里采用北美的术语，间歇是指重复之间的休息时间，通常的说法是在重复训练中穿插休息时间称为间歇训练。

休息间歇

多数训练效果都是在休息间歇中产生的，在休息间歇过程中，心脏适应了锻炼的压力。锻炼停止的时候，每搏输出量超过初始量，并保持这个水平大约20秒。对心脏的最大刺激发生在休息间歇的前10秒，正因为如此，这个现象的发现者——德国的格施勒（Gerschler）才使用了"间歇训练"这个术语[12]。你可能也已经注意到，重复刚结束时，心率会提高10秒或更长时间。

为了从间歇训练收获最大训练效果，重复之间必须有正确的休息间歇——既不能太短，也不能太长。基本上，休息间歇必须短，因为不完全的恢复才能发展能量系统。如果重复间使用完全恢复，则只会发展纯粹的无氧速度。

组之间的休息也不要过长，因为身体会变得太凉。例如，可能会发生腿部肌肉的痉挛（我遇到过这种情况），如果跑者继续跑步，还会造成损伤。

以心率为基础确定休息间歇

对于短距离无氧类型的训练，推荐用心率作为恢复指标来代替固定的休息间歇。这要求有非常了解自己运动员能力的经验丰富的教练指导。

德国的格施勒推荐的100米、200米和400米间歇训练的重复间休息最多90秒，心率应该在不到90秒的休息间歇期间降到每分钟120次以内，否则就要降低强度或结束练习。但是，在某些无氧训练中，采用短到30秒的休息，在开始下一重复时，心率会高达大约每分钟135次。对于短距离的无氧类型间歇，心率是启动下一重复的好方法。

但是，对于长距离重复，例如，以3 000米、5 000米或1万米比赛配速跑的800米以上重复，在心率刚刚降到每分钟120次或130次以下就立即开始下一重复，会导致休息时间过短，即对多数跑者都压力过大。体能或训练水平高的运动员心率能在2分钟内降到大约120或130b.p.m.以内（根据我自己的观察以及马丁、科埃[1]和科斯蒂尔[5]的数据研究）。现在跑者的心脏已经准备就绪，但在"心理"或"乳酸"上可能还没有为重新开始准备就绪。心理也需要一些休息，乳酸和疲劳的缓解也需要时间。如果在达到120或130b.p.m.之后做些额外的休息，那么间歇训练当天或2天以后的恢复会得到改善。

但对无氧阈训练来说，可以安全地以心率降到大约120b.p.m.为依据确定休息时间，因为这些训练的压力不会过大，也不会产生乳酸。

第7章 长跑运动员的通用训练理论

推荐的休息间歇

表7.2列出了不同训练系统的跑步时间（RT）、配速以及对应的休息时间。也可以用以下近似公式和表7.2来确定重复间的休息间歇。

表7.2	休息时间 vs 跑步时间	
跑步时间（分）	休息时间（分）	比赛配速
1~2	1~1.5	1英里配速
2~4	1	5 000米和1万米配速
4~6	0.8	5 000米和1万米配速
6~10	0.6	5 000米和1万米配速
>10	0.4~0.5	5 000米和1万米配速

速度耐力/无氧间歇

对于低于90秒并接近100%努力的速度耐力间歇，推荐采用以下公式：

$$休息间歇 = 5 \times (最大用力百分比/100)^3 \times 跑步时间$$

上述公式是一个经验公式。公式中使用最大用力的百分比有一定的科学基础，据F.亨利（F.Henry）[7]的文章报道，短跑使用的能量，是速度的3.8次方（速度$^{3.8}$）。

速度间歇的用力最好比100%最大用力略低，因为这样更放松，比"拼尽全力"更容易改善跑步经济性，而且在一次训练课里也能完成更多重复，损伤的机会也更低。

对于纯粹的速度训练，在几乎全力跑完200米、300米、400米、500米或600米重复后，可能需要休息8~10分钟才能实现彻底休息。

以1英里、5 000米和1万米比赛配速跑的间歇

表7.2的休息时间与跑步时间基于我自己的经验、其他教练的经验（例如其他参考资料[2, 3, 8, 12]），以及对斯莱梅克（Sleamaker）[15]的表4.3、格洛弗（Glover）和格洛弗（Glover）[16]的表10.5和马丁与科埃[1]的表5.6的观察及比较。

精英跑者或更有竞争力的跑者的休息时间可以更短。也可以在心率降到最高心率60%以下时开始。

以低于1万米比赛配速进行间歇跑

对于以低于1万米比赛配速进行的间歇训练，将表7.2的休息时间乘以1.25。最大用力百分比是跑过训练距离的最大速度的百分比。例如，如果跑步距离800米，使用80%最大用力，则跑完800米的时间是最佳时间（如2分钟）除以0.8。

随着身体逐渐适应该做哪些改变

在间歇训练中，随着身体逐渐适应，强度、量和休息都需要调整。为了提供更多负荷，要么提高配速、重复次数和跑步距离，要么减少休息时间，或者组合调整。在赛季后跑步距离、速度和休息，取决于赛季前训练课上跑步距离和速度。正因如此，不同的教练对于身体适应后的进度才有不同的意见，因为起点各不相同。而且，如果跑者的强项是速度或耐力，则教练通常会分别采用更短距离和更长距离的重复。

800米： 逐渐提高无氧乳酸跑的速度[9]。这是因为，许多教练都认为800米的成绩主要与无氧能力有关，800米成绩与400米比赛成绩正相关[10]。随着身体条件的改善，休息时间通常也要缩短。

1500米： 对于最大摄氧量训练，逐渐增加跑步距离和重复次数，如果训练季早期的配速是1万米比赛配速，则在训练季后期提高到5 000米（或3 000米）比赛配速。以3 000米比赛配速进行的训练对于多数跑者来说压力太大。延长跑步距离的依据在于：1 500米跑主要是有氧活动，与3 000米成绩的关系要比与500米成绩的关系更密切一些[10]。哈里·威尔森（Harry Wilson）[9]认为跑得长一些，会更接近比赛的感觉。

如果前几周的无氧乳酸（速度）跑低于目标比赛配速，那么只要提高跑的距离或者配速即可。

一般来说，对于1500米训练，我们的习惯是从稍慢的速度、较短距离和较低的量开始，经过12周的训练逐步加量、提高强度（速度）和距离。随着比赛季临近，提高速度并减量。

第7章　长跑运动员的通用训练理论

吉姆·莱文[11]推荐以下做法。

- 训练季开始时，采用合理数量的重复，采用良好配速和短暂休息。
- 到了训练季的中期，增加重复次数，保持良好配速和短暂休息。
- 快到训练季结束的时候，减少重复，提高速度，延长恢复时间。

5 000米和1万米：对这两个项目，有氧能量更重要。所以，对于最大摄氧量训练，要增加重复的次数，减少恢复时间，或者延长重复的距离（前提是配速已经足够快，即达到了5 000米比赛配速。在最大摄氧量训练中，更快的配速会导致过度无氧。）

每次课的训练量

无氧乳酸训练。下面的无氧间歇课训练量（不包含恢复）对于有经验的跑者的训练季（强化）来说很适用。精英跑者每次课能够承担更高总量，新手则应该比下面列出的量少许多。重复的速度采用1英里赛配速或更快，跑的时间在30秒到120秒之间。

对于**800米训练，**慢慢开始，开始时每次课的总量大约1 600米，逐渐加量，到强化阶段中期达到大约2 400米，然后随着速度的提高和比赛临近，再逐渐减量到大约1 200米。

对于**1 500米训练，**每次课的总量控制在3 000~3 600米。

对于**5 000米或1万米训练，**4 000~4 800米的量足够了。

无氧阈和最大摄氧量训练。无氧阈（持续或间歇）课或最大摄氧量课的训练量要与每周的跑量成比例。杰克·丹尼尔斯推荐的每周跑量有效地解决了这个问题[13]。

五大训练系统

下面讨论对长跑运动员至关重要的五大训练系统，从最快速度开始，递进到最慢速度。

磷酸原或非乳酸训练系统

说明。 来自磷酸肌酸（PCr）的能量，主要在最剧烈活动的前10秒发生，大约50秒之后基本消耗殆尽。如果剧烈活动超过30秒，就会改由无氧糖酵解接手后续的无氧能量生成。在恢复过程中，PCr可以在30~60秒内迅速重新合成到最初静息值的50%，在2~4分钟后重新合成80%［拉姆（Lamb）[6]］。需要长时间休息才能在下一次重复之前彻底恢复PCr。

1997年秋季的一天，我的训练伙伴和我在一个陡坡上训练，25~28秒的上坡跑的强度相当大，在坡顶有100米的恢复跑。在我的筑基训练阶段，这类上坡训练相当典型。8次重复之间的休息大约是2.5分钟。对于彻底的PCr恢复，这个时间是不够的，所以对无氧乳酸系统的依赖更大。在最后2次重复中，到坡顶之后，出现了大量乳酸（肌肉疲劳）。

优势。 这个训练系统的目的是用更少的力提高最高速度。在这里，放松很关键，需要特别关注。对于长跑运动员，这个训练对发展冲刺能力很有价值。而且由于在训练中已经发展了最高速度，所以以最大摄氧间歇训练就显得轻松多了。

训练。 在大约7秒之内，运动员可能达到自己的最高速度，而且不会产生乳酸，但是，由于肌细胞的损伤，肌肉还是会疼痛。虽然这个跑的距离短，但它的强度大，所以要限制它的训练总量，以避免受伤，而且有利于训练后一两天的恢复。每次课总的重复量加起来应该低于600米，训练的时候用力（或速度）要达到98%~99%，重复间要进行完全恢复。

警告。 训练中要避免竭尽全力，以避免损伤，所以推荐用最大速度的98%~99%。

无氧乳酸训练系统

说明。 这个训练是以95%~99%的速度重复，即以1英里比赛配速或更快的速度。所以，心率接近最大心率，而在重复之间的恢复通常接近彻底恢复。这个训练有时又称为重复训练[2, 13]而不是间歇训练。跑的距离通常超过150米，但由于训练的高压以及会产生大量乳酸，所以通常要低于500米。

第7章 长跑运动员的通用训练理论

优势。这个训练让运动员逐渐耐受高强度速度跑时乳酸浓度的提高变慢，即跑得越快，乳酸堆积越少。通过这个训练，运动员能够提高用100%最高心率（100%最大摄氧量或更大）长时间高速奔跑，提高在心理和生理上的耐受力。800米和1 500米这些中距离项目比赛属于乳酸会迅速积累的阶段。这个训练对3 000米跑、3 000米越野障碍跑以及5 000米跑也至关重要，因为这些项目都要求很高的配速，同时要求最少的乳酸堆积。而且，在所有长跑比赛中，如果双腿充满乳酸堆积，即使拥有可以在许多比赛中获胜的冲刺法宝也无法奏效。

训练。要训练这个系统，必须将速度保持在一个足够高的水平上，以便形成乳酸的过量堆积[3]。所以纯速度训练是这个课程的目的，在重复之间，心率应该降到每分钟100次（b.p.m.）以下，时间要足够长，以便将大多数乳酸从工作肌肉中清除。训练的主要目标是速度耐力，在开始下一循环之前，心率应该降到120~135 b.p.m.之间。"但乳酸水平会持续上升，会有一些乳酸保持到下一重复开始的时候，这有助于提高整体的缓冲能力"（马丁和科埃[1]）。在这个强度下，心率达到最高或在最高心率上下变化10次之内。尽管这些训练的压力巨大，有经验的跑者依然能做到每周2次无氧间歇训练。精英跑者则能够忍受每周2~3次这样的训练。

杰克·丹尼尔斯[13]认为："真正'重复'训练课的有质量跑的总量，应该不超过当前周跑量的5%，而且上限是5 000米；这些数字代表的是上限而不是必需的数量。"丹尼尔斯称之为"重复"训练，我则称之为"无氧乳酸（或速度）"训练。

警告。必须注意恢复的时间，否则疲劳会达到危险的水平，还会出现训练过度[3]。运动员会从经验中了解到什么时候乳酸过量（双腿似灌铅，或者抬腿困难，通常会引起气喘吁吁）。这时就必须放慢速度或者延长休息间歇，或者结束训练。在姿态变形或者严重掉速、发生肌肉酸痛或痉挛时，也要停止间歇训练。

而且，对于最高心率（MHR）接近190~200 b.p.m的运动员来说，在下一重复开始之前应将心率降到120 b.p.m.以下。所以不推荐年老的运动员进行这个练习。请参阅第21章的"恢复"。

最大摄氧量（VO₂max）训练系统

接近最大摄氧量范围进行的训练称为有氧能力训练，尽管其中还有相当大一部分供能来自无氧。在达到最大有氧能力的时候（接近100%最高心率或100%最大摄氧量），最大摄氧量就得到了发展。

说明。最大摄氧量是指运动员每千克体重每分钟消耗的氧气量（毫升）。这是对长跑项目体能进行测量的一个方便的指标。数值越高，体能越好。但对跑者潜力真正有效的预测因子是最高速度或最大摄氧量测试期间实现的工作负荷，并不是实际的最大摄氧量值。

最大摄氧量提高后，循环系统运输氧气的能力也会提高，肌肉系统提取和利用氧气的能力也会提高。最大摄氧量与100%最大心率（MHR）对应，但在最大摄氧量以下二者就"分道扬镳"，例如，要实现50%的最大摄氧量，需要在大约70%MHR的情况下锻炼。在8~10分钟里，可以在100%MHR的情况下达到高达130%的最大摄氧量。除非最近在体能实验室做过测试，否则通常不会了解自己的最大摄氧量，但如果知道自己的1英里、5 000米和1万米比赛成绩，可以从表格中近似得到它的值。相比之下，MHR更容易测量（用手表或心率监测器）。所以，表7.4使用MHR而不用最大摄氧量。

优势。最大摄氧量高的跑者，用指定配速跑步时，使用的个人最大用力的百分比更低，所以比最大摄氧量低的运动员用这个配速跑得更轻松。"最大摄氧量越大，在指定配速跑的时候无氧的贡献越少，运动员在无氧效果影响成绩之前就能跑得更快"（马丁和科埃[1]）。这个跑步压力很大，所以也会提高对压力的承受力和心理韧性。

最大摄氧量训练。要发展有氧能力或最大摄氧量，用接近100% MHR的速度跑更长距离似乎更合适，因为跑1分钟只有30%的有氧，相比之下跑3分钟有55%的有氧（数字来自拉姆[6]）。普菲青格[8]则推荐不跑400米而跑1 600米，以便在这个有效的训练强度上积累更长。丹尼尔斯[13]建议以这个速度跑不要超过5分钟。图德·邦帕（Tudor Bompa）[3]则认为在心率最高或只比最高心率低10次的情况下，跑3~8分钟（甚至更长）的效果最好。普菲青格[8]推荐2~6分钟的间歇，心率达到最高心率的95%。新手则最好跑得短一些，每个重复跑用时2~3分钟，例如，以1万米比赛配速跑600~1 000米。有经验的长跑选手可以选择用5 000米配速跑800~1 200米。

合适的心率要比最高心率每分钟大约低10次，否则这个训练的发展可能会偏向无氧而不是最大摄氧量训练。休息间歇心率可能要降至最高心率60%以下再开始下一重复，请注意上面的"休息间歇"。

最大摄氧量训练示例

1. 针对经验不足的新人的一个典型训练应该是3~4个下面的训练：以1万米比赛配速跑3~5分钟，恢复时间与跑步时间相同。恢复期间走走跑跑或者慢跑，比全都步行更好。

2. 也可以采用邦帕[3]建议的更短距离（30秒到2分钟），加短暂休息（10秒到1

第7章 长跑运动员的通用训练理论

分钟），4~12个重复，从而达到最大摄氧量。与距离更短对应的就是重复更多。

3. 推荐采用3周一轮的训练周期，从更短（更容易）的距离开始，逐步延长距离。而且，最长的重复也只有1英里，这样基本可以保持在最大摄氧量跑推荐的最长6分钟之内。新手应该从1万米比赛配速跑开始。有经验的跑者的重复应该采用5 000米比赛配速。例如：

第1周5次1 000米；

第2周4次1 200米；

第3周3次1 600米；

重复以上循环。

随着身体经过几周的训练逐步适应，可以将3周计划中一次课的总量增加到8 000~9 000米（对于中高级跑者或全程马拉松跑者）。例如：

第1周8次1 000米；

第2周7次1 200米；

第3周6次1 400米；

重复以上循环。

警告。最大摄氧量训练有点复杂，因为它的配速太接近100%无氧。若以85%~95%的速度（或更高）进行训练可以提高最大摄氧量，还会让乳酸的高水平保持合理时间，因此无氧系统同时也得到了训练。如果重复强度太大或者休息时间太短，训练有可能偏向于无氧，而不再是最大摄氧量训练。由于乳酸堆积，训练会大大缩短。

最大摄氧量速度（vVO₂max）训练系统

最近流行的一个训练方法是最大摄氧量速度训练。

说明。最大摄氧量速度（vVO₂max）是指在最大摄氧量条件下的速度。最大摄氧量本身并不能代表跑步经济性，而最大摄氧量速度可以。两个跑者的最大摄氧量可能相同，但最大摄氧量速度高的人跑步效率或经济性更高。请参阅下面的"跑步经济性"。

1997年法国里尔大学比亚（Billat）教授主持的对最大摄氧量速度的研究[17]指出了最大摄氧量速度对于中长跑运动员的多个显著优势，尤其是在提高跑步经济性上的优势。请参阅艾德·启斯东（Ed Keystone）发表在1999年12月*Runner's World*杂志上的文章"The Max Factor"。

8位训练有素的长跑运动员经历了4周下述训练：[17]

- 一次周中训练，包含最大摄氧量速度训练，即5次1 000米，每个重复3分钟，以最大摄氧量速度跑，中间慢跑休息3分钟；

- 一个乳酸阈训练（2×20分钟），另一天慢一些，跑45分钟（1天），跑60分钟（3天），1天休息。

为了按最大摄氧量速度进行训练，有必要确定最大摄氧量条件下的速度。在比亚的研究中，通过获得运动员以最大摄氧量跑得筋疲力尽之前的距离来确定速度；速度等于距离（我称为Dexh）除以时间（对于这些有实力的年轻中长跑运动员来说，平均时间为6分钟）。要确定自己的Dexh，我建议新手采用一种更容易的方法，而不要用最大摄氧量跑得筋疲力尽这一方法。在训练季开始的时候，用最大摄氧量跑得筋疲力尽不是个好办法，尤其是对年长的跑者，因为这时人还没有适应竭尽全力的比赛。而且也不好判断跑的时候是否真的达到最大摄氧量。相反，可以用自己估计的3 000米比赛配速跑6分钟来判断Dexh，因为3 000米比赛配速接近100%最大摄氧量（3 000米比赛时间非常接近5 000米比赛时间的57.5%）。

所以，Dexh = 3 000米比赛配速[6] × 6分钟。相比用最大摄氧量跑得筋疲力尽的实际速度，这个数字可能会偏低，但对新人来说，建议采用这个速度。我相信合适的配速应该在1英里比赛配速和3 000米比赛配速之间。因此，Dexh应该比根据3 000米比赛配速估计的值再长大约3%。所以，3分钟重复的距离应该为Dexh/2。

优势。法国比亚教授的研究表明，上述4周训练周期可以将跑步经济性提高6%，最大摄氧量速度提高3%，70%最大摄氧量时的心率降低4%。在这么短的时间内，这些方面都得到了显著改进。用这么快的速度跑，还会发展快缩肌和中枢神经系统，增强对乳酸的耐受力，增强体能。

推荐的用法。我相信这些训练对大多数运动员来说，在心理和生理方面的压力都很大，所以尤其不推荐年老的运动员或新手采用。

30-30最大摄氧量速度训练

对5次3分钟或3次3分钟的训练有一个更轻松的替代训练。比亚后来开发了一个更轻松的方法来发展最大摄氧量，而且依然能够做到显著提高。在这个新的训练中，运动员以最大摄氧量速度跑大约30秒。然后用50%最大摄氧量速度跑30秒作为休息（实际跑的距离大约是50%）。坚持尽可能久的时间。通常会达到15~20次重复。不出所料，改进效果低于5次3分钟训练的效果，因为以最大摄氧量跑的平均时间大约比上面更长更苦的训练低20%~30%。但多数新手都能承受30-30训练，而且在几周以后应该也能使最大摄氧量显著提高。

第7章 长跑运动员的通用训练理论

我建议长跑运动员尝试30-30训练，在常用的最大摄氧量训练更长的重复（1000~2 000米）之外获得一些变化。短跑运动员在筑基阶段也能从这些短距离的间歇训练中受益。

如上所述，不必跑6分钟跑得筋疲力尽来判断最大摄氧量情况下的速度。从上文可知，最大摄氧量速度只比3 000米配速快一点儿，比1英里比赛配速慢一点。所以，最大摄氧量情况下的速度大约比3 000米比赛配速快3%，比1英里比赛配速慢3%。如果估计的最大摄氧量速度比需要的速度略慢或略快，后果只是多几个或少几个重复才能筋疲力尽而已。为了方便，我已经根据一位跑者当前的1英里比赛配速算好了以最大摄氧量速度跑30秒的距离（见表7.3）。

因此，最大摄氧量速度=0.97×1英里比赛配速（米/秒）。

30秒跑的距离=0.97×1英里比赛配速（米/秒）×30秒。

表7.3	以最大摄氧量速度进行30-30训练
1英里时间（秒）	30秒跑的距离（米）
302	155
312	150
322	145.4
332	141
342	137
352	133

经过1个月左右适应以上训练之后，加量，改为以最大摄氧量速度跑60秒，接60秒慢跑休息，直到筋疲力尽。在60秒训练中，跑的距离只是表7.3中30秒距离加倍。研究发现，30-30训练在速度训练阶段开始的时候非常有用。

无氧阈训练系统

无氧阈（也称为乳酸阈或通气阈）训练和水中跑步训练，是过去二三十年里发现的最重要的2个训练。它们的重要性在此之前也毋庸置疑，只是最近才变得流行起来，并得到了重视。

"天才马拉松运动员的成绩潜力与乳酸阈的关系比与最大摄氧量的关系大。"（马丁和科埃[1]）。这可能部分解释了为什么在跑步的文献中，对乳酸阈训练的重视超过最大摄氧量训练。当然，乳酸阈训练（"节奏"或"巡航"跑）在普通跑者中最流行，因为它们的压力比最大摄氧量训练小。

说明。 无氧阈（AT）训练，是指以接近并低于乳酸阈的状态跑。到达乳酸阈之后，乳酸就会开始迅速堆积，或者呼吸开始变沉重。有效的马拉松比赛配速一般刚刚低于无氧阈或比无氧阈配速慢6%。无氧阈占最大摄氧量的百分比，根据不同跑者的经验而异。新手、有经验和精英跑者分别大约是最大摄氧量的60%、80%和90%。仅在接近AT的情况下，精英跑者会比新手跑得更快、使用的氧气更多，却不积累乳酸。

在这个阈值或靠近阈值以下，运动员感觉到的压力应该比较适中，速度也只比感觉舒适时快一点[3]。在从1~10的体感用力范围内，从极轻松到极艰苦。无氧阈跑步处于6，属于略艰苦，但对话应该没有困难。判断阈值的最佳方式是一边跑步一边观察呼吸情况。如果注意观察，就会注意到某个配速刚刚超过阈值，呼吸就开始吃力。对我自己来讲，这个速度大约是160b.p.m.或大约80%的MHR（最高心率）。

优势。 无氧阈训练会带来以下生理改善。

- 慢缩肌以及部分快缩肌发展。
- 每搏输出量和血容量提高。
- 增加氧化/糖醇解酶，从而提高耐力，提高到达无氧阈时最大摄氧量的百分比，提高最大摄氧量，提高跑步经济性。
- 线粒体和毛细血管数量增加，尤其是靠近慢缩肌纤维的毛细血管。

训练。 推荐的配速比1万米比赛配速每英里慢15~20秒。训练包括一系列的间歇（400~2 000米）跑或持续跑。

在无氧阈训练的间歇中，重复间的休息通常少于重复的时间，或者休息到心率降到大约每分钟120次以下。但是，用马拉松配速跑得越快，休息也应该越短。"用更快配速的重复跑代替持续跑，跑更短距离加非常短暂的休息，可以收获与长距离持续跑同样的好处"（科斯蒂尔[5]）。重复之间的休息时间根据运动员的经验和条件而异；运动员任何时候都不应该呼吸沉重，或者对话困难。如果呼吸困难，即超过乳酸/通气阈，就需要降低训练的强度。

杰克•丹尼尔斯和其他许多教练也将这些无氧阈跑称为"节奏跑"或"巡航跑"[2]。杰克•丹尼尔斯[13]建议："'巡航-间歇'训练质量跑的总量不要超过当前周跑量的10%，而且对于普通跑者最多2.6千米，精英马拉松运动员最多13千米。"

第7章 长跑运动员的通用训练理论

有氧调整训练系统

有氧调整训练需要使用比无氧阈训练更低的速度。这个训练的压力比有氧能力训练低得多，后者只比运动员的最大摄氧量低一点。有氧调整训练是长跑运动员训练的主体。这个训练应该尽可能在柔软、平坦的路面上进行，以减少损伤的风险。

通常推荐非专业运动员每周进行3次30分钟的训练。这是强化心肺（心血管）系统的关键。

说明。 对运动员来讲，有氧调整有两类。一类是热身和冷身阶段更慢更短的跑，以及轻松恢复跑。这个强度大约是60%，或者比1万米比赛配速每英里慢1.5~2分钟，持续10~30分钟。另一类是更快、更长的跑，以发展耐力。这个训练的强度是60%~70%，或者比1万米比赛配速每英里慢大约45秒（比马拉松配速大约慢2%）到2分钟，并持续大约45分钟到2.5小时。在比赛阶段，必须继续进行这些有氧跑，但要减量并提高强度（略快一点）。

优势。 该训练的优势是发展耐力，这与无氧阈训练类似。发展心肺和神经通路，增强肌肉的生理、化学以及代谢特性，例如，发展慢缩肌，增加代谢酶，促进氧气向血液的扩散，增加线粒体和毛细血管。长距离跑最终能使心脏变大/提高每搏输出量。

由于这些跑步的时间超过30分钟或35分钟（最好超过这个时间），所以对发展承压能力有好处，还能发展燃烧脂肪能量的利用率。

训练。 这是有氧调整推荐的训练。配速通常应该低于马拉松配速，即比无氧阈（或通气阈）训练配速慢6%。

通常推荐运动员在70%~80%的最大心率（MHR）范围内进行有氧调整训练[2, 14]。训练阈值=RHR+2/3（MHR-RHR），其中RHR是静息心率。有氧研究院的肯尼斯·库珀（Kenneth Cooper）几十年前就对几百人开始了他的有氧调整项目[14]。一般来说，女性要达到最优调整，训练时的心率要比男性高大约20次[1]。

有氧调整训练与步行和爬山。 如果训练时的心率低于最高心率的65%，则有氧训练的效果就有问题[3]。这是个普遍接受的观点。但是，以下说法支持用健走和徒步作为交叉训练，协助提高运动员成绩。

- 许多年以前，对于中长跑运动员，用良好配速的步行补充跑步训练，曾经是最佳做法（如在芬兰）。

- 更近的例子是，日本的马拉松运动员也使用长距离步行来协助训练以及进行损伤恢复。

- 世界冠军比尔·卡拉瑟斯（Bill Carruthers）（东京奥运会银牌得主）和布鲁斯·基德（Bruce Kidd）的前教练弗雷德·富特（Fred Foote）认为，快走让比赛成绩有显著提高。
- 超级马拉松选手、有史以来最伟大的长跑员运动员之一（1920—1934年创造了许多世界纪录）亚瑟·牛顿认为在跑步训练之外，必须做大步的步行训练。
- 山地徒步以及有时在复杂地形徒步也是很好的调整方法 [从1998年起，我每个月大约会徒步2次，每次2小时，作为交叉训练（冬季除外），训练时心率在每分钟85~120次之间]。

步行的优势

我个人非常相信，用步行来补充跑步训练，对训练有显著益处，即使心率低于65%MHR，原因有3点。

- 步行也可以将心血管能力提高到一定程度，也会增加线粒体和毛细血管数量，强化腿部和踝关节。
- 在不跑步的恢复日，或者不训练的日子可以步行。
- 热身前、冷身前、间歇之间以及在长距离跑之间的步行很有益。

长跑运动员训练归纳表

表7.4归纳了五大能量系统的训练项目。可将长跑运动员正确地"武装"起来参加比赛，快跑和慢跑的不同模式也至关重要。但是，训练在距离、配速和恢复方面必须正确。下面归纳了五大核心训练系统，以及其各自的主要收益、最大用力百分比、跑步时长、重复间休息、训练配速及训练总量。这个基于以下世界级专家的优秀参考资料以及我自己的经验编制而成的，包括大卫·马丁和彼得·科埃[1]、杰克·丹尼尔斯[2, 13]以及图德·邦帕[3]。

第7章 长跑运动员的通用训练理论

表7.4　　长跑运动员训练——800米到马拉松

训练提高	主要收益	MHR百分比 (a)	最大用力百分比 (b)	跑步时长 (c)	重复间休息	比赛配速&量/课 (e), (g)
磷酸原或非乳酸训练系统	速度	100^3 （98~100）	>98	<20秒	心率90~100b.p.m.	<600米
无氧乳酸训练系统	• 速度 • 速度耐力 • 乳酸耐受力 • 配速判断力 • 心理韧性	接近Max^3 >95^2 （95~98）	>95 95~100^1	30秒到12分钟	心率<100b.p.m. 5RT	1英里比赛配速或更快。每次课最多是周跑量的5%^{13}
最大摄氧量或有氧能力训练系统	• 速度耐力 • 提高最大摄氧量 • 心理韧性 • 有氧耐力	95^2 （90） 95~98^8	85~95^3 90~95^1	2~6分钟	0.8~1RT	3 000米、5 000米、1万米比赛配速。每次课最多是周跑量的8%^{13}

续表

训练提高	主要收益	MHR 百分比	最大用力 百分比	跑步时长	重复间休息	比赛配速 & 量 / 课
无氧阈训练系统	● 提高无氧阈 ● 提高最大摄氧量 ● 提高跑步经济性	90[2] 80~90[1] （80）	80~85	90秒到 6分钟到 20分钟	呼吸不累，或 <120b.p.m. （d） 不适用	1万米配速+15秒[2]， 每次课最多是周跑量的10%[13] （f）
有氧调整训练系统	● 耐压能力 ● 保持 ● 恢复	70~80[1] 75[2] （70~75）	60~70	>5分钟 30分钟 到2小时	<1RT 或 <120 b.p.m. 不适用	1万米配速 +30秒到2分钟

RT=跑步时间。

第7章 长跑运动员的通用训练理论

需要注意以下几点。

（a）有些值针对的是有经验的跑者，有些值针对的是精英跑者。我在括号中推荐的值针对的是有经验的跑者。

（b）最后一列列出了以1英里、3 000米、5 000米和1万米比赛配速为基础的训练配速。

（c）一般来说，中距离和长跑运动员分别要侧重于跑较短和较长的距离。

（d）跑步过程中呼吸不应该很辛苦，即不要超过通气阈，对话不应该有困难。

（e）质量（更高强度）训练包含无氧阈训练、最大摄氧量训练以及无氧乳酸（S代表速度）训练。质量课训练量占周跑量的百分比，根据运动员的经验水平不同，如下所示。

运动员	质量课数/周	占周跑量百分比（%）
精英	3	最多28
有经验的跑者	2~3	13~25
新手	1~2	10~18

每个跑者应该了解自己的能力水平。为了避免损伤，错误地选择了低百分比也比选错了高百分比好。我在速度训练阶段每周质量课的总量大约是19%。每个跑者更应该侧重与自己的专项比赛相关的质量训练，例如，AT对应于马拉松，VO_2max和AT对应于1万米，VO_2max和S对应于5 000米。为了实现这个目标，这3个训练可以隔周变换着进行。关于如何设计自己的训练计划，请参阅第10章。

（f）对于无氧阈训练，配速范围可以从乳酸阈上下到马拉松比赛配速（比乳酸阈配速慢5%~6%）。训练配速通常是1万米或1英里配速加上大约15秒（AT配速）或者加上大约30秒（在马拉松配速和AT配速之间）。

（g）杰克·丹尼尔斯[13]警告大跑量长跑运动员的质量训练课不要超过以下最大距离：无氧阈间歇训练课约10千米（精英马拉松运动员约13千米），最大摄氧量间歇训练课约10千米。建议新手和年老跑者参阅第5章的"平衡训练原则"。对于无氧乳酸训练比比赛配速快的800米跑者，我建议每次课的量应该在周跑量的2.5%~4%范围内。

训练系统的合适比例或平衡

每个训练系统的合适的百分比取决于具体的比赛项目。通过关注比赛时的心率以及使用的无氧能量和有氧能量的百分比，可以确定不同比赛的重点。例如，短跑运动员主要是靠无氧能量，而马拉松运动员几乎没有无氧能量。

跑步经济性

跑步经济性是指跑步的时候能量浪费最少，也被定义为氧气利用的效率。杰克·丹尼尔斯[13]将跑步经济性定义为"保持接近第二最高跑步配速所需要的氧气量。"这与最大摄氧量、最大有氧能力不同。

跑步经济性在有经验的跑者之间可以有高达25%的差异或更多，因此对比赛成绩有重大影响。与最大摄氧量相比，跑步经济性更能预测长跑比赛成绩。这表明它极为重要。

最大摄氧量、体重和体脂相同，但跑步经济性不同的两位跑者，以相同配速跑的时候，氧气消耗量不同。在这种情况下，跑步经济性更高的跑者使用的氧气更少。而且，跑步经济性更高的长跑运动员能够击败最大摄氧量更高的运动员。"效率更高的跑者在任何跑步速度下燃烧的'燃料'（每分钟消耗的氧气）更少，因此用相同的燃料能跑得更远"（诺克斯[4]）。

如何提高跑步经济性

- 提高身体灵活性。更灵活的关节、肌腱、韧带和肌肉会降低阻力，减少能量消耗。

- 训练应该能提高跑步经济性，但对某些人来说，基因因素会影响跑步经济性，例如，四肢长度的差异、体重的分布、缺乏灵活性及慢缩肌纤维不足，都会影响跑步经济性的提高。额外的训练并不能弥补这些天生的缺陷。

- 专项训练可以让跑者在自己的比赛配速上效率更高。如果离开自己的专项，跑步效率或经济性就会受影响。一般来说，马拉松运动员短跑效率不高，短跑运动员或中长跑运动员用马拉松配速跑的效率不高。因此，按比赛配速应该能提高跑步经济性。

第7章 长跑运动员的通用训练理论

- 姿态。克服不良习惯，例如头部一起一伏，步子过大，肩部以上紧张，由于手臂在体前过度交叉造成肩部摇摆等，要跑得尽可能轻快。关于"跑步姿态"请参阅第3章。

- 优化步幅。有人可能已经注意到，以比正常配速低的速度跑步时，例如，与一个慢得多的跑者一起跑时，这个配速不舒服，预期疲劳感更强。步幅比最优步幅小，跑的效率就低。类似地，如果手臂动作过大导致步子过大，这个配速也容易疲劳和不舒服，跑步经济性也会受影响。

- 放松。跑步时越放松，跑步经济性越高。

- 体重轻，体脂低，增强体力、灵活性和协调性，穿着更轻的服装和跑鞋等，所有这些都能提高跑步经济性。

- 恢复。从前一天或前一次跑步彻底恢复后再跑，否则指定配速的氧气消耗量会增加。

- 负重训练。新罕布什尔大学的运动生理学家罗恩·约翰斯顿（Ron Johnston）博士1994年的一项研究表明，经过10周的负重训练和常规的跑步训练后，一组女性长跑选手的跑步经济性显著提高2%（彼得·普菲青格[18]）。如果强度足够大并坚持许多周，那么负重训练能够提高跑步经济性，因为负重训练可以提高毛细血管密度、氧化能力、肌肉质量，以及快缩肌纤维的面积（肌肉膨胀）[19]。"负重训练还能加强中枢神经系统对肌肉膨胀的调动能力，从而加强力量输出"（科肯德尔和加勒特[19]），这些效果都会减少跑步时消耗的能量。

间歇训练和大量有氧跑在提高跑步经济性方面哪个更有效，貌似有争议。实际上两者都有效，但效果都要经过很多个月的训练之后才能实现。

间歇训练对跑步经济性的提高早有报告证明。这些数据多源于中长跑选手。马拉松运动员要变得更有效，需要发展与比赛类似的步伐而不是做涉及不同肌肉的快速间歇。有些经济性提高可以由中长跑选手的乳酸阈训练或由马拉松运动员的最大摄氧量训练实现。但是，最大的收获应该来自以接近自己比赛专项的比赛配速进行的训练。这样训练之后，身体会越来越适应专项的配速和距离，弱点都被克服掉，形成流畅而高效的动作。

对于400米和800米训练，我个人发现，以400米比赛配速规律地跑100米重复，注意姿态和放松，并步行或慢跑回起点，这对提高跑步效率非常有帮助。这是劳埃德·珀西瓦尔（Lloyd Percival）推荐的，他是50年前加拿大最有学问的教练。这些是我在40年代末50年代初高中和大学时期使用的重复训练。姿态的改进、更好的放松以及我体验到的滑行感，都使跑步经济性得以提高。在中断跑步33年之后，这些又全都回到了我身上。最近，我又听到另外一位教练推荐同样的练习来提高跑步经济性。

心率监测能够指示成绩的提高

考虑到在跑步机上测试的复杂性，很少有人会对跑步经济性进行测试。但是，只用心率监测器和秒表，就可以像下面介绍的那样测量跑步经济性的提高。

考虑以下简化公式。

- 每分钟消耗的氧气=心率 × 心脏每搏输出量 × 从血液获取的氧气。
- 氧气消耗量=氧气需求量。
- 心率=O_2需求量/（每搏输出量 × 获取的O_2）。

从最后一个公式可以看出，在测量心率的时候，所有重要因素都被考虑进来，包括需要的氧气量和每搏输出量，需要的氧气量会由于以下因素而发生变化。

- 氧气需求量受许多变化和适应的影响，例如：

  体重和体脂的变化；

  中枢神经系统动员更多肌肉群的效率提高；

  慢缩肌纤维的发展和快缩肌纤维有氧能力的提高；

  线粒体、酶和毛细血管的发展；

  跑步姿态的改善。
- 经过6个月高强度的锻炼，心脏会变大，心脏的每搏输出量也会提高[1]。
- 从血液获取的氧气量可以通过训练提高。科斯蒂尔[5]在其报告中指出："年老的跑者（超过60岁的男性）通过训练可以提高最大摄氧量，增加从血液获取的氧气量，而不是输送更多血液。"

因此，心率是水平提高的良好指标。在指定距离上的提高体现在心率保持与过去一样，配速更快；或者配速不变，心率比以前降低。提高也体现在，运动员能以指定配速并且用比以前更低的心率跑得更远。心率在重复之后恢复到每分钟120次以下需要的时间也是体能水平的良好指标。

第7章 长跑运动员的通用训练理论

　　用心率监测器对速度耐力进行测试非常简单。例如，用接近比赛配速测试1英里，用每英里6分钟作为5 000米比赛配速（由个人选择），并在1英里临近终点之前测量心率，并在跑完之后90秒测量心率（确定恢复情况）。几个月之后，再在相同的气候、休息充分、相同跑道和相同配速等条件下重新测试。跑步时的心率降低或者跑完之后更快恢复，代表由于上述众多因素的组合，耐力水平得到了提高。

　　在快速重复中也可以做类似测试，以检验速度提高。在做这个测试时，最好在重复之后90秒测量心率，因为即使是用心率监测器，也很难在跑步过程中或刚刚完成的时候测量心率。相同的速度重复之后，恢复更快，代表身体条件或速度耐力的提高。或者，相同的心率下跑的速度更快，也说明身体条件提高。

参考资料

1. Martin, D., and Coe, P., *Better Training for Distance Runners*, Human Kinetics, Champaign, IL, 1997.

2. Daniels, J., Training Distance Runners—A Primer, *Gatorade Sports Science Institute, Conditioning and Training*, Volume 1, Number 11, February 1989.

3. Bompa, T., Physiological Intensity Values Employed to Plan Endurance Training, *Track Technique*, 108, Summer 1989.

4. Noakes, T., *Lore of Running*, Leisure Press, Champaign, IL, 1991.

5. Costill, D. L., *Inside Running*, Basics of Sports Physiology, Benchmark Press, Inc., Carmel, IN, 1986.

6. Lamb, D. R., Basic Principles For Improving Sport Performance, *Gatorade Sports Science Institute*, Sports Science Exchange, Volume 8 (1995), Number 2, SSE #55.

7. Henry, F., Research on Sprint Running, *The Athletic Journal*, February 1952, 30.

8. Pfitzinger, P., The ABC's of VO$_2$max, *Running Times*, October 1997.

9. Watts, D., Wilson, H., and Horwill, F., *The Complete Middle Distance Runner*, Stanley Paul and Co. Ltd. / Century Hutchinson Ltd., London, England, 1986.

10. Nurmekivi, A., Training Methods in Middle Distance, *Modern Athlete and Coach*, Vol. 19, No. 4, October 1982.

11. Ryun, J., Developing a Miler, *Track and Field Quarterly Review*, Summer 93, Vol. 93, No 2.

12. Higdon, H., Run Fast, *How to Train for a 5K or 10K Race*, Rodale Press, Emmaus, PA, 1992.

13. Daniels, J., *Running Formula*, Human Kinetics, Champaign, IL, 1998.

14. Cooper, K.H., *Aerobics*, Bantom Books, New York, NY, 1968.

15. Sleamaker, R., and Browning, R., *Serious Training For Endurance Athletes*, Human Kinetics, Champaign, IL, 1996.

16. Glover, B., and Glover, S-I., *The Competitive Runner's Handbook*, Penguin Books, New York, NY, 1999.

17. Billat, V. L., et al, Interval training at VO$_2$max: effects on aerobic performance and overtraining markers, *Medicine & Science In Sports & Exercise*, Volume 31, No.1, pp 156-163, 1999.

18. Pfitzinger, P., *The Weight Debate*, Running Times, May 1996.

19. Kirkendall, D. T., and Garrett, W., E., The Effects of Aging and Training on Skeletal Muscle, *The American Journal of Sports Medicine*, Vol. 26, No. 4, 1998.

第 7 章 长跑运动员的通用训练理论

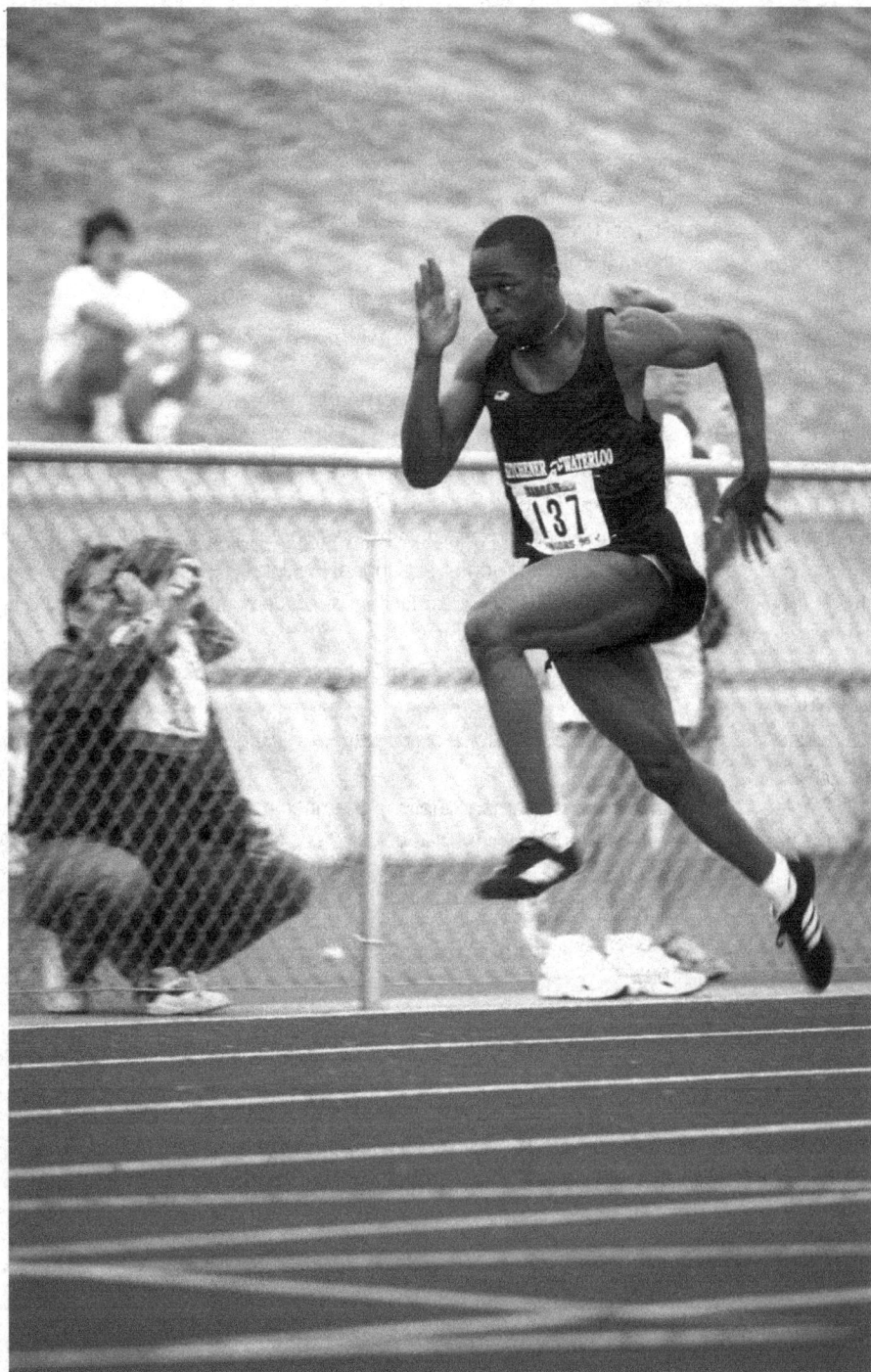

第**8**章

针对800米、1500米以及1英里项目的训练

概述

下面是帮助我打破多项室内室外世界纪录的800米、1500米以及1英里训练的重要方面。除了速度训练和速度耐力训练外，还强烈推荐在游泳池内的水中跑步、无氧阈训练以及偶尔在跑道上的最大摄氧量训练等。下面对这些训练做简要描述，更多细节请参阅第11章和第7章。另外，本章还介绍了埃尔·奎罗伊（EL Guerrouj）以及最近一些肯尼亚的世界冠军采用的间歇训练。

训练要保持平衡。 800米比赛几乎是50%无氧供能加50%有氧供能。1500米及1英里比赛基本是30%无氧供能和70%有氧供能。根据要参加的比赛项目，对这些能量系统进行的专项训练也最好按这个比例安排。但是，对于普通有经验的跑者来说，要达到这么高的无氧百分比，生理上不可能做到；对于普通跑者来说，会很难恢复，还容易出现损伤和倦怠。上述数字只是对训练重点的大致提示。而在实际的训练中，两个能量系统都不能忽视。如果在比赛前一两周忽视了哪一个能量系统，都会严重影响成绩。在强化（赛季内/冲顶）阶段，我的周跑量里10%~12%是快速无氧间歇训练，这对最有经验的中长跑选手来说，是一个良好的平均值。

有一个长期计划。 至关重要的是在强化阶段之前至少花10周时间打造良好基础，包括上坡训练以及一些速度训练，目的是为密集的间歇训练建立耐力。推荐在筑基阶段进行越野训练和公路赛。请记住，身体要用大约6周时间适应这些训练。在强化阶段要做大量比赛配速的训练。你应该能够相当准确地预测自己的每圈成绩。艰苦训练不要超过12周。恢复日与训练日同样重要，加入更多休息日或放松日，质量会更高，损伤会更少。跑快2%或3%可能要增加40%的训练，但是是值得的。一定要保持训练的乐趣。在重大比赛前1~2周减量。

发挥自己的优势。 训练重点应该放在发展成绩的决定因素上。这意味着速度更快的中长跑选手（400/800米类型）的跑量更少、强度更大；而耐力更强的选手（1500米/5000米类型），则要增加跑量、降低强度。这样会让跑者觉得训练不是那么难熬。请参阅第5章的"优势原则"。薄弱环节当然要尽可能加强，但在训练中，重点要放在优势项目上。

无氧乳酸训练。 这个训练每周进行1次或2次，以便发展速度、速度耐力、跑步经济性以及对乳酸的耐受力。这些重复的持续时间通常在30秒到2分钟之间，心率要达到最大心率的大约95%。对于发展速度来说，重复训练之间的休息要接近完全休息（例如，大约6分钟或更长），或者心率降低到低于每分钟100次。每堂训练课按这个速度跑1200~1400米就足够了。更多细节请参阅第7章。

根据杰克·丹尼尔斯[2]的研究，无氧乳酸训练课中重复的总量最多应该是当前周跑量的5%。杰克·丹尼尔斯的书讲述了从1500米到全程马拉松的全部训练，这些训练课的配速通常采用1英里比赛配速。对于800米专项选手来说，我认为5%的周跑量过高，因为800米专项选手做这些训练课的时候速度通常比比赛配速更快。例如，对于800米和1500米选手来说，若训练速度比比赛配速快大约10%，我建议将每次训练课的量控制在周跑量的2.5%以内。这种做法虽然保守，但有助于减少损伤。

无氧阈训练。 无氧限（也称为乳酸阈或通气阈）训练至少应该每周一次，它比最大摄氧量训练的强度小，所以可以在800米、1500米以及1英里的密集间歇训练之间的日子进行更安全、更轻松的无氧阈训练。1英里、2000米或2400米重复跑，每英里配速比1万米比赛配速低15秒，也可再慢或再快一点儿。请选择保守的配速。如果1万米比赛配速是每英里6分15秒，则按每英里6分30秒配速跑。重复之间的休息时间通常要使心率恢复到每分钟120次以下。也可以按以上配速跑15~25分钟。更多细节请参阅第7章。

根据杰克·丹尼尔斯的研究[4]，无氧阈训练课的重复总量不应该超过周跑量的10%。

提高最大摄氧量的训练。 提高最大摄氧量的训练有利于提高3 000米或5 000米比赛的成绩。要能在800米、1 500米或1英里中跑得快，运动员必须能够在3 000米或5 000米中跑得快[1]。这可以使运动员能够以更快配速和更好的跑步经济性跑得更远。对于更快的跑者（例如，400米或800米类型），重复通常更短（例如，400~800米），每周可安排一堂课。对于耐力更强的跑者（1 500米或5 000米类型）或精英跑者，重复要更长（例如，长达5~6分钟），可以在强化阶段的每周都做。在重大比赛之前的减量周，要取消这些课程。跑的时候通常采用5 000米或1万米比赛配速。这些课程压力很大，因为心率只比最高心率每分钟低10~15次，因此，重点是质量训练不要过量，否则恢复时间会超过1天或2天。请参阅第7章了解重复之间的休息时间以及其他细节。

根据杰克·丹尼尔斯的研究[4]，每堂最大摄氧量训练课的总量应该低于周跑量的8%。请参阅第5章的"平衡训练原则"中对于缺乏经验跑者和年长跑者的警告。

周期化。 在12周的周期里，不论是赛季前还是在赛季内，都要有3周循序渐进地加大强度，然后略微放松1周。然后再接着前面第2周或第3周的训练开始。这样每个月的强度都越来越大。很多文献都描述了这类周期化的做法。

水中跑。 在游泳池（河或湖）的深水区跑步可以实现恢复、提高灵活性、提高耐力和整体体能。请穿一件浮力背心或浮力带以保持漂浮，尽可能自然地跑，不要采用"自行车"（一上一下）式动作，保持身体正直，不要一起一伏，双手应该伸直。每周一次，推荐安排一堂艰苦的间歇训练课来增强速度耐力，用体感相同的用力水平复制陆地训练，每次"重复"的时间长度相同，但休息间歇要短得多。在比赛前4天不要在游泳池中苦练，否则双腿在比赛的时候会疲劳。我多次犯过这个错误。另外，每周至少在游泳池的浅水区做2次短跑练习，时长10~12分钟。详细信息请参阅第11章。

其他。 跑步的成功在很大程度上还取决于体脂（我的体脂率为5%~6%）。为了对抗老化，可以每周做2次负重训练，每天进行拉伸，频繁地进行快速伸缩复合动作练习可以防止快缩神经元随着年老而萎缩（请参阅第5章的"神经训练原则"）。

第8章　针对800米、1 500米以及1英里项目的训练

典型的每周训练计划

下面两个计划针对的是强化/速度训练阶段（室内季或室外季），即在打下良好基础之后。

计划1——更有竞争力的跑者

这个计划针对的是60岁以下的具备高水平竞争力的运动员，即在专项比赛中年龄组成绩超过85%[3]的国家级和世界级运动员。

注意：每周只推荐2天在跑道上跑步，其他训练日最好在草地或土路上。

周日

长距离保守配速跑（周跑量的20%~25%），偶尔可以参加不太重要的3000米或5000米比赛。如果周日比赛，则去掉周六的计时测验。

周一

水中跑步，在土路或草地上进行100米或150米的步幅重复。

周二

短距离快速无氧间歇（例如，150米、200米、250米、300米、400米或500米重复）。经过1个月或更长时间，提高到95%MHR。

周三

无氧阈训练。

周四

对于800米或1500米类型的跑者，进行更长距离（相比周二）的快速间歇训练（70%~85%MHR），或者在另一周进行最大摄氧量训练（85%~95%MHR）。

对于400米或800米类型的跑者，进行短跑训练，即以95%的速度进行短距离重复跑，总距离只要大约600米。

周五

休息日或轻量级交叉训练。

周六（前6周）

对于800米或1500米类型的跑者，进行短跑训练：以95%的速度进行短距离重复跑，总距离低于600米。对于400米或800米类型的跑者，进行快速短距离无氧歇跑。如果两种类型兼顾，则只休息1小时，可以喝杯咖啡。找个公园，在木栈道上进行下坡跑重复，或者在草地上进行长距离跑（以上每个训练的量都是正常完整训练的2/3~3/4）。

周六（后6周，不包含减量周）

每周以比赛配速跑1个计时测验。对于400米或800米类型的跑者，以800米比赛配速做以下一项测试：600米跑，或在后续几周跑600米，徒步200米，再跑200米。对于800米或1500米类型的跑者，以1英里比赛配速做以下一项测试：800米，休息，800米或1000米，休息，600米或1200米，休息，400米。休息2分钟或休息到心率降到最大心率的60%以下。

也可偶尔用不太重要的400米、800米、1500米或1英里比赛代替计时测验。这个建议对800米和1500米跑者都适用。

对于经验更丰富的跑者，如果可能，多数日子里做2次训练。这种做法对于刚退休的人员更适用，因为他们的训练时间更充分，中午还有时间午睡，也推荐午睡休息。晨练通常是恢复训练。每天2次的训练中，有一项通常是交叉训练（在游泳池中跑步、游泳、划艇或者快步走）或者负重训练加拉伸课程。如果这些都太艰苦，请看下面的计划。

计划2——竞争力不强的跑者

这个计划适用于年龄超过60岁或65岁的竞技跑者，总竞争力不太强的年轻跑者，或者专项比赛的年龄组成绩[3]低于75%的运动员。这个计划也适用于需要更多休息、需要减压的一周来获得良好结果的竞技跑者。对许多运动员来说，计划1太累人，可能会频繁地造成损伤。

我已经注意到，统计数字表明，65岁以后，从100米到全程马拉松的跑步成绩会急剧下降。例如，从"大师年龄组表"[3]将男子比赛标准沿着年龄画线就能看出这点。这些表格背后的数据相当全面，包括各个年龄的男子和女子世界纪录，小到10岁以下，大到100岁。例如，对于800米项目，成绩下降从65岁之前的0.88%变成65岁之后的1.5%。短跑运动员的衰减更慢，马拉松运动员的衰减比中长跑运动员更快。如果一个人格外强健，那么会在65岁之后发生剧烈衰退；而不太强健的人，这个衰退可能在65岁之前发生。70岁之后，我已经注意到了成绩的这种加速下滑。来自新西兰的伟大的德里克·特恩布尔告诉我，他在70岁之后注意到了相同的情况。我还在自己和有实力的跑友身上注意到60岁之后受伤更加频繁。这种情况部分源于我们试图像年轻时一样做相同的训练。1999年在经历了5次受伤和众多的理疗之后，我认识到自己在70岁以后的训练量太大了。到了这个年龄，损伤需要更长时间才会愈合。因此，60岁或65岁以后至关重要的是安排更少的高强度训练日、更多的休息和交叉训练。但要尽可能多地保持质量。

第8章　针对800米、1500米以及1英里项目的训练下面的计划主要针对800米或1500米类型的跑者，提供一个额外的放松日，每天只做1个训练。

周日

以保守配速进行长距离跑（周跑量的20%~25%），也可偶尔进行不太重要的3000米或5000米比赛。

周一

水中跑步，在土路或草地上进行100米或150米的跨步重复。

周二

快速、短距离的无氧间歇跑。

周三

轻量级交叉训练，或用轻松配速进行中长距离跑。

周四

无氧阈训练。

周五

更长距离的快速间歇跑，或者每2周进行一次最大摄氧量训练或一次计时测验。

周日

休息日。

800米训练

理想情况下，每周跑量至少应该是56千米，跑量中包含热身、冷身以及交叉训练对应的里程。

800米跑的速度主要取决于400米最佳速度。正常情况下，800米时间等于400米最好成绩乘2再加上10~18秒，所以，进行400米训练也很重要。良好的速度储备让运动员能够更加轻松，消耗更少能量，并以指定速度跑得更远。请参阅第6章"短跑运动员的赛季安排"中的400米训练。800米的前400米与400米最佳成绩之间的差异称为"保护时间"。我的保护时间大约是6秒，1995年在布法罗的世锦赛上，我顶着强风打破了65~69年龄组的世界纪录。速度差、耐力强的跑者必须减少保护时间，减少前后2圈之间的差距，才能有竞争力。这表明了运动员400米最好成绩的重要性。

你还应该能够很好地跑完3000米和5000米比赛，所以需要进行一些最大摄氧量训练。努尔梅基梅（Nurmekivi）[1]证明，800米跑得快的选手与800米跑得慢的选手相比，前者在100米、400米和3 000米比赛也比后者跑得更快，而且这些比赛的成绩相当惊人。不出所料，800米比赛成绩与400米成绩关系最紧密，1 500米比赛成绩与3 000米比赛成绩关系最紧密。

典型的800米无氧训练

注意： 除非特别指定，下面训练中所说的比赛配速是指800米比赛配速，这些训练每个都是完整训练，但每个训练之后都可以加上一个150米慢跑重复，用来进行放松、纠正姿态和排除乳酸。

在打下良好基础之后，要在强化阶段逐步加强。在强化阶段开始的时候，每次重复应该比目标比赛配速慢得多，配合更多休息，或者减少组数。在开始的几周，侧重的是质量而不是强度。随着身体逐渐适应，训练配速越来越快，同时每堂课的总量在减少。重要的是在主要比赛之前按照接近目标比赛配速训练大约6周。理想情况下，训练时应该比目标比赛配速还略快一些。例如，如果目标比赛配速是800米用时2分12秒，则每200米用时33秒，那么训练时每200米就要跑出31秒。

在训练的时候，不必指定重复之间的休息时间，除非要求完整休息，否则最好在心率降到110~130b.p.m.之间（或者低于最大心率的60%）时再次开始。用心率作为标准更合适，因为每个人的情况都是不同的，有些人可能无法接受下面列出的那么短的休息时间。

- 3组（以比赛配速跑4次200米，重复之间休息45秒），每组之间间隔4~5分钟。
- 4组（以比赛配速用时加2~3秒的时间跑200米，休息30秒，以比赛配速或更快速度跑100米，休息大约2分钟，重复200米和100米），组间间隔5分钟。
- 3组（以比赛配速用时加2~4秒的时间跑250米，休息45秒，快跑150米，休息大约2.5分钟，重复），组间间隔6分钟。
- 3组（以比赛配速跑200米，休息1分钟，200米，以比赛配速，休息1分钟，以比赛配速跑200米或300米），组间间隔6分钟，或者休息到心率低到每分钟110~120次。
- 3组（以比赛配速跑3次300米，重复间休息75~90秒），组间间隔8分钟，这是项艰苦的训练。
- 2组或3组（跑4次200米，开始时以比赛配速加2~3秒，每个200米比前一个快一些，休息时间更短，最后以比赛配速或更快跑完，在每个重复之间分别休息90秒、60秒、30秒），组间间隔6分钟。

- 2次或3次500米，逐渐加快速度，开始时慢，结束时快，总用时等于比赛配速加0~3秒。每个重复之间休息大约8分钟。
- 以比赛配速匀速地跑2个500米。重复间完整休息。
- 以400米比赛配速跑4次或5次250米，重复间休息到心率降到100b.p.m.以下。
- 用90%~95%的力量在陡坡上进行3次或4次200米的上坡跑，慢跑下坡，休息到心率降到100b.p.m.以下。
- 3组（以800米比赛配速跑200米，休息60秒，以400米比赛配速跑150米，休息30~45秒，以比400米比赛配速快的速度跑100米）。组间休息6~8分钟。
- 3个计时测试：除非另有规定，以平稳的800米比赛配速跑以下3个测试之一。跑之前一定要做良好的热身。

  600米。

  600米，跑跑走走200米，跑200米。

  500米，步行200米，跑200米，步行100米，以比比赛配速快的速度跑100米。
- 在比赛前大约5天，以400米和800米比赛配速间的速度跑2次或3次400米，休息到心率降到100b.p.m.以下。
- 在重要比赛前3天，以400米比赛配速跑5次或6次150米。休息到心率降到100b.p.m.以下。
- 3组（500米，步行1分钟，跑300米）。组间休息6分钟。500米的速度是比赛配速加5秒。300米的速度是比赛配速加3秒。
- 4次500米或3次600米（直道以400米比赛配速跑，弯道大步跑或慢跑）。组间休息方式：步行100米+休息1分钟。这个训练针对的是200米室内赛道。
- 4次200米，休息4分钟，3次200米，休息4分钟，2次200米。每个200米的前100米慢，后100米快。每个200米的配速是比赛配速减去1~1.5秒。

有朝一日，当你能够非常轻松地以800米比赛配速跑4次或5次200米间歇，中间只休息30~40秒，就快达到巅峰了。1500米训练会提高耐力。所以要做下面的一些1500米或1英里训练，并偶尔参加一些1500米或1英里比赛。

800米项目的典型有氧能力（VO_2max）间歇训练

在800米比赛过程中，运动员会达到大约140%的最大摄氧量和100%MHR（之所以有40%这额外的VO_2max，是无氧的贡献）。因此，在训练速度阶段做几次最大摄氧量训练有好处，但通常不会安排在与计时测验或不太重要比赛的同一周进行。下面的计划是典型计划：以5 000米比赛配速跑3~5次1 000米，恢复时间等于跑步时间。

1 500米或1英里训练

理想情况下，每周跑量至少应该达到64~72千米，其中包括热身、冷身以及水中的持续跑步或骑行。我通常认为在游泳池中跑7分钟相当于在陆地上跑1英里，骑行10分钟相当于陆地上的1英里有氧跑。

1 500米的速度很大程度上取决于800米速度。正常情况下，1 500米成绩等于800米最好成绩乘以2，再加上2~20秒。2秒适用于状态极佳的奥运选手（或精英运动员）以及无氧能力和有氧能力都非常出众的运动员。根据研究[1]，最快的1 500米跑者400米和3 000米比赛成绩比较慢的1 500米跑者更好，所以也要重视这些距离的训练。

可以用相当快的步行、骑行、游泳、划艇或水中慢跑对训练进行补充，这些都有助于加强有氧调整能力。

1 500米或1英里的典型无氧训练

注意：除非另有说明，否则下面训练中的比赛配速是指当前或目标1 500米或1英里比赛配速。例如，跑400米重复，以1英里比赛配速加3秒，5分钟的1英里比赛配速意味着每次重复用时78秒。下面的训练每个都是完整训练。在12周强化阶段中，也使用了上面"800米训练"中介绍的许多800米的训练方法。

在打下良好基础之后，要在强化阶段逐步加强。在强化阶段开始的时候，每次重复应该比目标比赛配速慢得多，如果需要，加上更多休息，或者减少组数。在开始的几周，侧重的是质量而不是强度。在许多周的训练中，坚持缩短重复间的休息时间，增加跑步距离，还要随着身体逐渐适应逐渐提高重复的速度，训练配速越来越快，同时每堂课的总量在减少。但总量保持比800米者多。重要的是在主要比赛之前按照接近目标比赛配速跑大约6周。

当跑200米的速度比1 500米比赛配速快的时候，就可以用1 500米比赛配速跑300米。当跑300米的速度比比赛配速快的时候，就可以用比赛配速跑400米，再用比赛配速跑600米，直到可以以比赛配速跑800米。经过12周的强化阶段，身体会调整适应这些越来越长的持续跑。强烈建议中间参加几个不太重要的比赛，这有助于达到巅峰。没有什么比真正的比赛经验对提高比赛成绩更有帮助。

在训练的时候，不要计算重复之间的时间，除非要求完全休息，否则要等到心率降到每分钟110~130次之间（或低于最高心率60%）再重新开始。对某些人来说，这样做可能更合适，因为每个人的情况都是不同的，有些人可能无法接受下面列出的那么短的休息时间。

- 6~8个四分之一英里重复，比目标1英里比赛配速慢一些（大约5秒），休息时间少于2分钟（这是速度训练季开始时的一个好训练。随着身体条件改善，每次重复要更快，休息要更少）。
- 4组（3次或4次200米，以比赛配速用时加1~2秒的时间跑，重复间休息45秒）。组间休息5分钟。
- 4组（以比赛配速用时加2秒或3秒的时间跑300米，休息45秒，跑100米，以比赛配速或更快，休息2.5分钟，重复）。组间休息到心率降到每分钟120次以下。
- 3组（以800米比赛配速用时加大约4秒的时间跑500米，休息2分钟，以800米比赛配速或略快一些的速度跑300米）。组间休息6分钟。
- 75~100米陡坡上坡跑，用大约85%的力，在坡顶恢复跑100米，缓慢步行回到起点。逐渐加量，经过几周后达到8~10个重复。
- 以1英里比赛配速跑1 000米，步行100米，以800米比赛配速跑200米，步行100米，以400米比赛配速跑100米。

在大约6周的时间内，应该按以下顺序进行以下训练。

①3组（以比赛配速跑4次200米，重复间45~60秒步行休息），组间休息5分钟。

②3组（以比赛配速跑3次300米，重复间75~90秒步行休息），组间休息5~7分钟。

③2组或3组（以比赛配速跑3次400米，重复间90秒到2分钟步行/慢跑休息），组间休息大约4分钟。

④2组或3组（以比赛配速跑2次600米，重复间2分钟步行/慢跑休息），组间休息大约6分钟。

⑤3个计时测试：除非另有说明，否则以均匀的1英里比赛配速跑以下3个测试中的1个。休息到心率降至最高心率的60%以下，或者步行200米。确保测试前热身良好。

- 800米，休息，800米。
- 1 000米，休息，如果可能，用比1英里配速略快的速度跑600米。

- 1 200米，休息，用比1英里配速略快的速度跑400米。

⑥ 4次400米，重复间休息90秒到2分钟。其中2次300米，重复间休息45秒，跑100米，休息2分钟，2次250米，重复间休息45秒，跑150米。更长的重复以1英里比赛配速跑，更短的重复略快一些。这个训练提供了一些变化，因此可以放松心理。正常情况下练习时的300米加100米总时间及250米加150米的总时间应该比400米持续跑的时间少。

⑦ 3次1 100米。第一个800米轻松跑（有氧），接着300米快速跑（无氧）。重复间休息3~4分钟。这个训练用来发展冲刺能力。经验不足的跑者可以做2~3次1 000米，中间800米轻松跑加200米快速跑。

⑧ 比赛前大约5天，以800米比赛配速跑2次或3次400米。休息到心率降至每分钟120以下。

⑨ 重要比赛前3天，以400米比赛配速跑5次或6次150米。休息到心率降至100b.p.m.以下。侧重于姿态和放松。

如果计划中还有时间，可以在重复的最后100米提速，以增强蹬地能力。上述800米训练偶尔应该用2场或更多800米比赛来代替。

计时测试

在前文针对更有竞争力跑者的计划1中，推荐在速度训练阶段的最后7周进行计时测试或参加不太重要的比赛。2004年1月、2004年2月和2004年3月，在准备打破75~79岁年龄组室内1英里世界纪录的时候，我跑了5个中距离比赛（2个1 000米、2个1 500米和1个600米）以及7个比赛配速计时测试（例如，跑1 200米，休息2分钟，再跑40米，在3周内跑完）。这总计就是11个与比赛相似的训练课。实际上，这个数量太多了，因为我在1月初的1 500米成绩（当时只有有氧基础训练）比3月的成绩快4秒。我相信我大约提前1个月达到了峰巅，因为从那以后，我的双腿在训练中就开始过度疲劳。人有的时候会过于激进。

著名长跑教练亚瑟·利迪亚德推荐在1 500米训练的速度训练阶段的最后6周总共进行5个计时测试（600米到1 200米，单独长跑）。他也建议在800米训练的速度训练阶段的最后6周总共进行5个计时测试（600米到1 500米，单独长跑）。在相同的计时测验训练中，利迪亚德的计划包含一条200米计时路线。这样的频率以及计时测试的总数，表明利迪亚德将它们视为有价值的训练。我同意他的意见。但经验不足的跑者要注意，计时测试的数量不要过多。

1英里的典型有氧能力（VO₂max）间歇训练

在1英里比赛中，运动员会达到大约110%的最大摄氧量和接近100%MHR。因此，在速度训练阶段做几次VO_2max训练是有益的，但通常不与计时测验或不重要的比赛安排在同一周。下面的有氧能力间歇训练能够提高力量耐力。力量耐力也会提高速度。

以5000米比赛配速跑3~6次1000米重复。恢复时间等于或少于1000米跑的时间。随着能力提高，将重复距离增加到1200米。关于休息时间的细节，请参阅第7章（不推荐采用3000米比赛配速，因为它刚刚低于最大心率，压力太大，容易变成无氧跑，因为多数跑者都无法准确地知道当前配速）。

埃尔·奎罗伊创造1500米世界纪录的训练

埃尔·奎罗伊于1997年8月创造了3分28.91秒的1500米世界纪录。这是非常科学的高级摩洛哥训练项目的成果。根据马可·维莱迪兹（Marco Velediaz）提供的信息，可以将他在1997年接受的训练项目简要归纳如下。

准备期从1996年10月中旬开始，持续到1997年5月中旬。在21天的典型训练期内，他一天两次的训练课程由以下42堂训练课构成：23个有氧耐力训练课（45分钟持续快速"最大速度"跑，或60分钟恢复跑，或6×1000米重复，或4×2000米重复，重复间休息2分钟恢复），7个力量训练课（典型的是4×16重复），2个身体准备训练课（拉伸和体操等），3个爆发力训练课（例如，10×300米上坡重复）和7个休息课。

2月，他打破了1500米及1英里的室内世界纪录。令人惊讶的是，当时还处于他备战阶段的早期。在5月中旬，他启动了自己的"小竞赛"阶段。一个典型的21天周期，由以下42个课程组成：18个有氧耐力训练课（30分钟最大速度跑，或40分钟恢复跑，没有1000米和2000米重复），0个力量训练课，11个热身训练课，4个速度训练课（例如，冲刺跑10×300米，每组35秒，或6×500米），4个比赛配速训练课（10×400米，53秒配速，加30秒休息），5个休息课（在这个竞赛阶段值得一提的是省略了负重训练）。

需要指出的是，训练量不是非常大，但质量非常高，而且这一年没有太多场地训练。

肯尼亚选手的训练方法

下面是肯尼亚的世界冠军们使用的一些典型训练方法，摘自托比·坦泽（Toby Tanser）[5]的精彩著作，并得到了出版商Tafnews Press的许可。我还列出了他们不同距离的个人最佳成绩的比赛配速。对于有经验的竞技选手，使用自己的比赛配速应该可以让这些训练更适合自己。但这些训练都很艰苦，所以可以适当地减少重复次数，或者延长休息时间，尤其是对年长的跑者。有些超过3 000米的更长距离的或者超过600米的重复在这里被放在1 500米比赛类别里，但这些训练偶尔也可用于800米训练。

800米项目典型的肯尼亚训练

比赛配速是指800米比赛配速。恢复通常采用慢跑休息。

科克（B. Koeck）

800米个人最好成绩（PB）为1:43:17（世界青年锦标赛1992），1 500米PB为3:32:9。

初夏

- 以比赛配速加3~5秒的时间跑2×400米，重复间休息1分钟，组间休息5分钟。
- 以比赛配速跑2×200米，重复间休息30秒，组间休息5分钟。
- 以比赛配速减1~2秒的时间跑2×100米，重复间休息5秒。
  总计1 400米。

7~8月

- 以比赛配速减2~3秒的时间加速跑3×400米；2×150米。
- 以比赛配速减0~2秒的时间跑4×300米；2×150米全速跑。
- 以比赛配速减0~3秒的时间跑2×600米；以比赛配速大步跑200米。

塔努伊（W. Tanui）

800米PB为1:43:30（1992年奥运会第1名），1 500米PB为3:31:20。

赛季开始时

- 以比赛配速加2~5秒的时间跑12×300米，3分钟恢复。
- 以比赛配速减0~2秒的时间跑12×200米，3分钟恢复。

基努泰（J. Kimutai）

800米PB为1:45:63（1994年世界青年锦标赛，第2名），1 500米PB为3:45。请注意，训练总量通常是2 400米。

第8章　针对800米、1 500米以及1英里项目的训练

春季

- 以比赛配速减5秒的时间跑8×300米，休息2分钟。
- 以比赛配速加16秒的时间跑3×600米，2分钟休息；以比赛配速减1.5秒的时间跑3×200米，1分钟休息。
- 以比赛配速加4秒的时间跑5×400米；以比赛配速跑2×200米，全部是1分钟休息。
- 以比赛配速减1.5秒的时间跑10×200米；以比赛配速加5秒的时间跑2×400米，2分钟休息。

典型的肯尼亚1500米训练

比赛配速是指1500米比赛配速。休息通常采用慢跑方式。

切鲁伊约特（K. Cheruiyot）

800米PB1:46:48，1500米PB为3:33:07（1983年世界青年锦标赛）。他认为对于1500米选手，3000米的质量间歇训练足够了。

夏季场地赛季

- 3×800米，5分钟慢跑休息。
- 1500米比赛前2天以比赛配速跑600米，慢跑6~8千米休息。
- 1500米比赛前1天，彻底休息。

科克（B. Koeck）

800米PB为1:43:17（1995年世界青年锦标赛），1500米PB为3:32:9。

初夏

- 以比赛配速加0~2秒的时间跑5×400米，1分钟休息；以比赛配速减0~3秒的时间跑5×300米，1分钟休息。

基普罗蒂奇（N. Kiprotich）

800米PB为1:43:31（1992奥运会第2名），1500米PB为3:38:76。

- 以比赛配速减7秒的时间跑6×300米，组间休息1分钟；10分钟休息；以比赛配速减5~6秒的时间跑10×200米，1分钟休息。

培努伊（W. Tanui）

800米PB为1:43:30（1992奥运会第1名），1500米PB为3:31:20。

场地赛季开始的时候

- 以比赛配速加2.5~5.5秒的时间跑3×800米，3分钟恢复；加400米全速跑。
- 以比赛配速跑5×600米，3分钟恢复。

参考资料

1. Nurmekivi A., *Training Methods in Middle Distance Running*, edited by Jess Carver.
2. Daniels, J., Training Distance Runners-A Primer, *Gatorade Sports Science Institute*, Conditioning and Training, Volume 1, Number 11, February, 1989.
3. World Association of Veteran Athletes, "Age Graded Tables," *National Masters News*, Van Nuys, CA, 1994.
4. Daniels, J., *Daniels' Running Formula*, Human Kinetics Champaign, IL, 1998.
5. Tanser, T., Train Hard, Win Easy-The Kenyan Way, *Track and Field News*, Tafnews Press, Mountain View, CA, 1997.

第8章 针对800米、1500米以及1英里项目的训练

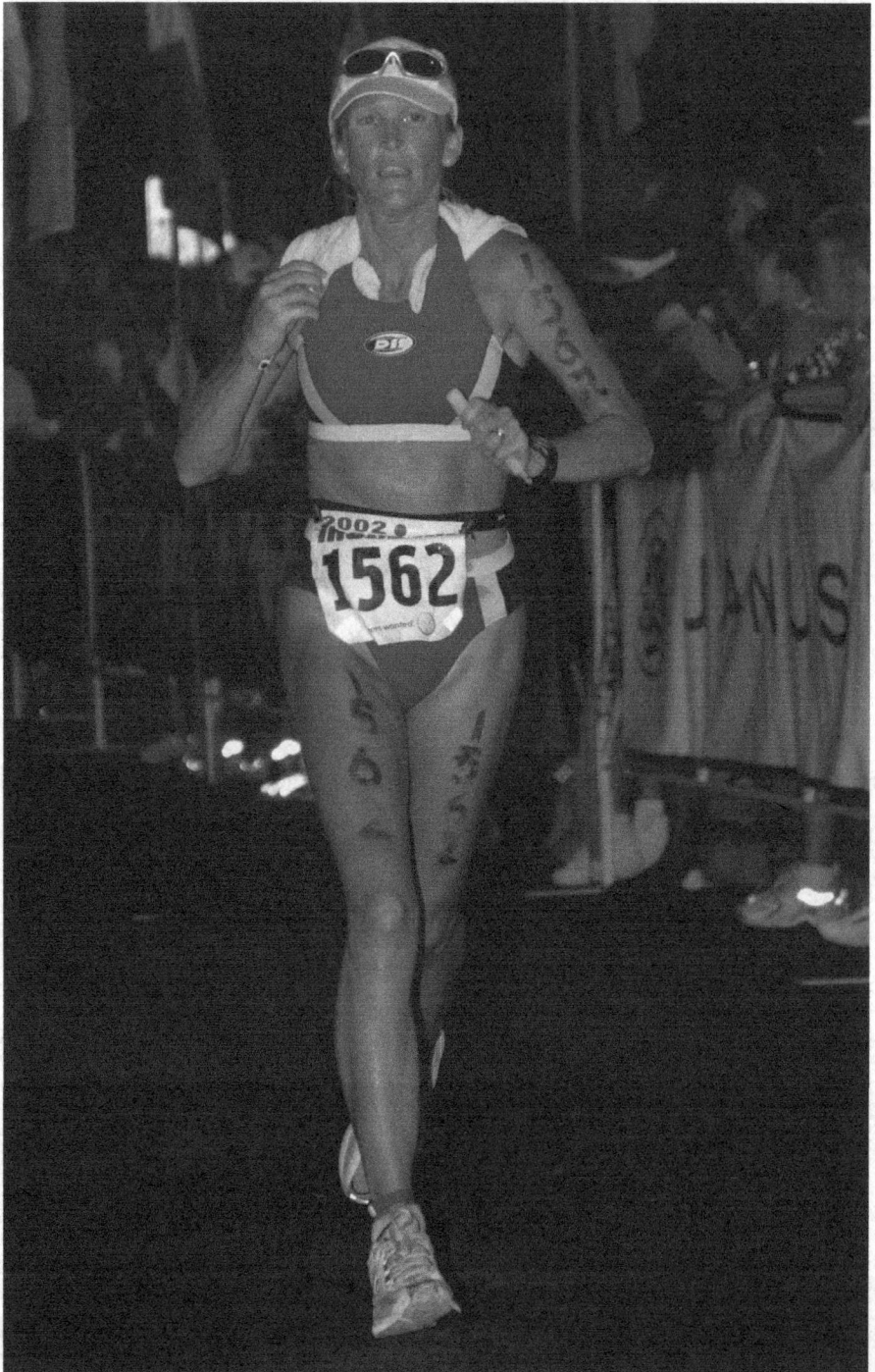

5 000米、1万米和马拉松项目的训练

准备时间

针对一个具体的比赛进行训练，要有充足的准备时间，否则就放弃这个目标。合适的计划要同时具备短期目标（周）、中期目标（月）和长期目标（年），还应该包括测试（比赛和计时测试）来衡量自己目前的状态和水平。应该有足够的筑基的时间以打下良好的基础（主要是有氧跑），即至少8周，最好是3个月，其中要包含大量的上坡跑，尤其是在最后几周。但是，马拉松要求更慢的积累。在这个阶段结束后，每周跑量应该能够达到接下来的速度训练阶段每周目标跑量的90%[2]。一般来说，要用12周进行速度训练（强化），包括减量——太久的话，会错过巅峰期。马拉松可能需要多几周来强化。

强化阶段包括高质量的高强度训练、计时测试/不太重要的比赛以及长距离跑，以达到巅峰成绩和巅峰速度。当然，这也要求有良好的恢复。减量包括在马拉松赛前最后4周及短距离比赛前2周降低质量训练课的数量（请参阅第10章的表10.4和表10.5）。

训练配速

一般来说，根据最近参加更短距离比赛的用时，可以预测出参加更长距离比赛可能达到的成绩。有一些图表列出了预计用时[6, 10]。但是，需要认识到，这些时间是根据统计数字和最大摄氧量做的乐观估算，只有针对长距离或短距离比赛进行有针对性的训练，才能准确估计出成绩。例如，这些数字并不代表5 000米跑者不用进行几个月的标准马拉松训练，就能用预测的时间跑完马拉松。可通过请教其他跑者，或根据自己的能力水平做出判断。

要根据5 000米成绩预测1万米成绩，可以将5 000米成绩乘以2并加上大约1.6分钟。要用1万米成绩预测全程马拉松成绩，可以将1万米成绩乘以4.6。要用半程马拉松成绩预测全程马拉松成绩，可以将半马成绩乘以2再加上9分钟。上述数字根据丹尼尔斯[10]的表3.1推导而来。而且，根据诺克斯[6]的最大摄氧量vs比赛成绩图表，我在无氧阈（AT）跑步配速的普通跑者身上发现了以下关系：

- 马拉松配速比AT 配速大约慢5%；
- 1万米比赛配速比AT 配速大约快4%；
- 5 000米比赛配速比1万米比赛配速大约快4%。

跑量目标

每周跑量。从新手到高手的每周推荐跑量见表9.1。这个表以目标比赛配速或实际的比赛配速、最大摄氧量为基础。多数人不知道自己的最大摄氧量，但可以用我的这个公式"$VO_2max=1 000 \div$ 当前5 000米比赛的时间（单位：分）"获得。表中没有列出精英跑者的跑量，因为他们非常清楚什么样的训练最适合自己的身体。实际上，每个人都应该找到最适合自己的周跑量，在取得最佳收获的同时，尽可能地避免损伤。表9.1可以帮助你将训练量放在正确的范围内。

表9.1建议的每周跑量应该通过1个月以上的持续训练逐渐达到。每周增加的跑量不要超过10%，以避免受伤。每隔3周或4周减少跑量也是个好方法。

长距离跑的跑量。为了取得理想成绩，长距离跑的跑量和次数要适宜。一般来说，除了准备马拉松比赛，长距离跑的跑量应该是周跑量的1/4~1/3。对于中级马拉松运动员和高级马拉松运动员来说，最好通过4周左右的时间提高到32~35千米。类似地，马拉松新手应该逐渐提高到29~32千米。将长距离跑控制在32千米内有助于减少损伤。对于马拉松新手以及一些中级的马拉松运动员来说，32千米对脚的压力还是太大；长距离跑应该控制在3.5小时以内，以减少腿部的冲击（参阅表9.2）。类似地，对于500米和1万米跑新人来说，也应该将长距离跑的时间控制在1小时45分以内。

表9.1	周跑量指南		
	新手	中级	高级
最大摄氧量/[毫升/(千克·分)]	30	38	53
马拉松比赛配速	4:50*	4:00	3:00
1万米比赛成绩/分	60~64	46~52	36~39
5 000米比赛成绩/分	29~31	23~25	9~18
5 000米跑者周跑量/英里	15~20	30	40
1万米跑者周跑量/英里	20~25	35	50
半程马拉松运动员周跑量/英里	25~30	40	55
马拉松运动员周跑量/英里	30~40	45~50	60~65*

*4:50代表以4小时50分完成马拉松比赛的配速。

*注意：对于大多数高级马拉松运动员来说，每周65英里（约105千米）的跑量是一个合适的上限。如果跑量超过65英里，成绩提高很少，且受伤的概率会加大。

长距离跑训练时应该跑多快

长距离训练有一个通用经验，即应该能够一边跑一边进行正常对话。对于普通训练配速，亨德森[4]建议：

- 比马拉松比赛配速每英里慢1分钟；
- 比1万米比赛配速每英里慢1.5分钟；
- 比最快的1英里配速（对多数人来说可能太快了）慢2分钟。

正常对话配速和更轻松的恢复日配速每英里分别比当前的1万米比赛配速大约慢1.5分钟和2分钟。长距离跑采用的配速应该在跑完的时候感觉到疲劳，但没有筋疲力尽，而且没有降速。一般来说，有了经验以后，每个人都会找到适合自己的正确配速。

有意思的是，比尔·罗杰斯（Bill Rodgers）训练时经常比他的马拉松比赛配速慢2分钟[5]。

第9章 5 000米、1万米和马拉松项目的训练

高强度训练做多少合适

这里说的高强度训练包括最大摄氧量间歇训练、无氧阈跑、马拉松配速跑以及无氧乳酸（接近100%最高心率）间歇训练。关于这些训练的细节，请参阅第7章。推荐5 000米和1万米运动员采用以下高强度课：新手每隔1周1次，中级跑者每周1次或2次，高级/中级跑者每周2次，精英跑者每周3次。一般来说，新手在1年的有氧训练之前不应该做间歇类型的训练。请参阅第10章为中级中长跑选手安排的实用训练周计划。一般来说，对于中级跑者来说，"质量"课（无氧阈、最大摄氧量以及无氧乳酸/速度训练）总量要占到每周跑量的大约20%。

应该做哪种高强度训练或质量训练

质量课必须有重点或侧重点，而侧重点又与每个人的比赛专项相关。简单来讲，无氧训练和有氧训练的比例理想情况下应该与比赛中使用的无氧能量和有氧能量的百分比一致。但要达到这个目标，有一些现实的限制（请参阅第5章中的"平衡训练原则"）。

下面列出了长距离比赛的训练重点和一些典型训练。这些训练应该每周最多只做1次。而且在这些训练前后2天要安排放松日。请注意，RT代表跑步时间。

5 000米高强度训练

按照优先级的顺序，应该将重点放在最大摄氧量、无氧阈及无氧乳酸间歇训练上。

- 以当前5 000米比赛配速进行1 000米、1 200米、1 400米、1 600米重复跑或台阶跑。1 000米和1 200米休息（慢跑或快走）时间与跑步时间相同，1英里休息4~5分钟；请参阅表7.2。根据经验，跑量通常为3 000~6 000米。对于中级以上跑者，推荐更长的距离。

- 我个人发现，1英里匀速重复3次，比5 000米比赛配速略快一些，与5 000米相比，它是非常棒的训练。也可以做更容易的训练，如做5×1 000米或4×1 200米，会比5 000米或1英里配速每英里慢大约10秒。休息时间等于跑步时间。更高级的跑者可以减少每个重复之后的休息时间。

- 享德森[4]建议，当重点在速度上的时候，只需要比当前1英里比赛配速略快一些做4×400米训练即可。

- 以当前的3 000米比赛配速做2组1英里跑，中间休息4~4.5分钟。

- 良好的热身之后以5 000米目标比赛配速持续跑2 500米，这可以代表当前的体能水平。

像训练一样比赛。下面的安排基于对不同运动员训练和比赛的观察。例如，如果在训练时能够以每千米3分10秒左右的速度重复5组1 000米跑，中间休息3分钟，那么就能在17分钟内完成5 000米比赛。或者，如果能够以每千米5分50秒的速度重复3组1英里跑，中间休息3~4分钟，就应该能够用18分15秒完成5 000米比赛。

1万米高强度训练

该训练的重点应该与5 000米训练类似，但更侧重有氧阈训练，少侧重无氧间歇训练。

- 以当前1万米比赛配速做1 200米、1 400米、1 600米、2 000米重复跑或台阶跑。1 200米休息（慢跑或中速步行）4分钟，2 000米休息6分钟。根据经验，跑量通常为5 000~10 000米。对于中级以上跑者，推荐更长的距离。建议每个重复低于6分钟。普菲青格（《跑者世界》，1997年10月）和丹尼尔斯建议的最长重复时间分别是6分钟和5分钟。

- 以1万米比赛配速台阶跑：1 200米、1 600米、2 000米、1 600米、1 200米，合计为7 600米。重复间的休息时间：1 200米、1 600米和2 000米分别是1RT、0.8RT和0.6RT。随着体能提高，将配速提高到5 000米比赛配速。

- 一次5千米比赛是最佳训练之一（代替一个最大摄氧量训练）。或者以5 000米比赛配速做两组2 500米，组间休息时间等于跑步时间的0.5~0.6倍。

- 欧文·安德森（Owen Anderson）[9]向1万米运动员推荐了一个质量长跑，包含"中等强度跑8~9英里，然后以1万米配速跑2英里，然后2英里休息。"（长距离跑中的中等强度不应该太艰苦，否则恢复会干扰后续的训练。）

- 2×3英里跑，速度在5 000米和1万米比赛配速之间，重复间休息10分钟。该训练也适用于5 000米跑者。

- 3~5英里跑，速度在5 000米和1万米比赛配速之间。在速度训练阶段开始的时候，只跑3英里。随着体能提高，逐步加量到5英里。这个训练很艰苦，但有些人愿意做这个练习而不愿意做1英里间歇跑，因为这个训练与比赛情况更接近。该训练也适用于5 000米跑者。

半程马拉松高强度训练

按照优先级顺序，应该将重点放在无氧阈、最大摄氧量以及无氧乳酸间歇训练上。

- 间歇训练（例如，5~6次1英里跑），或者以无氧阈配速持续跑8 000~10 000米，即每英里比1万米比赛配速慢10~20秒。这个训练针对的是每周跑量100千米的跑者。
- 进行长距离跑时，可以按轻松或中等强度的速度跑几英里，中间几英里可以按半程马拉松目标配速跑，上文提到安德森也为1万米训练推荐了类似的质量长距离跑。

全程马拉松高强度训练

该训练的重点应该主要放在无氧阈训练以及最大摄氧量训练上，最后才是无氧乳酸训练。

- 杰克·丹尼尔斯介绍了10~24千米的马拉松配速训练，但都没有超过2小时。马拉松配速比1万米比赛配速每英里要慢大约35秒。这些训练相当艰苦，偶尔可以用来代替长距离跑。
- 比尔·罗杰斯有一个速度训练，包含6次1英里跑，以马拉松比赛配速跑，他的速度是4分48秒。
- 如果习惯32千米长距离跑，可以像下面这样从29千米跑中受益：以正常对话配速跑10英里，然后以目标马拉松配速跑10千米，最后是3千米休息。

训练地点的选择

每堂训练课都应该有目的地发展某个能量系统（请参阅第7章）。一般情况下，这决定了训练的强度和量。所以，通常可以在公路、赛道、山坡或土路上训练，只要训练了足够的时间、合适的强度以及合适的量即可。但最大摄氧量或无氧间歇/速度训练最好在赛道上进行。

马拉松训练

冠军训练。 世界级马拉松运动员每周训练160~225千米，有时甚至高达每周320千米，每天训练2次，每周至少2堂质量/速度课。例如，比尔·罗杰斯冬季每周会在波士顿寒冷积雪的街道上慢跑225~270千米[5]。到了这个层次，冠军们知道什么最适合自己，因为这个层次的训练都是有针对性的。弗兰克·肖特（Frank Shorter）[5]说："我主要进行1万米训练，但只跑马拉松。如果总是进行马拉松距离的训练，你就会筋疲力尽，无法做跑得快所需的速度训练。"但是，他每天依然跑32~38千米，每天训练2次，每周上3堂速度训练课。格丽特·韦茨（Grete Waitz）说[5]："我是场地赛选手，我不做马拉松训练。我没有马拉松训练的耐性。跑步超过1个小时让我感觉乏味。"

5 000米和1万米类型训练的重要性。上面的那些评论表明，除了耐力训练，速度训练和1万米训练也很重要。这也适用于普通马拉松跑者。长距离跑，尽管配速更慢，距离比全程马拉松短，却依然不能保证可以避免"撞墙"。1万米或5 000米更快的配速训练可以让马拉松配速看起来很慢。所以，用5 000米和1万米比赛配速进行的最大摄氧量训练对马拉松就显得极为重要。而且，一些人认为最大摄氧量速度（vVO$_2$max）训练，是比上面的最大摄氧量训练更好的训练，但是，这些训练的压力比最大摄氧量训练更大（请参阅第7章）。总之，马拉松成绩很大程度上取决于1万米比赛成绩，甚至1英里的最佳成绩。

新手。新手在跑全程马拉松之前，最好要有大约2年的跑步经验。在跑全程马拉松之前，还应该先跑一个半程马拉松检验自己。这可以为全程马拉松目标配速提供一些指示。如果没有持续至少1年的良好有氧调整基础，不应该进行速度训练，尤其是快速间歇训练。

为了体面地完成比赛，至少应该做5次最低24千米的长距离跑。另外，在全程马拉松之前4周，推荐用半程马拉松代替长距离跑，以便获得全程马拉松配速的感觉。

如果完成全程马拉松有困难，可以在跑步中加入短暂的步行休息。杰夫·盖洛威（Jeff Galloway）在米西索加基督教青年会的一次演讲中（我记得是1996年）主张新手在跑全程马拉松时每英里可以步行几分钟。在目标只是全程马拉松完赛的人群中，这种做法更普遍。

长距离跑

这里推荐的马拉松长距离跑，为的是临近重大比赛之前的第12~14周的速度训练/质量训练中每个周末变化长距离跑的距离。也就是说，先是最长一个，下一个周末减少长度（减少15%~25%）。对于中高级跑者来说，在计划的后几周时，32~35千米的长距离跑和减量长距离跑之间没太大差异。这种轮换方法提供了更多恢复，使马拉松运动员具有适应不同情境的灵活性。对于中高级马拉松运动员来说，减量长距离跑可以换成不太重要的5 000米、1万米或半程马拉松比赛。请参阅第10章"设计自己的长跑训练计划"中的马拉松计划。但是，马拉松新手在训练时间少于1年时应该少做或不做比赛以及间歇训练。

高级跑者应该将目标放在6~8次35千米的长距离跑。中级跑者和新手的目标应该放在6次24~32千米的长距离跑。

3.5小时长距离跑

对于速度慢的跑者，确定距离的长距离跑会给脚带来长时间的压力。"跑步超过3.5小时（我们对跑者提出的时间限制建议）之后的潜在收获小于可能产生的风险"[格洛弗（Glover）和舒德尔（Schuder）[1]]。亨德森[4]也有类似的说法。疲劳会损害跑步姿态，从而使跑者更容易受伤。

表9.2给出了按照不同训练配速跑3.5小时长距离跑的距离。训练配速假定比比赛配速慢1~1.5分钟。

表9.2	3.5小时长距离跑		
全程马拉松成绩	比赛配速	训练配速	长距离跑的距离
2小时37分	每英里6.0分	每英里7.0分	30英里
		每英里7.5分	28英里
3小时03分	每英里7.0分	每英里8.0分	26.3英里
		每英里8.5分	24.7英里
3小时16分	每英里7.5分	每英里8.5分	24.7英里
		每英里9.0分	23.3英里
3小时29分	每英里8.0分	每英里9.0分	23.3英里
		每英里9.5分	22.1英里
3小时42分	每英里8.5分	每英里9.5分	22.1英里
		每英里10.0分	21英里

表9.2也表明，为什么从脚部落地时长的角度看，32千米长距离跑对大多数跑者确实是个极限。例如，跑32千米，3倍于体重的力量会落在脚上25000~30000次，下坡时力量更大。长距离跑最好将时间限制在全程马拉松的目标时间上，但不要超过3.5小时。中途喝水停止是可以的。而且，对于新手来说，步行休息一段也很常见。

下面推荐的方法可以跑42千米甚至更长距离，同时减少脚落地的时间。

长距离跑－游泳池马拉松（LRPM）方法

在马拉松训练中，每个周末长距离跑的跑量以及比赛前所有长距离跑的总数，对比赛的最终成绩有巨大影响。例如，杰夫·盖洛威的马拉松训练项目把重点放在长距离跑上，甚至超过42千米。保罗·斯洛维克（Paul Slovic）对"小路尽头"马拉松的研究也指出了长距离跑的重要性（请参阅 Complete Runner 一书第320页）。亨德森在 Running Your Best Race[4] 中指出马拉松跑者在32千米之后的严重掉速。斯洛维克列出了不同比赛成绩跑者的掉速情况，分别是3:00以内（掉速14%），3:01~3:30（掉速22%），3:31~4:00（掉速27%），4:00以上（掉速58%）。典型情况下，比赛成绩差的跑者在重大比赛之前的长距离跑存在以下问题：一是距离不够长，二是数量不够多。下面介绍的方法非常有助于延长长距离跑的距离，并防止在32千米左右"撞墙"，还能在很大程度上减少大多数跑者在32千米之后的严重掉速。

我提出的方法既能获得32千米（或更长）长距离跑的好处，又能减少腿部压力。我将其称为"长距离跑－游泳池马拉松方法"。马拉松跑者每隔1周的周末做总计40~48千米的长距离跑，其中一半以上在公路上跑，跑完之后尽可能快地去游泳池的深水区完成余下跑量——这是关键。这个变化同休息一样好处多多。具体细节如下所述。

用游泳池跑跑量补充长距离跑跑量的优势

- 主要优势是减少了在公路上进行长距离跑时的冲击，从而减少了损伤机会，同时在相同的时间里，又实现了每隔1周进行42~48千米长距离跑的效果。

- 公路跑之后的游泳池训练课既有助于肌肉、肌腱和韧带的恢复，还有助于心理放松。

- 还有进一步的优势，即计划的灵活性。有些时候，由于天气、肌肉酸痛、前一周的训练、工作压力、身体的生理周期及疲劳等因素，你可能想多做或少做一些公路训练。在游泳池里，你补齐了差距，实现了期望的长距离跑量。另外，在天气不好的时候，整个长距离跑都可以在游泳池中完成。在这种情况下，可能要加入一些短暂的休息。

第9章　5 000米、1万米和马拉松项目的训练

- 在游泳池中跑步有助于提高灵活性以及整体的力量和体能，这对成功的马拉松至关重要。

姿态。 在游泳池的深水区中跑步时要带上一个浮力背心或浮力带（最好是腰带）。采用的跑步姿态与陆地相同，只是双臂在前后摆动时要伸直。保持挺胸抬头，略向前倾，保持良好的姿态和呼吸，加大步幅。水中跑步的动作与骑行动作（上上下下）不同；小腿要像跑步一样摆出（游泳池中更大的步幅会变成陆地上更大的步幅）。不要用手拍水。注意力放在手臂移动上，腿部会自然跟上。保持双臂放松，移动会更迅速。更多细节请参阅第11章。

体感用力。 在使用与陆地相同的体感用力（努力程度）在游泳池中跑步时，心率要比陆地上每分钟低10~20次；心率值低做的就是有氧训练，心率值高做的就是无氧训练。如果在游泳池中与陆地上的训练时间相同，陆地和游泳池中的体感用力应该相同。更多细节请参阅第11章。

我在第11章总结了带着浮力腰带或背心在游泳池深水区中跑步的相关信息。下面的信息以陆地和游泳池相同的体感用力为基础：

- 在游泳池中用"T"分钟跑25米，感觉就像在陆地上用相同的"T"分钟跑了400米；
- 在游泳池中用"T"分钟跑100米，感觉就像在陆地上用相同的"T"分钟跑了1英里；
- 用和陆地相同的时间和用力，在游泳池中只能跑陆地距离的1/16。

通过上面的陈述，可以让人了解要在游泳池中跑多远才能达到与陆地上相同的跑量。

带着心率监测器。 除了用相同的体感用力测量，带心率监测器可以准确地得到等价的陆地训练和游泳池训练。带着心率监测器时要获得与陆地相比等价的有氧训练，可以在游泳池中保持心率比陆地上的心率低10次，训练与陆地训练相同的时间。

LRPM方法在游泳池中的跑步时间和距离。 假设想通过组合陆地跑和游泳池跑实现与42千米长距离跑等价的距离。

- 游泳池跑步时间（分）=（26－陆地跑量）× 每英里跑的时间（分）。
- 游泳池中的跑步总距离（米）=（26－陆地跑量）× 100 米/英里。

只需要将陆地上已经跑过的英里数和陆地上长距离跑时每英里跑的时间（分）代入公式，就可以确定在游泳池中训练的跑步时间和总距离。在上述公式中，游泳池中的总跑步时间是准确的，但游泳池中的跑步距离（基于我的经验）只是近似值，因为每个人的力量和体感用力都不同，但不同的人之间差异不大。

LRPM方法的进一步细节。这个方法主要适用于马拉松运动员的长距离跑。除马拉松运动员外的长跑运动员通过延长长跑距离以及采用以下一些观点，也可以从中受益。

- 经过2~3个月筑基训练加一些速度训练，建立了良好的有氧基础之后，进入速度训练（强化）阶段。如果已经做了良好的基础训练，速度训练阶段的长度最多3个月。

- 在速度训练阶段的第1周，马拉松运动员应该能够在陆地上进行19~24千米的长距离跑训练。

- 每过2周，陆地长距离跑的距离延长1~1.5英里（或者不超过10%），但陆地长距离跑最长（最后1个）不要超过20~22千米或者3小时。

- 在长距离跑之间的周末，做一些中等距离的放松跑或参加一些不太重要的5 000米、1万米或半程马拉松比赛，或者短距离的计时测验，或者一次质量间歇课。

- 在训练周里，做放松跑和中等长度跑，根据个人经验和身体条件做1~2堂质量课（无氧阈/节奏训练、最大摄氧量训练或速度训练）（请参阅第10章）。中高级运动员要上更多质量课。

- 对于马拉松训练，最后一个长距离跑应该安排在比赛前4周。

- 长距离跑前后2天应该放松。

- 长距离跑和游泳池跑之间不要间隔太久，才能取得最佳效果。

- 在去游泳池的路上喝杯咖啡，我知道这很有效。如果喝完几个小时后再训练，你会失去继续训练的热情，而且身体也没热起来。

- 进入泳池之前和出池之后的拉伸非常重要。

周中进行游泳池跑的优势

- 除了对长距离跑做补充外，还可以在周中进行泳池跑，这样可以在不给身体增加压力的情况下提高每周跑量。如果有时间1天做2次训练，可以将一个训练安排在游泳池内。在游泳池中跑步可以在不增加脚部、腿部和髋部冲击的情况下，提高有氧跑量，跑的时候最好将心率控制在最高心率的65%左右。身体在水中适应了这个活动之后，就能在陆地上训练更长时间，而不会使自己过度疲劳。

- 泳池还有其他好处：可以提高灵活性、改善跑步姿态、提高线粒体和毛细血管密度。由于水的阻力，快缩肌会被激活。在水中可以比陆地做更多间歇训练课的重复，因为身体浸在冷水中时，肌肉从血液中获取的氧气量会增多。在

第9章 5 000米、1万米和马拉松项目的训练

水中消耗的热量也比陆地多——对于希望减肥的人来说是个好消息。

• 泳池跑对放松日的恢复也适用。

警告： 虽然泳池中的长距离跑的配速是正常对话配速或者比"还算舒服的困难"更困难，但谁都无法一夜之间就成为游泳池跑步高手。用这个配速流畅地跑，如90分钟，尤其是在陆地上已经跑了24千米以上之后再跑，可能需要经过许多堂课的训练才能做到。所以，应该在筑基训练阶段就开始适应泳池跑。而且，新手可能发现42千米的总跑量（陆地+泳池）挑战太大，要求的恢复时间太长。所以在前几周，低于42千米的总量是合适的，但陆地的跑量仍然应该大于等价的泳池内跑量。

对于不会游泳的人，这个方法可能不适用；即使系着浮力腰带或穿着背心，不会游泳的人也不会感到舒服和放松。要达到训练的最佳效果，这个训练应该充满乐趣才行。

小结

这个方法可以减少损伤，增强力量和灵活性，提高马拉松成绩，大大减少最后6英里的掉速，除此之外，还可以让马拉松变成一个更有乐趣的体验，而不是枯燥累人的运动。

马拉松减量

全程马拉松比赛前有效的减量至关重要，否则之前的艰苦训练都将功亏一篑。推荐减量阶段按以下方式训练。

• 在比赛前4周或更早开始减量。

• 赛前最后一次周末长距离跑应该放在比赛前4周或更早。

• 把重点放在强度上而不是量上，但强度和量都要减少。最后一周要有强度和量。

• 最后4周逐渐降低跑量（每周下降大约20%），最后一周的跑量应该降到巅峰跑量的30%~40%。本来跑量就不大的跑者不用减这么多。

• 在最后4周，做以下质量训练：比赛前3周做1个马拉松配速跑（大约11千米）；每周做1个无氧阈跑（持续或间歇），或者以1英里比赛配速做400米间歇跑进行强化。用最快的步幅完成持续跑训练。

• 5 000米或1万米比赛应该与马拉松配速跑或长距离跑间隔1周。

在全程马拉松之前1周可以参加5 000米比赛或在2周前参加1万米比赛。

- 备战的同时，也要进行心理训练。
- 比赛前2天，休息；比赛前1天，做一个短距离放松跑。

肯尼亚选手的方法

顶级肯尼亚跑者的成绩与经历对所有跑者都是激励。从他们的生活方式和训练方式中可以学到很多。下面是来自托比·坦泽[8] *Train Hard, Win Easy, The Kenyan Way* 一书中的简要描述，得到了出版商Tafnews的许可。

- 最重要的是，训练非常苦，训练负荷通常非常大。
- 运动员们意志力强，非常能吃苦。
- 超长距离是他们计划的标志。他们生来就习惯于到处走（通常是跑）。
- 每年在斯巴达式的训练营中训练8~9个月，让他们全神贯注于训练，没有一点分心。
- 在1 600~2 700米的高海拔区域训练，在火热、干燥的气候下训练。
- 每天训练3次，训练营每天早晨6点开始。
- 多数训练营都进行越野训练。
- 与其他能力接近的世界级高手一起训练。有前途的新人与高手一起训练。
- 节奏训练（跑45~70分钟）"不可避免地变成一场以最高速度完成的小型比赛"。
- 定期进行大量陡坡跑。
- 每年休息2~3个月的情况很少见。
- 简单但营养丰富的饮食。

参考资料

1. Glover, B., and Schuder, P., *The New Competitive Runner's Handbook*, Penguin Books, New York, NY, 1988.
2. Glover, B., and Glover, S-L. F., *The Competitive Runner's Handbook*, Penguin Books, New York, NY, 1999.
3. Compiled and Developed by: World Association of Veterans Athletics (WAVA), Age Graded Tables, *National Masters News*, Van Nuys, CA, 1994.
4. Henderson, J., *Running Your Best Race*, Wm. Brown Publishers, Dubewque, Iowa, 1984.

第9章 5 000米、1万米和马拉松项目的训练

5. Barret, T., and Morressey, R. Jr., *Marathon Runners*, Julian Messner, NY, 1981.

6. Noakes, T., *Lore of Running*, Leisure Press, Champaign, IL., 3rd and 4th Edition.

7. Bloom, M., *The Marathon*, Holt, Rinehart, and Winston, New York, NY, 1981

8. Tanser, T., *Train Hard, Win Easy, The Keynan Way*, Tafnews Press, Mountain View, CA, 1997.

9. Anderson, O., How Long Should You Make Your Long Run?, *Running Research News*, Volume 14, No. 9, November, 1998.

10. Daniels, J., *Daniels' Running Formula*, Human Kinetics, Champaign, IL, 1998.

设计自己的长跑训练计划

凡事预则立，不预则废。跑者如果没有训练计划，就像建筑师没有图纸。运动员也应该有训练计划，例如，面向重大比赛制订的详细的每日计划。但是，每个运动员都有独特的要求，有不同的优势和不足，因此各不相同。如果针对自己的专项比赛找一个现成的制订好的计划，要么太容易，要么太艰难。而且，不是每个运动员都有教练，而且大多数教练也不提供详细计划。

本章将介绍如何针对普通运动员设计长跑训练计划，设计依据是：

A. 计划分为4个阶段；

B. 避免过度训练或出现损伤；

C. 训练必须有重点，针对不同的比赛距离，训练要均衡。

从以上原则出发，在设计自己的计划时就处于一个优势地位，因为你了解自己的体能水平，知道自己能做什么不能做什么，了解自己的优势与不足，了解自己可以训练的时间和可以利用的设施。在计划里可以顾及任何特殊要求，例如，为确定的家庭活动或公司活动安排出休息日，安排与教练、团队或伙伴一起训练的日子等。而且，设计了属于自己的计划之后，就会非常清楚每项训练的原因和好处。

除了设计自己的计划外，还可以使用详细的示例计划，也可以根据实际情况将示例计划改得容易一些或更难一些，这部分将在本章末尾介绍。

质量训练课

下面的计划是为普通运动员（其中包括大师跑者）设计的12周或13周的高质量训练。质量训练课包括最大摄氧量、无氧阈以及速度训练。精英跑者或竞争力强的运动员可能需要比这要求更高的计划。前奥运五项全能运动员、著名教练杰克·丹尼尔斯博士的*Running Formula*[1]一书提出的长跑训练计划主要针对经验丰富的跑者（我相信如此），他的马拉松计划"适合所有人"。这份优秀的参考资料提供了针对目标比赛的详细的18周质量训练计划。对于专项比赛以及训练计划中的特殊阶段，丹尼尔斯对主要、次要以及偶尔维持训练课推荐的重点分别与最大摄氧量、无氧阈和速度训练几个课程对应。例如，对于3 000米、5 000米和1万米跑者，主要的重点应该放在最大摄氧量训练上。

关于最大摄氧量（VO_2max，此处简写为VO）、无氧阈（AT）以及速度（S）训练课、质量训练课的细节的简要描述如下。

VO：长重复。例如，以1万米、5 000米或3 000米比赛速度跑800~2 000米（中距离跑者要更短些）。休息时间通常与跑步时间相等或更短，请参阅表7.2中的"休息时间vs跑步时间"。

AT：以低于乳酸阈的高强度舒适配速进行节奏（持续）跑或间歇跑。作为一个大致的指导方针，重复之间的休息等于跑步时间，或者休息到心率恢复到每分钟120次以下。

S：更短重复。例如，以1英里比赛配速或更快一些的速度跑150~600米。对于纯速度训练来说，重复之间要进行完整的休息。对于速度耐力训练，或者要建立乳酸耐力的时候，要休息到心率至少恢复到每分钟120~130次。

关于这些训练系统的更多细节，请参阅第7章。不必在每个质量训练周安排上述全部3项训练课。例如，马丁和科埃[2]主张14天的训练模块，对于中长跑运动员，第1天和第3天的课程是VO类型的课程，第5天、第8天和第10天的课程是S类型的课程，分别采用1 500米、800米、400米比赛的配速进行训练，质量训练课之间安排长距离跑和法特莱克训练（任意数量的快－慢组合），在第7天和第14天按比赛速度训练。

符号描述

AT：无氧阈训练。

VO：最大摄氧量（间歇）训练。

S：无氧乳酸（速度）训练。

Sr：无氧乳酸训练，强度降低，减少重复次数或速度，或者延长休息时间。

St：步幅训练跑，比1英里比赛配速慢，例如，8×80米。

L：长距离跑，通常大约是周跑量的25%，如果是备战全程马拉松，则要更长。

Lr：长距离跑，减少长度。

E：轻松恢复跑或轻松法特莱克训练。

MP：全程马拉松配速，与AT持续跑类似，即配速比AT慢大约5%（实际上比1万米比赛配速每英里慢35~40秒），但要在更可控的、宜人的气候、地形以及有测距线路的情况下。MP跑的距离是16~19千米，MPr跑的距离为9.6~13千米。

TT：时间测验，通常是比赛距离的1/2~3/4。

VO/S：前半节课VO，后半节课S*。

VO/St：VO课程后接St课程。

E/St：E跑之后接St课程。

AT/S：前半节课AT，后半节课S*。

*注意： 这些S课程是为了发展速度耐力。在两个训练之间通常至少要间隔10~15分钟。

训练阶段

训练的4个阶段分别是：筑基、过渡、质量、强化，分别描述如下。

1. 经8~12周建立了良好基础之后，以下几个阶段持续14~16周，包含过渡阶段、质量训练阶段以及强化阶段。

有相当多的证据表明，在良好的筑基调整之后，12周的质量训练对于强化和调优来说是合适的。请参阅第5章的"渐强和渐减原则"。经过充足的筑基训练，便能够接受质量训练课，这也适用于全程马拉松训练。例如，肯·斯帕克斯[3]向4位精英和世界级全程马拉松运动员调查了全程马拉松训练需要的时间。调查表明，大约12周包含质量课程的大跑量训练，最适合保持激励以及备战全程马拉松。在此之前，他们已经接受过高强度训练，例如，相当充分的筑基训练。

2. 过渡阶段或准备期包含2~3周，主要进行Sr、S以及AT训练，为进行更艰苦的主要质量训练和次要质量训练做准备。

3. 质量训练阶段包含10~11周的主要质量训练和次要质量训练。

4. 强化阶段的重点包括以下6个方面。

- 持续1~2周，但比全程马拉松距离长。

- 降低质量，但要保持一些强度。

- 间歇之间进行完整休息或延长休息。

- 对于中长跑，可以在重大比赛7天之前进行时间测验或参加不太重要的比赛。

- 对于全程马拉松比赛，在最后4周内不要进行长距离跑，在比赛前一周不要进行1万米比赛。

- 参阅第5章的"渐强和渐减原则"以及第9章的"马拉松减量"。

原理和指导方针

推荐遵循以下指导方针，以避免过度训练，并做到合适的恢复。

1. 避免连续2天进行以下训练。

- S和VO课程。

- S课程和比赛。

- VO课程和比赛。

- L和VO课程。

- L和S课程。

- L和AT课程（对于半马和全马训练）。

- L课程和比赛。

2. 进行以下安排。

- 比赛后一天进行减量L（Lr）或E课程。

- 不重要的比赛前连续2天轻松恢复跑（E）。

- 重要比赛前连续3天E课程。

- S和VO课程之间至少1天E课程*。

- VO或S课程前后至少1天E课程*。

- 在3 000米、5 000米以及1万米比赛后，分别安排1~2天、2~3天、3天的轻松恢复日。

- 10英里比赛之间间隔2周，5 000米或8 000米比赛之间间隔1周。
- 每周至少安排1次水中（间歇）跑步课程，但最好在几个E训练日的早晨进行一些水中持续跑（请参阅第11章）。

*注意：对于新手，应该安排更多时间。

3. 课程安排周期化，即前3周逐渐提高强度，第4周放松。

4. 如果质量课程超过12周，可以降低质量，但要保持训练强度。

质量训练课程的正确平衡

正确的训练组合必须满足长跑专项的要求。对于不同的跑步比赛，有氧和无氧训练之间相对重要性的情况可以参阅第1章的表1.1以及第5章的"平衡训练原则"。这些资料显示了中长距离比赛中使用的无氧能量和有氧能量的百分比，例如，无氧能量比例从800米的大约43%降到5 000米的7%，而到了全程马拉松则不足1%。通过选择以下训练的数量（长距离跑、乳酸阈跑、最大摄氧量跑以及无氧乳酸跑），可以实现无氧训练和有氧训练的正确平衡。

做多少速度（S）训练合适？ S（无氧乳酸）训练显然是中短距离的主要重点，但只是全马跑者的第三重点（在VO和AT训练之后），典型训练周里无氧跑量的百分比应该与进行专项比赛时无氧能量的百分比相同（如第1章中的表1.1所示）。但是，还有以下一些实际的限制。

- 例如，对于全程马拉松，比赛时间很大程度上取决于5 000米和1万米比赛的时间，所以理想情况下，总跑量中的无氧能量百分比应该接近1万米专项。但额外的S课程会严重影响达到全程马拉松必须达到的周跑量。所以，需要进行妥协。

- 对于普通的中距离跑者，要达到表1.1的无氧训练百分比是不现实的。正常情况下，每周最多2堂或3堂质量课程（AT、VO和S）的组合是可行的，1堂进行长距离跑，然后在质量课程之间安排放松日。为了避免过量，每堂课里S训练通常限制在大约5%。就我自己而言，针对48~56千米的周跑量，每堂质量训练最多大约2 400米的S训练。所以，基于上述考虑，与表1.1中的43%相比，普通的中距离跑者（例如，800米）的无氧跑量（S课程）可能只能达到周跑量的10%。但是，精英中长跑选手，例如塞巴斯蒂安·科（Sebastion Coe）每周的无氧课程曾经达到跑量的33%。

第10章 设计自己的长跑训练计划

速度训练多久一次合适? 速度训练只要停止一周，速度就开始退化。

- 对于500米比赛（或更长距离的比赛），以5 000米比赛配速进行VO训练就能保持速度，因为这个训练是按比赛配速（或更快速度）进行的。但是，S训练可以让VO训练更轻松，所以这也是不要长期忽视速度训练的一个理由。

- 对于低于3 000米或5 000米的比赛，VO训练会强化力量（耐力），也代表强化了速度。理想情况下，每周都应该进行S训练，否则神经路径就会发生遗忘。

- 在热身和轻松跑训练日的时候进行步幅训练，如果足够快，有助于保持速度，但这种训练由于距离短，缺少了对速度耐力的训练。但是，在大多数长距离跑和轻松跑之后，都推荐进行步幅训练，例如以1英里比赛配速进行6次100米或8次80米的训练。

进行多少AT以及VO训练合适? AT训练的重要性随着比赛距离的增加而提高。但对中长跑也很重要，因为它提供了有压力的质量训练，还有助于恢复（丹尼尔斯[1]）。AT训练对新手更重要，对竞技运动员和年老跑者重要性下降，因为它的压力比VO训练小。

由于VO的高压力（心理和生理），对于普通的跑者来说，每周一次或隔一周一次就足够了。VO训练主要以5 000米或1万米比赛配速进行，所以对于用这个配速比赛的跑者最重要，例如，参加1万米、5 000米以及3 000米比赛的跑者。

普通长跑运动员需要提高自己的有氧能力，还要用VO训练和AT训练提升自己的无氧阈。考虑到以上因素，VO训练和AT训练几乎对所有比赛都同等重要，只有半程马拉松和全程马拉松除外。而且，如果要按3 000米、5 000米比赛配速进行比赛，则VO训练比AT训练更重要。对于全程马拉松，AT训练比VO训练更重要。

VO训练、AT训练和S训练重要性小结。 对于更短距离，例如800米，更侧重S训练而较少侧重VO训练和AT训练。反之，对于更长距离，例如全程马拉松，更侧重AT训练，较少侧重VO训练，更少侧重S训练。对于3 000米和5 000米中长跑比赛，主要侧重VO训练，其次是S训练和AT训练。

表10.1归纳了不同比赛专项的训练重点。

表10.1	不同比赛专项的训练重点	
比赛	心率	训练重点
800米	100%MHR	S、VO、AT
1500米或1英里	100%MHR	S、VO、AT
3 000米	98%~100%MHR	VO、AT/* S
5 000米	95%MHR	VO、AT/* S
1万米	90%~92%MHR	VO、AT、S
半程马拉松	略低于AT**	AT、VO、S
全程马拉松	***	AT、VO、S

训练重点按顺序排列，依次为主要重点、次要重点、第三重点。占比赛时最大心率（MHR）的百分比用来协助确定训练时的主要重点。

有氧调整训练（比全程马拉松比赛速度慢）在所有情况下都重要，而且随着比赛距离增加，重要性也逐渐提升。

*代表与次要重点的重要性几乎一致。

** 在半程马拉松（以及全程马拉松）情况下，心率取决于运动员的经验。在低于AT情况下，新手大约是70%MHR，中级跑者是80%~85%MHR，而精英跑者大约是90%MHR。

*** 心率比半程马拉松心率低几下。

训练计划示例

根据上述指导方针，对于普通的运动员，训练计划如表10.2~表10.5所示，小结见表10.6。

表10.2				800~1500米渐强计划			
课程	周	周日	周一	周二	周三	周四	周五	周六
过渡	1	L	E	Sr	E	Sr	E	AT
	2	L	E	Sr	E	S	E	AT
	3	Lr	E	S	E	S	E	AT
质量	4	L	E	VO	E	S	E	AT/S
	5	L	E	VO	E	S	E	AT
	6	L	E	VO	E	S	E	AT/S
	7E*	Lr	E	VOr	E	Sr	E	AT
	8	L	E	VO	E	S	E	AT/S
	9	L	E	VO	E	S	E	AT
	10	L	E	VO/S	AT	E/St	E	
	11E*	Lr	E	Sr	AT	E/St	E	
	12	Lr	E	VO/S	AT	E/St	E	比赛或
	13	Lr	E	S	AT	E/St	E	TT**
	14	Lr	E	VO/S	AT	E/St	E	
强化	15E*	Lr	Sr	E	AT	E/St	E	
	16E*	Lr	E	Sr	E	E/St	E	主要比赛

*放松周。跑量在第14周之后每周减少大约15%。

**假设第10~15周交替进行VO（3 000米或5 000米）或S（800米或1 500米）类型的比赛或计时测验。最好不要每个周末都比赛，但每隔一周比赛一次是可以的。在主要比赛之前7天最好不要进行3 000米或5 000米比赛，但可以进行不重要的800米或计时测验。

课程	周	周日	周一	周二	周三	周四	周五	周六
过渡	1	L	E	Sr	E	Sr	E	AT
	2	L	E	Sr	E	S	E	AT
	3	Lr	E	S	E	VOr	E	AT
质量	4	L	E	VO	E	S	E	AT
	5	L	E	VO	E	S	E	AT
	6	L	E	VO	E	AT	E	S
	7E*	Lr	E	VOr	E	Sr	E	AT
	8	L	E	VO	E	S	E	AT
	9	L	E	VO	E	S	E	AT
	10	L	E	VO	AT	E/St	E	比赛或 TT**
	11E*	Lr	E	VOr	AT	E/St	E	AT
	12	Lr	E	VO	AT	E/St	E	
	13	Lr	E	VO	AT	E/St	E	比赛或
	14	Lr	E	VO	AT	E/St	E	TT**
强化	15E*	Lr	Sr	E	AT/S	E	E	
	16E*	Lr	AT/S	E	E/St	E或休息	E	主要比赛

表10.3 1 500~3 000米渐强计划

* 放松周。跑量在第14周之后每周减少大约20%。

** 假设第10~15周交替进行VO（3 000米或5 000米）或S（800米或1 500米）类型的比赛或计时测验。最好不要每个周末都比赛，但每隔一周比赛一次是可以的。在主要比赛之前7天最好不要进行3 000米或5 000米比赛，但可以进行不重要的800米或计时测验。

表10.4				5 000~15 000米渐强计划			
课程	周	周日	周一	周二	周三	周四	周五	周六
过渡	1	L	E	Sr	E	Sr	E	E
	2	L	E	Sr	E	S	E	AT
	3	Lr	E	S	E	VOr	E	E
质量	4	L	E	VO/S	E	AT	E	AT
	5	L	E	VO	E	AT/S	E	AT
	6	L	E	VO	E	AT	E	S
	7E*	Lr	E	VOr	E	AT/S	E	AT
	8	L	E	VO/S	E	AT	E	AT
	9	L	E	VO	E	AT/S	E	AT
	10	L	E	E	VO/St	E	E	比赛或 TT
	11E*	Lr	E	VOr	E	Sr	E	AT
	12	L	E	E	VO/St	E	E	比赛或 TT
	13	Lr	E	VO	E	S	E	AT
	14	L	E	E	VO/St	E	E	5 000米
强化	15E*	Lr	E	E	AT/Sr	E	E	比赛或TT
	16E*	E	E	AT/Sr	E	E	E或休息	比赛

*放松周。第14周之后，每周跑量减少大约25%。

表10.5				全程马拉松和半程马拉松渐强计划				
课程	周	周日	周一	周二	周三	周四	周五	周六
过渡	1	Lr	E	Sr	E	Sr	E	E
	2	L	E	Sr	E	S	E	AT
	3	Lr	E	S	E	VOr	E	E
质量	4	L	E	AT/Sr	E	E	E	AT
	5	Lr	E	VO	E	AT/S	E	E
	6	L	E	AT/St	E	E	E	AT
	7E*	Lr	E	VOr	E	AT/s	E	E
	8	L	E	AT/St	E	E	E	比赛或AT
	9	Lr	E	VO	E	AT/S	E	E
	10	L	E	E	AT/St	E	E	E
	11E*	Lr	E	AT	E	S	E	E
	12	MP或比赛	E	E	AT/St	E	E	E
	13	Lr	E	AT	E	S	E	E
	14**	MPr	E	E	AT/St	E	E	E
强化	15E**	Lr	E	E	AT或S	E	E	E或5 000米比赛
	16E**	Lr***	E	E	AT/St	E或休息	E	全马

* 轻松周。从第4~12周，L逐渐增加到最大量，然后减量。

** 第13周之后，跑量每周降低大约25%，直到最后一周降低到30%~40%。

*** 跑1.6~1.9千米，但前一个周六是不重要的5 000米比赛时，跑量要减少。

第10章 设计自己的长跑训练计划

表10.6				12周质量课程（VO、AT和S）小结		
比赛	VO	AT	S	VO、AT和S 课程总数	*%无氧 /周	**%质量 /周
800~1500米	10.5	10.5	15	36	7.0	22
1500~3 000米	14	12	10	36	5.1	23.5
5 000~15 000米	13.5	11.5	7	32	3.8	21.9
全程马拉松和 半程马拉松	4.5	11.7	4.5	20.7	2.2	14.6

注意： 在下面的公式里，假设1堂VO课程占周跑量的8%；1堂AT课程占周跑量的10%；1堂S课程占周跑量的5%。这些数据以丹尼尔斯[1]推荐的最大值为基础。他还针对普通跑者分别推荐了最多6英里、6英里和3英里的VO、AT和S课程。

估计百分比的方法

*% 无氧/周

= （S课程跑量 +0.10×VO课程跑量）×100/总跑量

注意： 上面公式中的0.10代表3 000米和5 000米比赛配速进行的VO课程中10%的无氧能量。根据距离，比赛或计时测验相当于S训练或VO训练。

**%质量/周

= （VO课程跑量 +AT课程跑量 +S课程跑量）×100/总跑量

示例计划的灵活性

在这些计划中已经包含了下面的灵活性，以适应不同的经验水平，以及运动员训练日的身体情况。

1. 在有压力的质量课程或比赛后的第一天，计划了减量长距离跑（Lr）。

2. 轻松跑（E）既可以是持续跑，也可以是轻松法特莱克训练。

3. 对于全程马拉松和半程马拉松之外的其他比赛，质量课程计划的最后6周多数要安排不太重要的比赛或计时测验。新手和全程马拉松运动员可以少考虑一些比赛或计时测验。

4. 无氧阈跑既可以是持续（节奏）跑也可以是间歇跑。

5. 在放松日早晨，推荐进行交叉训练（骑行或在水中跑步），或者负重和拉伸训练，或者步幅训练。推荐每周在水中至少跑一次，以进行恢复和增强体能。如果用的力量和时间一样，在水中跑100米相当于在公路上跑1英里。

6. 可以将周五安排为放松跑日、交叉训练日或彻底休息日。

7. 每4周安排1周更轻松的训练。

如何将计划调整得更轻松一些或更难一些

上述计划配合它们固有的灵活性应该能够适合高级运动员。如果这些计划对于你的情况或经验来说太轻松或太难，则可以按照下面的建议进行修改。同时，也可以加入自己的特殊训练日或休息日。

更轻松的计划

1. 表10.7是减少每次训练课的量或每周质量课程数量的计划。

表10.7	每周削减课程形成更轻松的计划	
比赛	每周平均质量课程数量	
	超过计划	更轻松的计划
800~1 500米	3	2
1 500~3 000米	3	2
5 000~15 000米	2.5*	1.5**
全程马拉松和半程马拉松	1.5**	1

* 代表一半的周数有3堂质量课程，另一半周数有2堂质量课程。

** 代表一半的周数有2堂质量课程，另一半周数有1堂质量课程。

2. 对于新手或年老的运动员，推荐每周1堂质量课程：法特莱克训练课程，或无氧阈间歇训练课程，或者持续节奏跑，或无氧乳酸（速度）间歇训练课程。请注意，在这个更轻松的计划里，不推荐进行压力更大的最大摄氧量（VO₂max）训练。而且"年老"的运动员通常知道什么时候最大摄氧量（VO₂max）训练对自己来说过量了——一个标准就是，训练时不再有乐趣，过于痛苦。

3. 将每周1个休息日改为2个休息日。后者可以加入一些更轻松的交叉训练。

更艰苦的计划

中高级运动员的计划，包括以下部分或全部。

• "背靠背"质量课程（在中长跑计划中可以安排得更频繁）。例如，S和VO课程间的AT持续跑，S或VO课程前后AT持续跑，在L前后安排AT持续跑或AT间歇跑也很合适。

- 如果是中高级中长跑运动员，例如，对于800~1500米类型运动员来说，由于L训练低于1小时，所以在L训练的第2天可以接着安排AT或S课程。
- 条件表明准备就绪的时候，可以进行更多比赛和计时测验。
- 1天训练2次，把轻松的课程安排在早晨。
- 除了最大摄氧量训练，中高级运动员可以偶尔换成最大摄氧量速度训练，即改用能够产生最大摄氧量的最低速度进行间歇训练。
- 对于长跑运动员，请参阅丹尼尔斯[1]的计划和马丁与科埃[2]的计划。

参考资料

1. Daniels, J., *Daniels' Running Formula*, Human Kinetics, Champaign IL, 1998.
2. Martin, D., and Coe, P., *Better Training For Distance Runners*, Human Kinetics, Champaign IL, 1997.
3. Sparkes, K., *Training Secrets*, Rodale Press, Emmaus, PA, 1996.

游泳池跑步训练

简介

交叉训练，例如骑行、游泳、划船、越野滑雪、水中跑步，都可以在多个方面给跑步极大促进。但是，对陆地跑步益处最大的是水中跑步。在游泳池跑步除了可帮助跑步运动员提高耐力，对其他许多项目的运动员也有巨大益处，因为水中跑步能够发展力量、耐力和灵活性。我以及其他许多人，相信水中跑步可能是过去几十年里健身运动最伟大的发现。许多世界级运动员已经将深水跑步当成他们日常训练的一部分，例如，林恩·威廉姆斯（Lynn Williams）、史蒂夫·斯科特（Steve Scott）、艾德·埃斯顿（Ed Eyestone）、普里西拉·韦尔奇（Priscilla Welch）、莫瑞斯·格林（Maurice Green）等。采用这种令人愉快的活动长达18年之后，我确信它能给我巨大的帮助。例如，在800米或400米比赛中，在合适的训练后，甚至在创造世界纪录的时候，我也从来没有特别疲劳或痛苦的感觉；我将其主要归功于通过水中训练发展的力量耐力。

开始的时候，大多数人会发现水中训练有压力，所以可以慢慢开始，5~10分钟后停止。随着身体逐渐适应，可以延长和加大训练量，直到能够坚持超过30分钟。随着越来越适应游泳池跑步或越来越强健，心率在水池里会以线性速度降低。之后，可能必须摘掉浮力带或浮力背心才能保持高心率。

本章将讨论以下内容。

- 我个人的水中跑步经验。
- 优势。
- 跑步姿态。
- 心率。
- 体感用力。
- 深水区训练。
- 浅水区训练。
- 注意事项。

我个人的水中跑步经验

从1986年（在33年不跑步之后，我重新恢复跑步）到1991年，我在放松日进行游泳和水中跑步的组合训练。1991年，我放弃游泳，每周4天早晨采用水中跑步（通常30~40分钟）进行恢复，通常在深水区加上一堂艰苦的力量耐力类型的间歇训练。有一部分训练是在水面离肩部15厘米的浅水区进行的短跑练习和快速伸缩复合训练。在接近最佳状态的时候，我偶尔会不带浮力带、手伸出水面，在深水区跑间歇以及一些快速游泳间歇加短暂休息。我的一些训练组合了深水跑步、浅水跑步和专项练习，以及快速间歇游泳。后来，我还迷恋上了带踢水板和鳍状肢做间歇；这两个装备可以强化腿部、踝关节以及臀部肌肉。另外，水中训练整体充满乐趣。

优势

坚持水中跑步有许多优势，具体如下。

1. 理想的损伤恢复手段

在游泳池的深水区，由于没有地面撞击，所以只要损伤不影响在水中跑步，就非常适合在这里保持体力、加快恢复。而且，损伤之后在恢复陆地跑步之前，在游泳池的浅水区做一些跑步，有助于重新调整双腿，让它们适应跑道或公路的冲击。这是我通过痛苦经历学到的技巧。

对于认真的运动员，如果受伤的时候进行水中跑步训练，在心理上有重要的益处：水中运动可以弥补损伤带来的情绪低落，因为运动员知道自己在加快恢复，而且正在维持自己的体力水平，心理上会很满意。

2. 对整体体力和力量耐力的贡献

水中跑步非常适合发展力量耐力，与负重训练有可比之处，但在心血管系统上比后者有优势。与举重不同的是，水中跑步能够同时强化上肢和下肢。它还能强化腿部的"支撑"肌肉，防止肌肉不平衡。有了更强壮的肌肉，就不需要太多肌细胞，因为每个细胞都变得更强壮。这可以节省能量，提高跑步经济性，从而提高速度。

如果中距离和长距离跑者进行了游泳池跑步训练，则不必再进行腿部的负重训练。

在做这些艰苦的无氧间歇时，又深又快的呼吸有助于肺部保持年轻、有弹性，减缓最大摄氧量由于衰老而产生的衰退。

3. 提高灵活性

关节（肩关节、髋关节、膝关节、踝关节）变得更柔软，肌腱和肌肉的灵活性也会提高。这要归功于水中良好的跑步姿态，即挺胸抬头、完全短跑类型的摆臂动作，腿以高抬腿动作伸出，脚后跟踢臀。而且，在训练最后，手臂和腿部采用夸张的越野滑雪动作更有利于提高步幅和灵活性。

由于水的浮力，肢体变得更轻，因此腿的摆动范围有可能比陆地上大得多。在浅水区做专项练习时，这点尤其明显。

4. 改进跑步姿态

在游泳池中跑步可以让人放松，把注意力集中在跑步的姿态上，因此通常会改善跑步姿态。水中跑步可以让跑步的动作更流畅、更高效。水中加大的步幅会转移到陆地跑步上来。

5. 陆地跑步后水中恢复的好处

陆地训练之后，当天或第2天在清凉的水中轻松跑20~30分钟，可以大大加快恢复。冷水有助于恢复活力，减少疲劳，减少由于肌细胞损坏引起的肌肉酸痛和僵硬。

6. 非常适合进行无氧阈训练

水中跑步对提高无氧阈特别有利。这个训练可以是持续跑，也可以是间歇训练（请参阅第7章）。例如，在陆地的无氧阈训练中，新手、有经验选手、精英跑者分别达到最大心率（MHR）的70%、80%和90%。在无氧阈训练中，最大心率180的有经验跑者需要达到的心率是134次/分（8×180-10）。游泳池跑步的心率减10b.p.m.，就可以达到与陆地跑步相同的体感用力。

7. 提高有氧能力和速度

水中跑步能够提高有氧能力（VO_2max）或速度，但心率必须接近最大心率，或者训练必须达到相同的体感用力。例如，有氧能力训练和速度训练必须分别要达到大约95%MHR-20b.p.m.和98%MHR-20b.p.m.。在这些最大用力水平上，减少

第11章 游泳池跑步训练

20b.p.m.就可以让陆地跑步和游泳池跑步达到相同的体感用力。

如果在游泳池中跑步能够达到这个范围,会有巨大益处。但是,即使穿戴浮力装备,许多运动员也很难达到这么高的心率(我发现经过12年的水中调整之后,即使我在水中做非常艰苦的训练,我的心率也高不过每分钟100下。加快节奏可以提高心率)。但是,在水中用与陆地相同的体感用力跑依然有极大好处。速度就是力量。由于水的阻力作用在快缩肌纤维上,水中训练可以强化力量。根据呼吸困难指数从0(0用力)~10("竭尽全力"),各个训练要求的体感用力分别是:

- 6("中等艰苦"),针对无氧阈训练;
- 8("非常艰苦"),针对有氧能力(VO₂max)训练;
- 9("非常、非常艰苦"),针对速度训练。

8. 一边预防损伤,一边增加跑量

用水中跑步代替一部分公路跑或场地跑,可以减少关节、肌腱、韧带、肌肉的磨损和撕裂,从而减少可能的损伤。水中跑完肌肉不会酸痛,因为没有冲击,酸痛和僵硬基本消除。而且,产生的乳酸在训练后也会迅速消散。

为了每周实现总跑量相当的目标,我考虑用水中7~8分钟的轻松有氧跑代替陆地上的1英里轻松跑。有些人说,游泳池中跑40分钟相当于陆地上跑1小时;1984年奥运会马拉松金牌得主琼·萨缪尔森认为游泳里跑30分钟相当于陆地上跑90分钟,她一定是在水中比地面训练得更苦。

9. 身体运输和吸收氧气的能力增强

格伦·麦克沃特斯(Glenn McWaters)[2]认为:"身体浸在比体温低的水中时,血液输送氧气的能力会提高,身体组织从血液吸收氧气的能力在冷水中也提高。"这解释了为什么我在水中以相同的体感用力能更轻松地做更多间歇。例如,我偶尔做过多达12个艰苦的2分钟间歇,每组间休息30秒,没穿浮力背心或系浮力带;但在陆地上做12个艰苦间歇是不可能的。而且,我能在浅水区做20分钟持续的冲刺专项练习,这在陆地上也很难做到。

10. 线粒体密度提高

线粒体是肌细胞中的微成分,其功能是与氧气作用,将食物中的能量变成ATP能量。线粒体密度提高使得更多氧气运输到肌细胞,产生更多能量,从而提高了陆地跑步。

11. 对乳酸的耐受能力加强

水的阻力可以激活快缩肌纤维，从而促进产生更多乳酸。麦克沃特斯[2]介绍了奥本大学的一项研究，这项研究对相同体感用力时跑步机跑步和游泳池跑步进行比较。在游泳池跑步中，同一研究对象的乳酸水平更高，但乳酸消散比跑步机跑步快。这告诉我，游泳池跑步能够提供调节功能，使人能够耐受更高水平的乳酸，但仅限于训练超过阈值才行。如果超过了阈值，则呼吸明显变得更艰苦，对话也更困难。

12. 心理放松

与游泳类似，游泳池跑步如果压力不是太大，在心理上有放松效果，可以让心理从解决问题转移到开心的事情上来。但是，在游泳池中做快速间歇时严格要求集中注意力。

13. 体力指标

我已经发现，如果能够在水中快速前进，就代表能够在陆地上快速前进。因此，水中跑步是体力水平的良好指标，能够表明何时达到巅峰。

14. 恢复精力

如果太累（或感冒）而不能在陆地跑步时，通常可以进行水中训练，因为水有刺激作用，而且可以调整配速以适应当时的能量水平。

跑步姿态

深水区应该采用以下跑步姿态。

- 挺胸抬头，略微前倾。前倾过大是个普遍问题，会限制步幅、抑制呼吸。

- 跑得尽可能自然，注意力集中在水中的正确动作，就像在陆地上一样，区别就是，在游泳池里可以轻松地将步幅拉大一些，以提高灵活性（请参阅上面的优势）；每一步都把小腿伸出去。

- 手不要形成杯状推水，手（手指）应该像冲刺时一样伸直。

- 肘关节贴近身体，手臂做后摆动作时冲出水面；做前摆动作时手指应该击水，尤其在做快速间歇的时候。

- 手臂前后（不要在体前交叉）移动，后摆时多用些力，这可以拉伸手臂肌肉，让手臂前摆时更有力量。在游泳池里的这个好姿态，会带到陆地跑步中去，改进跑步姿态。

第11章 游泳池跑步训练

- 努力自然、平稳地呼吸。
- 注意力集中在手臂移动上，腿自然会跟上。
- 不要起起伏伏。
- 放松上肢，尤其是手臂，可以实现更快的速度并保存能量。
- 在水中通过时不要用蛮力，想着"快/放松"或"更快/更松"，这样就会更快。

注意：推荐正常的步幅。但是，如果腘绳肌有损伤，可以采用"蹬自行车"的动作（腿部更多上下动作，少向前伸腿），以减少腘绳肌的压力。

心率

游泳池里的间歇或持续跑要与陆地跑步等价，心率也应该等价；但要考虑到在游泳池里达到相同体感用力时，心率比陆地上低10%。心率降低的原因是浮力，它减少了重力的"下拉"，水压增加了静脉血回流，增加了心脏的每搏输出量。这些效果使心脏不必像陆地上那样工作得那么艰苦（麦克沃特斯[2]）。

众所周知，训练要取得最大收获，应该在最大心率（MHR）的70%和90%之间训练。根据我个人在陆地上的经验，恢复跑（有氧调整）应该在MHR的50%~60%之间，无氧阈跑在MHR的70%~80%之间，长距离间歇训练（VO_2max）在MHR的85%~95%之间，短距离快跑间歇（速度）训练大约在MHR的95%~99%之间。以上百分比是差不多最大用力的百分比。但是，不是所有运动员都清楚自己的最大心率；经验法则是220减去年龄，竞技运动员可以是200减去年龄的一半，这个算法会严重低估受过多年艰苦训练的竞技运动员。例如，按后一种算法，我68岁时的MHR应该只有165，但我实际是每分钟195下。而且，不是每个人都带着心脏监测仪。所以，体感用力这个概念非常有用。

体感用力

游泳池跑步间歇要与陆地间歇等价，也可以按相同体感用力（相同的用力水平）跑。美国的1英里奥运选手史蒂夫·斯科特早晨在游泳池里训练，他每周100英里的跑量里有一半是在游泳池里并根据体感用力计算的（斯科特和萨缪尔森[1]）。

麦克沃特斯[2]根据计算，以相同用力水平为准，将游泳池里的速度与陆地上的速度联系起来。表11.1是我个人（在游泳池中测试过许多次）在游泳池中佩戴着浮力设备的体感用力与陆地上相同体感用力的比较。例如，在游泳池里用88秒跑25米，感觉就像在陆地上以7分/英里的速度持续跑。类似地，在游泳池里用65秒跑25米，我感觉就像在陆地上用65秒跑了400米一样。令人吃惊的是，根据下面的数据绘制的图表结果是条直线。

表11.1	相同体感用力的游泳池跑步 vs 陆地跑步	
深水区佩戴浮力带 跑25米的用时	在陆地上400米与1英里配速的用时	
	400米用时	1英里用时
102秒	大约135秒	9分
96秒	大约120秒	8分
88秒	大约105秒	7分
80秒	大约90秒	6分
71秒	大约75秒	5分
70秒	大约72秒	—
65秒	大约62秒	—

由于身体条件不同、训练年限不同、力量/体能不同，每个人对水中和陆地的体感用力都有不同理解。只要感觉到在游泳池和陆地上用的力相同，就能收获相同的好处，同时还能得到灵活性和负重训练的效果以及没有肌肉酸痛等额外收获。

深水区训练

如何在深水中达到与陆地训练相当的水平呢？

- 热身和冷身，最好与陆地上的时间相同。在训练前后一定要拉伸。我推荐在漩涡池或桑拿浴里拉伸。
- 所有重复和持续跑都要用相同的体感用力。
- 重复和持续跑的时长与陆地上时长相同。我发现在游泳池中跑的距离大约是陆地跑距离的6%~7.5%。
- 重复之间的休息时间大大减少，减少到陆地重复之间休息时间的大约三分之一。但在适应游泳池跑步之前，需要的休息时间比这个数字长。
- 所有训练里最好都加上一些速度训练，还要在浅水区做一些冲刺专项练习。

深水区佩戴浮力带或浮力背心跑步

注意: 这里提到的时间都是基于我近20年来游泳池跑步的经验。这些训练多数都是在60岁左右做的,因此年轻的男性竞技运动员在水中训练时应该能更快。

在深水区训练时,根据完成泳池长度(L)一半的距离或12.5米的时间计时比较方便(在标准的25米池里,脚从大约12.5米处才开始触池底)。下面是我的一些典型训练。

- 1L用时37秒,10~15秒休息,2L用时1分22秒,10~15秒休息,3L用时2分6秒,10~15秒休息,4L用时2分56秒,休息1分钟。反过来重复。

- 1小时持续跑,每个1L用时47秒。

- 4次10L,用时7分30秒,组间休息60秒。

- 10次3L,用时1分50秒到1分58秒,组间休息45秒。这个训练很艰苦。

- 1L快跑,用时37秒,1L慢跑,2L快跑,用时1分15秒,休息30秒,持续重复30~45分钟。

- 与训练伙伴一起,每个重复之间交换前后位置,紧紧跟随,可以利用前边领跑者带起的波浪,例如,12次3L,不休息。

- 5次(2L快跑,休息30秒,接4L)。组间休息大约60秒。

- 4次1000米在陆地上用"T"分钟加2分钟休息,15分钟后,在水中用大约"T"分钟跑4次5L(使用与场地相同的体感用力),1分钟休息。

- 障碍跑训练:为了模拟障碍跑,以2 000米障碍赛的相同体感用力做2次10L,每L要用力摆臂做8~10下快跑,以模拟障碍。组间休息1~2分钟。

- 15次2L,以5 000米配速的体感用力。第1个和第2个重复之间休息30秒,每组减少2秒休息,直到最后一组的休息只剩4秒。如果速度下降,即每组不能保持速度不变,则结束训练。这个训练仅供有经验的运动员练习。

- 对于短跑训练,最好用皮筋将自己固定在深水区池边界的固定物体上。40岁左右的有经验的短跑运动员应该能够完成以下练习:2~3组,每组6个重复,每个重复30秒(每个重复大约100次摆臂)。重复间休息30秒或1分钟轻松慢跑,组间休息2~4分钟。根据呼吸困难指数,这个训练必须非常、非常艰苦,甚至竭尽全力。

• 要提高水中的跑步速度，可以尝试下面的方法。

1）如果一直用浮力装备，试着不佩戴浮力装备跑2周5~6次课。这些课中包含长跑或间歇训练。

2）2周后，佩戴浮力带或浮力背心，做通常的间歇训练。

使用与不佩戴浮力时相同的体感用力。我敢肯定你会快多了——好似在水中飞。请在重大比赛大约4周前开始这个训练。

在深水区不佩戴浮力装备跑步。在状态好且彻底适应有浮力装备的情况下，才做以下练习：

3~5次1L，双手伸出水面，跑56~66秒，休息45秒。

深水区游泳和跑步结合。如果达不到高心率（在最大心率推荐范围70%~90%之间），推荐将在水中游泳和跑步结合来提高心率。只有在体能极好的时候才做这个训练。例如，在游50米的良好热身之后，立即接着在深水区跑25米（2个半长）。短暂休息；休息，感觉可以重新开始就立即重复。因为佩戴着浮力带或浮力背心游泳不方便，所以在水中跑步时不佩戴浮力装备。能够重复的次数取决于个人状态和水中选择的速度。这个训练会很苦，所以开始训练的时候不要过于逞强。

深水区练习。采用不同步幅或不同的腿部移动，水的阻力会强化特定肌肉/提高灵活性。

1. 强化臀肌

水中跑步的时候，加大腿部后摆。要感觉到臀肌的收缩，这会使上肢略向前倾。

2. 强化股四头肌和腘绳肌

佩戴浮力带的时候，锁住膝关节，保持双腿从髋关节到脚趾都绷直。前后摆腿，要感觉到股四头肌和腘绳肌的收缩。要保持在原位，需要借助浮力装备保持不沉。

3. 用加大的越野步幅提高灵活性

双臂大幅摆动，迈大长步。就像越野滑雪一样，步子尽可能地前伸和后伸。前后完全伸展。可以感觉到髋关节部位的动作加大。这可以提高灵活性，尤其是关节部位的灵活性。每次水中跑步课推荐做几分钟这个练习。

第11章 游泳池跑步训练

浅水区训练

专项练习和跑步

- 除了上面的训练，我推荐在浅水区（水面低于肩部15厘米左右）做冲刺专项练习（AB）和快速伸缩复合训练，每周1次或2次，每次15分钟或更长时间。游泳池里的快速伸缩复合训练是逐渐转变成陆地快速伸缩复合训练的良好途径；浮力会减少腿部压力。请记住，在水中能比陆地做得更多，所以训练可以长达20分钟。

- 在浅水区快跑，脚触到池底、前进、重复。例如，跑10次1分钟，休息15秒，或者以更慢速度跑5次2分钟，休息20~30秒。

- 另一个变化是，将弹力绳固定在腰上和池边，对抗弹力绳的阻力跑步。可以是持续跑，也可以是间歇跑。也推荐做抗阻倒退跑（面对支撑面）。可能需要穿双水上运动鞋，因为努力对抗阻力的时候，脚会滑。一定要循序渐进地进入间歇训练，因为它们对肌肉有很大压力。

浅水区练习。站在浅水区边上，水没过胸，非支撑腿一直在水下。每条腿重复12次，从1组开始（大约7分钟），两三周后再加到2组或更多。自己的身体可以告诉你可以做多少组。有了经验后，加快非支撑腿的摆动，形成更大阻力。在这些练习之前一定要热身和拉伸。在陆地上，腿部的这些摆动有些可能弹射太厉害，但在水中，水的阻力避免了这个问题。这些练习可以增加下肢的力量和灵活性。动作要形成流畅且持续的循环。下面是非支撑腿的动作。

1. 强化内收肌和外展肌

（a）直腿侧向摆动

侧立在池壁旁边，靠近池壁侧的手扶住池壁负责支撑。外侧非支撑腿向外向上摆动到舒适位置，再落回支撑腿旁边。外摆和回落采用相同速度，分别为外展肌和内收肌提供相同的练习阻力。

（b）腿划圈

侧立在池壁旁边，靠近池壁侧的手扶住池壁负责支撑。池壁侧腿支撑，外侧腿划完一个圆。每条腿顺时针方向划6个圆，逆时针方向划6个圆。

2. 强化臀肌、股四头肌、髋关节屈肌

屈腿前摆

侧立在池壁旁边，靠近池壁侧的手扶住池壁负责支撑。非支撑腿弯曲，大腿小腿形成90度角。非支撑腿前后摆动，但向后的时候用更大力量并拉伸。前进时，大腿达到水平，小腿不要超过垂直线。

3. 强化腘绳肌、臀肌、股四头肌以及髋关节屈肌

（a）直腿前摆

靠着池边侧立，靠近池边的手扶住池壁进行支撑。松开一条腿直着前后摆。前进时，腿要摆到水平位置，然后后摆到舒服的位置，并保持伸展。感受臀部肌肉在极向后的位置的收缩。注意力集中在加快前摆速度上，加大大腿和髋关节屈肌的阻力，有助于在陆地上形成强有力的步幅。

（b）夸大跑步动作

与跳"B"练习类似，区别是靠支撑腿站立完成的。侧立在池壁旁边，靠近池壁侧的手扶住池壁。非支撑腿的大腿从超过水平面开始，做空手道踢腿。非支撑腿先绷直，直到水平。将伸开的腿后摆，回腿的时候，脚后跟向臀部靠近。大腿再次抬起超过水平面。以流畅的动作重复以上循环。

4. 强化腘绳肌、股四头肌、髋关节屈肌、内收肌、外展肌

腿与池壁平行摆动

面对池壁，双手扶住池壁。左侧支撑腿与池壁平行移动：将腿向外向左向上抬到舒适的位置，向内向下放腿，在体前交叉越过支撑腿，然后向右向外抬高到舒适的位置。用左腿可以划出一个半圆。继续来回摆动6个完整循环。然后练习右侧非支撑腿。这是跨栏运动员在陆地上喜欢做的一个练习，也是许多短跑运动员放松髋关节的练习，但借助于水的浮力，可以摆得高很多，从而提高灵活性。

5. 强化腹肌

直腿举腿

背靠池壁，双臂向两侧伸开，扶住池壁顶部。双臂支撑身体在水中。双腿在池中，缓慢地将腿绷直（膝关节锁住）抬起，抬到水平位置。停顿，缓慢地放下抬起的绷直的腿。水的阻力为腹肌提供了极好的训练手段。做20次举腿，直到疲劳为止。

注意事项

1. 在水中训练和比赛之间，要间隔五六天，因为水中训练会导致肌肉在场地比赛或公路比赛中疲劳。我在芬兰图尔库、南非德班的世界大师锦标赛上就不了解这点，导致800米决赛快到终点的时候双腿沉得抬不起来。

在不重要的比赛前2天做非常轻松（10~15分钟）的游泳池跑会比较安全。

2. 如果早晨做了中等强度或更艰苦的游泳池跑，那么晚上陆地跑步时双腿可能太累。毕竟，这是"水中负重"，水的阻力模拟了举重练习。

3. 如果有伤，而且水中跑步时疼痛，则要等到在水中跑步没有疼痛或酸痛时再进行。

4. 在浅水区跑步和单腿跳时，脚与池底接触会在一两天后引起踝关节酸痛。在水中做高强度的短跑专项训练/快速伸缩复合训练后酸痛会更强烈。因为没有穿鞋，所以缺乏支撑。而且，虽然浮力可以减少冲击，但你会发现脚趾没有鞋的支撑。脚上穿双水上运动鞋会有帮助，但也没多少支撑。因此，最好佩戴浮力带以减少冲击，并将每次训练限制在15~20分钟。

小结

对于喜欢水的跑者，水中跑步训练有许多优势，我和其他许多人都强烈推荐用这个训练来提高灵活性、增强心血管能力、提高力量耐力，尤其是还能避免损伤。

参考资料

1. Steve, S., Samuelson, J., *Deep Water Running Video Featuring Steve Scott and Joan Benoit Samuelson*, Biogenergetic INC., Pelham, Alabama.
2. McWaters, J. Glenn, *Deep Water Exercise for Health and Fitness*, Publitec Editions, Laguna, CA, 1988.

第11章　游泳池跑步训练

第12章

拉伸

　　1998年在多伦多的抗癌公益跑之后发生了一件有趣的事情。比赛之前，我正和北约克田径俱乐部的一位年轻成员文西（Vince）一起热身、拉伸。这是一项5 000米比赛，参赛人数超过10 000人，还有小丑为选手助威。当时，文西躺在地上，身体形状有点像卷饼——他自己发明的一种拉伸方法。他刚刚开始拉伸，脸上全是强迫的紧张表情。一个小丑弯下身来，开玩笑说："先生，您没事吧？您是不是哪里疼？"文西还没有认识到，拉伸应该放松，不应该有拉紧或不适。比赛之后，依然是那位小丑问他："您现在好了吗，先生？"

　　正常情况下，我每天拉伸3次或4次，不会像猫或狗那么多——它们是拉伸的专家，会持续地优化全部肌肉。多数运动员都认为拉伸至关重要，训练或比赛之前拉伸可以防止损伤，训练或比赛之后拉伸可以防止肌肉酸痛和紧张。我记得有几次在预期训练或比赛之后遗漏了拉伸，然后在第2天就尝到了肌肉酸痛的后果。尤其让我惊讶的是，在公路赛之后经常看到只有少数人在拉伸和冷身。而且，在负重训练前后也应该进行拉伸，但却经常被人遗漏。在通过举重来强化受伤肌肉的时候，拉伸则更加至关重要。必须在快走几分钟或者骑行、跑步至少4分钟左右让肌肉热起来之后，进行柔和的拉伸。如果有可能，桑拿或漩涡浴对肌肉热身也有效。我在米西索加基督教青年会的室内训练，经常是从漩涡浴中柔和拉伸5~8分钟开始的，虽然只是把腿放在池内。但不推荐在比赛或艰苦训练前做这个练习，因为它可能有点消耗能量。而且，如果在拉伸过程中发现有任何肌肉特别紧张或疼痛，最好立即在这些部位做一些柔和的自我按摩。

优势

拉伸有许多优势，具体如下。

- 通过保持良好姿态和更优雅的身体动作，可以提高形象。这也有助于提升自信和自尊。
- "有助于协调，让身体感觉更放松，增加关节运动的范围，循环和感觉良好"[安德森（Anderson）[2]]。
- 提高关节、肌腱、肌肉的灵活性和弹性，有以下好处。

  损伤更少，主要来自冷身阶段的拉伸。

  灵活的跑者跑得会更经济，释放的功率更大。多年前，在带着我8岁和10岁的2个儿子回安大略省参加田径比赛时，我注意到跑得最快的运动员灵活性最好。如果灵活性好，就会拥有弹力。这是我对弹力的粗糙解释——细长（灵活）的鞭子比短粗的鞭子更有力。

- 通过泵出旧血液和废物，摄取新鲜血液，有助于清除废物。血液，尤其是静脉血，在拉伸的时候被挤压出来。随着拉伸恢复，肌肉恢复到正常尺寸，摄取新鲜血液，从而清理肌肉并给肌肉提供营养。这会将代谢废物，例如乳酸，从紧张的肌肉中清除。因此，尤其是在损伤的时候，这个新鲜血液会带来养分，消除疤痕组织。

- 可以弥补由于年龄增长而带来的灵活性的自然降低（尤其是大师级运动员）。随着人年龄增长，步幅会缩短，步频也会降低。但频繁而持续的拉伸可以缓解这个衰退过程。

- "肌肉在拉伸的时候能够存储弹性能量，从而给肌肉更大的力量。（理想情况下）拉伸应该放在比赛即将开始之前进行，以充分利用增加的这个力量。但是，如果运动员又热身又拉伸，又在比赛之前消磨20~30分钟，这时肌肉就会收缩回原来的长度，多出的能量也被浪费掉"[斯塔克博士（Dr. Stark）[6]]。

- 拉伸能够纠正左右腿、左右髋关节区域灵活性不同导致的身体不平衡。这些不平衡能造成跑步姿态变形，并导致下肢其他部分的酸痛或损伤。例如，1999年，我的左髋关节屈肌区域不灵活，却导致右膝发生问题。

拉伸什么

髋关节区域的灵活性对提高步幅、实现步伐流畅至关重要。要努力让骨盆区域实现相当大的灵活性，这点与跨栏的要求类似。所以，有些教练认为跨栏练习非常有用，而且推荐这个练习。后摆腿练习也非常有用。我喜欢的另一个髋关节练习是弓步。

以下肌肉也必须彻底拉伸：跟腱、小腿下部（比目鱼肌）、小腿上部（腓肠肌）、股四头肌、腘绳肌、内收肌、外展肌、髂胫束（大腿外侧）、背部以及梨状肌（跑者臀部肌肉常见的痛点）。请参阅安德森的著作[2]及其他许多拉伸的精彩参考资料了解这些。许多跑者经常忽视髂胫束和梨状肌的拉伸，这有时会导致膝关节、坐骨神经以及其他方面出现问题。

做了上述拉伸之后，应该进行下面的短跑ABC练习，以调整韧带和关节，为肌肉动作做进一步准备，做2次或3次，每次大约30米（请参阅第6章）。

拉伸主动肌肉，对应的拮抗肌肉就会紧张、变硬，反之亦然。因此，在同一堂拉伸课上，重要的是既要拉伸主动肌肉又要拉伸拮抗肌肉（例如腘绳肌和股四头肌）。

拉伸不要过度

拉伸容易过度。1996年一次腘绳肌损伤之后，即使经历了7周每周3次的理疗、许多次深入按摩以及频繁的拉伸，这块肌肉依然变得僵硬和疲劳。我的训练量减到了50%，取消了快跑。我无法理解为什么在我的损伤几乎痊愈的时候，却发展出这种情况并持续数周。最终，我认为腘绳肌的这种僵硬和疲劳是由于这块肌肉的过度拉伸导致的。我当时对腘绳肌做了大量拉伸，一天2次或3次甚至到了不舒服的程度。

"拉伸反射"（身体的自然保护机制）在拉伸的时候试图收缩或缩短。这种拉扯争执会导致肌细胞操作，引起肌肉的微小撕裂和疲劳。深入按摩对微小撕裂没有帮助。当我用更少重复开始温和拉伸，不做按摩时，肌肉恢复到了95%的正常水平。

我也听说杰夫·盖洛威因为腘绳肌类似的过度拉伸而患上坐骨神经痛。

而且，如果拉伸太猛，还会在其他新的区域出现肌肉疼痛。例如，根据经验，过度和不柔和的腘绳肌拉伸会导致背部疼痛。而且，正如下面"不该做什么"中指出的，肌腱最长只能拉伸大约3%。一位比我年轻的跑步伙伴迈克·卡特（Mike Carter）（可以想象，比我肌肉发达，跑得也更快）曾经得过1年半的足跟滑囊炎。最近，我注意到他拉伸小腿下部肌肉时会过度拉伸，这样会造成跟腱的过度拉伸。我相信正是这个区域更柔和的拉伸，才缓解了他日益加重、痛苦的足跟问题。

为了避免过度拉伸的问题，脊椎按摩治疗师、专攻田径损伤的罗伯特·泰勒医生提供了一些好的建议：在放松肌肉后，进行良好拉伸，然后慢慢恢复原状，保持15~30秒。这样应该就可以避免上述问题。

拉伸该做什么，不该做什么

多数严肃的运动员都是拉伸的忠实信徒，但有些人会无意识地造成伤害。拉伸的问题多种多样，例如，猛地让肌肉变成某种体位、肌肉不平衡、韧带变弱、关节移动过度，以及对肌肉和肌腱的过度拉伸。

做什么

- 在拉伸之前认真热身，让肌肉热起来，并润滑关节。这可以让拉伸更舒适、更有效。但是，如果拉伸比较柔和，则不需要热身，例如，可以一边看电视一边做柔和拉伸，无须热身。而且，在主动的独立拉伸之前，热身也不重要。
- 除了热身，做5~10分钟柔和的按摩也有益处，尤其是对问题区域的按摩，但不要施加有很大穿透性的压力。
- 一边专注于被拉伸的肌肉，一边使用常用的静态方法、斯塔克方法或使用主动隔离拉伸，将肌肉拉伸到轻微的紧张程度（所有方法都在下面讨论）。
- 隔离肌肉群，一次只拉伸一个肌肉群。有些拉伸除了拉伸目标肌肉还会拉伸其他肌肉群。这样就无法准确地判断哪个肌肉群最紧张、需要最多拉伸。
- 用腹式呼吸深呼吸。拉伸的时候总是要柔和地吸入、柔和地呼出。
- 要有耐心。有些紧张肌肉可能需要几个月才能达到期望的灵活性。
- 训练或比赛之后拉伸可以避免肌肉僵硬或疼痛。

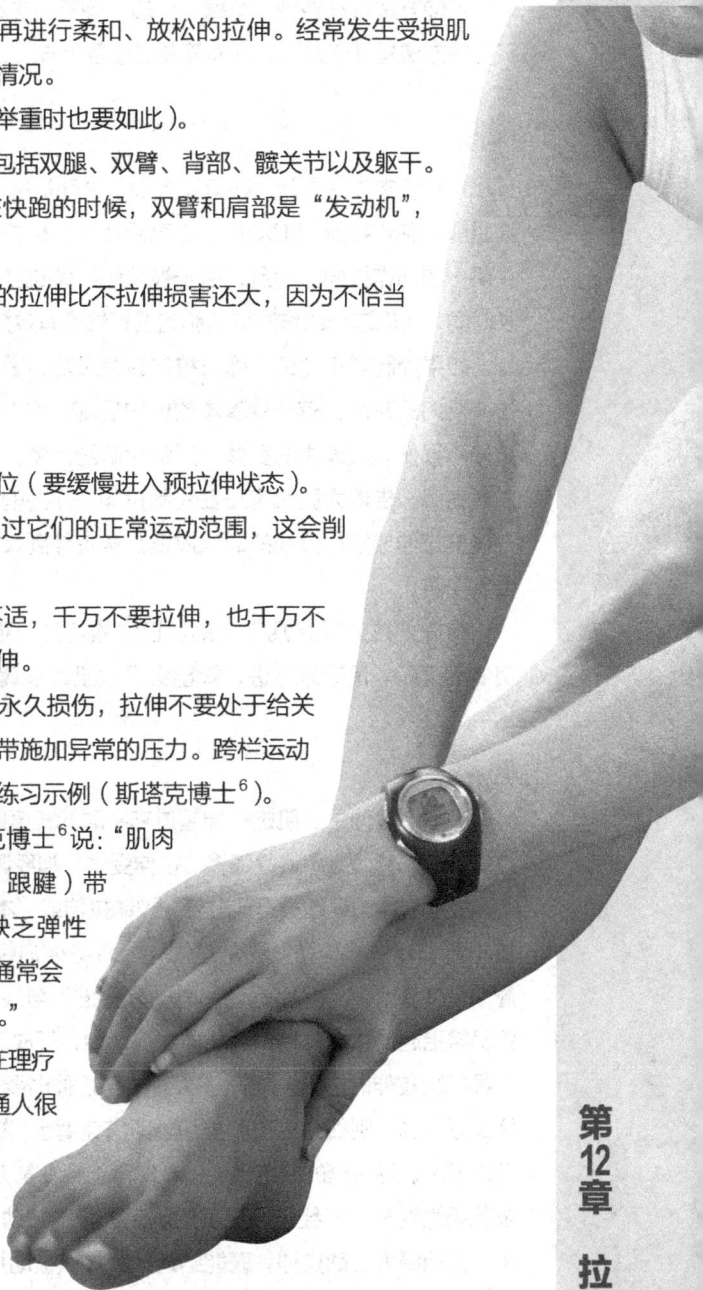

- 如果晚上僵硬，再次拉伸。"夜里僵硬，早晨酸痛"，我的一些见多识广的跑友如是说。

- 在损伤的早期，等2天之后再进行柔和、放松的拉伸。经常发生受损肌肉过早拉伸或者拉得过猛的情况。

- 拉伸的时候保持背部挺直（举重时也要如此）。

- 拉伸上肢，也要拉伸下肢，包括双腿、双臂、背部、髋关节以及躯干。双臂和肩部经常被忽视。在快跑的时候，双臂和肩部是"发动机"，因此也非常重要。

- 正确而柔和地拉伸。不恰当的拉伸比不拉伸损害还大，因为不恰当拉伸会造成损伤。

不该做什么

- 不要猛地让肌肉形成某种体位（要缓慢进入预拉伸状态）。

- 拉伸时不要迫使关节运动超过它们的正常运动范围，这会削弱关节[3]。

- 如果肌肉感觉疼痛或严重不适，千万不要拉伸，也千万不要在肌肉还冷的时候过度拉伸。

- 为了避免时间长了对韧带的永久损伤，拉伸不要处于给关节负担的体位，也不要给韧带施加异常的压力。跨栏运动员的拉伸是需要避免的一个练习示例（斯塔克博士[6]）。

- 肌肉不要过度拉伸。斯塔克博士[6]说："肌肉过度拉伸会给肌腱（例如，跟腱）带来严重的负担。由于肌腱缺乏弹性（最长只能延长3%~4%），通常会导致肌肉或骨膜的微小撕裂。"

- 不要拉伸受伤肌肉，或者只在理疗师的建议和监督下进行。普通人很难区分严重痉挛和损伤，所以要小心。

第12章　拉伸

拉伸的种类

拉伸方法有很多种：弹振、静态、弹簧、主动隔离、"不要做"以及普拉提。最流行的方法是静态方法。下面简要描述各个方法。

弹振

主动肌肉收缩之后，在运动末端，冲劲被拮抗（对侧）肌肉的收缩止住。例如，高踢腿和跑步都是弹射动作。在高踢腿中，拮抗肌肉（腘绳肌）被主动肌肉（股四头肌）的动作拉伸。而且，由于被拉伸肌肉长度超过其习惯长度的过程没有保持多长时间，所以这个动作对拮抗肌肉没有做到有效拉伸［J.杰西（J. Jesse）[1]］。

如果控制得不合适，弹振拉伸会有风险，因为容易对肌肉和关节造成损伤。在拉伸肌肉的时候，有一种基本的保护机制，称为肌伸张性拉伸反射，用来防止过度拉伸和损伤。肌肉中的受体，又称为肌纺锤体，在受到刺激时，会通过脊髓向大脑发送信息，告诉大脑肌肉正在受到拉伸，作为响应，大脑向肌肉发送消息，让肌肉在过度拉伸或拉伸过快的时候收缩。从拉伸到收缩的这一突然变化，通常会导致腘绳肌损伤。

弹振式拉伸早在几十年前就已经被淘汰。但是，仍有一些不知情的跨栏运动员做高摆腿。快速地弹进、弹出会导致肌肉疼痛甚至肌肉撕裂。

静态[1, 2, 6]

在静态拉伸中，肌肉拉伸超过它平时的长度时，肌肉被"保持住"。如果拉伸不过度，这一持续应用的紧张将"拉伸受体"神经调整为可以承受的新位置。

主动拉伸由运动员自己进行。被动拉伸或"本体感觉神经肌肉促进疗法"（PNF）拉伸要求有外部帮助，通常是同伴、教练或训练员。腘绳肌拉伸中，运动员平躺，腿向上伸直，训练员将运动员的一条腿推到与地面垂直，另一条腿在地面伸直。训练员将抬起的腿推几秒，运动员对抗几秒，释放压力。这个循环重复3次或4次，训练员每次拉伸时的压力逐渐加大。被动拉伸时要小心，因为如果运动员和训练员之间缺乏沟通，则很容易过度拉伸。斯塔克博士[6]警告说，PNF拉伸让肌肉更加紧张，所以要求训练有素的教练员协助。您可能会在第2天才发现拉伸太严重；我的一位朋友就因为对本来已经训练过度的肌肉进行的被动拉伸强度太大，而导致小腿肌肉撕裂。使用绳索协助拉伸，既能给运动员提供被动拉伸的效果，又能提供更好的反馈，因为运动员可以完全地控制绳索。

渐进式拉伸是指保持轻松拉伸超过10秒，略微紧张一点超过10秒。紧张程度应该保持不变或者在几秒后降低，否则就会略微退化。

静态方法如果做得不得法，可能导致紧张和损伤，因为它会激活人体固有的"拉伸反射"（或肌伸张反射），尤其是在高强度的快速运动以后或者在肌肉受到过大压力（例如超过温和刺激）2~3秒之后。正如前面解释过的，拉伸反射导致肌肉在这些情况下开始缓慢收缩并缩短。如果在肌肉努力收缩的时候进行拉伸，则会导致微小撕裂，甚至更糟——导致损伤。

拉伸的斯塔克现实方法[6]

这个柔和的拉伸方法包括避免拉伸问题和损伤的5条黄金法则。这里的引用得到了许可。斯塔克博士建议每个肌肉群连续拉伸2次，这样可以让肌肉更强健、更有力。

1. 将肌肉群隔离，这样就不会给其他肌肉群、韧带或关节造成压力。

2. 找到零紧张点，这样肌肉群没有负荷，所以也就没有紧张。

3. 找到第一次出现感觉的点。拉伸到刚刚开始感觉肌肉群有轻微紧张的点上。最初，放松的肌肉收缩（缩短）作为对这个负载力量的响应。为了让肌肉放松，恢复到最初休息时的长度，不能让肌肉过载。初始负载越柔和，肌肉群就能越快放松恢复回休息长度，然后就可以重新开始拉伸。

4. 就像前面说的，力量小一点最好。

5. 允许紧张度降低。必须保持肌肉群稳定连续的轻微紧张，这样肌肉群才能放松并延长回原来的休息长度。当感觉不到肌肉中有任何紧张的时候，说明滑动延长过程完成。

拉伸保持的时长因人而异，而且取决于初始负荷、热身情况以及肌肉是否疲劳（变短且弹性更差）。所以，保持住15~30秒并不合适。应在肌肉紧张消除之后，结束拉伸。

弹簧

弹簧方法既可以是主动的也可以是被动的。一个良好示例就是：（站立开始）身体前屈，膝关节绷直，用指尖、指关节、手掌触地。身体一上一下，每次向下的力量逐渐加大，随着身体越来越灵活，先是指尖触地，下一次是指关节触地，再下一次是手掌触地。如果屈膝的话，即使不太灵活的人也能向下伸展更远。

第12章 拉伸

但是，这个练习如果做得不恰当，也会导致问题，任何剧烈运动或反弹都会不自觉地激活拉伸反射。所以，弹簧方法并不流行。

主动隔离

主动隔离是一种主动拉伸方法，包括3个基本原则，比静态拉伸更有优势。

1. 将身体摆放在最佳解剖体位上，将特定肌肉隔离。

隔离通常要坐着或躺着才能实现，站立通常做不到隔离。多数拉伸，尤其是站立的拉伸，都会牵涉被拉伸肌肉外的其他肌肉。

2. 收缩被拉伸肌肉对应的拮抗肌肉。

根据谢灵顿定律，当关节一侧的肌肉（例如股四头肌）收缩时，会向对侧的拮抗肌肉（例如腘绳肌）发送一个神经信号让它们放松。为了实现有效拉伸，肌肉应该放松。

3. 拉伸少于2秒，以避免肌伸张性拉伸机制。

肌肉过度拉伸时，这个机制会在2~3秒后发挥作用，导致肌肉收缩。

将以上3个原则组合在一起，就形成了主动隔离拉伸。

这个新方法最初是由佛罗里达的运动康复师亚伦·马特斯（Aaron Mattes）采用的。现在在一些主要的美国城市的主动隔离拉伸诊所实践，并成功地被一些世界级运动员用来提高灵活性、动作范围，以及减少损伤。迈克尔·约翰逊在比赛之前的热身阶段使用主动隔离拉伸长达40分钟，并配合少量跑步。

与静态拉伸相比的优势

- 主动运动激活肌纤维，产生深入的组织按摩效果。主动按摩过程会让被拉伸肌肉热起来，所以拉伸前的慢跑不是必需的。而且，这个按摩效果在冷身阶段也有助于消除乳酸和废弃物。

- 按摩由于提供了更多血流和氧气，促进废物清除，有助于促进后续阶段的损伤愈合。

- 可以预防被拉伸肌肉的损伤和酸痛，因为不会激活肌伸张反射机制，而且柔和的拉伸时间也短。

- 可以防止邻近肌肉的损伤，因为隔离了被拉伸肌肉。

- 可以加大或恢复动作范围，同时增强被拉伸肌肉的弹性和灵活性。

- 花费的时间要少得多。

- 在运动之前热身时的静态拉伸中，容易发生微小撕裂而影响成绩。在主动隔离拉伸中，由于时间更短，不容易发生微小撕裂。

方法

拉伸的具体方法如下。

1. 让自己处于正确体位，以隔离特定肌肉。

2. 收缩被隔离肌肉的拮抗肌肉，将隔离肌肉置于放松位置。在拉伸过程中，继续收缩拮抗肌肉。

3. 用手或绳索柔和地拉伸被隔离肌肉（避免任何不适），增强拉伸作用，最多保持2秒。

4. 在肌肉进入保护性肌伸张反射收缩之前，松开拉伸。

5. 恢复初始体位。放松2~3秒。

6. 重复8~12次。

通用考虑

- 大腿、小腿、髋关节的拉伸，都要坐在或躺在地上进行。

- 不要用绳索将腿拉到位。绳索的用途是在拉伸体位上进行柔和拉伸。

- 用力阶段呼气，放松恢复阶段吸气。

- 不要达到轻微不适的程度。

- 关于绳索拉伸的解释和图示，请参阅相关网站信息或者沃顿（Wharton）的拉伸图书[4]，或者这种拉伸方法创始人亚伦·马特斯的著作。

小结

我相信主动隔离拉伸方法会在跑者中流行起来，因为热身过程中的静态拉伸越来越不流行。实际上，主动隔离拉伸与动态热身哲学非常匹配，因为两者练习的都是动作范围。下面的方法与主动隔离拉伸类似。

"不要做"

这是汤姆·德拉姆（Tom Drum）设计的使用绳索进行的一个简单且简短的"全身拉伸"。这个方法来自几年前我阅读的小册子"不要做"，通过它我认识了绳索拉伸的好处。得到德拉姆公司总裁汤姆·德拉姆先生的许可，下面是几个拉伸的示意图。

第12章 拉伸

汤姆·德拉姆总裁对我提到了上肢拉伸的重要性。我个人的经验是，优秀的游泳运动员和优秀的短跑运动员通常不会忽略这些区域，但大多数跑者通常不做双臂和肩部的拉伸，这实际上忽略了肩部是快速奔跑发动机的事实。例如，我的一位肌肉发达的朋友，也是我的训练伙伴迈克·卡特49岁时在100米短跑中拉伤了肩部肌肉。毋庸置疑，如果热身的时候对这个区域做了拉伸，就不会发生这个问题。这个意外使我相信了上肢拉伸的重要性。简单而有效的"不要做"程序就有助于防止全身发生这样的问题。

普拉提

这个方法的历史虽然已经长达1个世纪，但刚刚才被认识并流行起来。布鲁克·塞勒（Brooke Siler）在她的精彩著作《普拉提全书》（*The Big Book of Pilates*，中文版由人民邮电出版社出版）中详细介绍了这个运动。

普拉提方法包括以下要点[5]：

- 一边进行拉伸和强化练习，一边通过可视化来增强练习的效果；
- 知道正在训练哪些肌肉、关节以及肌腱，并将注意力集中在这个区域，同时放松这个区域；
- 从一个动作流畅地转移到下一个动作（全下来超过30个动作），运用到全身的所有区域；
- 自然呼吸，动作不要仓促，也不要过度；
- 练习从"发电厂或身体中心"开始，即在腰和大腿顶部之间。

在"罗尔夫按摩"课上，我学到了类似普拉提的练习，可以强化和拉伸大多数腿部、脚部、髋关节肌肉，尤其是许多平时在跑步或其他运动时不用或使用过度的大型肌肉和小型肌肉。这个优秀练习适用于髋关节、内收肌、外展肌、髂胫束、腘绳肌、腹肌、股四头肌等。可以像我一样在早晨起床之前做几分钟下述练习，每次一条腿，轮换着做。

1. 平躺，屈膝，双脚平放在地面或床面上。

2. 将一条腿直直举起，接近竖直。在各个方向上弯曲举起的那只脚，上上下下（锻炼腓肠肌和胫部肌肉），顺时针和逆时针转动（锻炼脚部和踝关节）。

3. 举起的那条腿，从一侧摆到另一侧。

4. 以（a）小圈、（b）波浪和数字8（c）大圈和大摆动作，移动上面这条腿，进行划圈或大的扫地动作。腿可以伸直，也可以弯曲，可以抬高，也可以放低。可以有各种创意。

这些练习与约瑟夫·普拉提（Joseph Pilate）一个世纪前设计的练习类似。它们的感觉确实良好，而且整体感觉很有益。这里的介绍只是为了激起您的兴趣，真正的练习请参阅布鲁克·塞勒的《普拉提全书》或类似图书。

一些基本的拉伸

下面介绍的拉伸在静态方法中频繁使用，通常保持15~30秒。这个时间长度适合释放肌肉紧张，因为在前10秒左右，肌肉可能会由于拉伸太狠而收缩。加上拉伸间的休息，整个拉伸课不用10分钟就能完成。有些人，比如我自己，只保持2~3秒，以避免拉伸反射，然后放松几秒，再重复大约10次。或者，我推荐一种妥协的方法：轻松拉伸超过10秒，再缓缓加大拉伸10~15秒（这个拉伸应该仍然感觉柔和，否则请退回一点），逐渐加大压力，只保持2~3秒，但不要达到不舒服的程度（在尝试一种新技术之前，请咨询您的理疗师或教练，这是渐进式拉伸的一种扩展）。

小腿肌肉拉伸

腓肠肌（小腿上部肌肉）。

1. 双手扶墙或抓住前面的柱子。

2. 一条腿离墙2脚远，膝关节弯曲。

另一条腿完全伸展，离墙4脚远，膝关节锁定。双脚落地，脚尖向前，背部挺直。

3. 臀部前推，直到感觉后腿的小腿肌肉有轻微的拉伸。保持并缓慢恢复原状。

4. 换脚之后，在另一条腿上重复。

比目鱼肌（小腿下部肌肉）。

这个拉伸也适用于提高踝关节灵活性，与上面的拉伸相比，只有一个小变化。

1. 双手扶墙或抓住前面的柱子。

2. 一条腿离墙2脚远，膝关节弯曲。

另一条腿完全伸展，离墙4脚远，膝关节弯曲。双脚落地，脚尖向前。

3. 后面的腿膝关节弯曲，直到感觉小腿下部肌肉有柔和的拉伸感。

4. 换脚之后，在另一条腿上重复。

斯塔克博士[6]对站在台阶边缘、将足跟下降到台阶下拉伸小腿肌肉的做法提出了警告，这一流行的拉伸类型"可能会导致跟腱、膝关节后部、腓肠肌、足跟或足底筋膜的损伤"。

髋关节外侧拉伸

1. 与上述小腿肌肉拉伸体位相同。

2. 与上面相同，前面的腿前屈，后面的腿完全伸展，锁定。

3. 后面的腿髋关节外斜，在外侧拉伸这一侧的髋关节。

4. 换脚之后，在另一条腿上重复。

腹股沟/内收肌拉伸

1. 坐在地上，后背挺直，双脚并拢。

2. 将双脚拉向身体。

3. 将双脚拉向骨盆，一次拉近一点，直到感觉到轻微紧张。身体不要前屈。

斯塔克博士[6]建议不要用双手或双臂用力推（以加强腹股沟的拉伸），"因为肌肉会收缩以对抗负荷力量"。他还反对站姿腹股沟拉伸，因为"在这个姿势下，内收肌会不自觉地收缩"。

股四头肌拉伸

1. 侧躺。

2. 上面腿的膝关节弯曲。

3. 用手将这条腿向后拉。

站姿做这个拉伸更好。警告：不要抓住脚。抓住脚会给踝关节和膝关节造成太大压力（有的时候，如果前一天什么刻苦训练也没做，膝关节依然感觉疼痛，就有可能是因为抓住脚拉伸给膝关节的压力过大）。

髂胫束拉伸

1. 离墙或柱子2脚远侧立。

2. "内侧"髋关节和"外侧"髋关节分别指离墙最近和最远的髋关节。将外侧腿在内侧腿前方与其交叉。外侧脚现在在前，这条腿略弯曲，内侧"目标"腿绷直。

3. 将髋关节向墙倾斜。内侧手扶墙支持身体。全部重量几乎都放在目标腿上。内侧髂胫束"目标腿"得到拉伸。

4. 换方向重复，拉伸另一条腿的髂胫束。

做这个拉伸时，一定要注意动作柔和。

胫部肌肉拉伸

1. 在柱子或杆前蹲下，双脚落地。臀部靠近地面，或者在大腿和小腿之间有小的角度。

2. 脚尖略微向外，双脚足跟相距大约22厘米。

3. 将身体拉向柱子或杆，保持双脚落地。感觉到胫部肌肉的拉伸。保持，然后缓慢恢复原样。

弓步拉伸髋关节前侧、股四头肌、腹股沟

1. 双腿分开：前面的腿弓，后面的腿绷。

2. 髋关节前部下沉。后面的腿膝关节贴近地面，或者就落在地上。为了避免膝关节出现问题，前面的腿膝关节不应该落到踝关节之前，前面的腿的大小腿之间角度应该超过90度。上肢保持正直。保持15~30秒。

3. 缓慢恢复直立。

4. 换另一条腿重复。

也可以每条腿做12个弓步，从左腿到右腿轮换，每个拉伸保持2~3秒。

第12章 拉伸

髋关节拉伸1

1. 平躺，双膝弯曲。

2. 用右手抓住左脚，朝左肩拉。

3. 同时，用左手抓住左膝，向左肩拉。

4. 感觉左侧髋关节区域的拉伸。保持并缓慢恢复原样。

5. 在右侧髋关节重复。

髋关节拉伸2

1. 坐在椅子或长凳上，后背挺直，小腿垂下。

2. 抬起一条腿，放在另一条腿的膝上。

3. 背部挺直，身体前倾，柔和地拉伸髋关节区域。

踝关节旋转

1. 舒服地坐着，背部挺直，最好坐在椅子上。

2. 将一个踝关节放在另一条腿的膝关节上，脚落在膝关节外。

3. 将这个踝关节顺时针旋转几次，再逆时针旋转几次。

4. 换一只脚重复。

梨状肌拉伸

1. 坐在地上。

2. 要拉伸左侧梨状肌，左腿在前，平放在地上，左脚贴近右侧腹股沟。右腿向外、略向侧面伸展。

3. 背部挺直，在左腿上方前屈，感觉左侧梨状肌的拉伸。保持常规的15~30秒。

4. 换腿，换右侧重复。

腘绳肌拉伸

考虑到跑步人群中腘绳肌僵硬和损伤的高发情况，这里对腘绳肌拉伸给予了特别关注。而且，在一次课中做不止一个腘绳肌拉伸，锻炼腘绳肌的不同部分，也是有益的。有许多腘绳肌拉伸可以选择。

假设要拉伸的是右腿，每次拉伸时，通过心理上将注意力集中在拉伸的右侧腘绳肌上，您可以得到生理上的放松。做拉伸的时候不能有任何不适。在尝试了下面介绍的拉伸之后，找到适合自己的腘绳肌拉伸方式。为了增加变化，可以在一次课上做多个拉伸，左右腿轮换。但是，健康腿的拉伸时间可以短一些。

下面的练习很多都会同时拉伸其他肌肉，所以要小心，不要给其他肌肉太大压力。全部拉伸都要保持背部挺直。斯塔克博士[6]警告说："腘绳肌的拉伸不能采用站姿，因为收缩它们的时候，会消耗能量来稳定骨盆，以对抗重力的牵引。"

下面介绍的拉伸来自各种参考资料（因为都是流行的练习），但有些在安德森的书中有详细介绍。我以拉伸的剧烈程度（由轻松到困难）为序对这些拉伸大致进行排列。

1. 坐在地上，双腿向前伸直，以髋关节为轴前屈，向脚尖拉。不要低头。

2. 站立，双脚并拢，膝关节绷直，身体前屈，直到感觉腘绳肌有轻微拉伸。双手放在背后，协助保持背部挺直。

3. 坐在地上，右脚向前伸直，左脚脚底放在右大腿内侧。现在以髋关节为轴前屈。

4. 平躺，右腿举起与地面垂直，左腿弯曲90度，双手抱住右腿向胸前拉。

5. 平躺，左腿伸直，右腿弯曲，双手抱住右腿向胸部拉。

6. 左腿单腿站立，背靠墙支持，双手将右膝拉向胸部。

7. 双腿分开站立，背部挺直，以髋关节为轴前屈，用双手拉右脚。

8. 立姿，双腿交叉，左腿在前，双手放于背后，保持背部挺直，前屈。

9. 坐在高桌或长凳外缘，右腿向前方伸直，左腿落地。身体前屈，给腘绳肌加压。背部挺直，挺胸抬头，目视前方。

训练之前的拉伸

关于训练前拉伸的最新思考是：不应该在艰苦的训练或比赛之前进行（或者至少要降到最少）。问题在于静态拉伸，即使是柔和的静态拉伸，也会导致肌细胞的一些微损伤，而拉伸会掩盖疼痛。因此，训练之前的静态拉伸，尤其在拉伸强度又大时间又长的时候，如果紧接着进行高强度或者长时间的训练，就会导致损伤。类似地，肌肉酸痛（因为极微小的撕裂）时训练也是不明智的，因为这经常会导致损伤。而且有些研究已经指出了比赛前拉伸有可能会降低比赛成绩。但是，低强度的训练之前，传统的慢跑加低强度拉伸依然可以保持。最近的许多研究建议在热身过程中用动态热身代替静态拉伸。艰苦训练或比赛之前不拉伸或少拉伸的这个转换的内在逻辑，将在第18章说明。

第12章 拉伸

训练之后的拉伸

训练之后建议迅速进行静态拉伸，此时肌肉是暖的，能够提供最大的灵活性，这时拉伸可以促进恢复，减少乳酸和肌肉酸痛，因此有助于预防损伤。但是，考虑到高强度训练、比赛或高强度的负重训练后肌肉的微小撕裂，推荐在2小时后再拉伸，给这些微创伤留出恢复的时间。

静态拉伸依然非常有益，而且需要每天进行，但应该在合适的时间进行，而且坚持在肌肉热起来以后进行。

参考资料

1. Jesse J., *Running Athletes*, The Athletic Press, Pasadena, California, 1977.
2. Anderson B., *Stretching*, Shelter Publications, Bolinas, California, 1980.
3. Francis F., and Francis P., *Stretching Your Muscles*, Fitness Plus, September 1991.
4. Wharton J. and P., *The Whartons' Stretch Book-Active Isolated Stretching*, Times Books, Random House, 1996.
5. Siler, B., *The Pilates Body*, Broadway Books/Random House, New York, NY, 2000.
6. Dr. Stark, S. D., *The Stark Reality of Stretching*, The Stark Reality Corp., Richmond, BC, 1997.

第**13**章

恢复

恢复必不可少，只有这样才能修复肌肉的微小撕裂、补充消耗的糖原、清除身体产生的毒素。恢复还包括心理上的恢复，因为艰苦的训练会带来心理压力。在艰苦的训练之后，你可能觉得自己不需要恢复，但按摩师却能发现你的肌肉酸痛，你自己可能永远不会知道。这些都需要休息，否则就有可能发展成损伤。

心脏也需要休息。运动员总对心脏不以为然，因为心脏从不酸痛，而且也很少带来问题。但当心脏真的有问题的时候，往往已经太迟。所以，认识到心脏也需要休息是很重要的，而且在某些情况下，心脏比其他肌肉更需要休息。请记住，心脏是我们最好的朋友，千万不要忽视它。对于年老的运动员，这可能是本书最重要的建议——这可能是救命的建议。

最佳恢复方法

下面是训练之间的最佳恢复方法。

1. **难/易日**。坚持在艰苦训练日之后安排轻松训练日或中等强度训练日。连续2天艰苦训练有可能导致损伤。在一个艰苦训练和一个轻松训练之间至少要间隔12小时，例如，可能是一个高强度场地间歇课或每周长距离跑12小时以后第2天安排轻松的交叉训练类型的训练，或者轻松缓慢的有氧跑。2次艰苦训练之间至少要间隔36小时，如果肌肉酸痛或者疲劳，则需要更长时间。理想情况下，应该在艰苦训练之间间隔72小时，因为通常要在高强度训练之后2天才会出现肌肉酸痛。

2. **比赛或高强度训练后，继续保持移动**。比赛之后最糟的事是什么？答案：站着不动。不要这样做，血液会在腿部堆积。而且，要让心率缓慢下降。

3. **采用合适的热身和冷身**，对肌肉的损伤更少，所以恢复也更好。在热身期间，如果可能，可以用热水或桑拿浴使肌肉热起来，但不要太久——热量会有削弱作用。我喜欢把腿浸在热水里，最多只在里面停留7分钟。在训练之前，也可以在热水或桑拿浴里做拉伸。我在本地的基督教青年会中这样做过许多次，但我并不推荐在比赛或严肃的训练之前这样做。

训练从慢跑开始，然后做良好的拉伸。热身之后进行拉伸，心率理想情况下应该提高到接近比赛心率或训练心率。在训练过程中，快速的间歇之间做拉伸会很有帮助，尤其是在肌肉酸痛或紧张的时候；拉伸有助于防止肌肉进一步酸痛甚至损伤。如果有教练陪伴，可以让他在间歇期间和训练后帮你拉伸。还请记住，训练强度越大，冷身的时间就要越长。

4. **重复之间慢跑休息**。研究表明，如果间歇之间慢跑而不是步行，恢复更迅速。慢跑有助于乳酸从跑步肌肉排出，进入血液，因此能够更快清除。这样就能实现更快的间歇。实验室测试表明，对于多数跑者，慢跑速度应该比1万米比赛配速每英里慢3~4分钟。

5. **恢复大步跑**。慢跑加良好拉伸对于恢复来说是必需的。

除此之外，还强烈推荐做一些中等配速的大步跑，以此来松解关节和韧带疲劳，消除僵硬，尤其是在长距离的无氧阈或有氧调整训练之后。

6. **双腿抬高**。为了消除双腿中的废物，平躺，双腿放在墙上，双腿抬高，高过头部，大约5分钟。这对同一天参加多个比赛的赛间休息来说，是个好办法，对改进循环来说，这个方法一直都很好。

7. 冷水泡腿可以加快恢复。在此之前先拉伸。如果在夏天，可以在清凉的湖水、河水、溪流中步行大约10分钟。越凉越好。这个做法真的是让人焕然一新，而且确实有效。在游泳池的深水区用轻松配速跑步有助于恢复。另外，有些大胆的运动员还使用冰块洗冷水澡，例如，美国奥运会跨栏冠军约翰斯顿就用过这一技术。我自己也试过几次用冰块洗澡，刚进去的时候还不是很难忍受。冷水冲淋腿部大约5分钟也是一个办法，也可以用浸满水并在冰箱中冰冻的冰毛巾降温。

冷水浴对热天比赛之间的恢复非常有效。而且，在热天的第一个比赛之前，冷水浴可以降低身体温度，让血液碱性更强，因此应该可以提高成绩。如果天气非常炎热，则可以在比赛之前用在冷水中泡过的衣服打湿身体。

8. 艰苦训练之后，如果肌肉过于酸痛，热水浴、泡泡浴或桑拿浴会很有益。如果肌肉只是普通酸痛，冰镇更好。在泡泡浴中，让水流冲向腿部肌肉，但不要离酸痛区域太近，而且在训练结束后一两天之后进行最好。水流震动脚底可以刺激整个身体，如果有足底筋膜炎，则更有益处。但是如果运动之后过早浸在温度极高或极低的水中，会给心脏造成额外的压力。在训练之后做10分钟左右的放松，然后再用水浸泡。请参阅第5章的"避免冲击原则"。

推荐在40摄氏度的水温下热水浴、泡泡浴或桑拿浴3~5分钟后，接着做不到1分钟的冷水浴，这有利于恢复。或者3分钟热水浴，3分钟冷水浴。推荐至少循环2次，最后以冷水浴结束。这样做可以扩张和收缩血管，从而更有利于排除废物。类似地，腿部在热水下放松几分钟后再用冷水冲，可以使血液的碱性更强，从而更有效地将腿部复苏。冷水浴应该从膝关节以下开始，一边逆时针转动身体，一边上移。

9. 训练之后大量饮水，清除机体的废物。

10. 补充碳水化合物。在比赛或训练1小时后，补充运动饮料、碳水化合物以及蛋白质。最好按照这个比例：碳水化合物/蛋白质＝4/1。牛奶和麦片是很好的选择，它们可以增加肌糖原的储备，加快恢复。碳水化合物和蛋白质共同作用，可以修复由于训练在肌肉中产生的微小撕裂。比赛之间推荐补充运动饮料。

11. **按摩**。训练或比赛2小时内，至少按摩腿部10分钟。我经常使用护肤液或按摩油做这种自我按摩。当然，专业按摩更好，但不是总能得到。强烈推荐每周做1次专业按摩。在艰苦的场地速度训练之后（尤其在弯很急的室内场地）或者在2.5~3小时的长距离跑之后，按摩恢复最重要。

12. 在36~40摄氏度的温度下**进行海盐浴**，是运动员缓解肌肉酸痛/僵硬的一个流行方法，尤其适用于持续的僵硬和酸痛。这个热度人能够承受，保持水面低于胃部。使用一两杯盐，还要喝大量的水，同时按摩腿部。有时只要10分钟左右就会感觉到酸痛缓解，但推荐浸泡10~20分钟。然后淋浴去掉盐分。

第13章 恢复

13. **磁辊**。据说使用磁辊在肌肉上迅速且轻轻地滚动几分钟也能缓解酸痛、促进循环。我有一个，而且相信它有用，出游的时候携带非常方便——相当于有了一个可以放在口袋里的按摩师。

14. **冰**。如果肌肉格外酸痛，可以用冰块：冰敷10分钟，撤下10~20分钟，重复3~4次。我发现这个做法不是太有效。根据冰和皮肤之间铺的隔离物不同，10分钟可能过长，也可能过短，但永远不要将冰直接放到皮肤上，这会感觉不适。神经在寒冷中暴露过久可能会损伤。

15. **交叉训练**。训练课之间要有足够的休息。骑行、游泳，或者在游泳池中跑步都能消除跑步的震动，有助于疲劳/酸痛的腿部恢复。

16. **步行**。在冷身期间，推荐慢跑之后、拉伸之前进行步行。在某些情况下，如果心率没有逐渐降下来，就会保持过高心率，就像我的一位资深练铁人三项的朋友一样。所以，冷身跑应该逐步变慢，然后是慢走，最后再拉伸。

17. **每天服用维生素E、维生素C、葡萄籽精华素**有助于修复训练导致的肌肉微小撕裂。

18. **更频繁的休息日**会减少损伤，更加精力充沛地投入训练，减少肌肉疲劳。例如，推荐年老的大师级运动员每周休息2天而不是1天。在休息日可以进行轻度的交叉训练或徒步等活动。

19. **轻松的恢复活动**。在速度训练、长距离跑或额外的中速跑之后，不必进行彻底休息。第2天可以继续活动，但第2天的活动不应该在这个恢复期内导致进一步的损伤（亨德森[3]）。

20. **碱性食物**有助于恢复（请参阅第15章）。

21. **训练后避免喝茶、咖啡、酒精**，因为这会让血液和肌肉酸性更强（即pH值低于7.0）。对于恢复来说，身体必须返回碱性范围，pH值大约是7.3。如果确实想喝酒，请先给身体补足水分。

22. **周期化**，即前3周循序渐进地增加强度，第4周减量，许多教练都强烈推荐这个做法，却很少有人遵循。只有极少数人如此井井有条。研究表明，心理和生理上的这种复活，会让长距离比赛成绩提高2%~3%。请参阅第10章，了解如何在训练计划中融入周期化。

23. **训练永远不要操之过急**。尤其是室内赛道的速度训练，一定要经过几周时间循序渐进地提高。我个人经过惨痛教训后才了解到这点。让身体逐渐适应，则需要恢复的问题就相对较少，损伤也较少。

24. **计划要有灵活性**。如果某一天感觉倦怠或疲劳，最好做交叉训练或者休息1天。在肌肉疲劳的时候，更容易发生损伤。不要为计划所左右。当身体说话的时候——要倾听身体的声音。损伤临近通常会有警告，例如肌肉酸痛。

25. **赛季后的恢复**。在室内比赛季结束时，至少安排10天或更长时间不跑步（用交叉训练代替）；在户外赛季结束后，开始越野季（或筑基）训练之前，也安排类似的休息。

赛后几天的恢复

比赛之后的首要原则就是为参赛的每个1英里比赛安排1个放松训练日。对资深跑者来说这可能太保守。它可能只适用于新手。美国著名教练杰克·丹尼尔斯[2]建议为每个3 000米比赛安排一个放松恢复日。这样更合理。在5 000米比赛后安排2天放松，1万米比赛后3天放松，全程马拉松比赛后安排2周或更长的放松日。

我已经认识到，在比赛之后，除了肌肉需要休息，心脏也需要休息。我记得在我快70岁的时候，有2次在5 000米比赛或1万米比赛之后的间歇训练里心脏出现问题。我的心率异常高，过了45分钟或更长时间也降不下来。上述情况表明，在比赛或艰苦训练之后，应让人体最重要的肌肉——心脏休息的重要性。当然，随着人的年龄增长，这个休息就变得更为重要。请参阅第1章。

全程马拉松之后的恢复

哈尔·希格登曾经连续6周跑了6个马拉松。真是惊人！他的恢复方法必有过人之处。在他的著作*Marathon*[4]中，他讨论了以下跑完马拉松之后有效的恢复方法。

- 继续移动10分钟，但不要慢跑。
- 立即补水，在接下来的几个小时持续补水（最好是运动饮料，不是普通饮料）。
- 抬高双腿。
- 柔和的自我按摩。
- 柔和的拉伸。
- 冷水沐浴（避免热水澡或热水沐浴，会加重炎症反应）。
- 在家里休息1~2小时。
- 吃顿与赛前一样的大餐。
- 24小时后进行专业按摩。
- 至少进行2周或3周的放松训练（新手要花2倍时间），但不进行长距离训练或速度训练。

参考资料

1. Pfitzinger, P., The Walking Paradox, *Running Times*, October 1996.
2. Daniels, J., *Daniels' Running Formula*, Human Kinetics, Champaign, IL, 1998.
3. Henderson, J., *Running Your Best Race*, Wm. Brown Publishers, Dubuque, Iowa, 1984.
4. Higdon, H., *Marathon*, St. Martins Press, Rodale Books, Emmaus, PA, 1993.

跑鞋选择

合适的跑鞋要适合脚的类型和脚的大小，这对于防止损伤至关重要。跑鞋需要吸收震荡，还要控制与地面接触时的内翻－外翻移动。你应该有多双跑鞋以满足不同活动的要求，例如日常使用的、热身和冷身使用的、长距离跑的、间歇训练的、比赛的。我家前厅看起来就像鞋厂一样——有16双各式各样的跑鞋。

1994年在越野训练期间，我的左脚足底筋膜撕裂。这是由于穿着几乎没有支撑的轻质训练跑鞋在地形恶劣的陡坡上训练导致的。我花了2年多时间，通过每天起床之前进行足底按摩、锻炼、更多按摩、大量的理疗、医疗矫形、穿着动作控制鞋，这个问题才彻底解决，真是谢天谢地。如果我接受过跑鞋的教育，那就不会发生这个损伤。同其他许多跑者一样，在我的脚和膝关节健康的时候，我对自己买的鞋的类型几乎毫不重视。我主要看中的是鞋底的灵活性、轻重、舒适性和价格。你是不是也这样呢？如果你也这样，则也正朝着受伤的方向前进。一般来说，为了预防问题，跑者训练时选择的跑鞋应该有足够的稳定性，而不要过轻。不幸的是，许多跑鞋销售人员在这方面没有提供太多帮助——他们假定客户总是对的。你应该了解自己的需求、自己脚的类型、有无过度内翻或外翻，或者脚部是否有问题。

鞋楦类型

鞋楦有多个类型。跑鞋制造商围绕模具（木制的、金属的等）做鞋，这个模具就叫作鞋楦。内侧直楦稳定性更强，内侧弯曲楦的稳定性略差。鞋楦的做法有3种，即平底楦、弯曲楦以及组合楦，分别介绍如下。

平底楦的鞋在上层的下半部分辅助有灵活的纸板似的材料。研板位于可以拆卸的鞋垫的下面，提供稳定性，并为脚部整形提供良好的平台。平底楦的鞋支撑性最好，也被当成动作控制鞋，适合内翻严重的跑者[3]。

弯曲楦的鞋的上半部分与中底缝在一起，所以在抽出鞋垫的时候，看起来就像是软帮鞋的内部。这个结构的灵活性更好、更轻，对震动的吸收更好。这类跑鞋通常称为避震跑鞋[3]。

组合楦的鞋，硬底通常放在脚后部，以增强脚后部的稳定性，并在脚前部用弯曲楦，提供脚趾区域的灵活性。有些聪明的跑者看中这类功能。这些跑鞋通常被当成既稳定又灵活的跑鞋，适合需要中底良好减震和支撑的跑者[3]。

训练跑鞋的类型

我们需要了解不同类型的跑鞋以及它们的适用场景。下面以最稳定（最重）到最不稳定（最轻）的顺序列出了不同类型的跑鞋。

- 动作控制跑鞋最结实且最耐用。它们很沉，但设计上就是用最大的中部（外侧）支撑和最大的足跟支撑减少内翻次数。这类鞋的鞋底通常很宽。中底（鞋垫和大底之间）采用更高密度的材质，非常结实。最重要的是，它们是在直楦上做的，也就是说，内侧（足弓侧）是直的。这类鞋适用于内翻严重的跑者、足部需要矫正的跑者，并适用于大体重跑者、足跟着地的跑者以及扁平足跑者。
- 稳定型跑鞋也很稳定，但不如动作控制跑鞋紧，通常采用半弯曲楦。这类跑鞋适合体重中等的跑者、足部需要矫正的跑者、没有严重动作控制问题的跑者，以及足弓正常的跑者。

- 缓冲（或中性）跑鞋比稳定型跑鞋更轻，稳定性不如后者，但由于鞋底更柔软，所以灵活性更好。中底柔软，为脚部提供了更多移动性。缓冲跑鞋采用半弯曲的鞋楦或者完全弯曲的鞋楦，以加强脚部动作。这种跑鞋适合体重轻和高足弓的跑者。足内翻由于脚部对震动的吸引不好，因此要穿缓冲跑鞋。使用缓冲跑鞋有助于消除震动。
- 轻量级训练跑鞋比缓冲跑鞋更轻，因此稳定性更差。多数轻量级运动鞋不提供稳定性，而且在脚掌区域有巨大的灵活性。这类鞋的鞋楦通常是半弯曲的或完全弯曲的。这类鞋适用于没有足内翻问题而且体重非常轻的跑者进行速度训练或参加比赛——绝对不要在恶劣地形上跑，在这类地形上，为了保护双脚，鞋的稳定性更重要。另外，有的轻量级训练跑鞋提供稳定性支持（使用直楦），我会选择这类跑鞋进行速度更快的训练。

其他特性

其他结构特性对于稳定性、灵活性以及缓冲性也有帮助。例如，针对足内翻人群，通常在足跟内侧和足中部有更结实的结构，这些材料的颜色通常更深。可以按以下方法对整体效果进行测试：可以在水平面上拧跑鞋来测试其稳定性或灵活性。将左手放在鞋前，右手放在鞋后，两手相向将鞋对折，观察鞋的阻力。拉脚趾部分，检查前脚掌部位的灵活性。

可以判断跑鞋类型的测试

湿试法

湿试法可以确定脚的类型，通过确定脚的类型，可以判断出最适合自己的跑鞋类型。湿试法可以确定脚内侧的弯曲情况，或者需要的鞋楦类型。鞋楦决定了鞋的类型（足弓一侧是直的还是弯曲的）。将脚在水中浸湿，站在干燥平面上，留下脚的痕迹。两只脚都要测试，因为两脚可能不同。通用规则是，鞋楦应该符合湿试的形状。

低足弓的扁平足在足弓处的痕迹很宽。这个痕迹通常可以看出过度内翻。对于这种情况，直楦和动作控制跑鞋最合适。

正常的脚有正常的足弓，足中部的痕迹比较窄，但不会过窄。会有轻微内旋来吸收震动。对这类脚，半弯曲楦和稳定性跑鞋最合适。

高足弓脚的脚中部的痕迹非常窄。这类脚通常会外翻——所以无法有效吸收震动。对这类脚最合适的鞋是弯曲楦和缓冲跑鞋，可以强化脚部动作，吸收震动。

足内翻、足外翻的测试

以下测试来自马克·克莱恩博士（Dr. Mark Klein）[3]，可以判断是否足外翻。赤脚站在大衣镜前，双脚向前伸直，半蹲。如果膝盖保持在脚的中点正中，则脚的功能正常，应该选择稳定型跑鞋。

如果膝盖向着大脚趾前移，或者朝着脚内侧移动，那么脚就是过度外翻，应该选择动作控制跑鞋。反之则是过度内翻，应该选择缓冲跑鞋。

有用的技巧

1. **错误的鞋楦类型**。从上述讨论可知，鞋内侧的设计对应着湿试时脚的形状。如果鞋楦类型错误，就会对脚产生不自然的束缚，脚或腿就会难受。

2. **过度内翻或外翻**。正常的脚和正常的内翻几乎穿任何类型的鞋都没有问题，尤其在鞋楦正确的情况下。过度外翻或过度内翻的时候，选择鞋就至关重要。过度外翻表现为鞋的外侧过度磨损，过度内翻的表现则是鞋的内侧过度磨损。选择形状和类型正确的跑鞋，有助于解决这些问题，但错误类型的跑鞋只会加剧问题。

3. **"硬边"**。纽约的著名运动足科医生理查德·舒斯特（Richard Schuster）几十年前就建议，所有长跑运动员的跑鞋都应该有"硬边"，即限制足跟到脚尖后侧（跖骨头）的灵活性，以减少足弓的疲劳。你会发现，除了一些轻量级比赛鞋，几乎所有跑鞋都有这个特性。任何训练用鞋都不应该能够从中间弯曲，以避免跖肌腱的过度拉伸，从而导致对跖肌腱或足跟的损伤。对于这个区域有问题的人来说，这点尤其重要。

4. **脚尖下的灵活性**。而且鞋在脚掌[1]（前脚）下的部分也应该灵活，以便轻松地蹬地，并减少能量消耗（这是我看中的一个特性）。如果不够灵活，腿的前部和后部会承受额外的压力，这有可能导致跟腱、腓肠肌或胫部的损伤。测试鞋的时候，向上伸大脚趾，注意阻力大小。鞋应该在买的时候在脚尖区域就足够灵活，因为这部分区域以后不会变得更灵活。

5. **足跟稳定器**。对于足外翻或内翻的人来说，足跟稳定器支持在脚的后部，需要足够牢固，以提供更多支持。结实的足跟稳定器应覆盖整个足跟区域，这点非常重要。可以用大拇指和食指捏这个部分，检查足跟稳定器的支持性能。

6. **缓冲过多或支撑太少**，都会导致内翻足更加内翻。缓冲过多会导致不稳定和跑动无效。

7. **轻量级跑鞋在比赛时可以节省宝贵的几秒时间**——5 000米比赛可能节省10~15秒。"跑鞋重量每增加80克，会将跑步耗氧增加0.4%~1.1%"[伯格（Berg）和萨迪（Sady）（1985），引自诺克斯[2]]。

8. **脚趾间的空间**。有些专家建议在最长的脚趾和鞋尖之间留1.3厘米或更长。这是为了考虑脚的肿胀，尤其是在炎热天气跑步的时候，还可以避免下坡跑时对鞋尖的过度压力。我个人喜欢跑鞋贴合。我遇到其他一些我很尊重的资深跑者，例如伟大的艾德·惠特洛克（Ed Whitlock），与我有同感——贴合让人感觉更轻、更快。但是，必须保留一定的空间，否则就会导致脚趾淤血。

9. **更多损伤发生在训练时而不是比赛时**。原因在于，运动员在比赛前休息更好，比赛只是总跑量的很少一部分，比赛的跑量要远远少于训练季的跑量。所以，拥有良好的训练跑鞋最为重要。在训练期间，我习惯穿矫正器（如果不是太沉），但在比赛期间，我会脱掉它们，却不会导致足底问题复发。

冬季在户外跑步时，对身体的震动更大，因为跑鞋在寒冷天气下（例如在加拿大）几乎会损失一半的缓冲力。

10. **矫形器可以纠正脚的位置**，让脚正确工作，从而消除过度外翻或双腿错位以及其他生理性问题导致的跑步问题。轻量跑鞋加矫形器不如动作控制跑鞋或稳定型跑鞋有效。因此，穿矫形器的人大多数时间应该穿稳定型跑鞋。而且，根据我的个人经验，矫形器在鞋内不偏不斜至关重要。偏斜情况发生在矫形器对于鞋子内部来说太宽的时候，这样会引起不适，而且也破坏了贴合性和矫形器的效果。矫形器应该让人感觉舒适，就像不存在一样。我的第一双矫形器总是感觉不对，感觉有什么东西硌在我那只坏脚下。如果穿着矫形器，一定要在恶劣地形训练的时候穿着它们，因为在这种地形上脚需要额外的支撑，否则很容易发生损伤。

第14章 跑鞋选择

矫形器可以治疗过度外翻和过度内翻，但会减少落地时对脚部震动的吸收。此时足弓充当弹簧或震动吸收器。脚在落地的时候，足弓变平，脚变长。足弓将落地动作变柔和，从而减少膝关节和髋关节的震动。矫形器妨碍了弹簧动作，导致足弓不能吸收震动。在尝试矫形器之前，应该先考虑通过锻炼强化足部肌肉（例如，抬脚趾）。

由于矫形器妨碍足部的弹簧动作，所以必须缩短步幅。这是在比赛时不能穿矫形器的一个原因（另一个原因是它额外增加了重量）。

在穿矫形器的时候，关键在于是否有合适的鞋。矫形器提供稳定性，动作控制跑鞋也提供稳定性。如果跑者需要动作控制跑鞋，还因为机械不平衡或其他原因加上了矫形器进行纠正，那么整体效果可能是稳定性过度。这可能会造成问题。在这种情况下，建议用矫形器代替稳定型跑鞋。

另一个问题又是另一个极端：把矫形器放在缓冲过大的鞋里，即缓冲跑鞋或没有稳定性的轻质训练鞋中，矫形器的效果抵消了，这就像是在沙子这样不稳定的表面跑步。

11. **勤买跑鞋**。跑鞋穿坏了就要赶紧扔，以防止受伤。应该勤换跑鞋，尤其是在公路上或硬跑道上跑的时候。检查跑鞋是否有硬化、压缩或软化的情况，这些都会导致缓冲能力或震动吸收能力的丧失。

鞋穿得久了之后，中底和足跟区域都会硬化。脚落地的震动大部分都由中底吸收。如果中底变得很难压缩，则说明它已经丧失了震动吸收能力，有可能导致损伤。常规的EVA，是最常用的中底缓冲材料，会在482~800千米之后丧失20%的缓冲能力，所以请当心。

12. **勤换跑鞋**。对自己的脚和腿要爱惜。训练中宁可多支撑，不可少支撑。勤换跑鞋，每个训练一换，这可以防止问题发展。有经验的跑者或严肃跑者应该有4双或5双跑鞋，不同的训练和地面，要选择适合的跑鞋。

13. **穿着正确类型的跑鞋，有助于损伤恢复**。请咨询专业的理疗师或足科医生。

14. **鞋跟垫片**。在训练或穿钉鞋比赛时，我建议在鞋跟加上大约10毫米厚的垫片。原因是，几乎所有训练穿的跑鞋，都有良好的鞋跟包皮。钉鞋只有很少或没有鞋跟包皮（尤其是短跑钉鞋），这会使跟腱拉得更长，而且有可能过度。

15. **购买跑鞋**。只在不满意可以退货的鞋店买鞋。带着矫形器，在跑鞋内试验。永远不要通过产品目录买鞋，除非买的是与以前使用满意的型号和大小完全一致的跑鞋，否则很有可能遇到不满意的情况。

参考资料

1. Sparks, K., *Runners Book of Training Secrets*, Rodale Press, Inc., Emmaus, PA, 1996.
2. Noakes, T., *Lore of Running*, Leisure Press, Champaign, IL, 1991.
3. Klein M., *How to Select the Right Shoes*, Michigan Runner, Vol. 19 No. 2, Summer 1997.

第14章 跑鞋选择

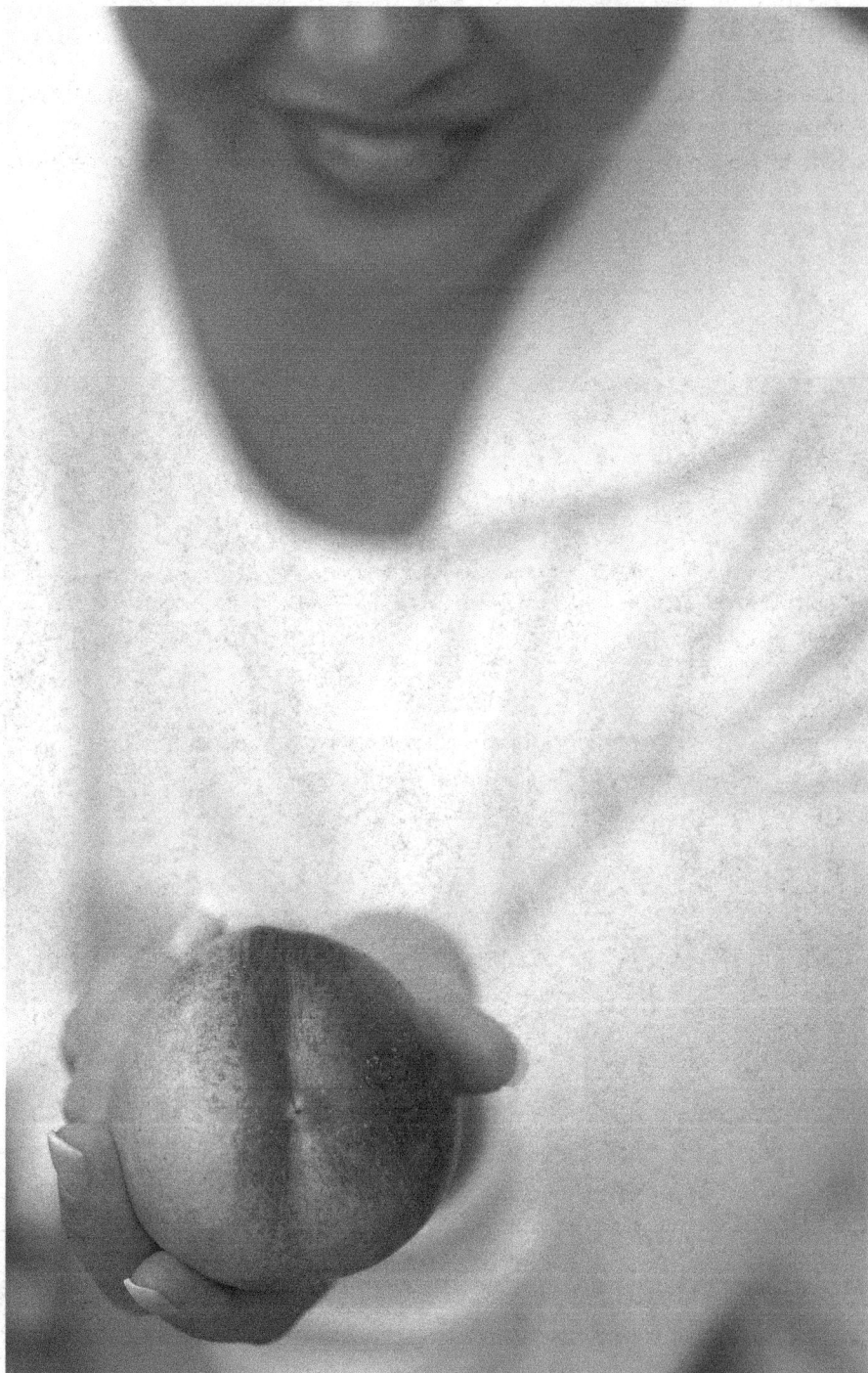

第**15**章

营养

大多数人对营养和自己饮食上的坏习惯会缩短自己的寿命几乎一无所知。对于运动员来说至关重要的是，正确的饮食有助于获得最佳成绩。本章要讨论以下对运动员尤其重要的信息：应该吃什么，应该什么时候吃，应该吃多少，应该避免的食物搭配，高纤维食谱，血糖指数，赛前餐，酸性和碱性食物，（维生素和矿物质）补品，以及一些"神奇"的补品。

碳水化合物、蛋白质和脂肪的推荐百分比

普遍认为，运动员，例如跑步运动员、自行车运动员、游泳运动员，都应该摄入高能量食物，包含55%~80%的碳水化合物、10%~15%的蛋白质，以及10%~30%的脂肪。具体来讲，10%~15%的蛋白质[2, 4, 7, 11, 18]得到了普遍认可，而在碳水化合物和脂肪的量上则有很多变化。

所有运动员都应该评估自己日常饮食中碳水化合物、脂肪、蛋白质的比例。因为正常情况下，我们每天都会保持相同的饮食习惯，使用热量图表做这类评估并不太难，可以参考*Nutrition Almanac*[13]和*Eat To Succeed*[10]等书。

根据调查，我发现我的日常能量摄入是3 700~3 800千卡（1千卡等于1 000卡，约为4 186焦耳，此后不再标注），包括大约60%的碳水化合物，29%的脂肪，11%的蛋白质。

碳水化合物

碳水化合物是比赛和锻炼中的主要燃料。这个效率最高的食物可转化成葡萄糖储存在血液里，以糖原的形式储存在肝脏和肌肉内。一旦储备仓库填满，额外的碳水化合物就以脂肪的形式储存。

通过训练，身体不断调整，越来越多的糖原可以储存在体内，通过有氧训练，这些储存的糖原消耗变得更慢。锻炼时动员的肌肉水平和肝糖原水平越高，疲劳之前坚持的时间越长。高碳水化合物食物可以保证更高的糖原储备和更长的锻炼时间。在长时间的锻炼后，例如全程马拉松之后，身体会利用脂肪、糖原和血糖作为燃料。肝脏会从其储备的糖原中持续不断地提供血糖。在肌糖原接近耗尽的时候，跑者就会"撞墙"，这会导致疲劳、眩晕和肌肉酸痛等。然后配速会严重下降，只有脂肪还能继续提供燃料。当肝糖原的储备耗尽时，会发生低血糖症，此时会发产生迷幻感，有人称之为"崩溃"。

肌肉和肝脏储存糖原的能力有限。当然，以比较慢的配速跑，例如，在跑超级马拉松时，糖原储能能持久，可达4小时以上。所以，在运动过程中或运动之后需要补充糖。有1 800~2 000千卡能量以糖原形式储存在肌肉和肝脏内[8]。血糖是最稳定可靠的能量来源。而且，马拉松运动员、超级马拉松运动员或铁人三项运动员体脂只有10%，虽然只占身体必备脂肪的5%，但也应该有无限的脂肪能量。运动大约30分钟以后，能量的主要来源就变成了脂肪。

碳水化合物的来源主体应该来自未加工的复合化合物，如面包、谷物、水果和蔬菜。加工过的碳水化合物或来自糖分的简单碳水化合物相比之下缺乏营养，而水果和蔬菜则富含养分。简单碳水化合物的摄入应该降到最少，尤其在胆固醇偏高的情况下。但是，它们确实能够满足一些人对食物的渴望，并有助于减少运动员必须摄入的碳水化合物的总量。

水果和蔬菜

水果和蔬菜几乎可以提供人体需要的全部重要养分。它们还能极大地满足人体对水的需求，因为其中包含的水分几乎与人体对水分的需求一致。通常推荐每天吃大约4份蔬菜和3份水果。下面是每份典型的量。

1份水果：

  1/2杯果汁

  1个苹果、梨、香蕉、桃等

  1/2杯煮熟的水果

  1/2个葡萄柚

  1/2个甜瓜

1份蔬菜：

  1/2杯煮熟的蔬菜或生的蔬菜

  1杯或1小盘叶菜

  1个土豆或胡萝卜

  1/2杯果汁或番茄酱

许多人包括我自己都发现，很难做到健康生活所需的3份水果和4份蔬菜。但是，其中1份加倍是可以的，而且允许有变化。例如，我一天的饮食包括1大杯橙汁、1杯煮熟的蔬菜、1杯番茄酱、1根香蕉、1个葡萄柚或1份葡萄。

水果有以下优势。

- 它（和蔬菜）能满足许多营养需求。
- 它能清除身体内的毒素和废弃物（因此也有利于愈合）。
- 只需要极少的能量就可以消化（与淀粉和蛋白质相比）。
- 消化后形成碱性[6]（有助于运动后的恢复）。
- 富含能量[9]（因为糖分高）。
- 降低癌症、高血压和便秘的风险。

为了从水果中得到最佳效果，请注意以下事项。

- 以下为获取水果中营养的最佳顺序排列：新鲜、冰冻、罐装（糖分过量）、干水果。
- 只在空腹时食用，即不要在饭前、饭中、饭后食用。饭前30分钟左右适于食用，但饭后至少要等到前一餐消化完成以后再食用。请参阅后面的"正确和不正确的食物搭配"。
- 果汁是糖分的主要来源，所以不推荐大量饮用。
- 推荐早餐只吃水果，因为消化水果需要的能量很少，而且水果富含纤维和养分，有助于身体清除废物。

第15章 营养

碳水化合物储备

所有跑者都应听说过碳水化合物储备对马拉松和长距离比赛的好处。如果在比赛前几天肌肉中储存了足够的糖原,马拉松运动员和长距离跑运动员可推迟糖原耗尽的时间,从而减少对效率不高的脂肪燃烧的依赖。脂肪提供能量的速度比碳水化合物慢[36]。葡萄糖消耗每升氧气所提供的热量比脂肪多[30]。而且,如果有足够的碳水化合物储备,比赛"撞墙"现象也会推迟,甚至可能不撞墙。但有些跑者可能没有认识到,在艰苦的无氧训练和比赛之前,糖原储备对中距离运动员也很重要;对于长跑运动员,糖原存储越多,越节省氧气,ATP产生的无氧代谢能量也越多[36]。在比赛或训练之后,迅速(在半小时内)补充耗尽的糖原也非常重要,这个时候肌肉更容易接受储备,储备量可以超过正常水平。

糖

糖是甜的,但生活更甜。过量的糖相当于"毒药",尤其会增加患心脏病和癌症的概率。不能将运动员当作缺乏运动的人来同等对待,因为糖会在高强度的运动中消耗掉,下面是需要注意的一些重要事实。

- 糖(砂糖、蔗糖、乳糖、麦芽糖、果糖、葡萄糖、蜂蜜、玉米糖浆)的营养成分少,热量高,甘油三酯(脂肪分子)高。因此,糖的营养品质比碳水化合物(淀粉)低得多。

- 从生成胆固醇的角度看,葡萄糖的害处比蔗糖小。蔗糖过多会导致高胆固醇[戴维斯(Davis)[24]]。

- 运动前摄入糖分不会出现"能量暴涨"[科尔曼(Coleman)和纳尔逊·斯蒂恩(Nelson Steen)[30]]。另外,达登(Darden)[3]认为:"蜂蜜、葡萄糖和葡聚糖对于短距离比赛好像没有提高的作用。"南希·克拉克(Nancy Clark)[34]认为:"运动过程中糖的摄取速度会减慢,而且不会导致反应性低血糖(糖过低)。"对于运动时间超过1小时的耐力比赛,糖是有益的。但是,糖会减慢液体从胃里排空的速度,从而导致脱水。而且,过量的糖可能会导致痉挛、恶心与腹泻[3]。但是,我有一位朋友在部队24小时负重行军期频繁食用蜂蜜且没有问题。

- 果糖的血糖指数低,可以缓慢释放能量。但是,果糖会引起消化道问题。"食用葡萄糖或蔗糖后,存储的糖原比食用果糖多一倍。(科尔曼和纳尔逊·斯蒂恩[30])"

- 很多食物中隐藏大量糖（蛋糕、冰淇淋、点心、巧克力、果酱等）。
- 摄入蔗糖、乳糖、麦芽糖或葡萄糖会快速吸收，并导致葡萄糖增加。这一快速吸收会导致氧气的不平衡或不完全燃烧，如果过度摄入，还会形成酸性环境 [艾哈拉（Aihara）[6]]。

糖的劣势

当代美国人消耗的热量几乎有20%来自糖分。但是，在 *Lick the Sugar Habit* 一书中，南希·阿普尔顿（Nancy Appleton）博士列出了糖摄入过量的将近80个健康风险，包括甘油三酯提高、肾脏损害、癌症（乳腺癌、前列腺癌、结肠癌）、心脏病、糖尿病、关节炎、骨质疏松、哮喘、免疫系统发育不全、胆固醇升高、高血压，以及其他多数常见疾病。这个观点得到78份科学报告的支持。因此，一些著名研究者将过量摄入糖视为"毒药"就毫不奇怪了，例如，莱纳斯·鲍林博士（Dr. Linus Pauling）[27]和理查德·贝克尔博士（Dr. Richard Becker）就持此观点。

蛋白质

蛋白质在供能方面的贡献最少，只提供总能量的大约3%[2]。如果因为正常食用低碳水化合物食物导致平时葡萄糖存储也低，会更多地利用蛋白质。蛋白质的重要性在于促进生成新组织，以及修复日常生活和运动中破损的细胞。我们需要蛋白质来构成肌肉并保持良好的肌张力。蛋白质对抗体的合成也至关重要，抗体是抵御疾病的第一道防线。蛋白质对保持血液的酸碱平衡也至关重要。过量的蛋白质会转化为脂肪存储。许多健美运动员通过蛋白粉补充蛋白质。但是，威廉姆斯[28]认为："没有有效的数据可以证明，蛋白质补品比自然的蛋白质来源更有效。高强度训练的个体每千克体重需要1.5~2克蛋白质——这些很容易从健康的蛋白质饮食中获得。"

氨基酸：蛋白质由大约25个氨基酸构成，其中9个是高质量或完全蛋白质，其余的是低质量或不完全蛋白质。组成这两类蛋白质的氨基酸也分别称为必需氨基酸和非必需氨基酸。高质量的必需蛋白质里含有的氨基酸成分接近动物组织和人类需求的氨基酸成分[4]。人体无法生成高质量氨基酸，必须来自动物组织，例如牛肉、猪肉、鱼肉、鸡肉、鸡蛋以及乳制品。大米、燕麦、大豆这些食物虽然含有一两种完全氨基酸且含量较少，但氨基酸成分几乎与牛肉、鱼肉、鸡蛋一样完整[5]。如果没有提供足够的蛋白质满足氨基酸的需求，身体就会利用身体组织作为氨基酸来源。这种情况非常少见。在北美，大多数运动员都会摄入超过需求的蛋白质，以补充超量训练的营养需求[8]。

素食： 借助于坚果、种子、豆类（黄豆、豌豆和扁豆）的正确搭配，可以在不吃肉的情况下满足饮食需求。豆类是蛋白质、铁、钙和纤维的良好来源。因为植物来源缺乏高质量氨基酸，所以正确的植物食物搭配就显得非常重要。"搭配不同植物来源的蛋白质，可以提高蛋白质质量"[英奇（Inge）和布鲁克纳（Brukner）[2]]。以下是英奇和布鲁克纳提供的一些植物蛋白质混合示例[2]。

- 豆类（豌豆、黄豆、扁豆）和谷物。
- 豆类和小麦/玉米/大米。
- 豆类和蔬菜、糙米。
- 全麦面包和花生酱。
- 糙米和叶菜。

适合跑者、游泳运动员、自行车运动员的肉类——对多数运动员来说，常规选择是鱼肉或鸡肉。肉类，尤其是肝脏，富含锌和铁，女性尤其要注意是否缺乏这些必需矿物质。有机肉类的胆固醇非常高，所以我通常不吃肝脏。请参阅下面根据*Nutrition Almanac*[13]和*Eat To Succeed*[10]的表格做的对比表格（见表15.1），理解为什么运动员应该更多食用鱼肉和鸡肉。

表15.1		肉类		
	鸡肉 （不带皮）[10, 13]	三文鱼 比目鱼 金枪鱼[13]	牛排 （精肉）[10]	牛排 （特级）[13]
蛋白质含量（%）	24	25~29	30	22
脂肪含量（%）	25	36~39	41	76

需要注意以下几点。

- 烹饪方法是烤。
- 对于鱼肉类，脂肪百分比的变化范围很广，例如，从鲈鱼肉的9%到红鲷鱼肉的81%。但一般来说，鱼肉中，脂肪占29%~39%，蛋白质占25%。食用鱼肉的主要好处来自鱼肉中的 ω-3脂肪酸，它可以减少血管中的血小板堆积[9]。
- 从最上面一行可以看出，要获得50克蛋白质，必须食用大约200克鸡肉、鱼肉或肉类。但很明显，在相同的重量下，鸡肉和鱼肉的脂肪含量要比特级牛肉少许多。牛肉富含锌和铁。精牛肉与普通鱼肉的脂肪含量基本相同。

高质量蛋白质的每日推荐摄入量

正常成人每日高质量蛋白质的推荐摄入量大约是每千克体重0.8~1克。上述数字是不同国家和营养专家推荐的良好的平均值。但是，训练规律的运动员的要求更高（每千克体重超过1克）才能更好地发展肌肉以及预防出现蛋白质缺乏（英奇和布鲁克纳[2]）。在负重训练或耐力训练的早期阶段需要更多蛋白质。不同个体的蛋白质需求如下。下面的数字的前提是每日摄入正确数量的总热量，否则蛋白质需求会提高。

- 运动人士及长身体的孩子（包括青春期的孩子），每天每千克体重2.0克[2]。
- 积极的耐力运动员和健美运动员，每天每千克体重1.2~1.4克，该依据来自肯特州立大学的彼得·莱蒙（Peter Lemon）教授的研究。在"活跃人士蛋白质需求"的讨论会上，其他3位生理/营养专家对此没有异议[37]。科尔曼和纳尔逊·斯蒂恩也提出了几乎相同的数字[30]，这个范围提供的12%~15%的热量以蛋白质形式提供。

第15章 营养

表15.2	日常食物的蛋白质含量	
食物	克	每份单位
肉类		
鱼肉, 烤制	22~30	4盎司
金枪鱼, 脱脂	32	4盎司
牛肉, 牛里脊, 烤制	25	4盎司
鸡肉, 烤制	27	4盎司
汉堡、精肉, 烤制	24	4盎司
乳制品		
脱脂白干酪	22	1/2杯
脱脂牛奶[10]	8.3	1杯
鸡蛋	6.5	1中份
硬奶酪	7~10	1盎司
部分脱脂酸奶	8.5	1杯
蔬菜		
菜豆, 罐装	7.4	1/2杯
鹰嘴豆, 生吃	20	1/2杯
扁豆, 熟的	8	1/2杯
菜豆加肉酱和番茄酱	16	1杯
土豆, 烤制	2.6	1中份
其他多种蔬菜	2~4	1杯
老豆腐[34]	10	4盎司
其他		
面条	6.6	1杯
意大利面条加肉酱	19	1杯
三明治	7~12	1个
汤	3~8	1杯
花生酱	3.9	1汤勺
煮熟的燕麦片	4.7	1杯
玉米片	2	1杯
水果, 4份	6~8	
大多数面包	1.8~2	1片

（注: 1盎司约为28.4克）

除了特别说明, 表15.2中的数据摘自约翰·基尔申曼 (John Kirschmann) 的 *Nutrition Almanac* 一书[13]。每份的量是标准大小的份。列出的食物主要是高蛋白食物, 其他常见碳水化合物食物列在这里, 是因为它们也能补充蛋白质。

在摄入蛋白质时，推荐"牛奶、酸奶、奶酪"类食物2~3份和"肉类、干豆、鸡蛋、坚果"类食物2~3份[45]。饮食中大多数蛋白质通常来源于后一组。为了满足每千克体重1.5克蛋白质的要求，运动员食用的量是缺乏普通运动人员的双份，而且每份的量更大。对于体重70千克的耐力运动员来说，要摄入必需的100克高质量蛋白质，可以采用表15.3所示的典型食谱。请注意，富含碳水化合物的食物对蛋白质饮食有巨大贡献。

表15.3	耐力运动员每日食物中的典型蛋白质含量	
食物	克	规格
鸡肉	27	4盎司
意大利面条加肉酱	19	1杯
花生酱	4	1汤勺
牛奶	7	1杯
酸奶	9	1杯
硬奶酪	8	1盎司
燕麦片	5	1杯
面包和其他蛋白质食物	8	4片
蔬菜，4份	10~12	*
水果，5份	7~9	**

（注：1盎司约为28.4克）

* 这里的1份是指1个土豆或1杯蔬菜。

** 这里的1份是指1杯草莓或葡萄，或1根香蕉，1个苹果、桃或梨，或者1杯或2杯果汁。

脂肪

关于脂肪摄入的一般事实

- **脂肪摄入。** 普通中年美国人的食物中包含大约40%脂肪、40%碳水化合物和20%蛋白质[7]。普通英国人的食物类似（根据我掌握的材料）。因此，从高脂饮食的角度来看，有很大比例的人经常感觉疲劳并死于心脏疾病就不足为奇了。

- **必需脂肪酸**。低脂饮食可以降低胆固醇，降低心脏病及前列腺癌症的发病率，因此应该控制摄入垃圾食物、乳制品和肉类。但是，布罗德赫斯特博士（Dr. Broadhurst）提醒，许多人食用低脂饮食弊大于利。必需脂肪酸缺乏会导致急性、慢性和过敏性疾病。有2种脂肪酸是必需的：ω-6脂肪酸和ω-3脂肪酸。这2类必需脂肪酸分别存在于亚油酸和α-亚油酸中。ω-6脂肪酸和ω-3脂肪酸对于免疫系统至关重要。摄入这些必需脂肪酸，尤其是ω-3脂肪酸，有助于减少低密度胆固醇，降低患心脏病、中风、高血压、关节炎和抑郁症的概率。ω-3脂肪酸还可以刺激激素的生成和释放，减少心律失常的风险。日常食物中的菜油、鱼肉、坚果和种子都可以满足对ω-6脂肪酸的需求。要满足对ω-3脂肪酸（可以抗血小板凝聚）的需求，需要每天食用亚麻籽，每周2次食用来自冷水的鱼类脂肪，例如鲑鱼、鲭鱼、沙丁鱼、比目鱼和鲶鱼。归纳起来就是，建议每周至少吃2次鱼肉，或食用坚果、种子以及亚麻籽（直接食用亚麻油）或鱼肝油。在补充鱼肝油之前，要征得医生同意，因为鱼肝油如果过量，会有中风的风险。吃鱼肉是最佳替代方案。

- **脂肪储备**。在人体以碳水化合物、脂肪和蛋白质形式摄入的热量超过每天运动燃烧的热量时，额外的热量就以体脂的形式储存起来。碳水化合物在进入血液之前，要分解成葡萄糖。几乎所有葡萄糖都要重新搭配形成糖原，储存在肌肉和肝脏里作为燃料。肌肉和肝脏充满糖原后，额外的糖原就以脂肪形式储存在体内。

- **饱和脂肪、多不饱和脂肪和单不饱和脂肪**。许多营养师建议用不饱和脂肪（例如，油和坚果）代替饱和脂肪。饱和脂肪与由动脉阻塞、高密度脂蛋白引起的心血管疾病联系密切。一些营养师指出，如果摄入适量，饱和脂肪有一定好处。不饱和脂肪可分为多不饱和脂肪和单不饱和脂肪，如果摄入适当，都对健康有益。例如，研究表明，坚果虽然总脂肪含量高（大约80%），却对降低胆固醇、降低患心脏病的风险非常有利。坚果包含这些优质脂肪（单不饱和脂肪与多不饱和脂肪）。当然，如果用坚果代替饱和脂肪，效果更好。在所有坚果中，花生的叶酸含量最高。叶酸有利于预防癌症动脉粥样硬化。而且，纯自然的花生酱没有胆固醇，因为它是植物蛋白，不是动物蛋白。

所有脂肪和油都有一定比例的饱和脂肪和不饱和脂肪。表15.4列出了它们的主要来源。

表15.4 富含饱和脂肪、单不饱和脂肪和多不饱和脂肪的食物		
饱和脂肪	单不饱和脂肪	多不饱和脂肪
乳制品、肉类、巧克力和椰子	橄榄、橄榄油、菜籽油、花生、花生酱、黄油、坚果和牛油果	蔬菜油、鱼肉

- **坏脂肪**。除了上面列出的饱和脂肪外，尤其要当心"坏脂肪"，例如冰淇淋、油炸食品、炸薯条、薯片、冷盘、腌肉、香肠、汉堡、烘焙食品、蛋黄酱、沙拉酱、调味肉汁和浓厚的酱汁等食物中都含有大量坏脂肪。

- **避免反式脂肪酸（简称反式脂肪）**。反式脂肪由氢化过程生成，氢化过程将液态的植物油转化为固态，而且不易变质。例如，人造黄油就是通过氢化过程产生的。越来越多的医学证据表明，反式脂肪比饱和脂肪更容易引起心脏病。

- **燃烧脂肪**。在长距离慢跑中，脂肪是主要的燃料。随着运动强度提高，脂肪供能减少，糖原供能增加。运动强度超过95%最大摄氧量时，几乎全部由糖原供能。在长距离跑中，随着碳水化合物储备的下降，越来越多的脂肪参与代谢。脂肪被重新转化为葡萄糖，并作为身体的燃料。

饮食中的最佳脂肪摄入量

- 美国心脏协会建议来自脂肪的热量不要超过30%，其中，饱和脂肪不要超过10%。这相当于每天大约60克的总脂肪摄入量和最多20克的饱和脂肪摄入量。但是，虽然饱和脂肪会引起动脉堵塞，却不应该完全杜绝，因为它们提供了一些必需的营养成分。

高蛋白质、高脂肪和低碳水化合物饮食

高强度运动最喜欢用肌糖原当燃料，因为脂肪分解提供能量的速度不够快。多数运动员训练和比赛的强度要求用碳水化合物作为燃料。高脂饮食对成绩不利。

实现正确的平衡

要达到更理想的饮食平衡，即60%~70%碳水化合物、10%~15%蛋白质、15%~25%脂肪，推荐以下做法。

第15章　营养

1. 计算蛋白质的热量比计算碳水化合物的热量简单，因为蛋白质的热量百分比低得多。估算方法如下：蛋白质热量百分比=（蛋白质克数×400）/需求的总热量。

2. 而且，通过严格限制只摄入正确种类的脂肪，也不难将脂肪的总热量控制在15%~25%以内。

3. 通过观察上述计算，碳水化合物（主要是未提炼的、复合的）应该可以接近理想范围。

每日总热量

成年运动员每日需求的总能量等于基础代谢率（BMR）加上正常生理活动需要的能量，再加上运动需要的能量。在马格努斯·派克（Magnus Pyke）[5]的 *Success in Nutrition* 一书中，对于体重65千克、活动量非常大的成年男性，每天推荐的热量摄入量是3 600千卡；体重55千克、活动量非常大的女性是2 500千卡。体重每增加5千克增加60千卡；超过60岁，每10岁减50千卡。上面运动量非常大的男性的热量摄入量与我每天的热里摄入量非常吻合：我75岁时净重66千克，每天大约消耗3 600千卡。

跑步、骑行、游泳、划艇每小时消耗的热量，根据强度不同而有所不同。1小时要燃烧1 000卡，需要强度非常高，心率通常要超过最大心率的85%。由于每天从事高强度活动，运动员消耗的能量更多。

除此之外，在刻苦训练超过30小时后，"事后消耗"现象导致BMR会显著提高几小时，而在强度非常大、时间又长的运动之后，BMR甚至会提高一整天。在一次高强度的无氧间歇训练之后，我发现自己心率超过静息心率的时间达4小时以上。

每日总热量的影响因素

上面的数字是多数运动员需要或利用的热量的良好参考，但许多人的甲状腺素分泌更多，因此BMR也更高。更活跃、更积极、更紧张的人，要比动作缓慢的人BMR高。有些人每天的工作效率高，有些人每天的工作则很忙。有些运动员的能量效率高，他们的身体更适应低热量。也就是说，有很多变化。从上面的介绍可知，体重相同、年龄相同、活动相同的人，每日的总热里消耗也有巨大差异，这并不稀奇。

纤维

研究发现，与食用高度精制食品的西方人相比，非洲人、亚洲人等摄入高纤维食物的人群，几乎很少患心脏病、结肠癌、肠憩室炎及痔疮等。

纤维大致可以分为两类：可溶性和不可溶性。为了保持健康，两类纤维都需要。可溶性纤维起到"陷阱"的作用，搜集特定的废物，将它们运送出体外[8]，因此可以降低胆固醇含量、清理动脉废物并预防心脏病。这些纤维存在于燕麦片、扁豆和芸豆中[8]。不可溶性纤维吸收和保持水分。它们不可消化，导致水在结肠中滞留的时间变短，避免细菌大量繁殖，从而降低了结肠癌的发病概率。不可溶性纤维的来源有麦麸、全麦面包、谷物，还有许多水果和蔬菜[8]。理想情况下，食用高纤维饮食时，食物应该在24小时内消化完成并排空，相比之下，一般西方饮食要长达2~4天。

高纤维饮食有何优势

- 如果全天都摄入纤维，而不只是某一顿饭摄入，结肠里的废弃物会以健康的速度持续移动（英奇和布鲁克纳[2]）。
- 提高每天大便的规律性。
- 降低患结肠癌及其他癌、痔疮、静脉曲张的风险。
- 降低低密度脂蛋白和患心脏病的风险。
- 多数高纤维食物在其他方面也有利于健康，这些食物通常脂肪含量低、钠含量低、富含维生素和矿物质[8]。
- "纤维可以延缓食物中糖分的释放，因此能够防止血糖水平的剧烈波动；这也可以让能量释放得更持久——这是耐力的关键"（英奇和布鲁克纳[2]）。
- 节省卫生间清新剂——如果你理解我的意思的话。

每天推荐的纤维摄入量和纤维饮食。美国国家癌症研究院建议每天从饮食中摄入20~35克纤维[9]。但是，普通美国人每天只摄入10~15克。要提高纤维摄入量，要从精加工食物转换到粗粮，例如糙米，从白面包转换到全麦面包，每天吃大量的水果和蔬菜（如果可能，连皮一起生吃），以及大米、米麸、坚果、种子、豆类[8, 9, 17]。未做精加工的复合食物类型的高碳水化合物食物可以保证高纤维饮食。

为了满足每天30~40克的纤维需求，表15.5提供了一些富含纤维的食物示例。建议全天的纤维摄入分散开，并变化纤维来源 [阿普尔盖特（Applegate）[11]]。

表15.5	纤维来源
• 麸片2小碗（总共60克）	
• 5片全麦面包	
• 1小罐烤豆（130克）	
• 3中份皮煮熟的土豆	
• 甜玉米粒或豌豆（9大勺）	

戈奈尔·舒巴克夏波（Genell Subak-Sharpe）[17]建议一天典型的纤维量应该包含1碗全谷物麦片（8克）、几份新鲜或粗加工的蔬菜或豆类（20克）、2~3片全麦面包（5~7克）以及2~3份生水果、坚果或种子（6~10克）。（我在这个推荐中备注了与每类食物相关的纤维大致克数。）我的简要调查表明，蔬菜的纤维比水果多。例如，1.5杯蔬菜（30克纤维）相当于11个生的完整水果（例如，苹果、橙子、香蕉）的纤维量。

注意事项： 纤维摄入过量可能造成消化问题（腹泻或便秘[17]），影响人吸收某些营养成分的能力。纤维可与许多维生素和矿物质结合在一起。但是，如果食物里纤维成分过高，矿物质/维生素补品会很有帮助。通常只需要吃各种各样的食物即可，但补品是很好的保证。

碱性食物和酸性食物

食物要么是碱性的，要么是酸性的。在20世纪50年代初，劳埃德·珀西瓦尔的一篇论文指出了碱性食物对运动员的优势。劳埃德是我的教练，他可能是当时加拿大最好的教练，还是多伦多健康研究院的创始人。他相信，碱性为主的食物对运动员至关重要，尤其有利于高强度训练后的恢复，即有助于血液从酸性范围恢复到碱性范围。血液和肌肉只有恢复到正常的碱性范围才算恢复。而且，碱性饮食除了对常规的身体健康和恢复有极大帮助外，对头脑清醒也极为有利，"几乎能够预防所有疾病，包括癌症和心脏病"（赫尔曼·艾哈拉[6]）。碱性食物还有利于减压。

血液和肌肉的碱性。动脉血和静息肌肉通常都是碱性的，pH值分别是7.4和7.0（pH值7.0是中性）。经过艰苦的快跑，例如400米比赛，血液和肌肉的pH值会降到低于7.0，进入酸性范围。当然，这与肌肉乳酸高有关，乳酸渗透进血液导致血液酸性提高。因此，高酸性主要与短跑和中距离比赛有关，它会限制肌肉的收缩能力，降低运动员的速度、跑步经济性以及整体成绩。运动之后心率高于平时，代表恢复还不完全，即血液和肌肉还处于酸性。比赛之间进行短暂恢复，例如大约1小时，对于体能不是很强的老年运动员可能很有压力，因为身体仍然保持在酸性条件下。

需要有碱性元素将酸性食物变成中性盐。"为了健康，体液必须保持在碱性水平（pH=7.4）；必须通过摄入的食物补充损失的碱性元素"（艾哈拉[6]）。可以假定，如果一个运动员因为大量食用酸性食物，pH值低于正常值，他在训练后血液和肌肉pH值会更低，相比碱性饮食的运动员，他在恢复后回到正常的pH值的速度要慢得多。

碱性食物。通过食用碱性食物，能够有效地帮助身体维持碱性环境。这些食物中包含以下矿物质：钠、钾、镁、钙和铁[6]（食物中的钙尤其重要，蛋白质过多会消耗体内的钙）。有些食物吃起来是酸的，但在消化过程中会变成碱性食物。例如柠檬，推荐在训练或比赛前、间歇或比赛中间、训练或比赛后食用柠檬汁来加快恢复；早晨起来先喝一杯柠檬汁也非常有益。

酸性食物包含以下矿物质：硫、磷、氯和碘[6]。如果食用大量肉类、家禽、鱼肉、鸡蛋，血液的氧化作用就不会太好，会留下许多有害的酸性物质。因此，素食者寿命长，肉食者寿命短。

第15章 营养

表15.6列出了一些常见的碱性食物和酸性食物，除非另有说明，均来自赫尔曼·艾哈拉[6]。

表15.6	碱性食物和酸性食物
碱性食物	**酸性食物**
**新鲜水果（大多数）	肉食
新鲜蔬菜（大多数）	鸡蛋
牛奶	奶酪
酸奶	李子和梅子
葡萄汁	谷物（不包含小米）
橙汁	面包
豆腐	坚果
盐	面粉、荞麦
酱油	啤酒
葡萄酒	威士忌
土豆	大米，糙米和精米
甜土豆	燕麦片
生番茄[1]	黄油
*咖啡和茶	煮熟的番茄[1]
枫糖	药物
红糖	意大利面
豌豆	维生素片
葵花子	

注意：表15.6中，艾哈拉[6]将咖啡和茶列为弱碱性，但其他许多营养师将它们描述为高酸性，尤其是咖啡。哈特菲尔德（Hatfield）认为咖啡因具备很高的酸性形成能力。墨菲（Murphy）[9]也认为咖啡是酸性食物。艾哈拉之外的一些参考资料可能把咖啡的糖分也算作酸性食物。我的胃口告诉我，它可能是酸性，因为我喝咖啡的时候遇到过胃刺激，尤其是在空腹的时候，即使不加糖也如此。我很高兴看到艾哈拉[6]说葡萄酒是碱性食物，至少是弱酸性的[6]。

** 煮熟和罐装的水果比新鲜水果营养成分少很多，而且容易产生酸性。

酸性饮食的危险

除非另有说明，以下内容引述自赫尔曼·艾哈拉[6]。

- 艾哈拉认为："过度摄入脂肪、糖分、精米、精面粉、化学添加剂、含蛋白质的食物、精细食物以及药物，会形成酸性环境"；"它们不仅会产生酸，还会消耗掉人体的碱性元素"。
- "如果药片形式的维生素食用过量，可能会导致酸性。"但莱纳斯·鲍林[27]认为"维生素有助于抵御感染、加强人体组织抵御癌症及其他自身免疫疾病的侵袭。"关键在于适度，而维生素C可能是例外。
- 癌症以及其他退行性（例如，心脏病）疾病的一个重要原因就是体液酸性累积效应。这应该会把很多人吓得转向碱性饮食。

艾哈拉[6]还认为凉水淋浴有让血液产生碱性的好处（还能增强判断力、提高精神并减轻压力），而热水淋浴或热水澡会让血液产生酸性。用淋浴喷头从腿开始冲，然后是前半身、右肩、后半身、左肩——最后是头部。在冷水淋浴后一定要跟着一个热水淋浴或热水澡。我在训练后用这个程序来加快恢复，而且也向其他运动员推荐这样做。

推荐的碱性/酸性比。要保持合适的碱性/酸性比，食物构成应该80%~90%是碱性食物，只有10%~20%是酸性食物[21, 22]。普通的食物构成是55%碱性和45%酸性[22]。食用过多酸性食物后，即使食物搭配良好，消化也会有问题[22]。在食用酸性食物时，应该以相当数量的蔬菜辅之来平衡。水分丰富的食物，例如蔬菜，容易消化。这样可以保持住组织里的碱性储备。

归纳来说，碱性食物能够预防退行性疾病、预防癌症并保持健康。从运动员的角度看，为了提高成绩，运动之前必须保证血液和肌肉处于碱性，而且训练和比赛前、后食用碱性食物也有利于恢复。每天应该大量地食用碱性食物。碱性食物量应超过酸性食物，或者食用足够的量来平衡酸性食物。

饮食小结

从前文可以看出，3类饮食——高碳水化合物饮食、高纤维饮食、高碱性饮食——之间有很多共同之处。3个不同的理论实际上相互支持。它们有相似的特征，推荐用相同的食物，以不同的方式达到相同的目标。于是，可以发现满足了其中1种饮食要求，通常也会满足其他2种要求。

正确和不正确的食物搭配

正确的食物搭配并非新主题，但很少有人知道正确的搭配规则。多数人都没有获得正确食物搭配的好处。多年以前，我才第一次从彼得·马厄的演讲中了解到了正确搭配的重要性。彼得多年以来一直是世界级的马拉松运动员，他曾代表爱尔兰和加拿大参赛。过去80年的研究表明，搭配正确的食物可以大大促进消化。如果食物组合正确，会完全分解并被身体完全利用。如果是错误的搭配，身体就要消耗更多能量来消化，还会出现各种各样的消化问题。为了消化每天的食物，可能需要消耗300~600卡能量，正确的食物搭配可以把能量节省下来供其他更健康的活动使用。而且，需要的食物也会更少，对长寿也更有利。理想情况下，食物在胃里应该在3小时内完全消化，迅速排到小肠内，而且没有上述各种不良后果。错误的搭配会导致不消化的食物在体内变质超过1天——比需要的时间长很多。

食物搭配的重要事实

- 每种食物（例如，蛋白质、淀粉、水果、蔬菜以及脂肪）的消化需要的胃液量和消化酶的类型各不相同。
- 蔬菜容易消化，它们会在酸性或碱性胃液中分解（所以它们能够与蛋白质或淀粉搭配）。

- 碱性食物消化需要碱性酶，酸性食物消化需要酸性酶。
- 牛奶与所有食物的配合都不好，最好单独食用 [丹尼斯·纳尔逊（Dennis Nelson）[3]]。牛奶可以作为上午或下午很好的加餐。
- 消化的时间也非常重要，水果不用1小时就能消化，蛋白质要用4小时甚至更长时间，脂肪的消化时间则更长。
- 同时吃下2种或更多不搭配的食物，导致要消化不同的汁液，只会损失宝贵的营养成分、降低消化效率（发酵、腐坏，形成有害物质）。

常犯的食物搭配错误

建议避免以下常见搭配。

- 蛋白质/淀粉——例如，肉类、坚果、种子或乳制品，搭配谷物、土豆、甜土豆或胡萝卜。
- 糖分/淀粉——例如，点心和水果搭配麦片或面包、甜点。
- 水果/蛋白质。
- 脂肪/蛋白质——例如，油搭配蛋白质。
- 水果或醋/淀粉。
- 蛋白质/蛋白质[19]——例如，肉搭配乳制品、肉配蔬菜蛋白。

纳尔逊[3]还指出"番茄确实是酸性水果，不要与淀粉或蛋白质搭配（坚果、种子和奶酪例外）"。这对我这样经常吃意大利面加番茄酱和肉酱且经常很晚才吃的运动员来说，真是个坏消息。

可以接受的搭配

下面是可以接受的常见食物搭配。

- 蛋白质搭配蔬菜或蔬菜沙拉。
- 淀粉搭配蔬菜或蔬菜沙拉。
- 淀粉搭配脂肪（面包搭配黄油）。
- 水果搭配糖分。

蛋白质搭配淀粉，最常见的搭配错误

对照试验已经证明，同时食用蛋白质和淀粉，会延迟甚至阻碍消化。这个搭配要花费身体的更多时间和额外的能量，导致食物未消化就从胃里排出。问题在于，淀粉类食物要用碱性消化液来消化，而蛋白质（肉类、鱼肉、鸡肉、乳制品或坚果）要用酸性消化液来消化。现在这两种消化液相互中和掉了。更多的消化液被反射分泌进胃内。最后，未消化的食物在胃里停留几小时后，被强行排入小肠。后果就是，碳水化合物发酵、蛋白质腐坏。营养成分损失，还会产生大量气体，造成消化不良。蛋白质与淀粉一起食用这个习惯，至少在北美很常见，而且是很难破除的习惯，即使是常见的金枪鱼、奶酪三明治或牛排搭配土豆也是禁忌。看来，要遵守这套食物搭配体制，对许多人来说可能不太现实。参加宴会或家庭庆典的时候，执行这个规则可能有困难。我发现避免蛋白质搭配淀粉确实有利，尤其是在晚上很晚吃饭的时候。通过食用蛋白质与蔬菜（没有淀粉），我睡得好多了。

但是，如果蛋白质和淀粉中某一方比另一方少很多，这个组合也可以接受。

食物搭配对消化和睡眠的影响

"睡眠期间，机体将营养成分吸收进细胞的作用增强，还会加快排出细胞废物"（纳尔逊[21]）。如果晚餐吃得太晚，消化过程就会干扰机体的这一重要吸收和排出功能。根据芝加哥大学的研究，消化会影响深度睡眠，从而加快老化。而且，食物转变成脂肪的可能性也更大。胃排空的时间（或者能够空腹食用水果的时间）取决于以下食物搭配。下面还列出了吃下一餐或下一份点心前要等待的时间，或者最后一餐和睡觉需要间隔的时间。这些时间都是大致时间，主要来自哈维（Harvey）、马丽莲·戴蒙（Marilyn Diamond）[1]和丹尼斯·纳尔逊[3]的研究。

- 水果汁或蔬菜汁　　　　30分钟
- 水果（零食）　　　　　20~40分钟
- 沙拉或生蔬菜　　　　　1~2小时
- 水果餐　　　　　　　　2~3小时[3]
- 正确搭配，没有肉类　　3小时[1]
- 淀粉　　　　　　　　　3小时[3]
- 正确搭配，有肉类　　　4小时[1]
- 不正确的搭配　　　　　6~8小时

如果必须在晚上训练，或者在晚上9点后才吃晚饭，建议将最丰盛的一餐放在中午。但是，正如我自己一样，我发现很难做到这点。

食物搭配小结

1. 按照前面的建议，可以预防消化不良，减少消化需要的能量。

2. 早餐吃水果，不吃其他食物，或者两餐之间吃水果。

3. 运动员由于运动量大，通常需要高纤维与高碳水化合物的食物组合，这些都有助于消化。这样会大大降低同一餐食用不搭配食物的不良效应。但是，由于没有切实的研究支持这个习惯，所以建议运动员也按照上述建议进行（我通常就是这样做的）。

不可接受的饮食习惯

除了错误的食物搭配，还要避免以下情况。

- 每餐大量摄入水或饮料（会稀释消化液，影响消化）。
- 一顿饭吃的食物种类过多。
- 正餐时吃甜食（尤其是大量甜食）。
- 吃得过快。
- 吃饭时有压力或不放松。
- 进餐过量或晚餐过晚。

血糖指数

利用血糖指数（GI）可以很好地对运动员的饮食结构进行调整。如果不了解血糖指数，就错过了一个重要的训练和比赛工具。GI表格的设计主要是为了帮助糖尿病病人，但也有助于提高运动成绩。它帮你更好地安排饮食，从而取得更好的比赛成绩。血糖指数范围为0~100，它代表食物摄入后，导致血糖（以及胰岛素）升高的快慢程度。让葡萄糖在正确的时间进入血液，对运动成绩至关重要。

做GI测试时，会食用50克的碳水化合物食物样本，然后根据血糖释放水平随时间的变化情况绘制曲线。GI实际上是血糖水平/时间曲线下的面积与50克葡萄糖参考曲线面积的比值。

第15章 营养

不同的碳水化合物食物在摄入后会引起葡萄糖水平以不同的速度提高。GI高的食物会将葡萄糖迅速释放到血液。作为参考的纯葡萄糖 GI为100，在食用40分钟后血糖水平达到最高，并在2小时内降到接近于0。低GI的食物提供缓慢且持久的供应，有的可以长达数小时。利用GI，运动员能够对训练、比赛前、过程中以及之后吃什么做好计划。

注意: 在下面的讨论中，消化缓慢导致碳水化合物的吸收缓慢，从而导致血液葡萄糖的缓慢释放，从而形成更低的GI。以下因素共同作用对GI产生影响。

- 物理形状：精加工的食物（通过机械处理）消化速度快，GI高。大颗粒影响消化（例如，豆粒），而消化缓慢形成低GI。

- 纤维：含有高可溶性纤维的食物（例如，燕麦和豆类）在肠道内黏性高（移动缓慢），因此消化速度慢，GI低。

- 脂肪和蛋白质：脂肪和蛋白质会减慢胃的排空。与脂肪和蛋白质一起食用时，碳水化合物的吸收更缓慢，从而使血糖升高更慢。因此，脂肪和蛋白延缓消化导致低GI。

- 果糖：高果糖成分会减慢葡萄糖从肠道的释放，导致葡萄糖只有少量升高。肝脏对果糖向葡萄糖转换作用较慢。

- 烹饪方式：加热处理或烹饪可将食物分解成更精细的颗粒，比生的食物更容易消化，GI也更高。淀粉熟了后更容易消化，因此GI也提高。

什么时候食用低GI食物

低GI食物的GI低于50。例如意大利面、牛奶、酸奶，以及全部水果和蔬菜。请查看表15.7中靠近底部GI低于40的食物。

在持续超过1小时或更长时间的长距离艰苦训练前食用低GI食物，例如全程马拉松或半程马拉松、铁人三项或铁人二项、长距离自行车比赛、越野滑雪比赛。低GI食物有助于保证长距离比赛中葡萄糖稳定地释放进入血液。这样可以保持血糖水平和能量。研究表明，在持续1小时以上的高强度训练前1~2小时食用低GI食物，可以增强耐力。这些食物是碳水化合物食物，消化缓慢，葡萄糖释放缓慢，需要数小时（例如2小时或3小时）才能释放出来。

有人可能觉得，赛前1~2小时进食与比赛太近。我习惯在比赛前3~4小时吃半份早餐类型的饭，但要在整个比赛期间获得最优能量释放，这个时间可能太长。自行车运动员甚至可能会在赛前1小时进食。

注意： 赛前过晚食用蔗糖、葡萄糖或高GI食物，会导致血糖升高，然后在错误的时间血糖又降低（低血糖症）。避免在比赛前30~60分钟内摄入糖，赛前食用糖只会影响成绩[2, 29]。果糖的GI低，但容易引起胃痛。"赛前食用葡萄糖（或高GI食物）会导致反应性低血糖以及血液中脂肪酸浓度降低"（兰金博士[29]）。这样在运动时对肌糖原的依赖更大，肌糖原会在更短时间内耗尽，引起疲劳并导致成绩下降。食用典型的美式早餐（薄饼加果汁）后45分钟内，就能体验到此类情况。

什么时候食用高GI食物

高GI食物的GI高于70。具体请参阅表15.7中GI在70以上的食物。

1. 如果训练强度特别大，而且持续超过90分钟，应**在运动期间食用高GI食物**。如果训练包含高强度间歇训练，体内的葡萄糖会在0~3小时内降低。具体降到什么水平，取决于运动前的进食情况——是高GI还是低GI食物，以及什么时候食用的。如果血糖已经恢复到接近基线水平，例如，食用赛前餐之前的水平，那么，摄入葡萄糖会有极大帮助。在长距离比赛中，最好喝运动饮料，因为在运动中它比固体食物消化更快。运动饮料还可以补充水和电解质，并能迅速从胃部排空。高葡萄糖的运动饮料GI更高，蔗糖和果糖饮料GI更低[29]。果糖加水不是一个好选择，因为它的GI低。我个人喜欢有麦芽糖精和葡萄糖聚合物的运动饮料。在高强度运动期间，食用低血糖指数的水果（例如，李子和橙子）是个错误。每45~60分钟服用591毫升佳得乐（包含37克碳水化合物）基本是正确的摄入比例。我还记得我儿子小时候参加一次网球比赛时喝佳得乐的事，当时他已经在太阳下苦战了一个半小时，表现开始下降；他并不缺水；在喝了佳得乐以后，他的表现立即出现明显回升，并最终获胜。

2. **间歇训练期间服用高GI食物**。与上一条类似，在重复的休息期间，服用高GI运动饮料（几小口）非常有益，尤其是在一次训练接近结束的时候。因为还将持续运动，所以不会导致胰岛素释放。

3. **训练或比赛之后食用高GI食物**。在第2天还有训练或比赛时，一定要在今天的训练或比赛后尽快补充肌肉中的糖原储存。这对一天训练2次的运动员尤其重要。高GI食物最适合这些情况。在运动后半小时食用高GI碳水化合物时，肌肉最容易重新装满糖原。通常还认为，一些蛋白质搭配碳水化合物更有利于恢复，比例大约是15%蛋白质热量与70%碳水化合物热量。

（1）在持续超过2小时的长时间、高强度训练或比赛后，"在运动30分钟内摄入高碳水化合物饮料，在2小时后进餐高碳水化合物"（科尔曼和斯蒂恩[30]）。马拉松比赛后24小时内可能都要求更多热量。

（2）在短时训练或比赛后，例如，短距离游泳比赛、场地赛、5 000米或1万米公路或越野赛（少于40分钟）。上述建议（1）仍然适用，只是赛后餐需要的热量略少。

日常饮食应该高还是低GI

珍妮特·兰金博士[29]认为："不论是运动员还是非运动员，低GI食物都是日常饮食的良好选择，因为这类饮食更能降低血液胆固醇，加强饮食控制。"

在表15.7中，我根据凯·福斯特·鲍威尔（Kaye Foster Powell）和珍妮特·布兰德·米勒（Janette Brand Miller）发表在*American Journal of Clinical Nutrition*的"国际血糖指数表"，按GI从高到低的顺序，对一些常见的食物做了排列[20]。

表15.7		一些常见食物的血糖指数		
高GI	**70~100**	葡萄干	苹果汁	
葡萄糖	**GI=100**	*土豆（新鲜）	**低GI**	**低于40**
蜂蜜		小麦片	烤制豆类	
*土豆（烤制）		燕麦片	（罐装）牛奶	
*土豆（即食的）		冰淇淋	番茄汤	
豆豆糖		糠麸饼	苹果	
*豆类炸薯条		*橙汁	酸奶	
米糕		糙米	鹰嘴豆	
玉米片		爆米花	奶油豆类	
玉米煎饼		**低GI**	**低于55**	香蕉（未熟）
*水甜瓜		甜玉米	扁豆	
面包圈		特级土豆片	葡萄柚	
*胡萝卜		香蕉（熟透）	李子	
白面包		菜豆（罐装）	果糖GI=23	
中等GI	**55~70**	甜土豆或山药	樱桃	
全麦面包		绿豌豆	花生GI=14	
巧克力棒		菠萝汁		
软饮料		扁豆汤		
*菠萝		橙子		
蔗糖GI=65		葡萄		
曲奇和饼干		意大利面（不加酱）		
（通常在GI 55~75之间）		糠麸		
通心粉和奶酪				

注意：*表示属于例外（GI高于55），水果和蔬菜的GI通常低于55。

水

在1995年的布法罗世界大师锦标赛的越野赛期间，许多选手都被极端炎热天气击倒，要么上了救护车，要么退赛。我还听说在这次比赛中，有几位运动员由于热导致脱水，在赛道上发生了神志混乱。

第15章 营养

水无处不在，但我们总是摄入不足。很多人就属于这种情况：缺乏足够的液体。"水对成绩的重要性，比其他任何营养素都重要[8]。"水是首要的营养素。

关于水的重要事实和建议

我们需要注意以下方面。

- **人体中的水分。**人体的60%~65%由水构成，肌肉的72%是水，脂肪的20%~25%是水。

- **优势。**水在控制体温、产生能量、传输营养成分和废弃物、润滑关节、食物消化以及强化免疫系统等方面起着必不可少的作用。长崎大学对9位游泳运动员的研究表明，在游泳的间歇期间饮水可以提高成绩，降低体温，预防脱水。这3项优势对于跑者来说好像更有意义，尤其是在湿热的天气里。

- 水来自饮食中的液体，来自我们吃下的食物，来自食物代谢。

- **脱水。**"炎热环境下运动时，向肌肉运输氧气的血液被分流到皮肤以协助散热"（科尔曼和纳尔逊·斯蒂恩[30]）。脱水导致体温上升，心率提高。脱水2%或3%会导致1500米成绩下降3%，5 000米和1万米比赛成绩下降6%~7%。

- **每日摄入量。**不运动人士通常每天应该摄入170~230克水。高碳水化合物食物加大量水果和蔬菜可以满足大多数需求，以及部分液体需求。从其他食物和饮料也可以满足部分液体需求（例如，牛奶、果汁、花草茶、汤，不包含茶或咖啡）。运动员对水的需求比缺乏运动人士的需求高，尤其是在天气干燥的时候（热天湿度低会加快排汗）或者在大量出汗的时候。不要感觉到渴了才喝水。

- **天气炎热时，在运动之前，提前1天大量饮水。**"在比赛前2小时至少要喝2杯或3杯水"（南希·克拉克[34]）。这给肾脏留出更充足的时间来处理液体，从而可以在比赛前排出多余水分。炎热天气推荐在运动之前15分钟饮水227~450克，这种做法称为"水分过度"[30]。1998年8月在尤金市的耐克世锦赛上，因为遵守上述饮水建议，我在炎热天气里跑800米赛毫无问题，而银牌得主则告诉我说，由于炎热，他至少慢了10~15秒。

- **在运动期间，每10~15分钟摄入半杯（113克）液体**[8]。美国运动医学会推荐的饮水量更多：每10~20分钟摄入141~340克液体。运动饮料更好，尤其是在运动后1小时左右，因为运动饮料可以补充糖分和损失的电解质。

- **艰苦训练后**。需要用水清除生成的有毒副产品（水量超过满足口渴的要求）。这可以有效地减少酸痛，帮助恢复[7]。训练过程中损失的液体需要补充。在比赛之后称体重。体重损失2千克代表液体损失2升，即体重每损失0.45千克，至少要补充2杯水。在艰苦的训练之后，通常会发现体重会损失0.45~0.94千克，所以训练之后补充2杯以上水是一个非常好的习惯。

- **活动量非常大的个体每日水的摄入总量**。如果进行艰苦的训练或比赛，推荐对损失的每磅体重补充56.7克的水。这比不运动人士的水需求高。美国国家科学研究委员会建议每天每1000卡食物要配合1升水[4]。

- **纯净（去掉了矿物质的）水**是最纯的水，也是最佳的饮水选择[1, 21]。

养成喝瓶装水或过滤水的习惯。夏天水里的异味让人很难受。而且，谁知道你家房子已经使用20年以上的水管会有什么呢。

- **吃饭时不喝水**。吃饭时不要喝水，喝水会稀释分解食物的消化液。这会影响食物的正常消化[1]。这一点略有争议。其他专家认为吃饭时喝水影响不大，因为有足够的消化液可以中和。吃饭时通常需要一些液体，尤其是食物比较干的时候，但不要喝饮料或牛奶。

- **运动饮料**。葡萄糖聚合物是首选运动饮料，因为它能够更快地从胃和小肠吸收进血液。然后，葡萄糖会更快进入肌肉提供能量。

- **水加柠檬汁**。运动员比赛当天，饮用水加柠檬汁可以提供一些电解质，让身体的碱性更强，从而协助对抗乳酸。早晨和全天服用水加柠檬汁都有益。

电解质不足和脱水

炎热环境下运动会形成更高的乳酸浓度，会导致肌糖原利用加快。如果身体过热，而且运动过程中由于缺乏液体而脱水，心脏向皮肤和肌肉输送氧和血的能力会降低，这主要是血容量降低导致的。这些都会影响成绩。

"如果打寒战、起鸡皮疙瘩，感觉恶心、头痛、眩晕、失去方向感，或者抽搐，一定要注意，这些症状能够导致心脏损伤"（科尔曼和纳尔逊·斯蒂恩[30]）。我还可以补充另外一个症状：我65岁时，在一个炎热的夏日跑完800米比赛后只过了10分钟又跑了一个200米比赛，然后我就注意到绿色的草地变黄了——但是通过在荫凉处饮水，我迅速恢复回来。运动员应该警惕以下3个级别的热病。

第15章　营养

热痉挛

- 由液体或钠的缺乏引起。
- 胃或腹部痉挛症状。

热衰竭

- 比热痉挛更严重。
- 由脱水引起。
- 出现恶心、晕眩、头晕、虚弱、痉挛或呼吸短促等症状。

中暑

- 灾难。
- 由过热（体温过高）和过度脱水引起。
- 出现腹泻、胃不舒服、发抖或抽搐等症状，甚至有可能昏迷。

治疗

　　根据严重程度，停止训练、迅速处理、进入荫凉地或空调房间，饮水，最好饮用电解质运动饮料，在极端情况下，用冷水或冰水浸泡。

赛前补水和赛后补水

　　在运动之前摄入这两种饮品，会刺激排尿，从而更容易发生脱水。如果预先补充了充足的水分，可以预防脱水的副作用。纳德尔（Nadel）[38]认为："在运动过程中和运动后，如果补水的同时补钠，水分会更快恢复。"在间隔只有2小时或3小时的比赛之间，必须饮用运动饮料补充电解质。赛后补水非常重要。而且，口渴的感觉消失并不代表补水完成。

赛前餐

　　您可能已经知道，赛前餐应该在比赛前3小时或更长时间前食用，应该以低热量、低脂肪及低蛋白质食物为主，主要是复合碳水化合物（60%~80%）。但您可能不知道下面这些事实。

　　1. 赛前餐如果主要是碳水化合物，会在持续超过45分钟的比赛里为运动员提供能量。对于时间更短的比赛，赛前餐提供不了多少比赛中需要的能量；短时间比赛的能量来自比赛前2天或1周吃的食物（达登[4]）。

2. 对于耐力比赛，要食用低血糖的复合碳水化合物（意大利面、扁豆、其他豆类、酸奶及麦片粥）。

3. 根据我的个人经验，在比赛前，可以根据剩余时间吃以下食物。

- 4小时前（例如，比赛在中午12点或下午1点），食用正常的高碳水化合物、低脂早餐（1碗麦片或燕麦片搭配牛奶；1杯橙汁、1个面包圈搭配果酱或花生酱）。

- 3小时前，上述食物半份。

- 2小时前，面包圈搭配果酱或花生酱，加1杯咖啡或茶。

赛前餐因人而异。根据自己的训练可以了解什么最适合自己。赛前餐还取决于训练或比赛的强度。南希·克拉克[34]建议："高强度运动前比低强度运动前留出更多消化时间。"这样，就会有更多血液供肌肉使用。

4. 至少要在赛前2~3小时随餐一起服用维生素/矿物质片。请记住，它们是酸性的，所以在赛前不要服用太多。

5. 限制纤维摄入。比赛当天应该禁食大块食物，例如沙拉。避免加了太多调料的食物。注意：煮熟的麦片只有大约11%的碳水化合物[4]。

6. 避免葡萄糖或蜂蜜，消化道要分泌液体来消化和吸收它们，这会导致脱水以及能量的突然衰减。

7. 避免全脂牛奶或任何高脂肪食物。麦片搭配脱脂牛奶或低脂酸奶是赛前2小时的好选择。

8. 避免孩子们的最爱：汽水以及所有快餐食品，例如热狗、汉堡、炸玉米饼、油腻的比萨或炸薯条等。

9. 不要选择不熟悉或不在常规饮食范围内的食物。

10. 对于长距离比赛，或者1天要参加两三场比赛的情况，比赛前4小时补充一些精肉蛋白，有助于提供血糖的长期供给。但只应食用一小块，因为蛋白质可能会引起疲劳和排尿增加。

酒精摄入

如果适量，酒精是有益的，因为其中包含的黄酮有抗氧化作用，可以防止不良的低密度脂蛋白在动脉中形成斑块。但在运动的时候，酒精会妨碍肝脏产生葡萄糖，给身体增加不必要的重量。但如果想适量饮酒，葡萄酒（尤其是红葡萄酒）效果最好。葡萄酒富含铁、B族维生素和矿物质，适合胃部吸收，而且pH水平与人胃部的

第15章 营养

pH水平接近。

葡萄酒饮用适量还有以下优势：减少患癌症、心脏病、胃溃疡及关节炎的风险；减少或消除抑郁；还能阻止血液凝结，因此有助于防止中风。整体效果就是大大有利于长寿，还能让人更快乐。适量饮用是指每天少于2杯，推荐在就餐时饮用。我习惯于晚饭前就着花生（拥有更多B族维生素）喝一两杯红葡萄酒，这可能不是个坏习惯。

对运动员的坏处

- 酒精会引发心律失常（不规则的心脏跳动，或者心脏快速跳动）。
- 脱水。比赛之后，在喝酒之前，先要用水解渴。
- 没有任何营养成分，却有很高的热量，这些热量会转化成脂肪。

因此，运动员应该将酒精摄入量控制在很低的范围内，而且不要每天都喝，比赛前几天也不要喝酒。

维生素补品和矿物质补品

非运动员的补品需求。 享德勒博士（Dr. Hendler）在其书中写道："我的研究表明，即使是健康的、营养良好的人士，每天服用维生素和矿物质补品来确保最大营养收获，也是明智之举。"达到RDA（推荐膳食供给量）5~10倍的大剂量摄入时，必须在医生的指导下进行。老年运动员在大剂量摄入的时候更应该小心。科尔曼和纳尔逊·斯蒂恩[30]指出："老年人可能更容易受维生素/矿物质过量影响，所以不鼓励老年人摄入自行决定的超过RDA剂量的维生素或矿物质。"许多营养师都推荐保持在RDA范围内，而我也发现，某些维生素和矿物质摄入过量会有毒性。还请记住，补品在身体内是酸性物质。例如，过量的维生素A和维生素D以及过量的锌可能有害。

运动员的补品需求。 许多营养师的文章中提到，如果饮食均衡，那么不需要补品。但是，并非所有运动员的饮食都恰当。例如，像我这样的运动员每天要求3 700千卡，相当于0.5杯牛奶、9份水果、3份蔬菜、12份面包或谷物，外加肉类、甜点和油[4]。正确类型和质量的水果和蔬菜能够提供身体所需要的全部必需营养成分。但我也知道许多人不那么容易得到推荐的水果、蔬菜和牛奶等食物，所以补充多种维生素和矿物质就变得必不可少。多数运动员都因为担心缺乏一些重要的维生素或矿物质而服用一些补品。例如，在接受调查的28位精英跑者中[23]，只有一位不服用维生素或矿物质补品；超过一半的调查者服用多种维生素和矿物质补品，其中17位服用维生素C补品，8位服用维生素E补品，9位服用B族维生素补品。调查还表明，高达84%的世界级运动员服用维生素补品[8]。

只要你进行训练，对维生素和矿物质的需求就比普通人高，而维生素和矿物质的缺乏会导致衰弱、疲劳或恢复不良，从而导致发挥不出最佳水平。挑食或者偏食对于运动员的成绩（以及寿命）会有巨大影响。

优势

- 补品有助于提高耐受力，提高免疫力，降低胆固醇，预防感冒、过敏和癌症等。

- 女性运动员容易缺铁，需要确保有充足的铁供应。每周食用肝脏可以补铁，但肝里含非常高的胆固醇。女性运动员也容易缺钙，所以需要在食物之外补充钙和镁。

- 许多矿物质会在训练中随着汗液流失，例如钾和镁。服用利尿剂时，一些维生素和矿物质也会随尿液流失。

- 补品能提高运动员的成绩。备受尊重的美国营养学专家科尔根博士（Dr. Colgan）指出了补品对马拉松运动员的好处[46]。在他的研究中，补品组的成绩平均提高了17分钟，不服用补品的对照组平均只提高了6分钟。

什么时候服用补品。 补品最好在就餐时服用，因为它们是浓缩剂量的维生素和矿物质[12]，有时会引起过度酸性。

下面讨论一些对运动员来说较重要的矿物质和维生素。

维生素C

维生素C对健康有许多好处。它可以减少关节的疼痛、治疗感冒及降低胆固醇，从而保护心脏、强化免疫系统、抗衰老及协助铁的吸收，还有助于预防包括癌症在内的许多疾病。1954年诺贝尔化学奖得主莱纳斯·鲍林[27]是位维生素C研究专家，也是维生素C的大力推广者，他认为大多数成人每天的最优摄入量在2.3~10克之间。大剂量的维生素C看起来完全无害，但超出身体需要的量会随着尿液迅速排出。摄入维生素C可以预防感染、促进骨折和肌肉损伤的痊愈[25]。维生素C作为补品最好与黄酮类一起摄入（维生素C的吸收更好，加快愈合），这称为"酯化C"。维生素C的最佳来源包括土豆、西蓝花、绿色叶菜、番茄、浆果及柑橘类水果。170克橙汁含有90毫克维生素C，RDA的推荐摄入量是60毫克。运动员的常规剂量在200~1 000毫克之间，推荐早晨摄入一半，晚上摄入另一半。

维生素E

维生素E对于健康的很多好处与维生素C相似，它可以刺激免疫系统、缓解肌肉痉挛，有助于防止延迟性肌肉酸痛（DOMS）、预防骨质疏松、保护神经系统、抗衰老、预防癌症、预防心血管疾病以及其他疾病。运动员每天的常规剂量在200~400毫克之间。

维生素E的最佳来源是小麦胚芽、蔬菜油/人造黄油、坚果、全谷类产品、大豆及绿色叶菜。

维生素C和维生素E对运动的好处

虽然维生素E和维生素C作为运动员的补品非常流行，但维生素E和维生素C对于提高运动员表现（例如耐力）的证据有限。

许多运动员像我一样相信维生素C和维生素E对于修复训练后肌肉撕裂有好处。它们能够防止或减少短期肌肉疼痛。因为运动员会经受一些慢性肌肉损伤之苦，此时加大维生素C摄入量可能对慢性肌纤维损伤恢复有帮助[2]。克拉克[12]还认为补品提供了修复需要的材料。

我通常每天服用400毫克的维生素E和500毫克的酯化C，如果有额外的酸痛或感冒时，这2种维生素都加量。

维生素C、维生素E、β–胡萝卜素、葡萄籽和硒对抗自由基的作用

氧既是好东西，也是坏东西。在起坏作用的时候，它与蛋白质、脂肪、碳水化合物以及体内的其他元素结合（正常代谢），形成具有高度活性、不稳定的化合物或原子，称为自由基。在自然的代谢过程中，氧原子的电子被夺走，从而变成自由基。这个不稳定的、有问题的原子为了补充失去的电子而去攻击稳定的分子。当自由基从其他分子夺取一个电子时，就形成了一个新的自由基，从而启动了连锁反应。这会慢慢地引起不可逆的细胞分解，加快老化，刺激癌症产生。这与"外部辐射"（核辐射、X线及环境辐射）的损害原因类似，后者也会产生自由基。从相似性的角度来看，体内正常代谢产生自由基的过程有时也称为"内部辐射"。污染（例如一氧化碳、臭氧、除草剂、烟草烟雾及雾霾）、饮食失衡及食品添加剂都会产生自由基。推荐每日服用常见的抗氧化补品（维生素C、维生素E及硒等），将电子输送给自由基，从而防止发生这个连锁反应和细胞破坏。抗氧化有抗衰老效果。哈斯博士（Dr.

Haas）[18]认为"抗氧化剂能够减少多数外伤性运动损伤的破坏，将自由基对关节组织的破坏降到最小"。

对于大师组的运动员来说，如果老得更慢，则可以跑得快更、游得更快、骑得也更快。通过服用抗氧化剂补品——维生素C、维生素E、β-胡萝卜素、硒和葡萄籽精华素——来对抗自由基，可以老得更慢。上述抗氧化剂会大量吞食自由基，防止它们搞破坏。

B族维生素

B族维生素与蛋白质、脂肪尤其是碳水化合物产生能量密切相关——这是它成为许多运动员最喜欢的补品的一个原因。B族维生素对于中枢神经系统正常发挥作用必不可少；对于运动员来说，健康的神经通路必不可少。训练越多、越苦，需要的B族维生素越多。更多B族维生素也有利于减压和提高士气。以下原因会导致B族维生素的损失：饮酒、炎热天气及咖啡。但是，如果从不感觉疲劳，那么说明B族维生素的摄入量合适[24]。

重要的B族维生素如下。

- **维生素B$_1$（硫胺素）**，调节蛋白质、脂肪，尤其是碳水化合物代谢的多个酶系统的必要维生素。饮食中的淀粉或碳水化合物越多，需要的硫胺素越多[5]。
- **维生素B$_2$（核黄素）**，在碳水化合物代谢，尤其是蛋白质和脂肪代谢中发挥重要作用。可以加快受损肌肉、韧带的修复。活动量大的女性容易缺乏核黄素[18]。
- **维生素B$_3$（烟酸）**，与体内其他化学物质结合，形成从碳水化合物和脂肪提取能量必需的辅酶。它能促进血液循环，因此有助于氧气传输。有助于降低低密度脂蛋白，增加活力。
- **维生素B$_5$（泛酸）**，是抗压力维生素，能够增加耐受力并增加活力。
- **维生素B$_6$（吡哆素）**，用于将肌肉和肝脏中的糖原转换成葡萄糖，还负责将食物中的氨基酸重组成人体蛋白质需要的氨基酸。
- **维生素B$_{12}$（钴胺素）**，对于红细胞的发育必不可少，对于保持中枢神经系统健康及缓解疲劳有重要作用。日需求量只有1~3微克，对B$_{12}$补充品的研究没有发现它对运动成绩或有氧耐力有帮助[8]。另外，我遇到过2位服用B$_{12}$补品的跑者（一个人只在比赛前口服，另一个人每月注射1次），他们认为有好处。如果口服或注射维生素B$_{12}$，最好在医生的指导下服用。
- **富含B族维生素的食物**[2,5]　上面介绍了B族维生素对运动员的重要性。一般来说，以下食物富含B族维生素：肝脏、啤酒酵母、乳制品、精肉、酵母、肉汁、糙米、全麦面粉、葵花籽、全麦谷物及花生。作为每天都训练的运动员，我发现自己对花生的热爱，可能就是为了补充B族维生素。绿色蔬菜可以提供维生素B_6，但缺乏维生素B_3。乳制品缺乏维生素B_3。精米缺乏维生素B_1和维生素B_2。

钙和镁

1980年全美范围内进行的调查显示，有相当多的人缺乏钙和镁，且还缺乏铁和维生素。如果缺乏钙和镁，肌肉会抽搐；不论是缺钙还是缺镁，或两者都缺，都会导致肌肉痉挛或抽搐[4]。钙和镁在消化后是碱性元素[6]——对运动员来说又是一个重要益处。

"**钙**对神经冲动的传导及肌肉收缩都必不可少"[伯克夫（Berkoff）[8]]。高蛋白食物会导致钙及其他矿物质的过度消耗。哈斯博士[18]建议："运动女性的日常食物中尤其要补充1000毫克钙和500毫克镁。因为活跃的体育活动，尤其是在湿热条件下，这2种物质有通过汗液和尿液损失的风险。"缺钙会导致肌肉失控，产生酸痛，然后更容易受伤[25]。缺钙会引起骨骼变弱，也会导致应力性骨折；在跑步这样有压力冲击的运动中，有可能发生应力性骨折。调查表明，缺钙的范围要比其他营养素缺乏的范围更加广泛。

牛奶、绿叶蔬菜、酸奶、奶酪、杏仁、葵花籽、沙丁鱼及三文鱼是钙的良好来源。

镁。镁的主要功能在于激活体内的某些酶，尤其是与碳水化合物代谢有关的酶[4]。在将碳水化合物转换成能量、控制心律、激活酶系统及肌肉收缩方面，镁有着至关重要的作用（如果肌肉抽搐，例如，像我一样腓肠肌抽动，镁可以停止或缓解这个问题）。镁还可以用于治疗前列腺问题[12]。镁对降低胆固醇、缓解神经紧张和不满情绪也特别有效。嗜酒人士要同时补充镁和钙。缺镁也会导致心律不齐和神经疾病[24]。缺镁的时候，大量的钙也会随尿液排出。而且，食物中的钙越多，需要的镁也越多[24]。

推荐的每日镁摄入量为500~600毫克。以下食物提供镁：全谷物制品、绿叶菜以及其他蔬菜，还有水果。

钾

运动要求摄入更多钾，缺钾会影响成绩。运动的时候，肌肉会产热，钾被释放到血液里以扩张血管。血流加大可以减少热的积累，保护生命安全。钾通过汗液和尿液排出。钾对葡萄糖转换成糖原（存储在肌肉和肝脏内）、维持体内合适的碱性环境、刺激肌肉收缩的神经冲动以及刺激心脏肌肉收缩的神经冲击，都起到重要作用。因此在运动或极热情况下及时补钾非常重要。钾必须与钠平衡，钾过量会导致严重的钠流失，反之亦然[24]。

富含钾的食物有：复合碳水化合物（例如，香蕉、菠菜、青椒、土豆）、葵花籽、坚果及鱼肉。

铁

铁对运动员来说，有以下重要功能。

- 在血液中构成血红蛋白，血红蛋白负责将氧气从肺输送到组织。
- 在肌细胞中构成肌红蛋白，肌红蛋白负责向肌细胞提供氧气。
- 激活有关的酶，将脂肪酸输送进线粒体，协助能量产生。

跑步时每一步落地所产生的轻微损伤都会导致铁的损失。出现缺铁情况时，红细胞数量会减少，或者红细胞中包含的血红蛋白数量会低于正常值，于是血液的携氧能力下降，整个机体的处理效率受到损害，称为缺铁性贫血。这会导致肌肉活动能力降低，容易疲劳。贫血是最糟糕的一种情况。轻微的缺铁会导致疲劳，尤其是女性长跑运动员。爱喝咖啡和茶的人，如果缺铁，要注意，过量饮用咖啡和茶，会严重影响铁的吸收。同时食用富含维生素E和维生素C的食物可以增强铁的吸收，这也是运动员服用维生素E和维生素C的另一个重要理由。用铁锅烹饪能将食物的铁含量提高至少10倍。

警告

铁摄入过量会有危险。如果怀疑自己缺铁，请在补铁之前让医生为你做个血液检测。

根据各种参考资料，富含铁质的食物包括：肝脏、葡萄干、牡蛎、沙丁鱼、牛肉、菜豆、绿叶菜、杏干、花生酱、西蓝花、豌豆及坚果。含铁量较低的食物有：牛奶、大米、奶酪及水果。吃荤女性的RDA（绝经前）是18毫克，素食女性是8毫克。

锌

锌对组织生长、伤口愈合及强化免疫系统极为重要。对前列腺正常发挥作用也是必不可少。

富含锌的食物包括：红肉、家禽、海鲜（尤其是牡蛎）、全谷物制品、啤酒酵母、鸡蛋及小麦胚芽。锌的RDA是15毫克，超过30毫克可能有害。

铬

铬值得一提的是它在存储糖原方面的重要作用，许多人都说铬有助于提高运动成绩。但是，也有很多人说铬对成绩提高的作用并没有证据。

90%的美国人缺铬，跑步则增加了铬通过尿液的流失。铬的来源有：全谷类、肉类、奶酪及啤酒。铬的RDA是50~200微克（科尔曼和纳尔逊·斯蒂恩[30]）。南希·克拉克认为[34]以下这些也是铬的良好来源：113克鸡胸肉（40微克）、1汤勺花生酱（40微克）及1杯豌豆（60微克）。

"神奇"补品

有一些"神奇"补品可以提高跑者的成绩（但是，这些只适合对艰苦训练做补充）。下面是我用过的一些"神奇"补品。

水

水是排名第一的神奇补品。这只是为了说明它对运动员的重要性。每天都要饮用充足的水，尤其是在炎热的天气里。

葡萄籽提取物

葡萄籽提取物和松树皮萃取物是植物的生物黄酮素。这两种提取物有相同的益处。葡萄籽提取物日益流行，因为爱喝红葡萄酒的法国人，尽管饮食的脂肪含量很高，却很少得心脏病。我大力提倡葡萄籽提取物，通常每天服用100毫克，而且我觉得临近重大比赛的时候加量可能更有利，因为它能提高耐力。

优势

- 它是强大的抗氧化剂（纯天然的自由基清除剂）——比维生素E强50倍，比维生素C强20倍。
- 减少肌肉破坏（降低自由基的破坏），从而有利于治疗运动损伤并加快训练后的恢复。
- 与食物中的维生素C和维生素E配合（增强它们的活性）。

- 增强皮肤弹性和平滑度。
- 强化毛细血管、静脉和动脉。
- 增强关节灵活性。
- 降低胆固醇，减少动脉斑块。
- 对成绩也有帮助。

咖啡因

咖啡因对运动成绩有帮助，但有些限制需要注意。我曾经多次在训练、公路赛、越野赛前1小时喝杯咖啡，通常是黑咖啡，不含糖分，以避免蔗糖导致的血糖忽高忽低变化。我相信这样做有帮助。因为咖啡有利尿作用，所以也可以让你在比赛前减轻体重。但是如果天气炎热，考虑到脱水效应，我不建议喝咖啡。1995年7月在布法罗的世界大师赛上，许多人都因为天气炎热而崩溃。为了避免快比赛的时候喝咖啡，我在早餐时喝了咖啡，而且取得了个人最好成绩（3项世界纪录）。

如果感觉疲劳，就不要喝咖啡后再出去训练。咖啡会掩盖疲劳。我就犯过这样的错误，结果出现严重后果。请记住，年轻的时候，身体也许可以承受这些，而随着年龄增长，后果可能非常严重甚至致命。但在训练以后，如果不疲劳，可以喝杯咖啡，然后在1小时内做另外一个低强度的训练。这个技术我用过许多次。但还是要小心，因为咖啡会加快心跳。

咖啡因吸收很快，但需要1天或更长时间才能彻底从身体排出。这可能是优势，也可能是劣势，具体取决于要达成什么或避免什么。

通常都认为咖啡因对耐力比赛有益。有些短跑运动员服用咖啡因来提高肌肉的收缩能力和反应时间。下面的有些优势对短跑运动员可能依然适用。我的一些有经验的短跑运动员朋友，他们相信咖啡因对他们有效。而且，研究表明，咖啡因能够将1500米比赛成绩提高大约4秒。

要借助咖啡因获得最好成绩，不应该经常服用，而只在比赛前（40分钟左右）服用。另外，对于经常服用咖啡因的人，赛前3天应该停止服用。

优势

- 提高清醒度，缓解疲劳。
- 增强肌肉活动。
- 刺激中枢神经系统，促进肾上腺素释放，提高钙离子活性，从而促进肌肉收缩。

第15章 营养

- 缩短反应时间（这点貌似没有争议，但有些研究表明，其实反应并没有提高）。

劣势

- 掩饰疲劳感、减少睡意。如果不清楚自己的疲劳情况，可能会受伤。

- 咖啡因是利尿剂，如果导致排尿过多，会引起脱水和电解质丧失。

- 会导致心律不齐（不规则或心跳过快）[7]。

- 会导致血压升高，如果长期过量服用，会导致肌肉抽搐。

- 导致B族维生素损失，影响铁的吸收。

- 导致血液酸度严重提高。

- 因为咖啡因需要24小时才能从人体排出，所以咖啡因会延缓身体恢复。

总之，以我的观点，对于运动员来说，咖啡因弊大于利。

肌酸

　　肌酸是一个神奇补品，许多举重运动员、短跑运动员、跳高运动员和中距离跑运动员都使用。肌酸可以在体内生成，也可以通过食用肉和鱼来获得。补品可以将体内的肌酸水平提高大约20%。

　　肌酸与能量系统。理解肌酸在三大能量系统中的作用机制至关重要。肌肉中的肌酸（主要在IIb类型的快缩肌纤维中）在酶的帮助下转化成磷酸肌酸，磷酸肌酸又给主要的能量化合物ATP补充燃料。因此在这个系统中，如果没有过量，更多肌酸就意味着更多能量。

　　清除乳酸。第1章介绍过，在磷酸原系统中，氢离子（H^+）会在从磷酸肌酸生成ATP能量的过程中被清除。这样，在不超过30秒的时间里，肌酸通过降低酸性，起到了中和乳酸的效果。

　　剂量。通常用20克肌酸剂量补充5天，每天4支5克剂量，最好用温开水冲服以促进吸收和保持（最近有证据表明，不要与柑橘类果汁或大多数水果汁混合，因为这些果汁会中和肌酸，形成废弃物）。然后，每天只需要补充2克就可以保持这个水平。请注意，1磅牛肉或三文鱼肉包含大约2克肌酸，但不能完全被人体吸收。

　　每天20克连续补充5天是一个方便的研究惯例。当然，厂家也喜欢这个20克补充神话。安德森[33]的建议是："如果考虑补充肌酸，可以尝试每天6克（例如，每天6次，每次摄入1克），连续5天或6天。在此之后，每天就可以采用大约2克的'维持量'（4份0.5克的剂量）。"研究表明，这种减量补充与每天20克和不补充相比对成绩提高非常明显。我同意不必每天补充20克。我直觉认为，每天四五克就足够了，尤其在体检表明我的肾脏肌酸超量以后。过大剂量只会导致大多数肌酸随尿液流失。

肌酸的循环。有些人支持肌酸循环，有些人不支持。通常的循环过程是，补充1周，保持量6周，然后停止2周。这种循环可以保证人体自身继续产生肌酸。而且，在赛季外貌似也不值得补充。

肌酸对运动员的一些好处

通用

- 举重和骑行。威廉姆斯（Williams）和克里德（Krieder）[40]指出了在补充肌酸后以下成绩的显著提高：举重过程中（16个研究中有11个平均提高15%）；在高强度重复（通常6~30秒）的功率计自行车研究中（25个研究中18个平均提高16%）。

- 游泳。威廉姆斯和克里格[40]引用的汤普森（Thompson）1996年所做的研究表明，每天服用2克肌酸持续56天后，100米或400米游泳成绩没有提高。在5个关于游泳的研究中，4个没有出现因为补充肌酸出现好处[40]。

- 冰球。在对精英冰球手所做的一项研究中，肌酸补充对成绩有明显提高，每人每天补充肌酸20克，补充5天，然后测试前10周每天补充5克。

- 短跑。帕斯沃特（Passwater）[35]引用了普雷沃斯特博士（Dr. Prevost）的研究，指出一些补充肌酸得到好处的运动员，如"参加完预选赛后就参加决赛的一位短跑运动员；一位参加多项比赛的运动员等"。

- 中距离跑。哈里斯（Harris）、维鲁（Viru）、格林哈夫（Greenhaff）和赫尔特曼（Hultman）[41]是肌酸提高运动成绩研究的领军人物，他们公布了一项对300米间歇（无氧糖酵解系统）、1000米间歇（有氧系统）的研究结果。在补充6天后，肌酸组的300米和1000米跑步成绩有显著提高。

单次冲刺活动

几乎所有研究都证明，肌酸提高不了"单次"冲刺比赛的成绩。

- 骑自行车。琼斯、阿特尔、格奥尔格[39]（基于3个独立的研究）研究报告指出："补充肌酸3~5天，对功率输出、15秒或30秒时长的单圈最快冲刺没有效果（在2个独立的研究中）。"威廉姆斯和克里格[40]在几个功率自行车研究中也得到了类似结果。

- 短跑。威廉姆斯和克里格[40]还指出："肌酸补品对短跑速度的提高作用仍有争议。"而且，与琼斯的研究以及几乎所有此类研究一样，通常都是在每天补充20克、持续5~7天之后进行测试。这是最方便的测试程序，但通常缺乏长期测试。

因此，不要指望补充肌酸7天或更少时间后，在单次的短跑比赛里就能立竿见影。但是，由于肌酸能够促进恢复、减少乳酸，可提高训练质量。另外，在许多周的持续补充之后，肌肉体积和力量都会因为肌酸而增加。持续补充可将运动表现提高许多，速度和速度耐力也应该会提高。

瘦体重增加。有些研究者认为，补充肌酸会给肌细胞带来更多水分，通过化学反应间接地提高了肌肉量。安东尼·阿尔马达（Anthony Almada）在一项28天补充肌酸加负重训练的研究指出，男性瘦体重（lean body mass）增加1.7千克。

我在多种情况下也注意到，每天补充肌酸5克，只用1周，体重就增加了1.3千克，其中没有任何负重训练。对我来说，我认为增加的是肌肉中的水分，因为在没有负重训练的情况下，瘦体重可能不会增加得这么快。

优势

- 根据帕斯沃特[35]的调查："关于肌酸，好消息是它很安全，即使达到运动员的摄入量也安全。"威廉姆斯和克里格[40]提出了类似结论，并进一步指出："对补充肌酸5年的研究没有表现出健康风险。"

- 很容易消化，因为与食物类似，而且无味。

- 肌酸能够增强肌肉力量，提供能量，因此可以增加短距离训练的量，可以减少乳酸副作用，加快恢复，尤其是能够提高本来时间就短的运动项目的成绩，即那些高强度活动（少于30秒）。但是，也有研究表明其对更长时间的高强度活动有益。

- 有丰富的证据可以表明补充肌酸有利于进行质量更高的高强度训练，有利于减少间歇训练和重复性冲刺的疲劳，尤其是低于30秒的训练，或者强度更高的训练——这样的训练会在中距离比赛和短跑比赛中转变成更好的成绩。

劣势

- 肌酸可能会导致肌肉痉挛。但有些使用肌酸的专业运动队没有遇到过痉挛。我本人遇到过3次，都是比赛前一天服用却没喝水。我在60米比赛、100米比赛和200米比赛刚刚起跑时就遭遇了腓肠肌痉挛。服用肌酸时一定要补充足够的水分，当天至少要喝8杯水。

- 对人体的长期效果未知。有些健康专家推荐做进一步研究。

- 肌酸并不适合每个人。大约20%的运动员发现肌酸没有帮助。最近我与2位短跑运动员交流，他们都认为肌酸让他们肌肉僵硬，所以他们停止了服用。

健康风险和损害

貌似没有健康风险，也没有增加损伤风险（除了抽搐）。威廉姆斯和克里格[40]指出："现有长达5年的肌酸补充实验没有看出问题……""评估它的医疗安全性还需要进一步研究""虽然许多研究小组研究过高强度训练的运动员，但目前没有证据表明补充肌酸会增加肌肉损伤。"（但我听说一位美国800米精英跑者认为肌酸导致了他的腘绳肌损伤。）

归纳来说，我认为，如果使用正确，肌酸是最好的合法补品，尤其是对于时间更短的比赛。但它的长期副作用还未知。

葡萄糖胺和硫酸软骨素

以下信息来自 *Prescription for Nutritional Healing*[43]和 *100 Super Supplements for a Longer Life*[44]。

超级补品葡萄糖胺（GS）和硫酸软骨素（CS）对多种疾病，尤其是骨关节炎的治疗有重要作用。这2种补品可以单独用于治疗骨关节炎，但一起服用好像效果更好。骨关节炎是一种退行性关节疾病，包括损伤引起的软骨退化（粗糙、摩擦），或者因为衰老而磨损和撕裂。它会导致关节周围的肌腱、韧带、肌肉发生疼痛和僵硬[43]。超过70岁之后几乎都会受到影响，尤其是女性。运动员患了这种疾病后速度会变慢，甚至结束运动生涯。

这个疾病可以影响全部关节，尤其会影响膝关节、髋关节和背部。我之所以将GS和CS列为神奇补品，是因为根据成百个测试，已知这2种补品具备缓解、修复软骨，甚至治疗骨关节炎的作用。我至少听说过5个人（有运动员和超重的人）从GS和CS中大大获益。受益的通常是膝关节问题。运动员口服葡萄糖胺协助重建受损关节组织；对于运动员来说，结缔组织的修复与成长是个持续不断的过程[44]。

常规剂量是每天1500毫克GS和1200毫克CS[44]。虽然没有毒性效果，但在服用之前还是应该咨询医生的意见，因为有些人可能会有副作用（过敏反应）。

警告

一个有意思的事实是，用来缓解骨关节疼痛、修复关节的阿司匹林等消炎药实际上可能会加重问题。

乳清蛋白

乳清蛋白对运动员有重要好处。例如，前100米世界纪录保持者莫瑞斯·格林每天都食用几份蛋白质混合物，尤其是在训练之后。乳清是一种完整蛋白质，包含数量合适的人体必需氨基酸，以及大多数非必需氨基酸。必需氨基酸是健康机体的建设材料。肝脏可以产生人体需要的80%氨基酸。余下的20%就是9大必需氨基酸。乳清中超过95%是纯蛋白质，相比之下肉类中只有25%~30%蛋白质。

乳清蛋白相对于其他蛋白质的优势

- 乳清蛋白在与鸡蛋类似的所有蛋白质中，生物价值最高。生物价值与身体实际吸收、利用的蛋白质量或氮保持有关。

- 容易消化、可溶、不需要烹制。

- 饮食中搭配乳清蛋白可以确保不缺乏一些必需氨基酸。对运动员来说最重要的可能是亮氨酸，因为它能够促进肌蛋白合成和肌肉生长，促进生长激素产生。

- 乳清蛋白包含的支链氨基酸（BCAA）水平最高，超过任何自然食物来源。BCAA直接代谢进肌肉组织，而其他蛋白质要经过肝脏代谢。正因为如此，BCAA首先用于运动和抗阻训练。

- 乳清蛋白可提高免疫力。如果服用2个月，谷胱甘肽（GSH）水平可以提高达60%。GSH对免疫系统有重要作用，是强大的抗氧化剂，可以对抗导致老化和癌症的自由基。

对运动员的进一步优势

- 增加肌肉量。

- 加快整体恢复（补充消耗的蛋白质）。

- 补充缺乏的蛋白质，减少肌肉退化，防止训练过度。

- 促进新细胞生长，从而加快损伤的正常修复。

- 支持更长、更高强度的训练。

肉类、乳制品中的蛋白质也有以上作用，但乳清蛋白更容易服用和消化，尤其是可在训练前的最佳时间和训练之后立即服用。故推荐服用乳清蛋白加快损伤愈合。

警告

蛋白质过量会使酸性过度，可能引起肾脏和肝脏问题。若肾和肝有疾病则不应该服用。只要食物加乳清蛋白的总量不严重超过推荐的每日总蛋白量，应该不会有长期副作用。

如何服用

- 加到煎饼或松饼里。
- 加到水果沙冰里（我的最爱）。
- 与果汁或牛奶混合或加水（液体不要加热）。

剂量

如果要大剂量服用，应该在训练后立即服用，或者在餐前、餐后隔30分钟或45分钟服用。有些医生建议服用2个月，再停服2个月。开始时，逐渐增加乳清蛋白。请给身体留出适应调整的时间。

我建议根据推荐蛋白质摄入量和食物的蛋白质摄入量之间的差异来决定每天服用的乳清蛋白量。这样可以保证不过量。竞技运动员推荐的摄入量通常是每千克体重1.5克蛋白质。

谷氨酸

谷氨酸是新的神奇补品。它正在运动员中流行起来，甚至可能比肌酸更有用。它是肌肉组织和血液中最多的自由氨基酸。骨骼肌中自由形式氨基酸的60%都是谷氨酸。严格来讲，我们这里讲的是L-谷氨酸，L表示更符合人体化学环境的氨基酸（动物和植物组织中的蛋白质由L形式的氨基酸构成，不是由D形式的氨基酸构成）。谷氨酸的巨大好处是：有助于运动员恢复，增加生长激素，降低乳酸，对免疫系统有益，还会提高大脑活动。详述如下。

谷氨酸在肌肉中用于蛋白质的合成与代谢。因为它在肌肉的形成与保持（将肌肉组织的破坏降到最少）中起主要作用，健美运动员及其他运动员将其作为补品。它是"非必需"氨基酸，意味着人体能够生成，但又是"有条件必需"，因为在高强度运动、压力、损伤后，人体产生的数量不足，无法满足身体需求。所以，在出现以上情况时，补充谷氨酸有好处。

谷氨酸用于肌肉及身体其他器官，例如大脑、神经系统（大约33%）、消化道（大约40%）。压力能将谷氨酸水平降低三分之一。即使普通的感冒也会显著降低谷氨酸水平。在高强度训练后，肌肉中的谷氨酸水平降低高达一半。对7位运动员短跑或长距离跑之后进行测试得出了这个结论。因此，做高强度训练不补充谷氨酸的话，肌肉中的谷氨酸可能会被其他组织夺走，导致肌细胞脱水、消耗/分解。

谷氨酸补品对运动员的好处

- 如果在高强度训练前后立即有充足的谷氨酸作为补品，可以降低肌肉的分解代谢，让肌肉保持更多水分，促进恢复。它也可以缓解训练过度。

- 在葡萄糖耗尽的情况下，谷氨酸对糖原进行补充，从而提高耐力。谷氨酸会转换成谷氨酸酯，生成ATP能量。

- 补充谷氨酸可以提高生长激素水平。对年轻人和老年人的研究表明，即使每天只服用2克谷氨酸补品，也能将生长激素水平提高400%。这对运动员来说是个巨大的好处（我对400%的说法有些怀疑，但仍然相信它能够显著提高生长激素水平）。

- 谷氨酸可以增加碳酸盐，从而用来中和血液中的酸性，平衡体内的酸/碱水平。因此，补充谷氨酸后，做更苦、更长的训练时，肌肉酸痛更少。

- 谷氨酸可以被白细胞利用。运动之后，尤其是在过度训练之后，谷氨酸水平降低会导致免疫力下降。因此谷氨酸补品可以让你更健康，减少由于疾病/传染造成的训练时间的损失。

氨基酸的正确平衡

在食用谷氨酸（或其他任何氨基酸）时，尤其是食用超过1个月时，推荐同时食用乳清蛋白，否则体内的氨基酸会出现失衡。补充各种氨基酸才能保持氨基酸平衡。乳清蛋白几乎是包含全部氨基酸的全能补品，也是保持平衡的完美蛋白质。而且，任何一种氨基酸水平低，都会限制其他氨基酸的吸收。例如，如果某种氨基酸的水平低，其他氨基酸的吸收水平会被限制到差不多相同的低水平。这会导致机体关键蛋白质的缺乏。平衡、正常的机体需要的谷氨酸比其他任何氨基酸都多。谷氨酸在高强度运动后最容易消耗，所以应立即补充，这对加快恢复、保持整体健康非常有意义。素食者尤其要保证自己不缺乏高质量蛋白质，否则就会缺乏一些特定的氨基酸。

谷氨酸对整体健康的其他好处

- 加强蛋白质代谢。

- 对抗关节炎和疲劳等。

- 在压力情况下协助免疫系统。

- 减少对糖分和酒精的欲望（我知道确实有这个效果）。

- 加强大脑功能（有时又称为"聪明维生素"）。

- 稳定血糖。

- 辅助心脏功能和肠黏膜功能。

是否有害

因为是体内自然产生的，所以即使大量服用，也没有明显的副作用。但有肝硬化或肾脏疾病的人不应该服用。如果有这些问题或者导致氨在血液中堆积的任何问题，请咨询医生意见。当然，也不应该大剂量服用，每天小份多次比一次服用大剂量更合适。这样可以避免剂量过高引起的谷氨酸排出。

推荐剂量

菲尔·坎贝尔（Phil Campbell）在其畅销图书*Ready, Set, Go! Synergy Fitness*[31]中建议训练前服用2克谷氨酸来促进无氧训练期间生长激素的释放。Personal Best Nutrition网站建议每天服用2~5克。我个人在训练后立即服用2克。训练前加服2克也有好处。推荐每日服用。每天总量5克，相当于每天1勺。我还没注意到有副作用。

应该什么时候服用

两位鲍尔奇（Balch）在*Prescription for Nutritional Healing*中推荐以下情况服用乳清蛋白粉之类的复合氨基酸以及L-谷氨酸这样的单一氨基酸。

- 服用复合氨基酸时，最好在餐前或餐后隔半小时。如果服用L-谷氨酸或其他氨基酸，最好同时服用完整的复合氨基酸，但错开时间（同一天）。

- 氨基酸服用2月，然后停服2月（有些人说，服用任何单一氨基酸不要超过3个月）。

- 不要长时间大剂量服用。

自然来源

鱼肉、肉类、豆类、生菠菜、西芹及乳制品是谷氨酸良好来源。谷氨酸很容易在烹饪时被破坏。

生长激素

作为运动员，我们应该会期望比对手老得慢。如果做到这点，我们就能拥有年轻的身体，也就意味着成绩会相对优异，也会有更高质量的人生，寿命也更长。1990年以来的几千份研究已经表明生长激素（有时称为"青春之泉"）对老化起主要作用。美国抗衰老医学科学院已经证明，HGH（生长激素）降低是衰老的主要原因。30岁以后，随着年纪增长，体内的生长激素会显著降低，每10年降低14%，到了80岁，只有青春期的3%左右。HGH有许多好处，例如增强免疫系统、提高人体器官及腺体能力，以及拥有更年轻的身体等。

通过注射（非常昂贵，而且不合法）、非处方口服或自然方式，均可以提高体内生长激素含量，取得抗衰老效果。非处方口服方法（口服喷雾和片剂），可以促进脑垂体分泌HGH。但它们通常没有获得美国食品药品管理局（FDA）批准，而且需要进行更多科学研究才能确定它们对于老化等问题的效果，但无论如何，已经有许多有利的报道，而且也有些研究说明HGH确实有益。有些专家认为口服喷雾剂量太小，起不到什么效果。

我个人则愿意用下面介绍的这些促进生长激素的自然方法。

以下方法有助于体内HGH的产生。

- 高强度无氧训练，包括高强度负重训练，特别是产生乳酸程度高的训练。
- 在睡前2~3小时禁食。
- 睡前2~3小时禁止酒精和咖啡因。
- 全天服用低糖食物。
- 有些补品会有帮助，尤其是L-谷氨酸及其他必需氨基酸，但要在合适的时间服用。
- 良好的睡眠。

菲尔·坎贝尔[31] 在他的著作 *Ready, Set, Go! Synergy Fitness* 中介绍了如何通过训练（负重、短跑、快速伸缩复合训练、拉伸和专项练习）以及自然方式产生生长激素，从而提高运动成绩。要产生生长激素，方法非常简单，他建议在进行高强度无氧运动之后，服用2克L-谷氨酸，训练后立即补充25克蛋白质。坎贝尔的方法得到该领域内众多科学研究的引用支持。在阅读这本书之前，我已经热衷于使用L−谷氨酸、乳清蛋白粉以及高强度无氧训练（为了保持年轻，比对手老得慢）。例如，我已经从跑步成绩世界纪录的年龄分级表中观察到短跑运动员成绩随年龄降低要比长跑运动员慢得多。

运动会提高HGH，HGH反过来又会增强运动。按照上面所述，在高强度运动后立即补充25克蛋白质，可以防止刺激胰岛素水平，从而保持高HGH水平。但是，在运动之后补充运动饮料会引导胰岛素水平剧烈升高。为了最大化HGH的释放效应，"训练后2小时内不要摄入糖"（坎贝尔[31]）。但是，如果快速恢复更重要，例如，在比赛之间只有1小时，要保证血液和肌肉中的糖快速补充，应该在运动后2小时内补充碳水化合物/蛋白质混合物（4∶1的比例）。

上面这本书中的一个练习"空手道反踢"让我想起一个有意思的经历（不是笑话）。2004年3月，我在波士顿参加美国室内锦标赛。我正在等待20分钟后的400米决赛，在2小时前刚刚创造了75~79年龄组的1英里世界纪录后，我有点儿懈怠。突然，另外一位选手的空手道反踢意外地踢到了我下肢最敏感的部位。我的懈怠立刻消失了，真的感谢他——让我完全清醒过来。在7分钟的冰敷后，我在比赛中完全忘记了它——幸运的是，我又创造了另外一项世界纪录。真的是有一害必有一利啊。

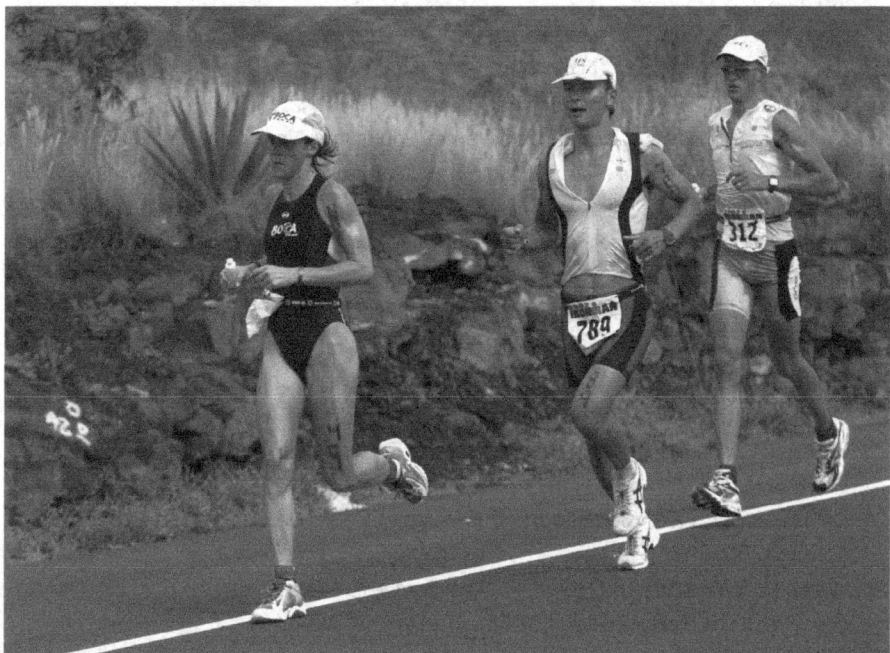

参考资料

1. Diamond Harvey and Marilyn, *Fit For Life*, Warner Books Inc., New York, NY, 1987.

2. Inge, K., and Brukner, P., *Food for Sport*, W. Heinemann Australia, Richmond, Australia, 1986.

3. Nelson, D., *Food Combining Simplified*, Santa Cruz, CA, 1988, Based on "Food Combining Made Easy," by Dr. Herbert Shelton.

4. Darden, E., *Nutrition and Athletic Performance*, The Athletic Press, Pasadena, CA, 1978.

5. Pyke, M., *Success In Nutrition*, Richard Clay (Chaucer Press) Ltd., 1975.

6. Aihara, H., *Acid and Alkaline*, Ohsawa Macrobiotic Foundation, Oroville, California, 1986.

7. Pesmen, C., *How a Man Ages*, Ballantine Books, New York, NY, 1984.

8. Berkoff, F., Lauer, B., and Talbot Y., *Power Eating*, Communiplex Marketing Inc., Montreal, Que., 1989.

9. Murphy, J., *Keys To Nutrition Over Fifty*, Barron's Educational Series Inc., Hauppauge, NY, 1991.

10. Haas, R., *Eat to Succeed*, Onyx Book-Penguin, New York, NY, 1987.

11. Applegate, Liz., "Eating to Win-Essential Nutrition For Runners," *Runner's World*, Rodale Press Inc., 1995.

12. Clark, L., *Know Your Nutrition*, Keats Publishing Inc., New Canaan, Connecticut, 1973.

13. Kirschmann, J. D., *Nutrition Almanac*, McGraw Hill Book Company, New York, NY, 1973.

14. Hendler, S. S., *The Doctor's Vitamin and Mineral Encyclopedia*, Fireside Book, Simon and Schuster, New York, NY, 1990.

15. Broadhurst, C. L., "You do Need Fat," *Alive Health Magazine*, #171, 1996.

16. Mindell, E., *Mindell's Vitamin Bible*, Warner Books Inc., New York, NY, 1985.

17. Subak-Sharpe, G., *The Natural High Fiber Diet*, Tempo Books, New York, NY, 1976.

18. Haas, R., *Eat To Win, the Sports Nutrition Bible*, Rawson Assoc., New York, NY, 1984.

19. Dries, J., and Dries,I., *The Complete Book of Food Combining*, Element Books, Boston, MA, 1998.

20. Foster-Powell K., Brand Miller, J. B., "International tables of glycemic index," *American Journal of Clinical Nutrition*, 1995; 62: 871S-93S

21. Nelson, D., *Maximizing Your Nutrition*, D. Nelson, Santa Cruz, CA, 1988.

22. Dries, J., *The New Book of Food Combining*, Element Books, Rockport, Mass., 1992.

23. Sparks, K., and Bjorklund G., *Long Distance Runner's Guide to Training and Racing*, Prentice Hall.

24. Davis, A., *Let's Eat Right To Keep Fit*, Signet Book, New American Library, Scarborough, ON, 1972.

25. Watts, D., Wilson H., and Horwill F., *The Complete Middle Distance Runner*, The Anchor Press Ltd, Tiptree, Essex, 1974.

26. Fink, W., in Haskell, W. (Ed), *Nutrition and Athletic Performance*, Palo Alto, CA: Bull Publishing, 1982, 52.

27. Pauling, L., *How to Live Longer and Feel Better*, Avon, Broadway, New York, NY, 1986.

28. Williams, M.H., "Nutritional Supplements For Strength Trained Athletes," *Gatorade Sports Science Exchange*, 47, Volume 6, Number 6, 1993.

29. Rankine, J., W., "Glycemic Index and Exercise Metabolism," *Gatorade Sports Science Institute*, 64, Volume 10, (1997), Number 1.

30. Coleman, E., and Nelson Steen, S., *The Ultimate Sports Nutrition Handbook*, Bull Publishing Co., Palo Alto, CA, 1996.

31. Campbell., P., *Ready, Set, Go! Synergy Fitness*, 2nd Edition, Pristine Publishers Inc. USA, 2003.

32. Bauman, A., "Master Your Metabolism," *Runner's World*, September, 1998.

33. Anderson, O., "Why Your Creatine Consumption Is Costing Too Much," *Running Research*, Vol. 14, No. 7, September, 1998.

34. Clark, N., *Sports Nutrition Guidebook*, Human Kinetics, Champaign, IL, 1997.

35. Passwater, A., *Creatine, Good Health Guides*, Keats Publishing, Inc., New Canaan, Connecticut, 1997.

36. Newsholme, E., Leech, T., Duester, G., *Keep On Running*, J. Wiley & Sons Ltd., West Sussex, England, 1997.

37. Lemon, P. et al, "Effect of exercise on protein requirements," *J. Sports Sci*. 9: 53-70, 1991.

38. Nadel, E. R., "New Ideas for Rehydration During And After Exercise In Hot Weather," *Gatorade Sports Science Institute*, Volume 1, Number 3, June, 1988.

39. Jones, A. M., Atter, T., and Georg, K.P., "Oral creatine supplementation improves multiple sprint performance in elite ice-hockey players," *J. Sports Medicine & Physical Fitness*, 1999; Vol. 39-No.3: 189-96.

40. Williams, M. H., Kreider, R. B., *Creatine-The Power Supplement*, Human Kinetics, Champaign IL, 1999.

41. Harris, R. C., Viru, M., Greenhaff, P.L., Hultman, E., "The effect of oral creatine supplementation on running performance during maximal short term exercise in man." *J. Physiol* 1993; 467: 74P.

42. Bortz, W., *We Live Too Short and Die Too Long*, Bantam Books, New York, NY, 1991.

43. Balch, J. F., and Balch, P. A., *Prescription for Nutritional Healing*, Avery Publishing Group/ Penguin Putnam Inc., New York, NY, 2000.

44. Murray, F., *100 Super Supplements for a Longer Life*, Keats Publishing/Contemporary Publishing Group Inc., Lincolnwood IL, 2000.

45. *The Food Guide Pyramid*, prepared by Human Nutrition Information Service, U.S. Department of Agriculture.

46. Colgan, M., Effects of multi-nutrient supplementation on athletic performance. Proceedings of the 1984 Olympic Scientific Congress.

第15章 营养

预防损伤和诱因

训练的时候尤其要记住：凡事都要循序渐进。

在1989年俄勒冈州尤金市的世界大师锦标赛上，我问一位朋友兼对手腿部是否有问题。他立即讲出五六个现有的问题。然后我觉得自己简直太好了，因为只有一个问题——腘绳肌损伤。

所有跑者不可避免地都会受伤。例如，保罗·斯洛维克在对1973年"小路尽头"马拉松所做的"完赛跑者"调查报告中说，接受调查的185位选手中，几乎一半都在准备这次比赛的训练中经历了损伤和疾病。因此，所有跑者都应该关注损伤的发生机制、如何避免损伤，以及在确实发生损伤时应该如何应对。损伤是可以预测且可以避免的[13]。我发现，一些训练不正确，或者跑量、强度、速度加得太快的人，很容易出现损伤。

避免受伤应该是所有跑者应首要关注的。许多卓越的跑者都因伤病而永久退出赛场，尤其是因为膝关节损伤，但是，如果拥有更多知识，这种情况是可以避免的。例如，进行交叉训练，受伤期间不训练，或者多休息。作为竞技选手，这是一条很容易越界的线——为了比赛成功，必须以比赛配速甚至更快速度进行训练，而这通常会导致疲劳，从而发生损伤。在接近极限的时候尤其要注意，在这种情况下，尤其是身体极为强健的时候，总觉得还可以继续加量。不受伤的运动员能够从经常受伤的运动员身上得到许多经验。赢家总是那些非常小心、避免训练受伤的运动员。

本章列出了损伤的主要原因，减少损伤的注意事项，对损伤的一般处理，以及从我个人的损伤中学到的一些重要教训。

我个人的损伤以及教训

这里要讨论一下过去我个人经历的损伤，因为从中可以学到一些重要的教训。从他人的错误中可以学到教训，避免发生让人沮丧的严重问题。

这里只讨论需要6周以上时间恢复的那些损伤（除非另有说明）。在多数情况下，我会在游泳池跑步，如果损伤不严重，进行减量、减强度路跑，同时做理疗。

以下信息来自我的详细训练日记，这也体现了保持良好训练记录的好处，从中可以看出哪些方法有效，哪些方法是错误的，希望未来可以避免发生类似错误。

2004 • **左髋关节，然后是右腘绳肌，然后是右髋关节屈肌。** 原因：参加一次电视台的商业节目时，起跑器起跑以及跨栏过量。后果：3个月很少进行跑步训练，只能做交叉训练。教训1：做艰苦活动之前必须有良好的准备。教训2：一旦发生损伤，就会因为过度代偿，或者回收过快，接着发生其他损伤。

2003 • **背部扭伤。** 原因：已有50年不玩冰球，在前一年12月参加了一场冰球友谊赛。后果：大约5个月跑步步伐受限。

    • **跟腱。** 原因：在室内季初期参加了两场短跑比赛。跑步高峰期人满为患，导致无处休息。

2002 • **左侧髋内收肌。** 原因：连续6天进行跑步训练。教训：跑步日之间需要进行交叉训练，尤其是在73岁高龄的时候。

2001 • **右侧髋内收肌，然后是左下腘绳肌，然后是右上腘绳肌。** 原因：训练过量导致损伤。问题最初是由800米室内赛后第2天进行艰苦的间歇训练引起的，导致上述问题延续了3个月。教训：一旦发生损伤，就会因为过度代偿，即恢复期间跑步方式不正确，从而引发其他损伤。

2000 • **小脚趾骨折**。原因：家庭意外。教训：在家里也要注意安全（晚上走路、举重物等）。

• **足底筋膜炎（以及足底肌腱硬化）**。原因：穿着支撑很少的轻质训练鞋跑步。教训：旧伤会复发；加强受伤区域，对足底肌腱按摩，有助于缓解随着年龄而发生的僵硬。

• **腓肠肌使用过度**。原因：大约12周没在室外跑道训练后的第1堂课，穿着钉鞋在室外跑道上进行快速间歇训练。教训：穿钉鞋进行跑道快速训练要循序渐进（跑步时的疼痛情况只持续了1周，却让我无法参加美国室外大师赛）。

• **髋关节扭伤**。原因：3个月以来的第1堂室内快速间歇训练课。教训：有急转弯的室内训练要循序渐进。

1999 • **各种肌腱和韧带问题**。原因：70岁高龄依然每周训练3天，每天训练2次。教训：过了65岁以后，训练少一些更好；通过肌肉增强训练强化韧带和肌腱可以避免这些问题。

1998 • **足底筋膜炎**。原因：穿钉鞋快跑的时候，鞋里还有硬的矫形垫。教训：穿钉鞋快跑时不要装硬的矫形垫。

1997 • **髋内收肌撕裂**。原因：4个月跨栏训练的第1堂课，原本的小问题由于忽视而发展成大问题；3个月以后，在一次前往南非的14小时飞行之后，损伤复发。教训：小问题也一定要休息好，防止小问题发展成大问题；跨栏训练要循序渐进；强化肌肉可以防止复发。

1996 • **腘绳肌撕裂（复发）**。原因：5天做了4次艰苦训练；竞赛季之后没有足够的休息。教训：艰苦训练日之后应该安排放松日；在比赛之后，进入筑基训练之前，应该休息10天或更长时间；强化肌肉可以防止复发。

• **腘绳肌撕裂**。原因：4个月以来的第1个跨栏练习。教训：跨栏训练要循序渐进，尤其是要经过几周的专项练习之后才能进行高强度的起跑训练。

1994 • **足底筋膜炎**。原因：在陡峭不平坦的山路上进行越野训练时，穿着轻量训练鞋（几乎没有稳定性）。教训：在不平坦路面训练要穿着合适的鞋，需要有良好的稳定性。

1992 • **右腓肠肌撕裂（复发）**。原因：前列腺手术后慢跑5周。教训：肌肉需要逐步重新适应路面冲击；而且某一处成为弱点之后，必须经过负重训练的强化才能消除。

第16章 预防损伤和诱因

1991 • **腘绳肌撕裂**。原因：连续3天艰苦训练导致使用过度。教训：避免连续2天艰苦训练，必须1天艰苦训练、1天放松交替进行。

1990 • **右腓肠肌撕裂（复发）**。原因：为酸痛的右侧股四头肌借力。教训：为酸痛肌肉借力反而会导致其他肌肉拉伤。

1989 • **右腓肠肌撕裂**。原因：循环训练（单脚跳、跳跃、高抬腿跑），却没有进行有效的热身，只上了一堂课就受伤了。教训：避免做任何意外的练习或训练，应该通过若干堂课逐渐适应；在尝试快速伸缩复合训练之前，应该通过负重训练对腿部进行强化。

1987 • **右腓肠肌撕裂**。原因：在快速间歇训练期间，疲劳的时候还企图加速。教训：负重训练可以防止损伤。

造成损伤的原因

了解损伤的原因，有助于预防损伤。

下面列出了最常见的特定损伤的主要原因。

跟腱炎

- 跑得过快、过早。
- 穿着钉鞋在坚硬的地面上跑步和跨栏。
- 小腿过紧，鞋不合适，速度训练和上坡跑过量[3]。
- 在硬跑道上跨栏。
- 活动范围过度、跨栏、跳远、三级跳、跳高，都会增加肌腱过度使用的时间[10]。
- 鞋挤压脚跟或肌腱，速度训练进展过快，更换路面，去平时不习惯的路面跑步，例如，从草地换到硬路面，或者反过来[8]。
- 热身不当。
- 拉伸过度。

踝关节扭伤

- 在不平坦的路面上跑步，例如越野跑。
- 疲劳的时候在坚硬地面上跑步[4]。
- 在小路上跑时踩到树根，或者在不平坦的地面上跑。
- 鞋不合适。
- 公路或海滩路面的严重倾斜。

腓肠肌肌肉撕裂

- 上坡跑。
- 肌肉疲劳、紧张的时候加速，突然改变方向[4]。
- 在陡坡上的艰苦跑步，尤其是天冷的时候；没有合适的热身或没有经验就做过多速度训练；在湿滑路面跑步[8]。

腱鞘炎

新鞋或鞋子太挤。

腹股沟/髋内收肌

- 在湿滑的地面短中跑[8]。
- 上坡的时候，膝关节和脚部外翻，步幅更短，尤其是在疲劳和泥地里跋涉的时候[6]。
- 在室内跑道快速重复训练的进度过快。
- 在肌肉条件还不具备的时候进行跨栏训练。

腘绳肌撕裂

- 短跑训练过度，没有循序渐进逐步适应。
- 短跑时加速（尤其是在疲劳的时候），踩空（例如，在冰上），热身不充分或者热身之后肌肉又凉了下来[4]。
- 路面湿滑[8]。
- 腘绳肌不灵活，腘绳肌由于负荷离心而弱化，或者腘绳肌力量不足股四头肌的60%。
- 跨栏和上坡训练。

腘绳肌肌腱炎[4]

膝关节后侧损伤。

- 使用过度，上坡跑，尤其是肌肉紧张的时候。
- 跑鞋的跟紧（例如，钉鞋）导致腘绳肌过度伸展。

足跟黏液囊炎

黏液囊发炎。黏液囊是液体的囊，起到支撑和润滑作用。

- 身体状态不佳，或者热身不充分，暴露在寒冷天气中[10]。
- 鞋不合适，摩擦足跟[14]。
- 跟腱过度伸展。

髋关节扭伤

- 训练过快过多。
- 下肢其他部分的紧张或损伤恢复，导致步伐不均匀，引起髋关节问题。
- 没有循序渐进积累，在室内跑道急转弯。

髂胫束摩擦综合征

膝关节两侧的上下疼痛。

- 鞋子过旧，或者在倾斜路面上跑得太久[3]。
- 使用过度，多见于跑步姿态不良的跑者[6]。
- 在环形跑道或不平坦路面上跑步；腓肠肌、臀大肌、大腿外侧肌肉不灵活；鞋子旧了。
- 髂胫束拉伸不足。
- 膝关节扭伤。
- 台阶跑负重过大。
- 在坚硬路面上跑得太多，或者鞋不合适[3]。
- 跑量提高过快。
- 道路倾斜[2]。
- 股四头肌薄弱，训练路面变化，更换了跑鞋，股四头肌负重训练进展过快[4]。
- 高速急转弯。

内侧（膝关节内侧）韧带扭伤

- 跑得过长，进展过快。
- 膝关节严重扭曲[6]。
- 过度内翻，在不平坦路面上跑步。
- 室内跑道快跑时急转弯。

外侧（膝关节外侧）韧带扭伤

- 膝关节扭曲[6]。
- 过度后旋，在不平坦路面上跑步。

跑步膝

- 膝盖移动路径异常。
- 股内侧肌薄弱（股四头肌内侧下方），过度后旋或过度内旋。

骨关节炎

退行性关节磨损和撕裂（髋关节、膝关节或足部关节），尤其是在老年跑者身上，导致僵直、疼痛，有时肿胀。

- 使用过度，加上姿态不良。
- 关节反复损伤，遗传，饮食缺乏矿物质和维生素。

足底筋膜炎

- 扁平足。
- 穿没有足弓的钉鞋。
- 跑步时穿的鞋没有足跟支撑或足弓支撑，导致小腿紧张[3]。
- 穿底很硬的鞋急转弯，也可能是足内旋导致的[5]。
- 急停、急起、急转弯，尤其是在疲劳的时候[4]。
- 在粗糙上坡路面上训练时，穿的跑鞋不具备动作控制或稳定功能。
- 做快速间歇训练时，穿着硬质矫正器或鞋跟垫片。
- 穿钉鞋做了太多速度训练。

股四头肌撕裂

- 股四头肌负重训练过度，在股四头肌疲劳的时候跑步。
- 训练量过大，进度过快。
- 参阅腘绳肌撕裂。
- 股四头肌薄弱。

坐骨神经痛

从臀部起沿着腿的后部或侧向延伸到足部的神经。

- 沉重的步伐将力量传导至背部，通常伴随有结构性异常，例如，扁平足、高足弓、膝关节问题。
- 下背部缺乏灵活性和力量[9]。
- 老年跑者的退行性疾病[5]。
- 臀肌区域伸展不佳或没有伸展。

胫部酸痛

胫骨内侧或外侧肌肉或肌腱酸痛，可能伴随有应力性骨折。

- 使用过度[4]。
- 由于照顾身体的某些部分，导致步伐变化[4]。
- 速度、地形、路面、鞋的变化等因素[4]。
- 停训后过快恢复训练[4]。
- 跑量提高过快，路面过硬，鞋不合适，过度内翻[3]。
- 在坚硬路面上跑、跳，以及急停[11]。

- 穿轻质跑鞋或旧跑鞋在人行道或公路上跑步。
- 在坚硬路面上上下坡跑，恢复不充分，跑步过量。
- 胫骨缺乏伸展。

足跟骨刺

原因与足底筋膜炎类似。

- 在坚硬路面跑得过多。
- 鞋不合适或鞋缺乏支撑。
- 小腿紧张，鞋不合适，速度训练和上坡过度[3]。

脚部应力性骨折

大约3周后可以从X光片看到骨折。

- 训练量过大，进展过快。
- 缺钙[10]。
- 鞋不合适，穿着轻质鞋，缺乏支撑的高足弓[5]。
- 在坚硬路面上跑步。

小腿、大腿的应力性骨折

- 穿着钉鞋在坚硬路面上短跑或跨栏。
- 训练量过大，进展过快，以及跳跃[4]。
- 缺钙[10]。
- 鞋不合适，且又在坚硬路面上跑得过多。
- 过度后旋或过度内翻。
- 穿着有磨损的鞋在坚硬路面上跑步。

应力性骨折及其他

参阅以上原因。

对损伤调研的原因归纳

通过对以上特定损伤的整体研究，可以确定各种损伤原因的相对重要性。下面对这些原因按重要程度排列。

1. 训练过苦，进展过快，或者训练过量。

2. 鞋不合适。

- 太旧。
- 太紧或太松。
- 没有足弓支撑。
- 不合脚。
- 鞋跟磨脚或缺乏鞋跟支撑。
- 钉鞋使用过多。
- 换鞋或同一双鞋使用过度。

3. 跑步的路面。

- 路面不平坦。
- 坚硬路面。
- 湿滑。
- 变化路面。

4. 加速和减速。

- 疲劳的时候加速。
- 急转向。
- 短跑过量。
- 急停。

5. 脚软。

6. 上坡。

上坡或下坡训练过度。

7. 内旋。

75%过度内旋，25%过度后旋。

8. 负重训练过度。

- 蹲起、上台阶、提踵等。
- 薄弱肌肉负重过量。

9. 肌肉力量不平衡以及结构性异常。

请参阅下面的备注A和备注B。

10. 热身不充分。

请参阅下面的备注C。

11. 伸展。

- 过度伸展。
- 不灵活。

12. 缺水。

第16章 预防损伤和诱因

备注

A. 力量不平衡[2, 5]

在膝关节和踝关节周围发展出最合适的力量水平是非常重要的。如果肌肉不平衡，更强的一侧肌肉会压倒较弱的对抗肌肉，从而损伤对抗肌肉的纤维和肌腱。一侧肌肉力量更强的不平衡会引起另一侧肌肉持续过度拉伸，从而导致被拉伸的肌肉弱化。

- 如果股四头肌比腘绳肌强大1.5倍，则会发生损伤。这种肌肉不平衡的改善方法是强化腘绳肌，直到肌肉薄弱问题解决。
- 类似地，如果腓肠肌比胫部肌肉强太多，就属于肌肉不平衡问题，会导致胫骨痛。胫骨痛的改善方法就是强化胫部（例如，台阶跑）和拉伸小腿。
- 希恩[7]指出：“在大腿、腹股沟或背部损伤中，薄弱环节通常是腘绳肌或腹肌。”

B. 结构性异常

结构性异常，例如腿短、膝外翻、腿形不正和脚部畸形等，都会给肌肉、肌腱、骨骼、关节和韧带带来额外压力[2, 5]。

C. 不恰当的热身

肌肉的内部温度在热身期间通常升得不够高。俄罗斯学者的研究表明，恰当的热身练习可以有效提高肌肉温度，防止肌纤维撕裂[2]。

重要的损伤原因

- **姿态：** 技术错误，例如跨栏[2]。
- **疲劳：** 多数扭伤和拉伤发生在疲劳和乳酸堆积的时候。
- **缺乏矿物质：** 缺乏钠、钾、镁以及其他矿物质，会导致痉挛，使运动员虚弱和疲劳，在极热条件下更严重，会导致损伤[2,5]。
- **脚软：** 每天旋转和按摩脚部（我每天早晨都这样做）。这有助于防止损伤。越野训练和比赛，以及徒步，能够强化踝关节和脚部。脚的力量和灵活性增强，也会提高步幅和速度。
- **股四头肌薄弱：** 强大的股四头肌能有效吸收震动，并有助于防止膝关节损伤。
- 旧伤或身体其他部分的僵硬导致别处发生代偿性损伤。

- 室内快跑总按一个方向跑。通常来说，内侧腿会发生问题（例如，内侧腿髋关节或膝关节容易出问题）。如果可能，强烈建议不同的训练日在跑道上换个方向。如果做不到，提高速度要经过几周时间循序渐进。

预防损伤的注意事项

以下注意事项可以预防和减少损伤。

1. 训练不要过度。

2. 恢复。恢复的重要性怎么强调也不为过。每训练3周要减量1周；要正确地冷身；艰苦训练日后安排放松日；艰苦训练后冰桶浴或用凉水冲刷脚部的酸痛肌肉；训练后1小时内补充碳水化合物和蛋白质；补充维生素E、维生素C，促进肌肉的修复；漩涡浴，频繁按摩（甚至自我按摩）。

3. 参加一个长期伸展、调整和强化训练项目。

4. 避免在坚硬路面快跑下坡。

5. 选择正确的鞋。购买符合特定需求的正确类型的跑鞋。准备多双跑鞋，因为某些鞋在困难情况下可能会雪上加霜。定期更换跑鞋（有人说约480千米换一次）。不要穿磨损的鞋以及胶底过硬或过软的旧鞋。检查鞋里是否已经起皱。

6. 穿钉鞋训练不要太频繁。每周穿钉鞋训练不要超过2次。在预赛或半决赛期间，如果确定自己能够出线，请穿普通跑鞋。

7. 跑步时注意安全。不要把自己置于危险情况中，例如，当遇到极寒天气或冰雪天气时，如果晚上在室外跑步，要穿着白色服装。而且，根据我个人和一位密友的经验，在非常热且湿度大的天气里，尤其是在脱水的时候，会出现注意力丧失的情况，这有可能导致车祸。在非常热的天气不要单独一个人训练。

8. 坚持自己的训练。不要采用别人的坚苦训练方法，除非这天是自己的艰苦训练日，而且你也适应了这个训练的类型和强度。

9. 知道什么时候应该停止训练。坚持在动作开始变形或变形之前就停止间歇训练。请记住，许多损伤都是在疲劳的时候发生的；当肌肉疲劳的时候，会将平时不使用的肌纤维调动起来。而且，任何时候只要出现局部压痛、疼痛或痉挛，就要立即停止运动。

10. 训练要循序渐进。训练不要有任何急剧变化，或者突然加入需要不同肌肉的新练习，必须循序渐进。同样；跑量增加也要循序渐进，每周增加量不要超过10%。

11. 拉伸可能是最重要的损伤预防措施。有人认为训练后的拉伸比热身还重要。但是，过度拉伸到不舒服的程度，也会导致损伤。

12. 家庭事故。注意在家里或工作时不要乱举重物（这是"杀器"），除非习惯这样做。

13. 室内跑道。在室内跑道进行的间歇训练压力很大，因为有急弯，而且会穿着钉鞋跑。在室内季开始的时候，要缓慢起步，用几周时间逐步提高速度，以便腿逐步调整适应。基于同样的原因，室内季对腿做按摩显得更为重要，可以防止损伤、促进恢复。

14. 不要把脚遗漏。脚是你最好的朋友。为了防止足底筋膜炎，每天都要进行足底按摩：多用些力纵向伸展足弓。每隔1天，做15次以上提踵来强化双脚，但不要在台阶边缘做。另外，每天还可以顺逆时针旋转踝关节，增加灵活性，预防踝关节扭伤。为了预防腘绳肌拉伤，偶尔可以在柔软路面上做下坡跑。

15. 在草地或公园的林间小路上跑（躲开树根），且尽可能多地在这类道路上跑，少在坚硬的柏油路甚至更坚硬的人行道上跑。在跑道上跑时，偶尔可以反方向跑或者在热身期间反方向跑。

16. 快速伸缩复合训练。在进行高强度的快速伸缩复合训练（单脚跳等）之前，先进行负重训练，提高双腿力量。要在经验丰富教练监督下做这些练习，最好在草地或橡胶垫上进行。

17. 负重训练强化双腿，预防损伤。强化自己的薄弱部分，纠正任何不平衡，例如，腘绳肌和股四头肌之间的不平衡。肌肉一旦拉伤，不论治疗得多好，日后也容易出现相同损伤。但是，肌肉强化可以大大减少损伤概率。

18. 避免任何非常规的练习，或者用几堂课逐步适应。避免"兔子跳"，也称为"蛙跳"（从下蹲姿势跳起），这会导致膝关节损伤，或者使肌肉非常酸痛；而且，在这2种情况下，都不要模仿跑步动作。

19. 知道什么时候停止常规训练。如果训练没有过度，可以在肌肉有些酸痛的情况下训练。肌肉有些酸痛是常见情况。但是，异常酸痛，甚至略微疼痛或痉挛则是警告，这时训练要减量，或者跳过计划内的比赛，除非这个比赛特别重要。肌肉酸痛时参加比赛会让肌肉在比赛后更加酸痛，还有可能导致严重损伤。休息两三天，或视情况增加休息时间，额外补充维生素C和维生素E，进行交叉训练（不会加剧情况或导致未来不适的运动）。如果问题不太严重，可以在降低强度和减量的前提下继续跑步，直到问题得到圆满解决。正常情况下，第2天在柔软路面上慢跑或在水中跑步有助于消除酸痛。比起严重损伤恢复要1个月或更长时间不能训练，按照这些注意事项训练更划算。乔治·希恩的表述很正确："跑步可以不舒服，但千万不能疼痛。"

20. 经常进行脊柱检查。对于认真的运动员，建议像我一样有一位运动按摩师经常（大致每月一次）检查身体是否有任何不平衡和失调的情况。如果忽视，失衡和失调会导致严重损伤。而在损伤之后，运动按摩师大多数时候都能找出损伤的原因，给出未来避免出现相同问题的补救重点。有的时候，脊柱按摩就能解决问题，避免发展到手术治疗。

21. 痉挛还是损伤？警惕任何严重痉挛的感觉，这有可能是撕裂，因为这两者的感觉有时非常接近，不要混淆二者。

22. 损伤后要循序渐进。损伤后感觉变好时，训练中要注意循序渐进，因为受伤区域依然薄弱。现在要做的是强化受伤区域。避免连续2天做2个艰苦训练。

23. 急性损伤不要扛着。在补偿受伤区域的时候，会给其他区域带来意外的压力。"运动员无意间用其他肌肉代偿受伤肌群会导致受伤肌群明显薄弱，从而导致日后更容易损伤"（杰西[2]）。

24. 如果有慢性损伤还要训练，要保证受伤区域温暖，并预先在上面涂抹产热材料，尤其是在天气寒冷的时候。训练后还应冰敷。

25. 最后，倾听身体的声音。作为一名运动员，你已经变得对任何疼痛都超级敏感。小心总是好的。身体几乎总会发出警报。请记住，休息几天要比休养6周以及继续理疗更好。

损伤处理

利用RICE［rest（休息）、ice（冰敷）、compression（加压）、elevation（抬高）］处理，小的损伤不需要理疗，运动员自己就可以处理。加压和抬高通常在第1天或前2天使用。过了这个时间段之后，适度运动有助于血液循环和促进恢复。在小伤或严重损伤的恢复期间，加里克（Garrick）[4]、里德（Read）[6]和格里菲斯（Griffith）[10]等人著作中的建议非常有用，有助于更快恢复。对于更严重的损伤（自己能知道），例如，步行时疼痛，则有必要向运动科医生求助或使用物理疗法。

遇到紧急情况，应在医生介入之前（或者不太严重的损伤），做以下处理，以便加快愈合、减少疤痕组织产生。

1. 休息，减少出血、发炎、肿胀，预防进一步撕裂。

2. 冰敷。将受伤部分放在冰水里，或者用冰袋止血、防止肿胀、减少疼痛。

第16章　预防损伤和诱因

3. 用弹力绷带包扎，预防肿胀。不要限制血液循环，结实、舒适地包扎或者在受损部位使用海绵或橡胶衬垫减缓压力，可以避免对血液循环的限制。

4. 将受伤部分抬高，减少受伤区域的压力，可以防止进一步产生肿胀。

5. 在受伤区域放冰袋。可以将冰袋放在压缩绷带下。在每隔15分钟将压缩绷带和冰袋撤下，待受伤区域回暖后，重新用冰袋和压缩绷带包扎。

6. 接下来24小时（最长48小时）通常保留压缩绷带并使用冰袋。[11]

7. 避免负重[11]，避免抗阻运动。

8. "消肿之后，取下压缩绷带，变色和不适消失后，要非常缓慢地逐步恢复动作"（莫尔豪斯和格罗斯[11]）。

接下来的数天或数周，可能需要进行理疗。不论是否需要理疗师，都要做以下处理来加快恢复。自我按摩（通常是交叉摩擦），柔和地伸展（例如，每天大约10次，每次20~30秒），然后至少冰敷2次（冰敷10~15分钟，放开10~15分钟，重复）。损伤接近痊愈的时候，可以做一些轻的负重训练或阻力带练习。

冰敷与热敷

用冰敷好还是热敷好，这有些矛盾且让人迷惑。但是，过了48小时以后，通常冰敷更好。我喜欢的顺序是先冰敷后漩涡浴。我个人使用冰敷的效果比热敷好得多。

冰敷可以消炎，收缩血管，起到防止肿胀和内出血的作用。冰敷还可以减少瘀血、促进愈合。因此，在扭伤（韧带撕裂）、拉伤（肌腱和肌肉撕裂）、擦伤之后，要立即采用冰敷。出血越少，愈合就越快。冰敷还可以减少肌肉抽搐（痉挛）。

冰敷应该每天3次或4次，每次15分钟[10]。我发现，对于深入的组织损伤或慢性损伤来说，一次冰敷无效，要获得最佳效果，休养期间每天至少要冰敷3次，每次10~15分钟，这样第2天才能取得最佳效果。我通常会在皮肤上放一张纸巾，在纸巾上放一袋软凝胶包，然后10分钟差不多足够了。感觉到非常不适的时候，就该取下软凝胶包了。但是，更好的方法是用塑料杯装着冰按摩损伤部位。冰敷时永远不要将冰袋直接静止地放在皮肤上，这有发生冻伤的危险。曾经发生过神经末梢受损的案例。伊林（Ylinen）和卡什（Cash）[1]对急性损伤使用冷冻喷雾提出过警告，因为冷冻喷雾如果使用不当，可能在渗透进深层组织之前就将皮肤冻伤；最好用湿巾包裹冰袋。他们还建议，对贴近表层的操作，冰敷时间不要超过10分钟。

如果感觉热敷比冰敷好，可以在损伤后48小时使用（有些人说要到72小时以后[12]）。不到这个时间，使用热敷会增加出血和肿胀。48小时后，热敷可以加快血流速度，促进健康的营养物质输送到损伤区域，带走损伤区域的废物。热敷还会让肌肉放松，扩大运动的自由度。

可以使用热照灯、热水浸泡、热水沐浴和加热垫[10]。温湿法最好。我发现如果水流离损伤部位保持合理距离的话，漩涡池非常有益。以下都是有效的方法[12]。

- 将湿手巾放在微波炉里加热，然后包在干手巾里。热敷30分钟（或者到手巾温度降下来为止），每天4~6次。
- 湿巾包裹热水瓶。
- 冲热水澡10~20分钟。
- 热水沐浴直接冲刷损伤部位。我发现，热水淋浴时直接对着酸痛的颈部冲，放松效果很好。
- 漩涡浴，但避免对受伤部位用强力水流冲击，这会将具备治疗作用的血液挤走[12]。另外，到了后期以后，水流保持一定距离冲击，有助于克服疤痕组织带来的损伤。

冰敷和热敷轮换。如果有耐心，那么48小时后的最佳治疗是热敷和冰敷轮换。冰敷和热敷的推荐时间，可以向自己的理疗师咨询。如果游泳池旁边有漩涡浴池，可以每隔5~7分钟换一个池子。

练习和负重

"只要允许，尽早、尽可能主动地开始练习和负重"，这点很重要，"但在严重损伤之后，首先要得到医生的同意"（格里菲斯[10]）。在几乎恢复到以前水平的时候，才能开始肌肉建设。为了加快恢复，加里克（Garrick）和瑞得斯特奇（Radestsky）[4]建议寻找一个可以激活肌肉的动作（例如，某项日常活动），柔和地重复这个动作，保持肌肉的伸展和活跃。损伤恢复期间，避免任何有可能带来伤害的练习，但从上面的说法可以看出动作柔和的好处。在不疼痛的情况下，让组织早些动起来，可以加速愈合。

练习。恢复期间，如果步行没有疼痛，可以尝试慢跑，慢跑到出现不适感，然后步行，重复这个循环。也可以采用游泳、骑行、划艇、水中跑步等练习，只要这些活动不引起不适。出现任何不适都要立即停止。上述柔和的活动只要不过量，就可以促进血液循环、加快恢复。

第16章 预防损伤和诱因

　　负重训练。从损伤恢复的角度看负重，离心负重练习有巨大好处（肌肉一边收缩一边延长）。离心动作应该缓慢进行。请参阅第19章的负重训练。例如，艾尔弗雷德森（Alfredson）等人在瑞典所做的一项研究[13]表明，离心腓肠肌训练治愈了15位跑者的跟腱炎，而使用常规方法的另外15位跑者则需要手术。这个训练简述如下：前脚掌站在台阶边缘，缓慢地在"不健康"腿侧降低身体，在"好腿"侧升起身体。不健康的腿伸直做3组，每组15次，然后不健康的腿弯曲做3组，每组15次。在不健康的腿侧没有向心收缩（肌肉收缩的同时缩短）。逐渐增加重量，坚持最多12周。从只做1组开始。

伸展

　　对于软组织损伤，需要进行大量伸展，因为肌肉在愈合的时候会缩短。如果不做这种伸展，缩短的肌肉日后更容易受伤。一位肌肉专家告诉我说，伸展比理疗更重要。预先一定要热身。重要的是拉伸至少应保持15~30秒，伸展到略微不适为止。过度伸展会导致肌肉缩短。为了避免发生这种可能，可以采用"主动隔离伸展"，即伸展两2 ~ 3秒，放松2 ~ 3秒，重复。

心理画像

　　为了更快恢复，可以采用心理画像的方法。这个技术得到广泛传授。首先必须相信这种做法有效。想象微小的血细胞将新鲜氧气带进来，陈旧的血液和废物清除掉。想象有一束白光围绕在受伤部位周围，传递着温暖、治疗和能量。在放松的状态下幻想自己的心理画像（例如，许多小船进进出出），潜意识同时会发挥治疗作用。请参阅第2章心理训练中的"可视化"一节。

延迟性肌肉酸痛

　　延迟性肌肉酸痛，缩写为DOMS，是指在高强度练习之后24~48小时肌肉酸痛才发生的现象。酸痛通常不会持续超过一两天，通常由以下原因造成：过多、过苦、过快。酸痛主要由于肌肉的微小撕裂导致，外加发炎和肿胀。但是，如果练习后18~24小时以内发生疼痛，则意味着可能出现了损伤。次日发生疼痛是普遍情况。轻微疼痛是好事，代表肌肉正处于调整适应的强化过程中。过量离心练习也会引起DOMS，例如穿着钉鞋下坡跑，落地的时候会伸展肌肉。但是，如果下坡跑不过量，这种酸痛是有益的。肌肉从轻微损伤中恢复之后，对酸痛和损伤的耐受力会更强，并能保持这个效果1个月以上。

出现不良DOMS情况时，最好减少训练强度，给身体几天时间修复损伤。慢跑有助于消除或缓解酸痛。我还发现，如果肌肉酸痛或疲劳在训练时加剧，最好立即停止训练。在负重训练时，不要训练到肌肉燃烧得任何酸痛都消失不见的程度。这些建议都可以帮助避免损伤。

恢复中学到的教训

健康的身体可以容忍你的忽视，但受伤的身体不能忽视。正在从损伤中恢复的身体更敏感，受不了任何过度伸展、过度负重或任何过度练习。

下面这些恢复期间的事实和提醒，即使是理疗师也不会对你说，这是我在恢复期通过认真观察和犯错学到的。

- 跑量减少50%。损伤恢复期间，跑量最好减少50%，同时大大降低强度。
- 理疗后进行休闲放松。理疗当天，尤其在大范围的电子震动后或腿部做了相当大的负重训练后，当天的任何活动都要改成休闲式的，最好不做任何训练。
- 适当伸展。如果做了负重训练来强化双腿，一定要在训练前后进行腿部伸展，并预先通过慢跑、骑行、快走、热水浴或加热垫做好腿部热身。损伤的强化训练，最好在肌肉感觉良好之后以及轻松跑训练日进行。
- 水中跑步和负重训练二者不要混在一起。在水中跑步日，就不要做腿部负重训练；如果这样做，就是双倍的负重训练。同样，在游泳日，最好也不要做负重训练。
- 按摩也可能会伤害肌肉以及引起肌肉酸痛。对损伤部位的按摩要注意。最好找熟悉的按摩师。而且，受伤之后，不要过早地在损伤部位周围按摩。专业按摩，甚至自我按摩，都应该在训练后2小时内进行，这样才能取得最好效果。
- 深度按摩后要休息。深度按摩当天不要训练，或者只进行步行。
- 损伤没有完全愈合期间，训练后坚持冰敷。

有人可能觉得上述意见过于谨慎，但从他人的错误中汲取教训总比自己犯错好。在恢复期间过度谨慎可以避免前功尽弃。

第16章 预防损伤和诱因

参考资料

1. Ylinen, J., and Cash, M., *Sports Massage*, Stanley Paul, London, England, 1988.

2. Jesse, J., *Running Athletes*, The Athletic Press, Pasadena, CA, 1984.

3. Larkins, P. A., *Common Running Problems-Sports Medicine*, Produced by the Australian Sports Medicine Federation Ltd, Canberra, Australia, 1987.

4. Garrick, J. G., and Radetsky, P., *Peak Condition*, Harper and Row Publishers, New York, NY, 1986.

5. Mirkin, G., and Hoffman, M., *The Sports Medicine Book*, Little, Brown and Company, Boston/Toronto, ON, 1978.

6. Read, M., *Sports Injuries*, Arco Publishing Inc., New York, NY, 1984.

7. Sheehan, G., Medical Advice, *Runner's World*, 1972.

8. Coe, S., and Coe, P., *Running For Fitness*, Pavilion Books Ltd, London, England, 1983.

9. The Editor's of Rodale's Runner's World Magazine, *Running Injury-Free*, Rodale Press Inc., Emmaus, PA, 1986.

10. Griffith, H. W., *Sport's Injuries*, The Body Press, Tucson, AZ, 1986.

11. Morehouse, L. E., and Gross, L., *Maximum Performance*, Simon and Schuster, New York, NY, 1977.

12. *Prevention Magazine*, April 1992.

13. Alfredson, H., et al, Heavy-Load Eccentric Calf Muscle Training for the Treatment of Chronic Achilles Tendinosis, *American Journal of Sports Medicine*, Vol.26, No. 3, p360-366.

14. Pagliano J. W., Heel Bursitis, The Foot Beat, *National Masters News*, September, 1998, Eugene, OR, USA.

快速伸缩复合训练

最近几十年，快速伸缩复合训练已经得到广泛关注，但实际上，从1920年起，它就被欧洲的田径运动员采用。大约30年前，我的前任教练大卫·韦尔奇（David Welch），希望我和其他两位大师运动员在热身的时候跳绳。当时，我并不了解快速伸缩复合训练的众多好处，只是听说在快速伸缩复合训练之前需要有良好的负重训练基础。我怕损伤，所以我们没有采用。这真是个错误。实际上，如果循序渐进地引入低强度快速伸缩复合训练，那么对于具备合理力量的有经验跑者来说，用高强度的负重训练打基础并不是必需的。

下肢的快速伸缩复合训练包括单腿跳、原地跳、弹跳和跳远，用于协助提升速度。快速伸缩复合训练可以提升短跑涉及的肌肉和肌腱的力量与功率（单位时间做的功，或力量乘以速度）。还可以提升起跑需要的爆发力，提高神经反应。在习惯了快速伸缩复合训练之后，肌肉、肌腱、关节的强化将有助于防止损伤。这个训练的目标是提高运动员在最短时间内产生的最大推力，即爆发力的能力。训练的重点是收缩速度而不是力量大小（负重训练的目标）。

理论解释

这个提高爆发力的独特训练方法称为快速伸缩复合训练。功率是速度和力量的结合。因此，既进行快速伸缩复合训练又进行负重训练是有利的，但不一定安排在同一天进行。快速伸缩复合训练的主要目的是减少肌肉收缩需要的时间。

肌肉收缩有以下3种类型。

- **离心收缩：**肌肉在负荷下变长。用来给身体减速，通常发生在最大用力之前，例如高尔夫挥杆或击球之前。
- **向心收缩：**肌肉在负荷下变短。用来给身体加速或移动物体。
- **等长收缩：**肌肉在静止下承载。例如，双手相向互推。

为了进行有效的快速伸缩复合训练，要在离心收缩之后立即进行向心收缩，形成强大的推力。开始的快速拉伸给肌肉加载了能量。从离心收缩到向心收缩的突然转换引起身体突然减速和强大的反射反应推力，导致身体在相反方向的快速加速。要实现更强大的反射推力，可以通过以下方式。

- 更快速的初始拉伸。任何肌肉群都可以产生更大功率，只要先在相反方向启动快速拉伸移动即可。
- 离心收缩和向心收缩之间时间更短，即减速和加速之间时间更短，且必须毫不犹豫。

在下面的示例中，快速的预拉伸、快速的方向变化，可产生爆发性的反射推力。

- 医生敲击膝盖下方，导致腿突然弹出，这是肌伸张性拉伸反射。肌肉的快速拉伸激活肌伸张性拉伸反射，引起肌肉快速收缩，作为防止过度拉伸的安全保护机制。
- 运动员从箱子上跳下：被拉伸的肌肉在落地时，给肌肉动态增加了能量负荷。落地时的能量潜力（高度乘以体重）存储在肌肉内，反弹的时候立即释放。如果落地时能量损失不是很大（下沉），则弯曲双腿中隐藏的能量会立即在相反方向释放出来，形成强大推力和向上弹跳。如果拉伸后的延迟最短，则肌肉的快速拉伸激活了肌伸张性拉伸反射，刺激肌肉，导致肌肉以更大功率更快收缩。
- 运动员冲刺、跳跃、单腿跳或弹跳：落地前的快速预拉伸和方向的立即变化，像上面一样形成强大推力。

- 在弯举负重练习中，快速放下负重（离心收缩）会拉长肌肉，立即向上抬则切换到向心收缩，使肌肉缩短，形成比缓慢放下动作更大的功率。
- 高尔夫选手转身击球。
- 击球手先转身，再向着球返回来。

优势

快速伸缩复合训练不只适用于短跑运动员。如果有规律地练习6周左右，它能将长跑运动员的跑步经济性（指定配速下的氧气利用量）提高几个百分点。通过有规律的快速伸缩复合训练，所有跑者都能增强力量、踝关节灵活性、跨步蹬地力量、步幅，并能减少损伤。短跑运动员还能增强起跑的爆发力。

在研究了关于快速伸缩复合训练的大量参考资料后，我总结/发现了快速伸缩复合训练的五大基本优势。

1. 中枢神经系统（CNS）活动

除了爆发性的肌肉收缩之外，在双脚跳、单脚跳、跳起动作中，包含极高程度的CNS活动。整个身体和CNS都能感受到巨大的冲击。因此，快速伸缩复合训练有助于保持CNS的神经通路和相关的快缩肌，防止它们随着变化而减少。如果没有这么高强度的活动，许多神经通道就会随着人变老而消失，并将它们关联的快缩细胞一起带走。这些不活跃的肌细胞变成脂肪细胞。因此，快速伸缩复合训练能够抗衰老。我参考的一份网上材料指出："快速伸缩复合训练不适合60岁以上的老人。"而我的观点是，60岁以上的老人会从快速伸缩复合训练得到大量收获。它能够帮助所有大师选手保持青春，主要是因为神经通路得到良好激活与保持，甚至有可能重新激活因为不使用而消失的纤维。

2. 高G（重力）推力

该训练生成的推力比负重训练中例用的力量高10倍以上。在快速伸缩复合训练中，落地时生成的推力可以高达体重的3~5倍。但是，在腿部伸展或腿部弯举的负重训练中，大多数跑者的负重只有其体重的0.3~0.5倍。

3. 离心收缩的优势

快速伸缩复合训练的收缩包括在这些巨大冲击负荷下肌肉的初始拉长。如果这些离心收缩在跑步中发生，会导致肌肉酸痛和肌肉疲劳。但在正常的负重训练期间，练习的主要是向心收缩（肌肉在负荷下缩短）。因此快速伸缩复合训练过程中离心收缩的负荷巨大，可以调整肌肉，防止跑步的时候发生肌肉酸痛和损伤。

第17章　快速伸缩复合训练

4. 对跑步的针对性

理想情况下，快速伸缩复合训练中的动作应该尽可能地匹配或复制体育项目中的动作，不论是篮球还是跑步。快速伸缩复合训练对跑步的针对性特别强，因为身体在跑步的时候是垂直的，而这个训练发展的推力与跑步非常接近。

5. 全身各部分都得到锻炼

快速伸缩复合训练包含全身各个部分，因为生成的推力会遍及全身。但在负重训练中，每次只能练习到特定的肌肉。

快速伸缩复合训练优势归纳

- 提高跑步经济性。
- 提高上肢和下肢的速度。
- 提高跳跃能力。
- 提高腿部爆发力和反应爆发力。
- 最短时间内收获最大力量。
- 提高协调性、平衡性、姿态。
- 提高踝关节、膝关节和髋关节的活动性。
- 减少肌肉响应时间。
- 调整肌肉。
- 提高肌肉灵活性。
- 提高肌腱和韧带的弹性。
- 减少损伤。
- 激活的神经通路比负重训练多。
- 抗衰老。

下肢练习

快速伸缩复合训练有多种变化。本节主要介绍与跑步有关、对跑步有利的那些练习。我选择了一些更流行、对跑者更有用、更容易学习的练习。单腿快速伸缩复合训练对跑步的针对性更明确。还请参阅唐纳德·楚博士（Donald Chu，PhD）一份优秀参考资料*Jump Into Plyometrics*，里面有很多配图的练习。这本书以图画方式全面描述了针对25项运动的各种快速伸缩复合训练，包括原地跳、立定跳、多级跳、箱子练习、深度跳、实心球等。

准备活动

循序渐进，从低跳开始，逐渐积累。这样可以确保它与其他练习一样安全。在做快速伸缩复合训练之前，建议先通过完善的负重训练项目打好基础。但是，力量良好的有经验跑者，可以先不做高强度负重训练，直接开始做低冲击的快速伸缩复合训练。例如，我几乎没做腿部负重训练，就可以毫不费力地轻松完成低冲击和中冲击的快速伸缩复合训练。但是，循序渐进、限制脚触地次数依然是关键。对于更高级的快速伸缩复合训练，例如从箱子上跳起、过栏杆，通常的建议是，运动员应该先能用自身1.5倍体重做蹲起。通过负重训练获得更强壮的肌肉，在快速伸缩复合训练期间能够产生更大力量，而且不容易受伤。

在游泳池浅水区的快速伸缩复合训练可以作为陆地快速伸缩复合训练的良好准备。在水位达到胸部中间的水池里，身体只承受正常体重的三分之一。但我发现，在水池里离心拉伸和向心缩短之间的触地时间比陆地上长。因此，浅水区里的快速伸缩复合训练能够减少负荷，但效果减弱，因为在水中很难将脚部触地时间控制在最短。向心收缩的力量不强。推荐在水里穿着水上运动拖鞋以防滑。在水中做练习之前，先要在陆地上学会。

快速伸缩复合训练的另一种准备形式是离心拉伸和保持。例如，从箱子上落地，不是立即跳起，而是停住不动。

姿态

- 保持挺胸抬头姿态。
- 轻轻落地，膝关节微屈。双腿充当震荡吸收器。
- 为了获得最大效果，以最快速度进行。
- 重视质量，而不是量。姿态变形时，就立即停止。
- 对有经验的人，触地顺序是前脚掌－足跟－脚趾。
- 双臂摆起，同时跳起或弹起，这样可以减少推地的重量（称为反作用力）。

第17章 快速伸缩复合训练

通用考虑

因为所有练习都是高负荷的爆发性练习，所以每个练习都应该少于10秒。练习的距离通常在10~30米，根据经验重复2次或3次。如果缺乏经验，每次课只应该持续3~5分钟，水平较高的人则可以持续12分钟。

较低冲击的做法

推荐：

- 每次课40~60次脚部触地（注意两脚落地相当于脚触地2次）；
- 组间休息1~2分钟。

双腿原地踝关节跳。保持在原地，双脚分开，与肩同宽，身体正直。只用踝关节，迅速地跳上跳下，尽量减少脚的触地时间。

双腿小跳。直立，快速小跳前进。双臂随着一起前进。随着双臂前进向前跳。然后向后跳回，重复大约10米。这么跳感觉很好。

双腿大跳。膝关节略屈，手臂从后向前用力摆臂，向前尽可能跳得远。重复若干次。

前后左右双腿跳。双脚分开，与肩同宽，膝关节微屈，双脚前脚掌着地。向前弹跳，再跳回原地。向左侧弹跳，再跳回原地。向后弹跳，再跳回原地。向右侧弹跳，再跳回原地。重复至少2次或重复到疲劳为止。

上下台阶。这是个低强度的快速伸缩复合训练，推荐在刚开始快速伸缩复合训练时使用或者受伤人士使用。推荐3~10分钟训练，根据自身可承受的训练强度，每分钟做20~45下。如果只想练习左腿，则先左脚上，再右脚上，左脚下，再右脚下。重复。如果只想练习右腿，则先右脚上，再左脚上，右脚下，再左脚下。重复。

快脚。原地跑步，脚底只是略微离地。膝关节微屈。双臂快速移动，由于步子速度快，双臂移动距离短。另一个变化是用非常小的步子快速前进20~30米，然后突然加速变成快跑步伐。

冲刺。冲刺是一种快速伸缩复合训练。每一下落地都给腿部施加体重2~3倍的负荷，然后紧接向心收缩。热身期间做5次或6次重复，总量大约50米。

蹦床。蹦床练习是完全的快速伸缩复合训练。它具备以上全部好处及其他更多好处。另外，它对负责平衡、稳定和反射的肌肉的发展作用，远远超过这里介绍的其他许多练习。互联网上的一份材料［莫顿·沃克医生（Dr. Morton Walker），2003］列出了蹦床的30个好处，包括清理淋巴系统，延缓衰老等。很多人认为蹦床是刺激中枢神经系统的最佳方法。由于练习时经历力量刺激的身体范围非常广泛，因此身体的全部细胞都受到刺激。随着全部细胞被激活，全部神经通路也被激活。缺乏高强度运动会导致许多神经通路和关联的快缩细胞随着人变老而死亡。与其他快速伸缩复合训练相比，蹦床用低冲击力产生了高冲击效果；它对关节的压力小。如果练习时间足够长、强度足够大，还有巨大的有氧效果。与其他快速伸缩复合训练一样，全部肌肉都涉及，尤其是踝关节、腓肠肌、股四头肌、臀大肌、腘绳肌、下背部、腹部、脊柱，以及韧带和肌腱。它与负重训练不同，后者单独发展每块肌肉。即使每次课只练几分钟，每周很少几次，也推荐做这个练习，因为它真的很有益。但是，练习之前必须热身，而且要慢慢开始。

跳绳。这是适合新手的一个很好的快速伸缩复合训练。

中等冲击的做法

推荐：

- 每次训练脚部触地80~100次；
- 每组3分钟。

原地单腿跳。保持原地不动，只用踝关节和小腿力量，一只脚跳上跳下。

单腿向前跳。（a）左腿跳10米，右腿跳10米。（b）左腿向前跳4下，右腿向前跳4下。重复10~15米。

双腿跳箱子。面对0.3~0.46米高的箱子站立。双臂前摆，双脚跳到箱子顶部。双臂立即后摆，跳回原地。重复到疲劳为止。

单腿轮换高跳。这个动作类似于夸大的跳跃动作：步子加大，滞空时间延长。右腿蹬地，左腿尽可能抬高，右臂大幅度摆动。左腿轻轻落地。换腿继续。通常每组弹跳5~8次。最大距离约20米。根据经验和身体条件做1组或2组。这个动作有很好的肌肉发展作用，推动人体向前的肌肉和关节（腓肠肌、臀肌、踝关节）会变得更强大、更有效，使步幅也更大。推荐在草坡上做这个弹跳练习。

快速长距离单腿跳。与前面的练习类似，但重点放在速度和距离而非高度上。采用大步幅和大幅度摆臂，向前弹跳20米。重点放在前进方向的滞空时间上。换腿继续迅速弹跳。努力保持头部的高度。这也是提高步幅的一个非常流行的练习。在柔软地面的上坡弹跳比平地压力小。

更高冲击的做法

推荐：

- 运动员应该能够做1.5倍体重的蹲起，同等体重的卧推；
- 这些训练适合于快速伸缩复合训练水平达到高级的实力强大的运动员，即经过6周已经适应了低冲击练习，而且有了高强度负重训练的良好基础之后；
- 每堂课脚部触地在120~150次之间。体重大的运动员要少一些；
- 组间休息6~8分钟，因为这些训练强度更大。

侧向上台阶。站在0.2~0.3米高的箱子前。一条腿在箱子上，另一条腿在地上。用箱子上的腿迅速将身体带起，直到这条腿伸直。迅速放下身体，直到另一条腿触地，全程只用箱子上的腿支撑。重复到支撑腿有些疲劳，但不要过度疲劳。换另一条腿重复。将箱子放在墙边、手放在墙上支撑，可以帮助练习。

落地跳。从0.3~0.46米高的箱子上落下，不是跳下。双脚分开，与肩同宽。双脚落地，膝关节弯曲，双臂立即大幅前摆向高处跳起（爆发式）。落地会将腿部肌肉预先拉伸，并加上负荷（离心收缩），强大的向上驱动力又将已有负荷的肌肉缩短（向心收缩）。非常高级的做法是，双腿落地时可以手持哑铃增加重量或者单腿落地。但这里并不推荐这些做法。

有研究认为，如果做的时候小心，那么双腿跳箱的压力没有跑步大。双腿跳箱可以提高骨密度，从而减少应力性骨折的发生。

箱间跳。多个箱子（至少3个）相距1米或更远排开。像上面一样：从一个箱子落下，双腿落地，膝关节弯曲。双臂立即摆动，（爆发式）跳到下一个箱子上，双腿落上去。难度随着箱子的高度或箱子间的距离增加而提高。因此，开始练习时，距离可以短一些，高度可以低些。要增加难度，可以全程将双手放在脑后。

栏间跳。与上面的做法类似，只是用跨栏代替箱子。这个方法更方便，因为跨栏通常更容易找到，而且方便调整高度。剪刀栏架比固定栏架好，前者撞上去之后会分开。 从低栏架开始，直到有了经验才升高。确保不要落在栏上，这会导致损伤。使用双臂摆动，将膝关节抬高伸直，通过栏架。也可以使用锥桶，它更安全，但没有调整高度的灵活性。

实心球练习

实心球练习的目标是腹部、背部、躯干（总之不是腿部）。练习重点是动作，而不是某块肌肉。因此，通常要将身体作为一个整体。实心球练习保证了上肢、腹部、和背部没有被快速伸缩复合训练忽视。有3个基本动作：传递、扔、侧旋。

一些安全考虑。保持背部伸直、膝关节弯曲；接从地面弹起的实心球时尤其要这样。向后抛球时，在头后不要伸得过远。从轻的球开始练习，经过几周逐渐增加重量。不要在面前抓球。也不要在高强度活动后练习。

重复和组数。如果想提高力量和肌肉耐力，重复6~12次。如果想提高肌肉耐力，重复12~24次。通常做2组或3组。正常训练大约15分钟，包括6个或更多练习。

球的大小。球的大小取决于运动员的身体条件、经验和训练目标。例如，针对耐力、平衡性和灵活性少一些，针对力量多一些。具体考虑如下。

- 重到足以让动作变慢。
- 轻到足以保证动作的准确性和范围。
- 宁轻勿重。

    新手重量：大约2.7千克。

    中等重量：大约4.5千克。

    高级重量：5.5千克。

    男性通常5千克，女性通常3千克。

第17章 快速伸缩复合训练

一些更典型的流行练习

从胸传到墙。开始时，球在胸部中间。将球投向墙壁。与墙壁保持合适距离，让球在脚前弹起。在球从地上弹起时抓住球，立即投到墙上。也可以省略从地上弹起这个环节。

在伙伴配合下练习腹部。平躺，膝关节弯曲，下背部贴地，面朝上，伙伴站在你前面。伙伴将实心球向你胸部抛下。抓住实心球（离心收缩），立即抛回（向心收缩）。重复24次。如果可能，做2组。

与伙伴一起配合的其他练习如下。

- 胸部传球：手持球从胸部开始。
- 下手传球：从全蹲位开始，球在双腿间，起立。如果没有同伴，向高处抛。
- 向后抛：从半蹲开始，球在双腿间，起立，膝关节略屈，向脑后抛球。
- 过头抛：双手脑后持球，向前一步，抛球。如果没有伙伴，向远处抛。

没有顺序

训练顺序：热身、快速伸缩复合训练、节拍跑或间歇跑、速度训练，最后是负重训练。考虑到快速伸缩复合训练的压力，通常不要安排在训练日的最后一堂课（肌肉已经疲劳）。但可以安排在强度较小的训练课之后。也可以在2个跑步训练日之间安排快速伸缩复合训练和负重训练。更多细节请参阅下面的"安全性"。

推荐的顺序

筑基训练阶段（赛季外）每周2~3次（量少）。速度训练阶段，每周2次。比赛阶段每周1~2次。在比赛阶段还建议降低强度。比赛周只安排1次（或不安排），但要减量，且不能在比赛前4天内。减量的快速伸缩复合训练可以在热身期间频繁使用。

安全性

- 运动员的身体条件必须非常好，且拥有良好的力量水平。

- 在做快速伸缩复合训练之前完成一个动态热身（请参阅第18章）。

- 超过90千克的大体重运动员不要做超过0.46米的跳高。落地跑的力量会是体重的3~5倍。大体重人士要更小心，因为他们的踝关节、膝关节、髋关节都要承受更大的负荷。

- 考虑到对全身的冲击，有必要在草地、胶垫、塑胶跑道上练习。地面既不能滑，也不能硬，落地时还要有一定的缓冲。

- 鞋应该有良好支撑，以保护足底筋膜、肌腱、跟腱和膝关节。千万不要赤脚或穿着钉鞋练习。

- 循序渐进，从低跳开始，逐渐积累。经过几周时间逐渐增加组数和脚部触地数。

- 快速伸缩复合训练之间充分休息；对于强度更大的快速伸缩复合训练，2次课之间推荐休息2天。

- 触地时间延长或出现疲劳时立即停止。质量和良好的姿态比数量更重要。

- 每次课的触地次数不要超过上面规定的次数。练习强度越大，触地次数越少；体重越大，触地次数越少。

- 避免在疲劳或肌肉酸痛时做快速伸缩复合训练，否则通常会发生损伤。

- 下肢做了高强度快速伸缩复合训练的当天，避免下肢再做高强度的负重训练。同样，做了高强度实心球训练的当天，也要避免高强度的上肢负重训练。

- 如果缺乏快速伸缩复合训练的经验，在比赛前的减量周不要做快速伸缩复合训练。

- 少就是好。因为重复性、高冲击的练习会导致关节退行性病变，所以一定要当心。

第17章 快速伸缩复合训练

恢复

- 强度越大，恢复时间越长。

- 每次重复后缓慢步行回原地，休息好后再开始下一次重复。

- 组间休息几分钟，视情况可增加休息时间。

- 经过数周时间逐渐增加每周跑的次数和距离。同样，也要经过数周时间才能增加实心球重复的次数。

- 少做总是好的。要听从自己身体的声音。每个人的情况都是不同的。一定要在过度疲劳之前停止。重复的次数和组数都不是一成不变的，这里的数字只是大致参考。

- 还请参阅上面推荐的训练频率。

动态热身

最近，许多跑步教练，包括我在内，都开始认识到训练或比赛的动态热身，是比传统方式（慢跑、静态拉伸，以及一些跨步跑）好得多的热身方法。这个新方法模拟跑步，称为动态热身。动态热身包括ABC短跑练习（具体后面介绍）、摆腿练习、快速跨步跑，以及快速伸缩复合训练。考虑到静态拉伸的几大缺点，在热身期间应少做或不做静态拉伸。

理想的热身是将肌肉和关节温度提高一两摄氏度，模拟实际的跑步动作，刺激中枢神经系统、心血管系统、生理及心理系统。动态热身在所有这些方面都比静态拉伸有效。下面解释了训练或比赛之前不做或少做静态拉伸的原因，以及动态热身的优势。

训练前静态拉伸的缺点

最新的研究实验和文献调研指出训练前做静态拉伸有以下缺点。

- 静态拉伸不能让肌肉充分温暖起来。慢跑获得的热度经常在长时间的静态拉伸过程（通常10~15分钟）中损失掉。在户外天气寒冷的情况下尤其如此。
- 静态拉伸与跑步中肌肉在负荷下受伤时的快速拉长（离心收缩）和缩短（向心收缩）没有任何相似之处或针对性。

- 静态拉伸即使很柔和，也会导致肌肉的微小撕裂，而拉伸掩盖了疼痛。因此，在训练之前的静态拉伸，尤其是高强度或延长的拉伸，如果紧接着高强度或延长的训练，会导致损伤。

- 可能会降低成绩。研究表明，比赛或训练前60分钟内拉伸，会降低力量输出。力量峰值和力量速度会减少几个百分点。在长时间静态拉伸后，力量会略微下降长达1小时。因此耐力和速度比赛的成绩也会下降。

- 最近的许多实验和文献调研表明，运动前的静态拉伸对预防损伤没有益处，例如，澳大利亚对1538名新兵的高强度训练 [蒲柏（Pope）等人，2000]，以及对138份运动科学文章的回顾 [谢瑞尔（Shrier），1999] 都说明了这一点。但我认为，在这点上不可能有确定的结论，因为考虑的变量很多。例如，精英运动员与健身人士，年轻运动员与老年运动员，灵活性好与灵活性不好的运动员，高强度训练与低强度训练，以及运动的类型。实际上，即使不在训练之前做，静态拉伸本身也有损伤风险，这个说法更公平。

- 静态拉伸不像跑步或动态热身一样是中枢神经系统活动。

- 静态拉伸与实际的跑步没有相似性，因为多数拉伸都是在固定位置坐着或躺着做的。

- 静态灵活性与身体结构和最大范围有关，跑步的动态灵活性与中枢神经系统和"动作的范围"有关 [麦克休（McHugh），1977]。

- 与动态热身相比，静态拉伸到肌肉的血流更少。

- 在某些比赛里，例如短跑比赛，灵活性太高可能有害。

训练前静态拉伸缺点总结

考虑到上述缺点，不推荐在艰苦训练或比赛前做静态拉伸，而推荐进行动态热身。但是，轻松训练之前，依然可以使用传统的慢跑和柔和拉伸。

动态热身的优势

- 动态热身的动作与静态拉伸相比，可以将肌肉温度提得更高，从而让肌肉收缩更快、更有力。

- 动态热身的动作针对实际的跑步动作。其动作可以强化、训练良好跑步姿态，从而提高跑步成绩。因此，在热身期间也可以训练和提高跑步姿态和跑步技术。

- 与静态拉伸相比，动态热身通过模拟实际的跑步动作，让运动员在心理和生理上为训练或比赛做好准备。
- 通过用动态动作替换静态拉伸，可以避免肌肉的微小撕裂。
- 坚持短跑ABC练习6周，可以将每步的触地时间减少大约0.01秒。这是一个显著提高。
- 相比静态拉伸，动态热身对关节移动性的提高更大。
- 在肌肉和关节锻炼的同时，心血管系统也得到锻炼。
- 动态热身的活动通常包括快速移动的快速伸缩复合训练（跳高、单腿跳、弹跳），让5~10倍体重的力量通过全身和神经系统。这些练习可以提高反应时间、力量、爆发力、步幅；长跑运动员的跑步经济性也能提高4%~6%。
- 包含快速伸缩复合训练的动态热身由于模拟跑步动作，会激活动作涉及的中枢神经系统的神经通路。快速伸缩复合训练有助于保持神经通路。这点对老年运动员尤为重要，因为随着变老，神经通路和相关的快缩肌纤维会由于训练中缺乏快速抵抗性动作而丧失。

推荐的动态热身顺序

1. 短跑运动员步行或慢跑400米。长跑运动员慢跑1英里。

2. 摆腿，练习腓肠肌以外的下肢各个部分。如果不熟悉8个练习的细节，请参阅第11章（浅水区训练）。

3. 短跑 ABC练习。关键是良好的姿态。每组做2次30米，轻快地步行回原地。（如果不熟悉以下练习的细节，请参阅第6章）。

- A：高抬腿专项训练。
- B：前腿伸展专项训练（夸张的跑步动作）。
- C：踢臀专项训练。
- 踝关节弹跳练习。
- 高抬腿跑步。
- 侧向跑，也可以双腿交叉跑。
- 小步快跑15米，然后加速15米。
- 12个弓步。

第18章 动态热身

4. 原地做以下练习。

● 弹脚30秒（一只脚站立，另一只脚迅速弹起）。

● 坐姿或站立快速摆臂练习1分钟。

5. 快速伸缩复合训练。请参阅第17章。

6. 短跑。

用90%的力做5次50米跑，步行回原地。第一次和最后一次重复慢一些。

7. 步行400米，然后再开始训练或比赛。

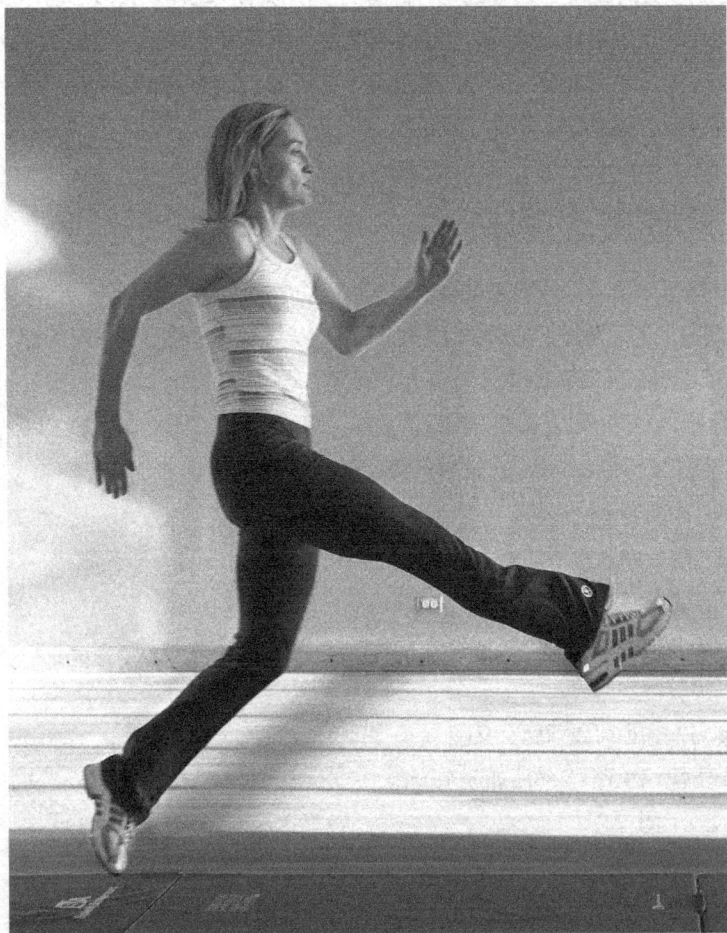

负重训练

当我发现随着年龄增长，步频变化很少，而步幅大幅下降（请参阅第3章）的时候，我认识到了负重训练对所有跑者的重要性。力量越大，跑者蹬地的力量就越强，于是就加大了步幅，即使每一步只有几厘米的差距，在长距离比赛中也会带来巨大优势。我还了解到，通过负重训练，史蒂夫·斯彭斯（Steve Spence，世界级的美国马拉松运动员）在1990年的马拉松比赛中步幅从178厘米提高到185厘米。现在我更加确信负重训练拥有众多好处。人体整体的健康包括心血管健康、灵活性和力量。许多俱乐部跑者在训练中忽视了灵活性和力量。下面列出了负重训练的众多优势，不仅仅是要说服运动员在训练中加入负重训练，而且还应在每周计划中都进行负重训练。仅仅是收获的赞美，自己增加的幸福感、自尊、信心，就使这些训练很有价值，但还有更有说服力的理由让你采用负重训练项目。

只要花很少时间，就能收获负重训练的好处。10台器械，每台器械2组，每组10个重复，在20分钟内就能完成。采用一个项目，每隔1天做5组或6组，就能实现力量的大幅增长。每天或隔天只用几分钟就可以保持肌肉，甚至提高力量，因此，在家里进行负重训练是有益的。我发现5~7分钟的负重或弹力带练习，以及一些不用负重的弓步练习、蹲起练习，只在我家的卧室床前就可进行，且多数在晚上进行，就能保持我的肌肉结实。

提高力量还有其他方法，例如上坡训练、水中跑步以及快速伸缩复合训练。这些训练请分别参阅第4章、第11章和第17章。高强度的快速伸缩复合训练会带来更严重、持续时间更长的肌肉酸痛，只有通过负重训练做好准备之后，才能开始快速伸缩复合训练。而且，如果家里或者在旅途中，没有负重训练的条件，还有许多可以用弹力带或自身体重进行的训练，例如，弓步、走台阶、提踵、借用椅子进行臂屈伸、引体向上和仰卧起坐。

开始之前

- 如果打算认真地进行负重训练，则需要了解身体各部分主要肌肉的名称以及锻炼这些肌肉的练习。可以对着镜子挑出自己认为可能需要额外训练的那些身体部分。然后只要为这个区域安排不同比例的训练量即可。对已经充分发达的肌肉，不需要过度锻炼，只需要保持即可。但是，作为长跑运动员来说，我们不想变得满身肌肉。我们的主要目的是发展力量和爆发力，并不想带着额外的肌肉到处跑。
- 上肢和下肢的力量需要平衡。
- 拮抗肌肉的力量需要平衡。
- 强化对比赛尤为重要的那些肌肉。
- 建议找一个好的运动按摩治疗师，针对自己生理不平衡或肌肉薄弱的情况进行提升，这样可以用有针对性的负重和拉伸练习强化这些薄弱部位。
- 重要的是强化过去受过伤的肌肉，以防旧伤复发。这些肌肉通常是薄弱环节。

优势

- 负重训练可以强化骨骼、增长肌肉、协助纠正肌肉的不平衡。肌纤维变粗，可使肌腱和韧带更强健。所有这些都有助于避免拉伤、撕裂和骨折。因此，运动员不会像常人那样受伤。受伤的通常是薄弱环节。受了伤就会认识到负重训练建立支撑力量、预防未来受伤的重要性。损伤恢复期间有限度的负重训练也具备积极的心理效果，因为你正在做一些有帮助的事情作为跑步的替代。
- 增强中枢神经系统和肌肉系统之间的协调性。
- 负重训练对于短跑运动员尤为重要。提高每一步的爆发力就能提高速度。

- 随着年龄增长，步频（还有步幅）都会降低。肯·斯帕克斯（Ken Sparks，大师级800米和1500米世界纪录保持者）从跑步机测试中发现自己的步频逐年下降。为了弥补这一下降，他通过腿部推举训练来锻炼快缩肌纤维（请参阅第1章"肌纤维"）。在负重训练过程中，斯帕克斯还重点锻炼他的双臂、肩部和胸部肌肉，以保持跑步的姿态、防止疲劳［被布鲁姆（M. Bloom）引述，*Runner's World*，1998年5月］。而且，出于与上面相同的原因，腹部和下背部的力量对于跑者也至关重要。

- 上半身力量（例如，双臂、肩部、腹部及背部肌肉力量）使人能够保持跑步姿态。上半身疲劳会导致姿态变形、消耗更多能量。姿态正确（挺胸抬头，髋关节前移）时，呼吸会改善，步幅会提高。

- 对于中长跑运动员和自行车运动员，负重训练能够增强耐力。研究表明，在2个月的负重训练后，运动至力竭的时间至少延长10%。

- 1994年运动生理学家罗恩·约翰逊（Ron Johnson）博士的一项研究表明，经过10周的腿部、腹部和臂部的负重训练后，女性长跑运动员的跑步经济性提高超过了2%（普菲青格[1]）。"今天，几乎每位精英跑者的周计划中都包含某种负重训练"（肯·斯帕克斯[2]）。负重训练还能调整肌肉和关节，因此在密集的间歇和速度训练期间，有助于避免损伤。

- 负重训练会减少脂肪、增加肌肉，降低体脂率，从而让你跑得更快。

- 增加动作范围。在每个负重训练的离心阶段，向心阶段中使用的肌肉被拉伸。这个拉伸增加每天拉伸练习的灵活性。任何能够伸长肌肉群的训练都能增加灵活性。当能够完成完整动作时，就能保持肌肉的灵活性。

- 对于大师级跑者，强烈推荐用负重训练来对抗随着年龄增长的肌肉流失。通过负重训练可以老得更慢。

赛季外和赛季内训练

对于场地赛跑者，典型的赛季会分为筑基训练、室内赛季和室外赛季。对于长跑运动员，一年的典型划分是赛季外、赛季前和赛季内。

赛季外。负重训练的最大收获要在赛季外通过最大量的重复获得。在赛季外的时候，因为跑步训练强度不是很大，所以可以做更多负重训练。第一个月的典型安排是每周2堂负重训练课，这时要多做重复来逐渐调整身体。接下来几周，可以增加训练次数到每周3次。对于短跑运动员来说，这时要做的是用较少重复为赛季内的高强度训练积累力量。对于长跑运动员来说，这时要发展肌肉力量，但主要是用更多重复来发展肌肉耐力。每周逐渐增加负重，例如每周增加5%~10%。对于老年跑者或能力较弱的跑者来说，推荐每周2次，每组更多重复，以保护关节。

在**赛季内**以及比赛季临近的时候，跑步训练的强度更大，所以负重训练的强度必须降低（更少负重、更少组数），频率也要降低。在赛季内只要每周一两堂课，不重要的比赛周和强度特别大的训练周每周一次，就可以保持力量。迪特曼、沃德和特列斯[3]认为"赛季内每周一次训练几乎就能保持住赛季外的训练收获。"

在重大比赛之前两三周，应该停止负重训练，以防消耗宝贵的能量。同样，在比赛前4天，也不应该在水中跑步，因为水中跑步相当于负重训练，会让双腿在比赛中疲劳——这是我从多次糟糕的经验中学到的。让双腿在比赛之前保持精力充沛，这点至关重要。

世界级马拉松运动员史蒂夫·斯彭斯建议在马拉松比赛之前1个月就停止负重训练，改为俯卧撑、仰卧起坐或双杠臂屈伸（"Master the Marathon"，*Runner's World*，1997年12月）。他说："我的跑步强度越大，我的负重训练强度越低。"（肯·斯帕克斯[2]）

在秋季（筑基训练阶段），我通常在12~14个器械进行训练，每个器械上只做2组，每组10次重复，每周2~3次。只要离比赛不是很近，即使在赛季内每周也继续做1次或2次，这样压力也不是很大。

精英运动员和奥运选手

精英运动员和奥运选手（尤其是短跑运动员）负重训练的频率更高（相比经验一般的运动员），但接受的都是有严格监督和控制的训练项目。他们的身体适应了那么高的频率。例如，下面是世界级短跑运动员赛季外相当典型的训练频率。

- 第1天双臂负重训练，第2天双腿负重训练，如此循环整个1周。
- 上午双臂负重训练，下午双腿负重训练，每周3次，2个负重训练日之间休息1天。

上述训练方法允许受训的身体部位能够休息和恢复超过48小时。这种恢复能够更快取得力量收获，让肌纤维能够修复。在上面的示例中，为了不影响48小时恢复，任何速度和速度耐力的跑步训练都应该在腿部的负重训练之前进行，即在同一天进行。这样做是有意义的，因为精英运动员接受的负重训练在正常情况下都是高强度的（参阅下文的"复原"）。

复原

跑步和负重训练之间最好间隔3~4小时或更长时间，但是，除非是职业运动员，否则这个要求不太现实。如果负重训练与跑步训练安排在同一天，最好先跑。在高强度跑步之前，绝对不应该安排高强度的负重训练[5]。迪特曼[3]还建议将负重训练安排在训练最后、冷身之前。速度训练应该安排在负重训练之前，否则疲劳会影响跑步姿态。对于短跑运动员来说，短跑训练期间保持精力充沛尤为重要。运动员疲劳的时候不可能增长技能。

研究表明，两堂负重训练课之间，通常需要约48小时的休息，以给肌纤维留出重建的时间。必须给恢复和生长留出足够的时间。但是，许多教练建议在轻松耐力训练日做负重训练[5]（如果负重训练不太大，可以选择这个时间）。如果在放松日最后做高强度的负重训练，就没有充足的时间（只有24小时或更少）留给肌纤维复原，因为第2天通常是艰苦训练日。如果在放松日早晨做负重训练，而在第2天晚上做高强度跑步训练，恢复时间差不多有36小时，这应该还可以。负重训练的时机对于短跑运动员更为重要，因为他们的负重更大、撕裂的纤维更多。如果短跑运动员要做长时间高强度的负重训练，应该在速度训练结束后立即（或者几小时后）进行。

自由重量 vs 固定器械

固定器械比自由重量更安全、更容易使用，用起来也更迅速。采用固定器械进行训练时，我发现自己只用大约20分钟就能得到足够的训练（大约12种固定器械，每种做2组，每组10次重复）。

第19章　负重训练

自由重量训练可以发展主肌肉群和稳定肌群（容易受伤的小肌肉）。但为了安全，通常需要有一个训练伙伴。尽管如此，要取得力量和灵活性的最大收获，还是要使用自由重量。一般建议先使用固定器械练习，把身体调整好、变强壮以后，再逐步过渡到自由重量训练。

弹力带练习

弹力带的阻力使之适用于耐力类型的负重训练。腿部和踝关节进行弹力带练习有以下优势。

- 用动作实现负重训练，与蹲起、腿部推举、弓步、腿屈伸和俯卧弯腿相比，能够更好地模拟跑步动作。
- 在哪里都可以做，既不用自由重量，也不需要固定器械就能实现负重训练。
- 有利于损伤恢复，方便在家里练习。

腿部练习流程

将大约2米长的弹力带固定在扶手或比较重的家具的腿上。将弹力带缠在踝关节上固定，移动这条腿。返回的时候要慢，慢慢地恢复到弹力带不被拉紧的位置，这样可以在离心阶段提供最佳锻炼效果，这是一种离心肌肉练习（肌肉收缩的时候拉伸）。练习通常做2组或3组，每组重复15~20次。下面是目标腿的动作。

面对支撑物

练习腘绳肌：

一条腿伸直，将腿从垂直位置后移，达到与垂直位置的夹角大约为30度的位置，然后缓慢前移，回到支撑腿旁边。重复。

背对支撑物

练习髋关节屈肌：

目标腿在支撑腿后大约一只脚的位置。抬起目标腿，直到大腿与地面齐平，小腿与地面垂直。使抬起的腿缓慢地返回身后，同时腿伸直。重复。

练习股四头肌：

一条腿伸直，将腿从垂直位置前移，达到与垂直位置的夹角大约为30度的位置，然后缓慢后移，回到支撑腿旁边。重复。

在支撑物旁边侧立

练习髋内收肌（腹肌沟）：

一条腿站立。将弹力带固定在另一条腿的踝关节上，将这条腿前移并在体前略微交叉。

练习髋外展肌（大腿外侧）：

一条腿站立。将弹力带固定在另一条腿的踝关节上，移动这条腿离开身体。

训练原理

利用以下训练原理可以在最短的时间内取得最大的力量收获。可以注意到，负重训练与跑步训练有许多相似之处。

- 在开始之前，请向健身俱乐部的指导或你的教练咨询，学习使用固定器械或自由重量进行各种练习的正确方法。当然，也有大量优秀的负重训练书籍[5, 6, 7, 8, 10]可以提供指导。针对运动员[5, 6]而不是健美运动员的图书对于跑者更有用。

- 肌肉增强训练和负重训练强度类似，如果二者放在同一训练里，会有矛盾。而且，艰苦的水中训练也与负重训练类似，所以也不应该在同一天进行负重训练。

- 负重训练之前进行有氧热身（骑行、跑步、跳跃，甚至快走）和拉伸。

- 让肌肉热起来的另一种方法是从全套的轻量重复开始，例如，开始时比后续各组强度低25%~33%。

- 在上一做法之上变化一下，从更轻的负重开始，一组一组逐渐加大负重。通常每组举固定的重量、重复固定的次数，例如，10次110磅重复。但是，训练的变化也很重要，身体需要受到冲击才能取得最大收获。这要通过每组增加负荷，减少重复次数来实现。例如，第1组、第2组、第3组分别是10次110磅、8次120磅、6次130磅（1磅约为0.45千克）。这种做法只有借助器械才能方便地实现，因为要实现心血管调整的效果，各组之间的休息应该比较短，而在器械上可以迅速地改变负荷。尽管如此，随着负荷增加，组间的休息也要延长。

- 先做量的训练，再做强度训练[5]。

- 举重的时候不要憋气，这会减少回流心脏的血量，导致昏迷。在用最大力气的时候呼气，在返回时吸气。

第19章 负重训练

- 体形恢复要循序渐进，不要训练过度。为了逐步调整，确实需要有足够的超量，但不要超得引起极度酸痛。

- 从腿部和髋部的大肌肉群开始训练。小肌肉群更容易疲劳（迪特曼[4]）。

- 更换肌肉群，避免同一肌肉群连续锻炼2次。

- 循环（变化）训练的量和强度[5]。变化重复次数和负重。某次训练某些练习做得比其他训练其他练习强度更大一些。例如，周一轻负重，周三中负重，周五重复少、负重更大。有的时候会感觉自己更强有力，有的时候会感觉更虚弱，要相应地改变强度。请参阅下面的周期化方法。跑者如果每天都按相同配速跑，不会有进步。

- 要提高速度，要用爆发力抬起，然后缓慢下降。例如，抬起只用1秒，降下用2秒（迪特曼[4]）。

- 采用少重复（1~3次）、大阻力（90%~100%），最大力量来得最快。但是，这可能会导致长跑运动员失去一些灵活性。

- 对于力量耐力训练，吉姆·赖恩[13]建议通过以下训练来建立上肢耐力。
  采用轻负重（能够轻松举起20~25次的负重）以避免出现大肌肉块。
  除非有比赛，否则每周做3次负重训练。
  最后2~3周停止负重训练。
  永远不做深蹲练习。

- 推荐对负重训练进行周期化安排，就像跑步训练一样。通常做一个4周训练计划，前3周组数、强度逐步加量。第4周强度减量，低于第1周。在每一周里，最好变化每个负重训练日的强度，例如，轻、中、重。而且，通常每次课也有3组，第1组、第2组和第3组的强度分别是最大强度的60%、70%和80%左右。下一个月继续这个循环重复，但是强度（负重）提高了。

- 负重练习后坚持拉伸，预防第2天或2天以后肌肉酸痛和僵硬。我发现许多认真的举重运动员也没做到这点。

- 要提高力量或耐力，肌肉必须经历更大强度、更大训练量，这需要经过数周或数月（通常6周）逐步实现，例如，可以采用以下组合。

增加负荷	增加每次课的时间
增加重复次数	减少休息间歇的时间
增加动作速度	增加训练课的频率

可以又一次看到，这与跑步训练有很大的相似之处。

- 纠正拮抗肌群不平衡的训练。例如，过于强大的股四头肌，若比腘绳肌强大2倍，可能会导致腘绳肌的损伤。跑者确实需要强大的股四头肌，但理想情况是，股四头肌/腘绳肌的力量比应该为3/2或更低。本·约翰逊的前教练查理·弗朗西斯认为，短跑运动员这两部分肌肉的力量比应该至少为1/1。强大的股四头肌（以及髋关节的屈肌）可以让400米运动员在最后100米保持高抬腿姿态。除了负重训练，上坡和爬台阶训练也有助于实现腘绳肌和股四头肌的肌力平衡。

- 为了取得力量的最大收益，可以在肌肉进入完全收缩状态的时候停顿。这叫作"顶峰收缩"技术，可以在腿部伸展（股四头肌）练习或腿部弯举（腘绳肌）练习中采用。采用这种技术时，离心阶段缓慢放下依然是有益的。请参阅后面的介绍。为了在出现疲劳的时候完成更多重复，有些健美运动员会采用"下滑"技术，即后续每组重复减轻一些负重[8]。（扎托佩克采用了类似做法，在365米重复疲劳后，改做182米重复。）

- 举重的离心阶段，即肌肉一边收缩一边拉长。在向心收缩过程中，肌肉一边收缩对抗重力或阻力，一边缩短。离心收缩的示例有：
  提踵练习（脚尖站在台阶边缘）中的腓肠肌，足跟落到台阶之下的时候；
  腿部伸展练习中，反方向（向后）运动时的股四头肌；
  屈膝练习中，反方向（向下）运动时的腘绳肌。

- 离心强化。反方向缓慢放下对抗重力或阻力，对于预防损伤和损伤恢复有巨大好处。导致跑步肌肉酸痛的正是跑步时的离心收缩，因为参与离心收缩的肌纤维比参与向心收缩的肌纤维少。因此，举重时的离心收缩能够调整肌肉，防止跑步时发生肌肉酸痛和损伤。这也是通常推荐练习4秒缓慢放下（离心阶段）负重、2秒抬起负重的主要原因。

- 双臂关节在负重下紧张的时候，一定不要锁死双臂关节（即完全崩直）以防发生关节脱位或撕裂。例如，在引体向上练习中可能发生这种情况。

- 举重的时候保持正确姿态。不要借助惯性，下降阶段和抬起阶段之间不要停顿。这种取巧做法会减少肌肉的增长。但也有例外，请参阅下面"功率提升"中介绍的爆发举重，它可刺激快缩肌，适用于高级短跑运动员提高爆发力。

- 比赛前几周减量。

请参阅迪特曼、沃德、特列斯[3]的文献，他们详细列出了针对新人、中级、高级运动员的力量和功率项目。

第19章 负重训练

功率提升

力量本身不会直接变成速度。要拥有速度，必须具备功率（爆发力），即单位时间内所做的功。功率来自神经肌肉（快缩肌）的发展，而不是肌肉肥大（肌肉块）。肥大增加的是肌肉，来自高强度低重复的负重训练——训练到几乎做不下去。在某些情况下，这甚至绝对做不到。神经肌肉发展是指刺激中枢神经系统，动员更多快缩肌纤维。这个要求可以通过冲刺、短跑专项练习、快速上坡跑、快速伸缩复合训练或爆发性举重训练实现。

爆发性举重有2种做法：

1. 借助惯性，在离心阶段和向心阶段之间没有停顿；

2. 不借助惯性，即离心阶段和向心阶段之间略停顿，但不把负重"弹回去"。

惯性方法因为负荷更大，因此更容易导致损伤。不借助惯性的方法更安全。两种做法都要求姿态正确。考虑到爆发性举重的损伤风险，只有在基础良好、举重经验丰富的情况下才可以做这个练习。

要想跑得快，训练时就得快；同样，快速举重有助于跑得更快。首先，肌肉在负荷下被拉伸，储存能量，然后立即收缩（缩短），产生最大动力。例如，在卧推练习中，随着负重下降，肌肉被拉伸；降到底之后，不要停顿，爆发性地将负重举起，肌肉缩短。这会调动更大量的肌纤维参与进来，与冲刺、跳高、跳远的情形非常接近。下降期间的拉伸刺激肌肉内的神经组织。要想充分利用这个有益的刺激，获得最大动力，在肌肉的拉伸阶段和变短的收缩阶段之间不要停顿。在举重的时候，按照比赛时使用的相同肌肉和移动方式迅速移动。用较轻的负重、最大速度做些重复作为热身。短跑运动员要提高最大功率，需要在移动速度允许的情况下，移动尽可能大的负重。轻负重的快速练习对功率的提高不大，但更安全。

重复次数、组数及负荷

感觉到燃烧

如果感觉练习的肌肉在燃烧，肌肉就会有发展。燃烧感是乳酸堆积和疲劳肌肉中的氢离子导致的。因此，要取得良好结果，练习的每块肌肉，都应该在一组或几组的练习里略微感觉不适。不适越多，进步越大。高级短跑运动员或精英短跑运动员经常达到肌肉失能或精疲力竭的水平，此时，哪怕再多一次重复也无法完成。但是，没有不适或轻微不适也有效果。可能会在第2天有些酸痛，尤其是在赛季开始的时候。等到酸痛消失后再次训练。但每次训练时的酸痛会逐渐减少。

每周组数、每堂课的训练量

每次做3组，或者每周训练3次，比起每次做2组、每周训练2次，增加的收获并不大。但更加好胜的人可能觉得额外的付出物有所值。这个现象符合收益递减法则。做跑步重复的时候，也有同样的效果。

每组重复次数

每组的重复次数取决于目标是力量、功率，还是耐力。请参阅表19.1中的9种不同目标。因此，重复次数可以在3~30之间变化。精英短跑运动员的重复次数少，长跑运动员重复次数多。多数跑者的重复次数通常在10~15次之间。老年运动员每组的重复要更少，而且只做2组，以保护关节。

表19.1以单次重复最大重量（1RM）为单位，列出了不同目标或发展对象的每组重复次数、组间休息时间和负荷（占1RM的百分比）。表中没有规定组数，因为这取决于个人经验和体能等因素，但通常是2组或3组。%RM只是近似正确，因为不同训练的值略有不同。关于快缩肌纤维（IIa型肌纤维和IIb型肌纤维）以及慢缩肌纤维（I型肌纤维）的介绍，请参阅第1章。基本上，在每组开始的时候，会激活慢缩肌纤维，到了肌肉疲劳的时候，会激活IIa型肌纤维，最后才会激活超级IIb型肌纤维。

第19章　负重训练

表19.1	不同发展目标的负重训练			
发展目标	每组重复次数	组间休息时间	%RM	训练到
挺举、快速蹲起、快速屈伸等（爆发力）	2~4次	3分	90%~95%	肌肉失能*
IIb型肌纤维[11]	4~6次	2分	85%~90%	肌肉失能*
IIb和IIa型肌纤维[11]	6~12次	1~2分	70%~85%	肌肉失能*
力量和肌肉体积	5~8次	2分	80%~90%	肌肉失能*
速度力量[12]	6~10次	1~3分	75%~90%	肌肉失能*
功率（爆发力）****	8~12次	3~5分	40%~50%	肌肉燃烧
力量和肌张力**	10~12次	1分	60%~65%	肌肉燃烧
I型肌纤维和力量耐力[12]***	12~20次	45~90秒	50%~70%	肌肉失能*
I型肌纤维和力量耐力***	12~20次	30~60秒	35%~60%	肌肉燃烧

* 至少有一组要训练到失能或精疲力竭。这些低重复、高负荷的训练通常只适用于精英或高级短跑运动员

** 适合中距离跑者

*** 适用于中长跑运动员

**** 适用于举重经验更丰富的选手，通常最多5组

短跑、中距离、长距离每组的典型重复数如下。

- 专业短跑运动员赛季外4个月内训练到肌肉燃烧程度的典型训练安排见表19.2。

表19.2	短跑运动员赛季外的负重训练量		
月份	每组重复次数	组数	%RM
1	10次	2组	65%
2	8次	3组	70%
3	6次	3组	75%
4	5次	3组	80%
5	3~4次	3组	85%（高级或精英短跑运动员）

- 800米跑者应该在每组8~12次重复的范围内练习，以提高速度爆发力。1英里选手的范围应该是每组重复16~20次，以积累速度耐力。

- 长距离跑的运动员的范围应该是每组重复20~24次，这样才能收获积累速度耐力的益处。

一般来说，多数以提高力量为目标的运动员应该做每组10次、2组或3组的练习。开始负重训练的时候，要选择自己能够举起10次，完成最后一组后略感疲劳的负重。这在开始时是个试错过程。几次课以后，如果相同负重能够举起12次，可以增加几千克负重，再从10次重复开始。持续这个过程。

如果主要目标是提高力量，那么在1个月或不到1个月的时候，发展到每组8次重复。

如果目标是提高耐力，应该从14次以上重复开始，每周还要增加重复的次数。

负重训练运动员的补品

梅尔文·威廉姆斯（Melvin Williams）[14]在1993年指出：“很少有科学证据能证明负重训练运动员服用以下补品在肌肉增长、体脂减少或力量增强上的效果，这些补品包括精氨酸、赖氨酸、鸟氨酸、肌酸、肉毒碱、维生素B_{12}、铬和ω-3脂肪酸。但是，肌酸补品的初步研究表明它们在短期高强度训练中有增加功率的效果，且能增加负重训练的收获，或者增加收缩力或水分。”

腹部和背部肌肉的重要性

理想情况下，应该每天练习腹部肌肉。许多教练都推荐每天至少做25~50个仰卧起坐（一组25个）。仰卧起坐的质量很重要。我发现，在健腹器上做4次20个重复、在背部训练机上做2次15个重复，每周大约3次，就能保持我的力量。有些认真的跑者会做多达350个各种形式的腹部肌肉练习，把所有部位都练习到。腹部肌肉对跑步姿态起到支撑作用，有助于防止背部问题及其他损伤。拥有强壮的腹部和下背部肌肉，跑起来就会挺胸抬头，步幅也会更长。著名的澳大利亚跑者赫布·埃利奥特曾经说过：“从胃（指腹）起跑。”通常，基本看不到跑得快的人有大肚子。

第19章　负重训练

如果做正常的仰卧起坐时背部疲劳，可以采用以下骨盆倾斜练习：平躺，双手放在两侧，屈膝，双脚放平。在收腹的同时，保持腰贴地。这样同时也可以练习下背部。简单来讲，这是良好的跑步姿态。放松，缓缓拱起背部，保持臀部和肩部一直接触地面。重复练习直到背部疲劳。

流行的负重训练

有针对性的练习非常重要。下面列出了一些更流行的练习，并加上了简要描述和一些提醒。所有这些练习都很重要，但对跑者来说，尤其重要的练习前面的数字用粗体标识。

练习	主要锻炼的肌肉
1. 悬垂举腿	下腹部肌肉、髋关节屈肌
	也可以双臂在双杠上支撑做举腿
2. 举腿	下腹部肌肉、髋关节屈肌
3. 卷腹	上腹部肌肉
4. 仰卧起坐	上腹部肌肉、髋关节屈肌、下背部肌肉
5. 扶杆转体	腹斜肌
6. 侧弯	腹斜肌
7. 蹲起	大腿肌肉、髋部肌肉、臀大肌、臀中肌、下背部肌肉、腓肠肌
8. 腿部推举	同蹲起
9. 弓步	大腿肌肉、髋关节屈肌、臀部肌肉、腓肠肌
10. 上台阶	大腿肌肉、髋部肌肉、腓肠肌
11. 台阶边缘提踵	腓肠肌、跟腱
12. 伸膝	股四头肌
13. 屈膝	腘绳肌
14. 持哑铃跑步	肱二头肌、肱三头肌
15. 引体向上	肱二头肌、胸部肌肉、背部肌肉、肩部肌肉
16. 卧推	胸部肌肉、肩部肌肉、肱三头肌
17. 肱二头肌弯举	肱二头肌
18. 直立划船	斜方肌、上背部肌肉、肱二头肌
19. 俯身划船	肱二头肌、前臂肌肉、上背部肌肉、肩部肌肉

20. 直腿硬拉　　　　　　　臀大肌、髋内收肌、腘绳肌

21. 双杠臂屈伸　　　　　　肱三头肌、胸部肌肉、肩部肌肉、背部肌肉

22. 其他6种流行器械　　　针对髋关节屈肌；针对髋内收肌；针对髋外展肌；

　　　　　　　　　　　　　针对背部；针对腹肌；针对坐位或站姿腓肠肌

下面是关于这些练习的一些简要解释和注意事项。更多细节，请参阅力量和健美有关的图书[5, 6, 7, 8, 10]。

1. 挂在单杠下的时候，将膝部拉近胸部，然后恢复与地面垂直的状态。也可以将双腿伸直抬起，或者一次抬起一条腿。也可以将双臂支撑在双杠上抬腿。

2. 平躺在地上或斜椅上。抓住背后的固定物。抬腿到几乎垂直的位置，然后缓慢放下。膝关节应该略弯曲以保护背部。

3. 平躺，双臂交叉放在胸前，膝关节弯曲，双脚平放。将头部和肩部慢慢地从地面抬起，保持背部不动。一直向上抬，直到感觉腹部收缩。保持一两秒。缓慢下降。姿势正确的卷腹不会拉伤背部。能够做2组12~25次缓慢卷腹的时候，可以考虑手持2千克或更重的负重在胸前。

4. 同上面的卷腹一样，但向着膝部抬起上半身，直到双臂触膝，暂停，防止反弹。慢慢地返回。也可以在抬起时转体，左（右）肘触右（左）膝，练习腹斜肌。如果背部肌肉虚弱，可以尝试骨盆倾斜。

5. 直立，双脚分开，与肩同宽。将杆放在颈后肩上，双手扶杆，先向左转体，然后向右转体，转体时髋关节不动。

6. 从站姿开始，向左尽可能倾斜，然后向右。

7. 蹲起时采用肩后负重，或肩前负重，抑或两手持哑铃放在身体两侧。双脚分开与肩同宽。双脚不要离地。尽可能保持躯干正直。缓缓下蹲，直到大腿和小腿形成110度角。蹲起对膝关节压力大，永远不要做全蹲。可以做半蹲。四分之一蹲的压力最小。蹲到底的时候也不要弹起，这样会损伤背部或膝部。如果举的重量超过体重的75%，可以穿着一个举重背心来保护下背部和腹部免受损伤。不推荐将杠铃横杆直接压在颈部，这会压到脊柱，最好双手持哑铃在身体两侧。起身时呼气。许多健美运动员总是在膝关节快锁住的时候才停止。也可以选择腿部推举训练器（下面的第8项），它更安全。我晚上在卧室经常做单腿半蹲或四分之一蹲起，可以用也可以不用哑铃，这是又好又方便的练习。

8. 腿部推举比蹲起更安全，对背部的压力也更小，但效果略差一点。不要有反弹动作。有些教练说在伸直位置不要锁住膝关节。背部或膝部酸痛的时候，可以用

第19章　负重训练

这个练习代替蹲起。男性奥运短跑运动员能以2.5倍体重的负重（2.5：1）做大约5次腿部推举（或半蹲）。女运动员以及水平低的短跑运动员推举的重量要小很多，所以做这个练习时要小心。

我听说跑步之后做腿部推举会对梨状肌造成一些压力。

9. 弓步是我最喜欢的一项练习，它做起来感觉良好，可以增强腿部和髋关节的力量和灵活性，提高平衡性和步幅。可以肩扛杠铃，也可以双手持哑铃，一腿向前，前腿弯曲，直到大腿与地面接近平行，前腿膝关节在大脚趾上方（不要超过）；前大腿永远不要与地面平行。后腿弯，后足跟离地。尽可能地保持背部、头部与地面垂直。双目略向上看。保持2~4秒。恢复直立位置，换另一条腿向前。所有动作都要流畅且受控。每条腿做10~12次重复。最初训练的时候可以不负重。不负重做这个练习可以提高灵活性。我经常不负重做24个弓步（每条腿12个）。

请注意，手持哑铃比肩扛杠铃更好，因为哑铃更容易平衡。杠铃既不舒适，也会给脊柱带来压力。

10. 肩扛杠铃或手持哑铃（首选），右脚上台阶，然后左脚上。上台阶后停顿。左脚先下，然后右脚下。换左脚先上台阶，重复以上序列。这算一次重复。做2组，每组重复10~12次。最初几次课可以不负重。

请注意，手持哑铃比肩扛杠铃更好（见第9项的说明）。

11. 双手持哑铃做提踵。站在台阶上。提踵，保持2秒，缓慢放下。要训练到全部小腿后侧肌肉，做的时候，脚尖朝前，然后双脚向外转，之后双脚向内转。这个练习也是强化脚部肌肉、防止足底筋膜炎的好练习。最初一两周从无负重或轻负重开始。

上述练习在平地上做更安全，因为在台阶上做有跟腱过度拉伸的风险。请参阅第12章。

12. 缓慢而流畅地抬腿。腿部完全伸展时锁住膝关节。略停顿，以便在缓慢的反方向移动过程中拥有完全的控制。不要反弹。如果练习期间或几天以后膝关节内部或周围有任何疼痛，立即停止并咨询专家[5]。也有些教练指出在伸展位不要锁住膝关节。

13. 小腿向臀部弯曲。如果很难做到，说明负重过大。不要使用惯性。在腘绳肌完全收缩时略停顿，缓慢放下。

14. 双脚与肩同宽，双手持哑铃（2~4千克），以相当快的动作模拟跑步时的摆臂动作。双臂前后移动。不负重做30~40个摆臂动作（左右胳膊各一半），负重大时相应减少次数。此外，建议不带负重进行快速放松的手臂动作，这个练习对短跑运动员特别有益。进行间歇练习，练习时间与比赛时间相同。后一种做法已经有几十年的历史，但很少有人实践这个宝贵的练习。学会在高速奔跑时保持良好姿态和放松，这个练习非常有效，它还能防止手臂疲劳（我在20世纪50年代早期向劳埃德·珀西瓦尔学会了这个练习）。加不加负重，对跑者来说都是非常好的练习。

15. 引体向上动作做法：手心朝外，双手握住横杆，每个重复开始和结束时，双臂都接近完全伸展，但不要过分（即不要锁住关节）。

16. 每次训练变化平面和倾斜位置，扩大肌肉调整的范围[6]。双手与肩同宽。推横杆直到双臂几乎完全伸展，缓慢放下。

17. 站立，双脚分开，与肩同宽。手心朝外，握住杠铃。开始时，双臂伸直，杠铃在体前。肘部固定，将杠铃抬到肩部高度。一边平稳地向上弯举，一边关注肱二头肌的收缩。略停顿，缓慢放下，直到双臂几乎完全伸展。如果必须猛拉才能把杠铃拉上来，说明负重过大。

18. 直立划船与上一个练习类似。站立，双脚分开，与肩同宽。手心朝内，握住杠铃。双手相距大约15厘米。开始时，双臂伸直，杠铃在体前。将杠铃直着向上拉到肩的高度。尽可能保持背部挺直。拉到顶后略停顿，缓慢下降。重复。

19. 将右膝和右手放在凳上，保持背部水平。左臂垂直落下，手持哑铃。左腿支撑几乎全部负重。向上直着拉起哑铃。缓慢放下。我用的是15千克的哑铃。

20. 站立，双脚分开，与肩同宽，直臂握住杠铃。屈髋，膝部略屈，将杠铃缓慢下降到脚背。保持双臂和背部挺直。缓慢下降杠铃，直到感觉腘绳肌有轻微的拉伸。不同资料对负重下降距离有不同意见。为了保护背部，身体弯曲与垂直方向的角度最好不要超过45度。膝关节保持弯曲，通过髋关节伸展把杠铃拉起来，直到站直。如果愿意，也可以伸直膝关节。

21. 双手握紧双杠，抬起身体，直到肘关节几乎锁住。缓慢地降下身体，尽可能地低。重复，直到疲劳。

22. 大多数装备良好的健身房都有这些器械。强烈推荐跑者做这些器械练习。关于它们的用法，请咨询本地的健身教练。

长跑运动员的预防性负重保持

对于没有条件去健身房，或者愿意在家练习的长跑运动员，推荐进行下面的负重练习保持训练。主要的肌肉都会练习到，还有助于防止损伤。你会惊讶地发现只要10分钟就能得到那么多收获。

第19章 负重训练

- 开始几周从轻负重/少重复开始。使用低负重和高重复。通常每次两组，每周2次或3次。

- 蹲起。手持轻哑铃，做20~30次重复。在后背和墙之间放一个大型健身球，做这个练习会更方便。也可以做12~15个单腿半蹲。

- 腓肠肌。利用自身体重或轻哑铃，提踵，如果跟腱健康，也可以站在台阶边缘提踵。在肌肉过度疲劳前停止。腓肠肌薄弱通常是跟腱炎的诱因。

- 弓步。手持轻哑铃，做12~24个弓步。

- 髋内收肌和髋外展肌可以借助于固定在结实床腿、衣柜上的弹力带练习。由于负荷相对较轻，所以这个训练的要重复多次效果才好。

- 推荐进行伸腿和屈腿练习。在家里可以借助弹力带练习，或者在踝关节上固定2千克或4千克负重练习。至少重复20次。要练习股四头肌，推荐采用仰卧直腿抬高而不是坐姿伸腿，前者对膝关节的压力更小。

- 持哑铃做摆臂动作。具体请参阅前文的练习14。

- 卷腹或仰卧起坐。请参阅前文的练习3和练习4。

针对跑步的力量练习

常规的负重力量训练对跑者有许多好处，但也可以看出，多数常规练习对跑步的针对性不强。例如，几乎所有练习都是站立或仰卧进行的。为了更有针对性，身体应该垂直，有负重时，大小腿之间的角度应该变小，因为这才是符合跑步的姿态。抓举、挺举和硬拉，这些训练针对性更强，具备爆发优势。但这些对普通跑者来说太复杂，因此更容易受伤，而且要完全掌握也非常耗时。相比之下，在提升速度和爆发力方面，快速伸缩复合训练更实用。

欧文·安德森在 *Peak Performance* 书里的一篇文章 "Weight Training For Runners: be more specific" 中，推荐了以下针对跑步的一些力量练习。

- 单腿跳，要在合适的地方（我推荐新手不超过2组，每组12次）。

- 单腿蹲起（使用大型健身球，腿部疲劳时停止）。

- 上坡训练（几乎训练全部肌肉）。

这些都是好的建议。我要补充的是硬拉（请参阅上面的练习20）、股四头肌和腘绳肌的弹力带练习。

参考资料

1. Pfitzinger, P., The Weight Debate, *Running Times*, May, 1996.
2. Sparks, K., and Kuehls, D., *The Runners Book of Training Secrets*, Rodale Press, Emmaus, PA, 1996.
3. Dintiman, G., Ward B., and Tellez T., *Sports Speed*, Human Kinetics, Champaign, IL, 1998.
4. Dintiman, G. B., *How To Run Faster*, Leisure Press, New York, NY, 1984.
5. Fahey, T. D., *Basic Weight Training*, Mayfield Publishing Co., Mountain View, CA, 1989.
6. Sprague, K., *Sports Strength*, Perigee Book, New York, N.Y., 1993.
7. Schwarzenegger, A., *Arnold's Bodybuilding for Men*, Simon and Schuster, New York, NY, 1981.
8. Sprague, K. and Reynolds, B., *The Gold's Gym Book of Bodybuilding*, Contemporary Books, Inc., Chicago, IL, 1983.
9. Sandrock, M., *Running with the Legends*, Human Kinetics, Champaign, IL, 1996.
10. Dobbins B. and Sprague K., *Gold's Gym Weight Training Book*, Berkley Books, New York, NY, 1981.
11. Wilson. J., Muscle Fibers-An In Depth Analysis Part 2, abc body building.
12. McFarlane, B., Hurdling, *Canadian Track and Field Assoc.*, Ottawa, ON, 1988.
13. Ryun, J., Developing a Miler, *Track and Field Quarterly Review*, Summer 93, Volume 93, No. 2.
14. Williams M., H., Nutritional Supplements For Strength Trained Athletes, *Gatorade Sports Science Institute*, 47, Volume 6 (1993), Number 6.
15. Lopez, V., An Approach to Strength Training For Sprinters, *Track Technique*, Spring 1991, 115.

第19章 负重训练

战术

通用战术

1995年在布法罗世界大师田径锦标赛800米决赛那天，天阴而且风大，旗子都被吹了起来。因此所有年龄组里领跑都很难，整个比赛成绩都很差。这些糟糕的情况让我的神经变得很糟——分泌出大量肾上腺素。我的比赛策略是一路领跑，而且我在赛场喧闹的人群面前坚持了这个策略。我在65~69年龄组的主要对手是芬兰的安托·麦特森（Unto Matteson）。如果有谁看着大块头害怕，那么看到他可能会吓死了。他一直紧咬着我，不顾狂风吹着他的大块头，一直努力坚持了500米。没办法，我也加倍努力顶风破浪，创造了当天唯一的800米世界纪录——2分14秒33。这是这个故事有趣的部分。2年以后的南非世界杯上，他托一位芬兰朋友给我带了个口信："告诉厄尔，我实际在400米的时候就已经没力气了。"我们用64秒就跑完了前400米。他没有执行自己的比赛计划，或者说他的比赛计划有瑕疵。

即使世界级运动员和世界纪录保持者在自己喜欢的项目上也会被干扰，也会当局者迷。塞巴斯蒂安·科在奥运会的800米决赛里是该项目中全世界跑得最快的，而且处于最佳状态。尽管如此，比赛时科一直落在后面，有时甚至还跑出第3道。在最后一圈，他还在大集团后面。奥维特（Ovett）冲到领跑地位，而科尽管凭借自己出名的有力蹬腿超过4名选手，但依然落后太多，最后屈居第2名，惜败于老对手奥维特。

许多推荐的战术都是常识，但在白热化的比赛里，这些战术经常被抛在脑后，最初是由于肾上腺素分泌过量，后来，则因为比赛疲劳使大脑迟钝。

最佳战术是用足量的训练做好充分准备。身体必须经过长期训练才能适应比赛距离和比赛配速。因此，训练比战术更重要。但是，依然要有一个比赛计划，在脑子里演习它，并坚持这个计划。而且，避免战术上的一些错误经常是取胜的关键。

做计划

提前计划。 最好在比赛之前明确自己的比赛策略。永远不要把计划和策略制作的工作留到比赛开始以后才做。在一场有很多观众的重要的室内1英里比赛里，一位好友和我决定从比赛一开始，每隔160米就轮流领跑。最后，他把我给甩了。回想起来，我应该一直没有进入领跑集团，当时，我怀疑自己的状态可以更好。

制作战术计划要求对以下重要问题的回答进行评估。

来自保罗·施密特（Paul Schmidt）[1]

• 运动员自己能处于什么水平？

• 预计对手是什么成绩水平？

• 对手通常采用什么战术？

• 预计什么成绩才能进入下一轮？

• 如果会喊出分段时间，那么目标分段时间是什么？

来自哈利·威尔逊[2]

• 最后冲刺阶段谁最危险？

• 有谁喜欢全程采用高配速？

• 谁最喜欢提前发力？

• 谁喜欢一直跟随，最后超越？

另外，是否要根据天气情况修改比赛策略？如果教练在现场，教练要用什么信号？这点很重要，因为如果信号意义不清，会引起混乱、干扰注意力，我在一次重要的比赛中就犯过这样的错误。如果不掌握对手战术的信息，则应该在预赛中观察他们，从而尽可能多地掌握信息。

从可视化到实现。 一旦确定了比赛计划，就应该提前很多天在心里排练。我发现对于长距离跨栏比赛这种做法也有用，例如，每个栏用哪条腿起跨。在热身过程中，运动员应该不受干扰地独自热身。你可能不得不说："对不起，我正全神贯注准备比赛，请之后再和我说话。"此时，回顾并可视化自己的最终比赛策略。确定分段时间等要素都超级清晰，因为疲劳会导致混乱，我就遇到过这种情况。

短跑运动员的典型规则

弯道跑。短跑运动员应该借着弯道超车（加速），尤其是200米比赛。运用这个技术，在弯道上可以比没有经验的对手多出一两米的优势。

中距离比赛的战术

- **压道。**在800米比赛中，起跑100米后压道时，要逐渐切入。径直切入会多跑好几米。

- **弯道跑。**出弯道时要略微加速；在室内200米或弯道更陡的小跑道上，这个技术特别有效。在20世纪90年代早期，我观察伊门·科格兰（Eammon Coglan）跑步，或者我应该说，他在安大略省汉密尔顿市科普斯体育馆室内1英里赛的11圈里，是在木跑道上飞。他真的是场地的主人。不久之后，他以3分58.3秒的成绩打破了保持长达40年之久的1英里室内赛世界纪录。我注意到他在出每个弯的时候都略微加速。这个战术能够每圈取得微弱优势。下面是这种做法如此有效的原因：

  自然的趋势是在弯道降速，因为为了克服离心力要付出额外努力。而且内侧步幅在弯道处更短；

  出弯道时略微加速，领跑的选手扩大了领先优势，因为落后的选手依然像以前一样在弯道处降速。

注意用这个战术获取宝贵的距离。如果跟随在使用这个战术的领跑者的身后，则也必须加速出弯道才能保持紧跟不放。如果你就是领跑者，则这个战术最有用。因此，不论是领跑者还是跟随者，都应该在训练期间练习这个加速方法。有备而无患。但只是做轻微加速度，不是浪费能量的猛冲。

- **猛冲。**进入最终直道之前的任何急加速都会影响最后的冲击，导致能量过早耗尽。意外的动作可能会甩开对手，但只有在训练时练习过才可以这么做。我看到过精英跑者在比赛中间犯过猛冲的错误，从后面追赶来超过领跑者。这个加速就像汽车加速一样，需要额外的能量才能加速。把冲劲省下来留给最后冲刺吧。

第20章 战术

- 当场上选手能力接近时，**领跑**比跟随更消耗能量。除非领跑者技高一筹，即远胜其他人，否则很少会赢。"在中距离比赛中，紧跟对手，每圈相当于节省1~1.66秒"[诺克斯引用切斯特·凯尔（Chester Kyle）（1979）的说法[3]]。"在中距离场地赛中，跑者的能量大约有8%用于克服空气阻力"[诺克斯引用格里菲恩·皮尤（Griffiths Pugh）博士的说法[3]]。这个说法相当可信：我已经注意到在比赛或训练中在1米后跟随的巨大优势。风大的时候，跟随的优势会更大。如果你足够幸运，遇到一个能力和配速基本相同的对手，那么明智的做法就是紧随其后，将体力节省到最后冲刺。但是，为了避免比赛太慢、在最后直道被超或者陷在人堆里，超级跑者不得不领跑。

- **配速判断**。要警惕不清楚配速、启动过快的跑者。如果清楚对手的能力，则不应该落后。如果不了解对手，只要记住，你了解自己的配速——坚持住。训练时带表可以增强配速判断能力。

- **保持比赛配速**。以目标比赛配速跟随对手的时候，如果他们放慢速度，保持自己的目标配速（我曾经犯过几次这样的错误）。

- **尾随**。记住，有些习惯大优势领先的选手在被尾随（跟得很紧）的时候会受到干扰。

- "如果冲刺能力不强，最好在比赛的后三分之一**摆脱**冲刺能力强的选手"（威尔逊[2]）。

- **不要被领跑选手甩开**——离得太远，最后冲刺就难追了。保持在一个能够快速做出反应的位置上。

- "**不要左顾右盼观察对手**"（施密特[1]）。这让我想起1955年在温哥华英联邦运动会上兰迪（Landy）和班尼斯特（Bannister）之间在1英里项目上展开的世纪大战。兰迪犯了一个典型的错误，就在他看左后方的时候，班尼斯特从他右侧超了过去。

- **根据自己的实力制订策略**。例如，如果身后的运动员最终冲刺更快，则不应该采用低配速。

- **贴着内道跑。**如果在通过最后一个弯道时领先，不要在自己和内道之间留出空隙，让对手有机可乘穿过去（1992年4月，在美国大师室内锦标赛800米比赛中，在与美国的伟大选手吉姆·萨顿（Jim Sutton）对决时，我就因此差点失利。在全程领先离开最后一个弯道后，我略微领先，开始跑出内道（一个坏习惯）。他开始向这个空隙移动。我并不知道他在那里，但幸运的是，我又回到了内道，迫使他不得不离开。这个动作干扰了他著名的毁灭性冲刺，最后我只比他快0.02秒（只领先一个鼻子的距离）。

- **不要陷在人堆里。**尤其是在终点前的直道，还剩不到300米和最后一个弯就到终点的时候（施密特[1]）。

- **超人。**超人的好地方就在最后弯道前，任何对手要在进入直道前超你，都得通过外道超越。但是，如果对手跑得太慢，则你可能必须在这里超人，前提是你能保持高配速一直到终点。

- **冲过终点。**"一旦运动员启动向着终点的长跑，就绝对不能放松"（威尔逊[2]）。这意味着要清楚地了解自己的能力。多数运动员在最后150米都无法再坚持快速奔跑。

- **比赛遇到强逆风的时候，如果可能，避免领跑。**一个人跑的时候，不可避免地费力对抗逆风；顺风时借力。顺风的时候，可以想象自己是一艘巨大的帆船并加劲。这时稍稍加些力就能得到巨大收获。另一种做法是，不论顺风还是逆风，都保持使用"相同的努力"。

- **心里想着快，但跑得要放松。**如果朋友们劝你比赛时"放松"，并不意味着你要慢下来。思想放松，但跑得要快（这个说法过去让我犯迷糊而犯了错误）。

- **意外战术。**最好留给奥运会运动员使用，例如比赛中途突然提速，或者场地赛中提前500米就开始冲刺，或者频繁猛冲浪费能量。

- 终点直道上**最后冲刺**的关键是有力的摆臂，而且冲刺必须坚决。如果能够在最后直道上坚决地超过对手，会让对手产生瞬间停顿，在他反应过来之前，相当于有2步的优势。反过来，如果有人突然这样超过你，你就会落后2步。谁先反应过来，谁有优势。这一点我是从痛苦经验中学到的。但是，冲刺过早则会消解掉任何优势。

- 在终点直道上**"采用主动的手臂动作"**（施密特[1]）。目标是加快步频而不是拉大步幅，这意味着小幅度高频率的摆臂。

- **冲过终点。**在终点前不要减速，冲出终点至少5米。

第20章　战术

长距离比赛的战术

- **了解赛道**，可以取得好成绩。在比赛之前尽可能看到赛道，赛道看起来可能更短。如果不了解赛道，就很难制订策略。要在比赛前设计好通过这个地形时的策略。比赛策略还应该考虑到天气因素。

- 如果做不到全部了解，**至少要了解最后1000米**或者1英里，对于马拉松赛，至少要了解最后几千米。从这个距离开始，有可能用剩余能量坚持到终点才弹尽粮绝，并保持注意力。我已经发现，最让人不安的是不清楚离终点到底还有多远。如果有人在接近的时候超过你，你应该知道自己是否还有充足的能量让你能在剩下的距离超过他。

- **使用运动手表**，了解已经跑了多远，还要多远才能到终点。

- **保留能量**。如果靠近终点的时候有个大坡，或者要顶着强风，则需要额外的能量。需要为这种情况准备一些额外的储备，否则这部分赛道的用时会额外增加。

- **上坡训练**。如果比赛前几周了解到赛道有坡，则要做些上坡训练做准备。但在比赛那一周不要做上坡训练。

- **1千米（或一个路标）一段**。到了后来跑得困难的时候，把目标定在短期目标上——集中精力跑到下一个坡，下一条街，下一个路标。这有助于将注意力从疲劳上转移。

- **起步时永远不要太快**，这点在马拉松赛上尤为重要。在中距离比赛中，普遍经验是：开始时超速2秒，整体速度就会慢4秒。必须用常识来控制肾上腺素的冲动。提速应该在比赛的后半程进行。

- 应该知道**里程牌有的时候并不准确**。

- **上坡策略**。上坡和下坡的用力或呼吸频率要与平地一致。我发现这个策略在不太陡的坡上有效，但在非常陡的坡上无效。

- **借风策略**。顺风而且风很大的时候，想象自己背上有一张帆。想象"现在轻松好多"。这是提高配速超人的好地方。记得比赛前要在脑子里重温这个策略。

- **疲劳的时候使用不同的肌肉**。疲劳的时候，改变姿态，使用不同的肌肉。我在疲劳的时候采用过以下技术：略微提高步幅跑过100米或2个电话亭的距离。下一个100米，改用小步快跑。下一个100米，采用前两者组合，步子略大、步频略快。重复以上循环。这种做法对于缓解疲劳也很有用。

- **缓解疲劳**。为了缓解疲劳，让注意力从疲劳感转移，可以尝试以下做法：在长距离比赛中，一路超过跑得慢的选手，也是一个好策略，而且非常鼓舞人心。超过他们，把目光和注意力集中在下一个路标或者要超过的下一个选手的背上。然后重复这个过程。

- **开始疲劳的时候**，集中注意力保持良好姿态。依次关注脚的位置、步幅、手臂、肩部、颈部、面部。

- **找个伴**。找个与自己配速相当的人一起跑。米塞里（Misery）喜欢找伴。最后在人身后跑（块头越大越好），可以减少风阻，节省能量。但如果他慢了下来，别跟他一起慢。

- **追赶策略**。如果遇到一个喜欢猛冲的对手，而又想跟上他，该怎么办？在追上对手时，他又启动了该怎么办？永远不要立即反应。如果用比他启动慢的速度追上他，那么你消耗的能量会比他少。例如，假设对手在猛冲之后10秒内形成了10米的优势，那么你应该用更长时间，比如15秒或20秒追上这10米。永远不要尝试上坡追人。但是，如果你在坡底追上对手，说明他可能正为上坡猛冲的错误付出代价。

- **比赛中途不要做浪费能量的猛冲**。注意不要在急加速、上坡或到了坡顶之后等事情上浪费能量。一般来说，如果比赛最后还有这个速度，请在这时加速。

- **超人**。追人要经过长距离追，但超人要坚决。没有威胁的选手，匀速就能过他。

- **跟紧**。不要让对手领先到追不上的程度。

- **自我鼓励**。为了把注意力保持在跑步上，可以反复对自己说一句话。这句话应该与你的跑步节奏吻合。每个音节或单词都应该与一个腿部动作关联。例如，像这样一步说出一个词。"放松，流畅，轻松呼吸"或者"我不会累"。一步一个音节，就像"放-松，省-力"。实际跑的时候请用自己的话代替。

- **运动员的呼吸**。超过一个人的时候，要听他的呼吸。根据著名的超级马拉松选手亚瑟·牛顿的说法，通过呼吸就可以了解他的许多情况。如果对手上完坡以后，喘得比你厉害得多，就说明他的条件比你差。但是，有人平时说话呼吸沉重，也有人因为额外疲劳而呼吸沉重。正常情况下，你应该能区分出来。当后一种人超过你或被你超过时，可以安全地把他排除；毫无疑问，他糟糕的条件、过高的配速、以前强度过大的训练等原因正拖累着他。今天不是他的日子。所以，可以安全地超过这位疲劳且呼吸沉重的选手。我就曾经在800米比赛中成功地运用这项技术超过了比我快且年轻许多的对手。

- **助威加油**。如果你或教练能够安排，可以让俱乐部或队友在终点附近给你助威。这绝对可以让你士气大增，而且会打击对手的士气。

参考资料

1. Schmidt, P., Tactics in Middle Distance Running, *Track Technique*, Winter 1993–122.
2. Watts, D., Wilson, H., and Horwill, F., *The Complete Middle Distance Runner*, Stanley Paul and Co./Century Hutchinson Ltd., London, England, 1986.
3. Noakes, T., *Lore of Running*, Human Kinetics Publishers, Inc, Champaign, IL, 1991.

青少年运动员和老年运动员

首先，并非只有获胜者才是冠军。击败自己内在的恐惧、跑出个人最好成绩、坦然面对失败、赢得其他运动员的尊重、发挥自己全部能力、从严重的损伤或疾病回归的人都是冠军。下面的做法有助于实现这些目标，可能是金牌，也可能是更多。

前面的各章几乎适用于所有年龄的运动员，因为9岁和90岁都遵循相同的生理原理和心理原理。但是，下面是针对青少年和老年运动员的一些细节和注意事项。这两类运动员都要循序渐进和控制训练量。

儿童和青少年选手

通用规则

在孩子们还小的时候就应该鼓励他们养成有规律地进行体育活动的习惯，这样才能为他们成年以后打下良好的健康基础。在理想情况下，他们应该参加各种各样的运动，实现良好的肌肉平衡。跑步会锻炼心血管系统，为其他多数运动提供良好的基础。

运动是人生体验的缩微版，通过运动可以教会孩子协作、自我控制、面对成功和失败、坚持不懈、不怕艰苦、服从命令、具有同情心等。总之，具有巨大的人格塑造作用。

虽然基本训练原理对年轻人和老年人都一样，但对儿童与青少年应该与成人区别对待，原因是他们：

- 对无氧训练的适应更慢；
- 需要的恢复时间更长；
- 力量小；
- 心理动力差；
- 对高温的耐受力差；
- 成长可能会被影响。

重要的是，父母不要给小运动员施加额外压力。需要突出运动的乐趣。要鼓励做到个人的最好表现。这样孩子才会发挥出最好水平。

注意事项

在成长期的孩子身上，有些注意事项是必须关注的，以防可能的伤害影响孩子成长，尤其是在对抗性项目上。美国儿科学会运动医学会提倡，不鼓励高强度活动，例如长距离跑步以及负重训练，直到青春期早期的快速成长阶段已经完成。

儿童运动专家帕特·麦基纳利（Pat McInally）[3]也说："在骨骼、肌肉，尤其是膝关节和踝关节发育早期，太多压力会妨碍他们跑步甚至让他们没法再跑步，并妨碍他们日后参加其他运动。"

儿童还不能像成人一样应对极端温度，需要更长时间才能适应炎热。天气炎热时，一定要保证在运动前、运动中、运动后摄入充足的水分。在这种天气下，也更容易发生脱水。

学龄前

2~6岁，不重要的比赛，例如短距离跑，是安全的。重要的是乐趣。不要因为父母爱跑步就强迫孩子参与。在这个年纪，他们爱玩，而且爱与小伙伴们一起玩。

6~12岁

在6~12岁，提升跑步能力的一项好运动是足球。我儿子泰勒8岁时只踢球，不做任何跑步训练，他跑得格外好。

6岁可以参加400米到800米有氧类型的欢乐跑。典型的越野赛上限是7岁、8岁、9岁为2 000米，10岁、11岁、12岁为2 500~3 000米，13岁和14岁为4 000米。在越野训练中，接近训练季尾声时，8~12比赛配速的间歇训练的合理量大约是3 000米。在参加比赛之前，推荐至少进行一个赛季的越野训练。

我认为，不论是上述哪种距离，都要先打下良好的有氧基础，然后用一些法特莱克训练、速度训练和上坡训练继续提高有氧能力。身体条件好的话可以做一些间歇训练，但要控制住量（避免高跑量），强度一直要低，经过许多周逐渐增长。如果没有合适的准备，就不应该参加比赛。毕竟，基本原理对所有年龄段的人都适用。

重在参与，重在快乐。我的朋友约翰·福克纳（John Faulkner）教许多这个年龄的孩子跑步。他强调的是快乐、跑步游戏、与小伙伴们接力，从而能够极大地释放他们的能量。他自己的孩子都是出色的跑者。尽管孩子们跃跃欲试，但他从不让孩子们跑5 000米以上的比赛。在这个年纪，每年只许参加一场或两场5 000米比赛，即使格外强壮的年轻选手也是如此。5 000米欢乐跑基本是这个年龄组更有经验、年纪更大一些选手的上限。

拉里·格林博士（Dr. Larry Greene）和拉斯·佩特博士（Dr. Russ Pate）在 Training for Young Distance Runners 一书中建议："年轻人至少应该到12~14岁再进行规律的正规训练，即每周3~7天（我个人认为7天的频率太高），连续训练数月。但是，为了避免心理和生理的倦怠，不要让这个年龄段的孩子采用成人的训练计划。"我个人建议对于12~14岁的选手，每周最多训练5天。

理查德·曼吉博士（Dr. Richard Mangi）等人[5]认为："儿童的有氧训练原则与成人相同，即每周3次或4次，每次持续至少30分钟。年轻的心脏能够承担有氧训练，例如，9岁的每磅体重有氧功率，在所有年龄组中最高。"女孩在十二三岁的时候比男孩长得快，而且具备格外强的耐力。

著名的新西兰教练亚瑟·利迪亚德[6]，在 Running with Lydiard 中说："7岁似乎是男孩女孩能够接受大量长距离跑步而没有任何意外后果的年龄……造成损伤的是坚持速度（无氧跑），而不是坚持跑步（有氧）。"

第21章　青少年运动员和老年运动员

13~16岁

进入青春期后，在经验丰富的教练指导下，身体能够承受更严格的训练。

负重训练。在合格人士指导下的轻重量训练（没有最大重量）可以从青春期（女孩12~14岁，男孩14~16岁）开始。莱尔·米凯利（Lyle Micheli）[2]警告说，青春期之前，即发育期之前，负重训练会带来受伤的危险，尤其是他们骨骺生长板的危险（骨骼末端负责生长的区域，这个区域更薄弱）。但是，损伤的发生多数是因为技术不当或负重过量（即举重时没人指导）。使用实心球或自身体重进行的负重练习更安全，例如俯卧撑、引体向上、仰卧起坐。但是，拥有和运营原来金吉姆健身中心的肯·斯普拉格（Ken Sprague）[12]认为："青春期少年在正确指导下的负重训练不会伤害骨骼、影响生长或者损伤关节。科学研究压倒性的结论是，指导下的负重训练对少年是安全的。"斯普拉格提到，年轻的篮球运动员从约45厘米高度落地的压力，比500磅（约226.8千克）的腿部推举大得多。

希望孩子参与负重训练的父母可以参考一本优秀的图书*Strength Training for Young Athletes*，作者是克雷默（Kraemer）和弗莱克（Fleck）[14]。

跑步训练。史密斯（Smith）和斯莫尔（Smoll）[4]指出，普通男性14岁或15岁以后，普通女性13岁或14岁以后，身体利用氧气的能力有一个显著增长，肌肉体积的增长也最大。所以这个年龄以后，身体就可以接受高强度的耐力或（有氧）训练了。但是，骨骺的生长板在这个年龄也最容易受伤。幸运的是，他们指出这种类型的损伤在运动中很少发生。两位科（Coe）[13]于1983年的以下引述表明14岁以后是开始间歇训练的安全年龄："来自法国的证据表明，如果年轻运动员进行间歇训练，血管壁会变大，但有变薄的效果。估计正是因为这个原因，德国才建议14岁以上的运动员才能做这个练习。"

加拿大的许多田径俱乐部都有十三四岁的少年参加训练，训练相对艰难但提供很好的指导。例如，索金田径俱乐部是安大略省埃尔金港的一家非常成功的俱乐部，充满鼓舞和友谊。想象一个有巨大枫树、一个大湖、经常刮风的度假小镇，就是这个地方了。我依然能够看到自己一个人白天黑夜地在寒风凛冽的海岸线上跑步的样子。许多来自埃尔金港以及周边农场区的敬业的男女运动员在这里经过数年训练之后，都靠着跑步运动员的奖学金到美国上学。秋季在柔软山路（通常很陡）上进行的严格越野训练对他们长跑训练的成功起到了巨大作用。室内场地设施的缺乏被冬季的室内负重训练和循环训练所补偿。而且，冬季晚上在非常寒冷的天气条件下长期坚持户外有氧训练，无疑也锻炼了他们的心理韧性和生理韧性。

乔迪·法雷尔在这家备受尊敬的俱乐部进行了24年以上严格而科学的教学。他们强调的是因人施教的重要性，而非年龄，因为每个运动员的成熟速度不同，都有自己的优势与弱势。13岁和14岁禁止一次超过40分钟的跑步训练。在这个年龄，训练项目是季节性的，每年2~3个阶段，每个阶段10~15次课，重点是玩、跑步姿势以及改良过的比赛。严格的训练要在生理成熟后才开始。15~16岁的重点是速度、力量耐力（无氧）以及有氧耐力，加大量乳酸阈跑。每周跑量是48~64千米。

对于这个年龄组更有经验、年纪更大的选手来说，10千米比赛通常已经是上限。

少年晚期

对于长跑运动员（高中资深和大学运动员），索金田径俱乐部的训练包含5个阶段：秋季（重点是越野跑）、冬季（有氧耐力、力量、循环训练）、春季（力量耐力、上坡和野路跑）、初夏（速度耐力和早期比赛）、夏末（巅峰/比赛）。17岁以上，索金俱乐部多数高中最后一年运动员的跑量是每周约80千米（有时还包含一些早晨的有氧跑）。

对于经验不足、对运动没有天分或热情的跑者，周跑量可以低到40千米。通常在18岁以前不建议参加马拉松，这样就不会影响成长中的骨骼。既然基本训练原理适应于年轻人和老年人，本书的训练建议也适用于青少年，但力量和经验比成人少的青少年，需要留有余地。还应该认识到，长身体也会占据训练和跑步的能量。

虽然初级选手（16~19岁）的比赛成绩相当出色，但他们的训练量和强度比起天分相似的资深选手（20岁以上）相对还是少（少15%~20%）。

跑步训练相对强度与年龄和性别

根据年龄和性别不同，跑步训练强度从最艰苦到最轻松的排列大致如下：资深男生、初级男生和资深女生、初级女生。请注意，这里的资深是指20~30岁，初级是指16~19岁。

第21章　青少年运动员和老年运动员

青年选手

耐力水平和肌肉力量在20~30岁达到顶峰，然后随着变老而缓慢下降。30岁以后，肌纤维通常每10年减少几个百分点。35岁以后，普通人每年会失去0.5磅肌肉，增加1磅脂肪（肯·斯帕克斯博士[7]）。但这种情况可以避免。坚持锻炼（尤其是高强度锻炼），可以大大降低肌肉随年龄增长而减少的情况。例如，过去10年，我一直保持体重和体脂不变。研究表明，大多数人的最大摄氧量大约每10年下降10%，但通过高强度的训练，下降速度可能降到一半。主要是因为最高心率随着变老而降低。

老年运动员

"老年运动员"相关内容适应于所有想保持青春、不受损伤的大师级运动员，尤其是65岁以上的运动员。

通用规则

运动员要想随着变老继续保持成功，我能说的第一个秘密就是比竞争对手老得慢。第二个秘密是通过预防性的保持来避免损伤。第三个秘密是注意控制训练强度。第四是更多恢复和更多休息。第五，是正确的休息、正确的饮食，消耗更少热量。下面讨论这几点以及其他事项。

永远不会太晚

很晚才开始跑步并获得世界冠军或者进步迅速的大师跑者非常多。我个人在33年没跑步以后，从56岁开始跑，并在1年以后打破室内400米纪录。斯科特·廷利（Scott Tinley）和肯·麦卡尔平（Ken McAlpine）[9]给出了老年运动员成绩提高的好案例。例如，研究表明，一组70~79岁的对象仅经过13周的训练项目，最大摄氧量（有氧能力）就提高了16%。科尔特（Kohrt）等人[15]对之前2年一直缺乏运动、年龄在60~71岁的53名男性和57名女性所做的研究表明，最大摄氧量均有12%~36%的提高。这些提高是通过9~12个月的耐力训练实现的，男性和女性之间没有差异。类似的两位科[13]的报告指出，以前不运动的55~70岁的男性，仅接受了8周训练，最大摄氧量就提高了20%。波士顿塔夫斯大学的一份经常性研究报告表明，经过8周高强度的负重训练，一组90~96岁的志愿者的腿部力量提高了174%，步行速度提高了48%，大腿肌肉增长了15%［菲泰罗尼（Fiatarone）等人[8]］。真是惊讶！所有这些证据都表明，开始健身、循序渐进、取得巨大收获，永远不会太晚，甚至会成为冠军。

比对手老得慢

长寿——这是我最喜欢的一个主题。谁不想活得更长久，同时享受更高质量的生活呢？就这个主题，我发表过一些演讲，有时我会说："我要向大家展示，如何轻松地挣到100万美元或者更多，而且保证能做到。"这个话会让听众立即精神起来。我最后给出的秘诀是，像下面这样积极健康地生活，可以多活10年以上。这样，就能多领20年或30年退休金，例如，每年退休金是40 000美元，25年就是100万美元。当然，父母的遗传因素很重要，但下面的做法可以降低你的生理年龄，从而让你多活几十年。

真实（生理）年龄取决饮食、睡眠、生理和心理练习、压力水平或吸烟等日常习惯。在相关网站上，可以判断自己现在的"真实年龄"。

通过正确的饮食和练习，可以预防慢性病，延长寿命几十年，同时给余生增加更多活力。下面是关于长寿的一个简短课程，覆盖了全部要点。

- **避免萎缩**。速度慢下来很大一部分原因是身体"锈了"（萎缩）。抛弃"我老了，所以我慢"的思想。

- **补品**。为了控制伤害身体细胞的自由基，每天服用抗氧化物、维生素E、维生素C、维生素A、硒、葡萄籽精华素。老年妇女服用雌激素替代品可能有益。我强烈推荐葡萄籽精华素。这是一种非常强大的抗氧化剂，能够增强维生素C和维生素E的作用，帮助你活得更久，抵御心脏疾病、中风、高血压，对运动员还有其他优势。

- **增强免疫系统**。每天服用补品（例如，紫锥菊提取物、β-胡萝卜素、维生素C），食用大量水果、蔬菜以增强免疫系统。强化免疫系统是预防疾病的措施。勤洗手。每日（或隔天）服用阿司匹林，降低中风和心脏病发作的风险。

- **保持合理睡眠**，保持有规律的睡眠程序。如果可能，每天午睡15~30分钟；晚餐太长或太晚，会干扰晚上的睡眠。睡前5小时吃晚餐。半夜饮酒或喝咖啡会影响深度睡眠，促进老化。睡眠不好也会减少生长激素的释放，从而弱化免疫系统。

第21章 青少年运动员和老年运动员

- **记忆力**会随着年龄而退化，普通人记忆力退化的速度比其他身体功能快。记忆力是个需要不断练习的技能。头脑像身体一样需要锻炼。为了减慢记忆力下降，保持思维活动，可以下棋、阅读、上课、写作、玩记忆力游戏、背诵诗词、进行需要动脑的对话。体育运动会给大脑输送更多氧气，从而让头脑更敏捷。有积极思考习惯的人，寿命也更长。

- **平衡性**会随着年龄而退化，导致摔倒，但可以通过锻炼增强。锻炼可以让骨骼更强健，这样摔倒的时候就不容易受伤。一个好的平衡练习是：赤足单脚站立30~60秒，再换另一只脚。

- 没有受过训练的健康人**最大摄氧量**每年下降约1%，但耐力训练能够显著延缓这个降低速度，甚至能够提高氧气容量。请参阅前文的"永远不会太晚"。

- **正确的饮食**。食用大量水果和蔬菜，获得其中包含的维生素、矿物质、纤维。准备1份高碳水化合物、低蛋白质、高纤维、低脂的食谱，把糖和盐的量控制在最少。大量饮水。每周至少吃两次鱼，摄入 ω-3脂肪酸，减少中风、心脏病和心律不齐（不规则的心脏跳动）的发病率。

- **高碱低酸饮食**有助于抵御心脏疾病、癌症及其他恶性疾病，还有助于消除乳酸。老年运动员用任何速度进行无氧训练都会比以前更快积累乳酸。

- **戒咖啡、戒酒**，它们会妨碍肝脏生成葡萄糖，还会夺走能量。绝对禁烟。

- 研究表明**少吃**有利于长寿。每餐吃得少，消化消耗的能量就少。两餐之间留出足够的消化时间；不要让消化系统一直工作。

- **保持好口腔健康**，例如，进行口腔检查，使用牙线防止牙垢形成，牙垢会导致牙周疾病。牙周有了疾病，病菌就会进入身体，引起健康问题或者使问题恶化。牙周疾病还与心脏病、中风、糖尿病、肺炎以及其他呼吸疾病有关。

- **活动会产生能量**。虽然奇怪，但确实如此，"活动会产生能量"，运动越多，拥有的能量也越多。

- **坚持规律运动**，最好有些强度。运动在所有抗老化的习惯中，可能是最重要的习惯。研究表明，运动对长寿的影响比基因的影响更大。正所谓"用进废退"。在保持年轻方面，运动强度比量更重要。

但是，大师级跑者，尤其是60岁以上的大师选手的运动量需要得到医生的许可。在身体适应了所做的活动以后，"训练有素的60岁老人，能战胜95%没有受过训练的20岁年轻人"（理查德·曼吉博士[5]）。

- **经常拉伸**（例如，太极拳、瑜伽、普拉提练习等），隔天一次负重训练，可以弥补灵活性和力量随着变老的损失。随着变老，快缩肌纤维和运动神经元会损失，导致肌肉的力量也会减少。因此，通过经常性地进行强度合理的负重训练以及集中的快速运动，对这个损失进行补偿就显得非常重要。

- **经常按摩**，可以提高关节的灵活性，强化和保持肌肉的正常弹性。
- **单杠悬垂**1分钟或更短时间，经常引体向上，有助于补偿椎间盘随着变老所产生的压缩。这个练习还能保持姿态，防止身高萎缩。我将这种做法称为"穷人拉伸机"。对于更富有的人，有倒立机或旋转台可选，人可以挂在上面。
- **尽可能地避免压力。**必须用正确的态度和可控制的情绪应对日常生活的各种情况。练习超自然冥想。避免激动、强迫、焦躁行为。掌握好自己的节奏，保持冷静。遇事不要反应过度，也不要过于戏剧化。
- **保持积极的风貌和幽默感。**笑对健康有许多好处。
- **乐观。**我们能够控制自己每天生活的质量。积极思考可以让好事发生。
- **积极主动地交往。**尽量与年轻人以及其他积极主动的人交往和一起训练。
- **每年体检。**
- **生活有目标、有挑战。**冠军应该有目标。年龄不应该成为接受新知识、新体验的障碍。
- 像保持身体健康一样**保持情绪健康和精神健康**。这里包括保持思维活跃。健康、知足的心态有助于身体健康。

避免损伤

随着变老，肌肉会失去柔韧度和力量。关节、韧带、肌腱不再润滑，变得更加僵硬。而且，重复的训练还会造成磨损和撕裂。慢性损伤，尤其是膝关节的损伤，能够终止你的跑步生涯。目标要长远。所以，推荐采用预防措施补偿上述损失。

人变老的时候，损伤更容易发生，而恢复时间则会增加25%~50%。我在高中和大学跑步的时候，从不受伤，但在70岁的时候，受了4次伤。损伤会大大降低你的速度。例如，我71岁（2 000年）的时候，损伤导致训练跑量降低到大约60%，室内场地训练减少到大约40%，只做了3次户外场地训练。这导致我的成绩与前一年相比，400米降低了4%，800米降低了7%。在这个阶段，一个健康的世界级中长跑运动员的成绩下降每年应该在1.5%左右。

因此，老年运动员必须额外注意。下面的做法有助于预防损伤。

- 每天至少**拉伸**一次，每周做2次或3次负重训练。拉伸方法要正确。错误的拉伸、错误的位置或者强度过大，都会导致损伤。
- **推荐用快速伸缩复合训练来强化肌腱和韧带**。先从轻松的跳跃开始，从双腿跳发展到单腿跳（1999年，我有4次损伤需要理疗，这些损伤都是韧带和肌腱的损伤，如果早做快速伸缩复合训练，原本可以避免）。
- **按摩**。养成经常按摩的习惯，尤其是在艰苦的训练课之后。经常性按摩还可以防止几个月的高强度训练导致的弹性损失。自我按摩也很有益。
- **练习预防性维护**。例如，每天按摩足底肌腱，每隔1天在平地上抬脚趾防止足底筋膜炎。用弹力带做练习，强化股四头肌、腘绳肌、内收肌以及外展肌。
- 如果某块肌肉以前受过伤，一定要针对这块肌肉做负重训练，让它强壮起来，防止旧伤复发。
- **去看脊柱按摩师**，每月一次，确保身体各部分对齐。这有助于防止未来发生损伤。
- **交叉训练**。小的损伤也要立即关注，可减量，做交叉训练，或自我按摩，抑或找理疗师处理。
- **跑鞋**。穿着合适的跑鞋，磨损了就换。频繁轮换着穿。
- 尽可能多地**在柔软地面上跑**（野路和草地），避免在公路或人行道上跑。野路更放松，氧气更充分，污染更少。
- **增加交叉训练，减少跑步训练**。交叉训练锻炼不同的肌肉，有助于保持身体平衡。
- **逐步适应**。训练里对任何新事物、不同的事物都要当心。肌肉需要时间才能完全适应——通常要6周。
- **防止脱水**。在炎热天气运动时，确保足够的水分摄入，这在老年运动员身上可能更成问题，尤其是不健康的老年运动员。请参阅第15章"水"。
- **花更长时间恢复**。这意味着间歇训练的重复之间时间更长，休息日更多。
- 有任何**异常疲劳**或无法呼吸的迹象，都要慢下来。
- 最重要的是**避免"过多、过急、过快"**。在每堂训练课之前都温习这个原则。所有训练都要循序渐进。
- 学习第16章。

年龄对比赛成绩的影响

根据年龄分级表[10]研究成绩随着年龄的衰退，是一件有意思的事，通过这个信息可以明确变老时的预期。

表21.1的结果以100米、800米、1英里及马拉松项目接近世界纪录的比赛时间作为基础，根据这些项目的年龄分级表研究并制作而成。

表21.1	每年成绩平均衰减的百分比与年龄		
项目	35~65岁	65~80岁	85~90岁
100米	0.73%	1.1%	1.7%
800米	0.88%	1.5%	2.8%
1英里	0.94%	1.5%	2.7%
马拉松	1.1%	1.5%	2.7%

从表21.1可以看出以下事实。

- 比赛距离越长，速度随年龄衰减越多，即短跑运动员随年龄衰减最小，马拉松运动员衰减最多。
- 可以看出65岁以后的衰减更快，在85岁以后更快。随着变老，衰减更快是预料之内的。但是，貌似在65岁以后发生了一些生理变化，然后在85岁之后再次发生。

有些世界级高手在65岁之前的衰退速度慢得多，甚至在65岁之后的几年还能延迟加速衰减。例如，我的800米室内成绩从60岁的2分16秒稳定保持到69岁的2分17秒05；后者是在1998年波士顿的室内赛上取得的。对于大多数不那么强壮的人来说，65岁之前的成绩衰减要比每年0.7%~1%大得多（可能每年1.5%~2%），毕竟前者的数字依据的是达到世界纪录的运动员。

为什么短跑运动员的速度衰减或成绩误差比中长跑或马拉松跑者明显慢许多呢？
原因在于力量、灵活性、训练的强度。随着变老，我们会损失力量和灵活性。短跑运动员在保持力量和灵活性上的训练要比中长跑运动员的训练多，所以速度的衰减更慢。另外，大家都知道，要想保持年轻，训练的强度比训练量更重要。短跑运动员完全具备这个优势，因为他们的高质量训练比例更高，即比中长跑和马拉松选手的强度更高，而且进行经常性的负重训练、快速伸缩复合训练以及大量针对灵活性的专项训练。

第21章 青少年运动员和老年运动员

重要的是比对手老得慢。所以这些都体现了经常性负重训练、频繁拉伸以及在训练中保持强度和快速动作对于保持年轻、更长寿的重要性。

老年选手的训练

随着变老，我们通常要降低训练的强度。但是，重要的是在降低强度的同时保持质量强度。"要想继续跑得快，训练的时候就得快"[斯帕克斯（Sparks）[7]]。要延缓快缩肌肉的衰退，需要经常性地做以下训练：速度训练、上坡训练、负重训练、快速摆臂训练、快速台阶、快速跨步。请参阅第5章的"神经训练原则"。

杰克·丹尼尔斯博士[11]推荐了一个针对老年长跑运动员的项目，把"间歇"（本书的最大摄氧量）和"重复"（本书的无氧/速度）降到最少，而将乳酸阈训练作为质量训练的重点。毫无疑问，"节奏训练"比最大摄氧量训练或速度训练压力小，但中距离运动员和短跑运动员特别需要无氧/速度类型的训练，即使这些训练随着变老已经减量。

关于每年在质量和强度上减少多少，大致的思路是，假定减少的百分比与表21.1的成绩衰减比例相同。这样，60岁与相同水平的40岁相比，要少做大约20×1%的间歇。这大致符合我与年轻跑者一起训练的经验。而且，相同水平的80岁与60岁相比，如果都是国家级水平，则要少做大约20×2%的间歇；如果是普通俱乐部跑者，则要少做大约20×3%的间歇。这只是个大致的建议。个人的身体，尤其是心脏的恢复能力，通常可以说明多少重复可行。还请参阅下面的"恢复"。当姿态变形或速度下降的时候，就该停止了。训练应该达到这种水平：冷身不是很艰苦，第2天没有过度疲劳。而且，随着变老，坚持受训而不是过度训练则变得更加重要。斯坦福大学的前任首席教练、拥有众多大师短跑世界纪录的佩顿·乔丹对任何年龄的短跑运动员的推荐也都是受训。

逐步适应

用比年轻时更长的时间逐步适应。请记住，训练效果要用大约6周时间才能体现在身体里。例如，把大多数速度训练留到最后两三周就是一个巨大错误。所有训练——拉伸、跑步、负重训练，都必须逐渐进行，并经过主要比赛之间的减量阶段。突然变化可能会导致损伤。

还要注意"渐强和渐减原则"（请参阅第5章）。开始的时候进步迅速，几周之后，就越来越慢。我估计12周强化计划的最后6周只能提高2%~3%。

热身和冷身也需要循序渐进。热身从步行开始。在做快速跨步训练、加速、速度间歇等训练时，第一个和最后一个重复最好慢一些。冷身时也步行。在一些非常艰苦的间歇或比赛之后，一定不要突然停下来。继续移动，因为没有身体的快速移动协助血液流动，心脏会有1分钟左右的时间工作得更辛苦，而且继续移动还可以防止腿部的血液淤积。

请参阅第5章的"避免冲击原则"。这个原则讲的是，为了安全，在高强度练习过程中及以后，要避免体温和心率的剧烈变化。而且，做高强度间歇的时候，最好与一两位伙伴一起训练，尤其是在极端天气条件下，这点对老年跑者尤其适用。

恢复

随着变老，恢复变得越来越重要。需要更多休息以预防损伤和精疲力竭。

- 感觉准备就绪，可以重新开始时，再开始下一个间歇。如果间歇间的恢复太长，说明速度过快，或者跑的距离太长。
- 老年运动员应该用更长时间逐渐冷身。
- 不要每周休息1天，可能应该休息2天或3天。通常你的身体会告诉你该休息几天。
- 放弃过去艰苦（1天）/轻松（第2天）的老套路，随着变老，可能不得不改为艰苦/轻松/放松日的组合。
- 随着变老，每月安排1个轻松周变得越来越重要。
- 夏季场地赛季后，进入越野或筑基训练之间，休息2~3周。室内季之后、室外季开始之间，也要休息1~2周。在休息期间，主要做交叉训练，但用快速跨步保持速度。需要注意的是，彻底不动休息1个月，要用3个月甚至更长时间才能恢复到以前的状态，所以不建议这样休息。而且，停训1年可能需要2年或更长时间才能回到以前的体力水平。
- 还请参阅第13章，里面列了许多关键的恢复技巧。

第21章 青少年运动员和老年运动员

对多项世界纪录保持者艾德·惠特洛克的采访

我有幸于2004年秋采访了艾德·惠特洛克。艾德·惠特洛克略微异于常人的训练体系为他赢得了多项世界纪录和众多的加拿大国家纪录，项目从1500米到马拉松，包括加拿大马拉松60~64岁和65~69岁年龄组的纪录，以及70~74岁年龄组的马拉松世界纪录。在73岁的时候，他最佳的70~74岁年龄组世界纪录是2:54:48，是于2004年在多伦多的滨水马拉松创造的。在长跑比赛之外，他的训练包括每天在本地（风景优美的）公墓铺装300米环形道路上的长距离慢跑。

为2004年马拉松世界纪录准备。在为2004年下半年的马拉松赛做准备时，他在11周时间里做了50次训练，每次3小时；曾经有一次连续跑了13天，每天3小时。即使想想，这件事都让人惊讶。只有更年轻的人才有这么多能量。他把自己的身体调整到适应自己的马拉松成绩，而且这些训练全部没有丝毫放松。这个跑步的目标是时间，不是距离，也不是配速。但他的配速确实从年初的每英里大约9分钟提高到马拉松赛前6周的每英里刚刚超过8分钟。在11周的其他时间里，他进行稍短一些的长距离跑，或者参加比赛，或者休息一天。他深信自己73岁的这个训练安排是他取得好成绩的原因（我也不得不同意）。他说："零零散散的长跑不适合我。"多么投入和坚定啊！我还觉得，除了艾德优秀的遗传因素外，他宽容且理解人的夫人也是其最大财富之一。

预防损伤。为了防止每天在墓地坚硬的铺装路面上长跑带来损伤，他有意识地采用了一种将冲击最小化的方式跑步：跑得相对较慢，步幅较小，从而将反弹降到最少（我觉得他只有50千克的轻体重，比起体重更大的跑者，也大大有利于减少跑步落地的冲击力）。他还会照顾自己的脚，通常有大约10双跑鞋换着穿。他说，在训练期间感觉疲劳或僵硬很正常。但跑步时出现特定的疼痛就有问题，就必须停止，休息，做理疗，直到好转。

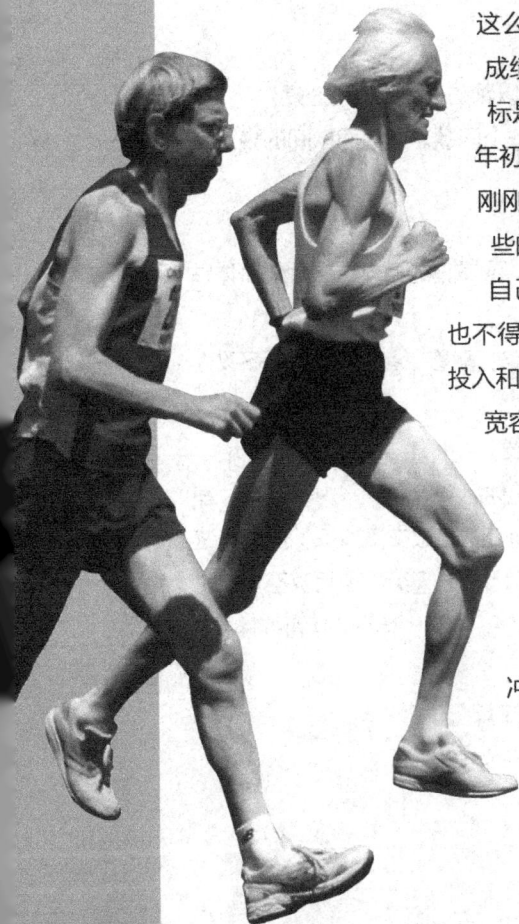

生理特征。我美国的朋友们总是对生理方面的特征感兴趣，例如体形、重量等。艾德高约170厘米（看起来要高得多），重50千克，静息心率低达50，70岁时跑步机测试的最大心率是168，最大摄氧量是每千克体重52.8毫升。我想他的最大摄氧量应该更高。但毋庸置疑，他的跑步经济性极佳，这从他流畅的比赛风格可以得到证明。比赛的时候，他的步子大得好像要把赛道吞下一样。

生活方式。为了给频繁的长距离跑提供能量，艾德每天睡7.5小时，大量摄入碳水化合物和蔬菜，摄入比推荐多的"坏"脂肪，肉类相对较少。3小时长跑之后，会有短暂的疲劳，但并不影响正常活动。

马拉松策略。提前做好计划，并为跑步打下良好基础。逐渐增加周跑量，跑尽可能多的长距离。马拉松赛前一周，根据训练和最近的比赛成绩，确定现实（而非乐观）的完赛时间目标。比赛当天根据天气情况调整配速（全程42千米都跟踪配速本身就是项壮举。而且他的比赛配速判断非常神奇，因为他最后的完赛成绩比目标完赛成绩快1分钟。真了不起！）。艾德说："至少在32千米之前，都不要跑得比目标配速快（对于多数马拉松运动员来说，这是最难的部分，因为到了这个距离，他们的速度都开始明显下滑，而艾德凭借大量的长距离跑到了这里还能提速）。"我在本地的许多长距离比赛中都观察到，艾德经常在距离终点很远的地方就开始逐渐提速。他还建议尽可能多喝水以补充流汗损失的水分，并通过运动饮料或其他方法摄入热量。

训练哲学。艾德相信多多益善：训练越多、训练越长、强度越大，比赛成绩就越好。为了对抗年纪的影响，他每年的跑量都增加，显然这种做法对他适用。基本上，他全年的训练量都保持稳定，时刻准备着比赛。但某些比赛更重要，在这样的比赛之后，训练会减量。

除了长距离跑，他的训练中缺少了普通运动员的许多活动。例如，没有拉伸、没有负重训练、没有按摩、没有补品、没有心理训练、没有交叉训练、没有上坡、没有间歇训练（为了保护跟腱）。他感觉"最好把时间花在跑步上"，他幽默地说，"我已经在个人爱好上浪费了足够时间"。他频繁地以赛代练来发展速度和韧性，偶尔在赛前一两天来一次法特莱克训练。艾德的某些自然速度也在一些金牌成绩上得到了证明，包括德国汉诺威世界大师铁杆赛上45~49岁年龄组的1500米（4分9.6秒），英国盖茨黑德年龄组65~69岁年龄组的1500米（4分54秒）。

第21章　青少年运动员和老年运动员

总之，他向其他长跑运动员推荐他的训练体系，但像我一样，请相信每个人都必须找到最适合自己的训练方法。艾德·惠特洛克，不论对年轻人还是老年人，都是一个真正的励志榜样，他绝对找到了自己的最佳途径。

结束语

这里，希望你健康/积极的生活方式和这位"终极赛事总监"（指生活方式）能够让你收获百万美元退休金，但更重要的是，让你能够一直面带笑容地跑下去。而且，如果你已经慢了许多，则可以看看好的一面：你依然能跑，而且还能与你的孙子孙女们一起训练（或训练他们）。

参考资料

1. Glover and Glover, *The Competitive Runner's Handbook*, Penguin Books, New York, NY, 1999.
2. Micheli, L., *Sportswise*, Houghton Mifflin Co., Boston, MA, 1990.
3. McInally, P., *Moms and Dads, Kids and Sports*, Charles Scribner's Sons, New York, NY, 1988.
4. Smith, N. J., Smith, R., and Smoll, F. L., *Kidsports*, Addison-Wesley, Reading, MA, 1983.
5. Mangi, R., Jokl, P., and Dayton, W., *Sports Fitness and Training*, Pantheon Books, New York, NY, 1987.
6. Lydiard, A., *Running with Lydiard*, Hodder and Stoughton, Aukland, New Zealand, 1983.
7. Sparks, K., and Kuehls, D., *The Runner's Book of Training Secrets*, Rodale Press, Emmaus, PA, 1996.
8. Fiatarone, M., Marks, E., Ryan, N., et al, "High intensity strength training in nonagenarians. Effects on skeletal muscle." *JAMA* 263: 3029-3034, 1990.
9. Tinley, S., and McAlpine, K., *Sports Endurance*, Rodale Press, Emmaus, PA, 1994.
10. Compiled and edited by World Assoc. of Veteran Athletes (WAVA), "Age Graded Tables", *National Masters News*, Van Nuys, CA, 1994.
11. Daniels, J., *Daniels' Running Formula*, Champaign, IL, 1998.
12. Sprague, K., and Sprague, C., *Weight and Strength Training for Kids and Teenagers*, Jeremy Tarcher Inc., Los Angeles, CA, 1991.
13. Coe, S., and Coe, P., *Running For Fitness*, Pavilion Books, London, England, 1983.
14. Kraemer, W., and Fleck, S. J., *Strength Training for Young Athletes*, Human Kinetics, Champaign, IL, 1993.
15. Kohrt, W. M. et al, "Effects of gender, age, and fitness level on response of VO_2max to training in 60-71 yr olds", *J. Appl. Physiol.* 71（5）: 2004-2011, 1991.
16. Bortz, W.,M., *We Live Too Short And Die Too Long*, Bantom Books, New York, NY, 1991.

第21章　青少年运动员和老年运动员

资料来源和版权确认

第2章转载选用的材料，获得的许可来自：

Jerry Lynch, from Running Within by Jerry Lynch, Ph.D., and Warren A. Scott, M.D. Human Kinetics, Champaign, IL, Copyright© 1999 Jerry Lynch and Warren A. Scott.

第1章和第7章转载选用的材料，获得的许可来自：

David Costill, Ph.D., from Inside Running: Basics of Sports Physiology by David Costill, Ph.D. Copyright© 1986 by Benchmark Press Inc。

第12章转载选用的材料，获得的许可来自：

Tom Drum President of "Fraid Nots", from Fraid Nots, Tom Drum Inc. Pompano Beach, FL。

第15章转载选用的材料，获得的许可来自：

George Ohsawa Macriobiotic Foundation, Oriville, CA, from Acid and Alkaline by Herman Aihara. Copyright© 1986 George Ohsawa Macriobiotic Foundation。

第8章和第9章转载选用的材料，获得的许可来自：

Tafnews Press, Mountain View, CA, from Train Hard, Win Easy by Toby Tanser. Copyright© 1997 by Tafnews Press。

第12章转载选用的材料，获得的许可来自：

Dr. Stephen D. Stark, from The Stark Reality of Stretching by Dr. Stephen Stark. Copyright© 1997 by Dr. Stephen Stark.

第6章转载选用的材料，获得的许可来自：

Of Charlie Francis, 1999。

第6章转载选用的材料，获得的许可来自：

Payton Jordan, 2000。

第2章转载选用的材料，获得的许可来自：

New World Library, Navato, CA, from Creative Visualization by Shakti Gawain. Copyright© 1995 by Shakti Gawain。

第15章转载选用的材料，获得的许可来自：

New World Library, Navato, CA, from Creative Visualization by Shakti Gawain. Copyright© 1995 by Shakti Gawain。

第4章转载选用的材料章，获得的许可来自：

Meyer and Meyer, Aachen, Germany, from Running to the Top by Arthur Lydiard. Copyright© 1997 by Meyer and Meyer。

亦可见每章最后的参考材料来源。

译者后记

本书的英文原书有二十余万字，不要说翻译，只说阅读一遍，也是一项浩大的工程。翻译本书的目的是为了传播健康和运动的理念，可为了翻译，却使我中断了训练、减少了睡眠、生活也不规律了。好在十余年坚持跑步的生活习惯让我把身体打造得很强健，即便熬夜加班，从2020年年初至今，没有一点感冒着凉。就把翻译这本书当成对跑步给我带来的健康收获的回报吧。

2015年，约跑科技罗壹雄总裁70多岁的老父亲在儿子的陪伴下完成了全程马拉松，一时间在跑圈传为佳话。之后，老爷子再接再厉，一直坚持跑马，并以77岁高龄获得洛杉矶全马年龄组第六的好成绩。我将罗总父亲的经历转给我父母看，鼓励他们也运动起来。

翻译杰夫·盖洛威的《爱上跑步的100个理由》时，我已经为他那么大年纪仍活力四射而发出惊叹。一边翻译《爱上跑步的100个理由》，一边把其中的一些内容发给母亲看，从那时起，我母亲便开始步行健身，并感觉良好。到了翻译本书的时候，我更是惊讶得合不上嘴：作者已是古稀之年，但400米、800米，以及1万米，都比我跑得快。而且，让我感到意外的还有，在国外有专门针对老年运动员的成熟比赛机制，这说明50~90岁的老年运动员的比赛依然有巨大市场。由此，我意识到自己翻译这本书，以及和大家一起推广跑步，是在做一件"好事"，因为这样也许能够唤起更多的老年人积极参与到体育运动中，收获健康，提高生活质量。

以上是闲话，千万不要因为我感慨作者的高龄，就把本书当成了面向老年人的跑步书。应该这么想，连老年人跑得都比咱们快，是不是人家的方法我们也应该好好学学呢？

如果你这样想，那就对了。我所在的铁人三项社群，是中国铁三领军人物党琦所开创的"群英铁人三项群"，可以说这个社群在一定程度上代表了国内业余铁三精英选手的发展风向。之前，大家比较关注骑行技术，对于跑步技术不是很关注。前几年，著名大铁爱好者"三姨"参加了北京著名的元大都跑团后成绩突飞猛进，全马成绩突破3小时。2020年8月，在党琦的朋友圈照片里，多了跑步的专项训练，他还推荐了李伟教练的专项跑步训练课程。正如我在之前翻译的书的序言中所说，北京的一些先进的跑团、俱乐部、教练等，已经在逐步引进国际先进的训练方法。而各位通过阅读本书，不仅可以掌握国际先进的训练方法，还可以节省昂贵的培训费用（一期5公里的专项训练费用大约为4000元）。下面介绍本书中我格外重视的一些内容。

1. 快速伸缩复合训练：我在另外一本书里将plyometrics翻译为"肌肉增强训练"。这项训练方法简单易行，效果却非常好，被国外的专业运动员大量使用。强烈建议大家学习。可以用plyometrics作为搜索关键词来查找相关资料。

2. 中枢神经系统训练：很多人只重视肌肉和体能的训练，不了解肌肉是在神经系统的控制下做功。1991年我在医学院学《生理学》时，学过神经对肌肉的作用，多年以后在自己跑步训练的过程中却没重视它对于运动提高的影响。本书刷新了我对中枢神经系统在运动中重要作用的认知，相信通过神经系统的强化训练，我们的运动水平将得到极大的提高。

3. 游泳池跑步训练：很多跑友都受伤病困扰，受伤必然影响训练，训练少了体能必然下降。本书作者推荐的游泳池跑步训练，对于提高体能、提高步伐、减少损伤、促进恢复方面都有很好的效果。写完这篇译者后记，我计划立刻就去实践。除了以上好处，游泳池跑步训练对于生活在空气质量较差的地区的人们来说，也是绝佳的替代训练。

4. 营养："营养"是本书篇幅最大的一章。饮食对于体重和运动恢复至关重要。吃什么、如何吃才能快速恢复并且不长胖，是一个严肃的问题。依赖朋友圈的文章和使用运动补剂是远远不够的。本书至少提供了一个饮食方面的相对完整的框架。

5. 短跑运动员的训练：国内跑圈多数以长跑为主，对短跑的研究较少。"第6章 短跑运动员的训练"可以消除我们的误解，该章中的大量短跑练习对于延缓衰老、提高长跑成绩大有帮助。最近在永定河跑步的时候，我做了一些尝试，感到短跑练习带来的那种精神提升效果确实与耐力跑不同。

6. 筑基训练和上坡训练、设计自己的长跑训练计划：这两章提出了训练分期、周期化的概念。相较于另外一位著名跑步作家丹尼尔斯的《丹尼尔斯经典跑步训练法》中满篇的表格、公式，本书的训练安排更通俗易懂，也更容易执行。

7. 关于运动强度的特殊作用：我想很多朋友和我一样，在家中上有老下有小，在公司里还要承担繁重的工作，没有足够的时间来训练。如果抽不出一小时跑步，我可能就会放弃当天的训练。通过本书，我认识到训练强度对于心肺功能的提高和保持的重要性。英国某学者的研究表明，在保持健康方面，每天进行短时间接近最高强度的训练与每天进行长时间的有氧耐力运动效果接近。我试用了这种方法，效果很明显，在繁忙的工作中高强度运动几分钟，足以让我精神振作几小时。

以上是我个人认为本书对于国内像我这样有一定经验、需要提高的跑者特别有价值的地方。

本书的作者是40项各类田径比赛的年龄组世界纪录保持者，因此字里行间（包括训练计划）无不透露出精英跑者以竞赛、成绩为目标的意识。即使他强调心理训练和挑战自我，读者也很容易被引导到以竞赛、成绩为目标的氛围中。在此特别提醒，普通跑步爱好者，尤其是青少年和老年人，不要被作者辉煌的成绩吓倒。在日常的跑步训练及比赛中，不要过于追求成绩，这只会给自己和跑步这项运动带来危害。这些年出现的马拉松热潮让一些跑者盲目追求PB（个人最好成绩），在比赛中猝死、昏倒的情况也时不时地出现在媒体的报道中。因此，我在翻译的每一本跑步书推荐里都会特别强调生命安全的重要性。

最后要强调的是，每个人都有最适合自己的训练方法，本书有很多限制性说法，比如每周跑量、少儿跑量、营养等等，这些具体的数据不是重点，关键是适合自己。本书第21章介绍的年逾7旬的超级跑者艾德·惠特洛克的训练方法，就突破了本书谈到的许多限制。我身边也有许多不按套路训练的高手。因此最重要的是找到适合自己的节奏。

回顾翻译这本书的那几个月，其间多次出差，被各种项目缠身，又要负责组建培训新团队，只好压缩自己的训练时间来翻译，因此对译文尚有诸多遗憾之处。幸运的是，在编辑的努力和完善下，本书终获出版。在阅读的时候，如果各位跑友发现错误，还请见谅并给予指正，让我们共同推广运动健身这件好事，让更多的人从中受益。

张 猛

译者后记

译者简介

张猛，圈内人称"猛叔"。IT管理专家，完成IT和管理方面译著几十部。2009年开始登山，2010年开始跑步，连续参加了2011—2014届北京马拉松，并在国内多地完成多场全程马拉松比赛。猛叔是"打酱油"式运动健身的典型代表，体重一直维持在90公斤左右，各项比赛成绩稳定在倒数10%，但不仅从未放弃，还按照一般跑步爱好者的轨迹向着越野跑、铁人三项赛方向不断拓展。从2013年北京TNF越野赛开始，已经参加过5次50公里级别的越野跑。2013年开始备战铁人三项比赛，2015年在北京国际铁人三项赛中完成首铁后坚持每年参赛。2013年发起成立中国人民大学商学院校友户外俱乐部，并从该俱乐部中逐步孵化出"人大马拉松""人大铁三"等运动社群。

猛叔口号是"猛叔行，你就行"。有他的体重和速度垫底，相信每个朋友只要动起来，都能从跑步中找到健康和自信。